WERNER EKSCHMITT

DIE KYKLADEN

KULTURGESCHICHTE
DER ANTIKEN WELT

SONDERBAND

VERLAG PHILIPP VON ZABERN · MAINZ AM RHEIN

WERNER EKSCHMITT

DIE KYKLADEN

Bronzezeit, Geometrische und Archaische Zeit

VERLAG PHILIPP VON ZABERN · MAINZ AM RHEIN

304 Seiten mit 4 Karten, 1 Farb-, 55 Schwarzweiß- und 92 Strichabbildungen,
59 Farbtafeln mit 75 Abbildungen und 59 Schwarzweißtafeln mit 78 Abbildungen

Umschlag: Kykladeninsel Santorin, Stadt Oia (Foto: Klammet & Aberl)
Vorsatz: Detail der Apollon-Amphore von Melos. Vgl. Abb. 100

Die Deutsche Bibliothek - CIP-Einheitsaufnahme

Ekschmitt, Werner:
Die Kykladen : Bronzezeit, geometrische und archaische Zeit /
Werner Ekschmitt. – Mainz am Rhein : von Zabern, 1993
(Kulturgeschichte der antiken Welt : Sonderband)
ISBN 3-8053-1533-3

© 1993 by Verlag Philipp von Zabern, Mainz am Rhein
ISBN 3-8053-1533-3
Satz: Typo-Service Mainz
Alle Rechte, insbesondere das der Übersetzung in fremde Sprachen, vorbehalten.
Ohne ausdrückliche Genehmigung des Verlages ist es auch nicht gestattet, dieses Buch oder Teile daraus
auf photomechanischem Wege (Photokopie, Mikrokopie) zu vervielfältigen.
Printed in Germany by Philipp von Zabern
Printed on fade resistant and archival quality paper (PH 7 neutral)

Inhalt

VORWORT	7
NEOLITHIKUM	9
Sáliagos bei Antíparos	11
BRONZEZEIT	21
Frühkykladische Zeit	23
Siedlungsweisen	23
Pelós-Stufe	23
Syros-Stufe	24
Phylakopí I-Stufe	34
Tongefäße	36
Pelós-Stufe	36
Syros-Stufe	42
Phylakopí I-Stufe	44
Marmorgefäße	51
Griffschalen	54
Schiffsdarstellungen	58
Idole	63
Metallarbeiten	76
Mittelkykladische Zeit	83
Obsidian	83
Phylakopí II	85
Phylakopí II und Akrotérion Oúrion	85
Mykenische Zeit	89
Phylakopí III und IV	89
Die frühmykenische Stadt	90
Die spätmykenische Stadt	97

Das spätmykenische Heiligtum	101
Akrotíri auf Santorin	107
Ajía Iríni auf Kea	121
Siedlung und Befestigung	121
Der »Tempel« von Ajía Iríni	135
Das mykenische Delos	143
Ajios Andreas auf Siphnos	154

GEOMETRISCHE ZEIT — 159

Zagorá auf Andros	159
Kastron auf Siphnos	173
Der Lineare Inselstil	180
Exkurs zum geometrischen Mäander	191

ARCHAISCHE ZEIT — 193

Kykladische Großplastik	193
Melische Vasen	213
Die Gruppe Geometrisch Ad	213
Die melischen Prunkamphoren	215
Reliefpithoi	226
Das archaische Delos	237
Das archaische Thera	255
Das archaische Naxos	263
Das archaische Paros	273
Das archaische Keos	277
Inselsteine: Siegel und Gemmen	284
Kykladische Münzen	292
Die melischen Tonreliefs	295
Nachtrag: Das »Grab Homers«	301

ABBILDUNGSNACHWEIS — 303

VORWORT

Nach den *Sieben Weltwundern* erscheinen nun auch die *Kykladen* in einer stark verbilligten Sonderausgabe. Möglich wurde sie dadurch, daß die beiden Bände der Erstausgabe *Kunst und Kultur der Kykladen* (1986) hier in einem Band zusammengefaßt werden. Das konnte natürlich nicht ohne größere Kürzungen geschehen. Die zweibändige Ausgabe war seinerzeit mit dem Ziel geschrieben, alles Wichtige zusammenzufassen, was damals über die Frühzeit der Kykladen bekannt und erforscht war. Dazu gehörte aber eine ganze Reihe von Kapiteln, deren Thematik sehr speziell und nur von ausgesprochen archäologischem Interesse war. Diese Kapitel sind in der vorliegenden Ausgabe, die sich an den historisch und kunstgeschichtlich interessierten Kykladenbesucher wendet, fortgelassen. Das sind alle Darstellungen von Friedhöfen, alle Vasengattungen, deren Interesse sehr speziell und deren Erhaltung oft nur ganz fragmentarisch ist, und alle Ausgrabungsstätten, die entweder weitab von den normalen Reiserouten liegen oder deren Bedeutung primär in ihrer wissenschaftlichen Rekonstruktion besteht, während der Besucher an Ort und Stelle nur wenig Erkennbares vorfindet. Und solche Ausgrabungsstätten, wo der rekonstruierte Plan weit eindrucksvoller ist als die erhaltenen Ruinen, gibt es eine ganze Reihe.

Durch diese Beschränkung ist das Werk aber nun zu einem handlichen, relativ homogenen, alles Wichtige, soweit es von allgemeinem Interesse ist, zusammenfassenden Buch geworden. Ja, für das, was fortgelassen wurde, ist sogar ein gewisser Ersatz geschaffen dadurch, daß wichtige Einzelheiten zusätzlich in die Erklärungen der Tafeln eingearbeitet wurden. Und der Verlag hat die Konzession gemacht, daß die reiche Tafelausstattung beider Bände in der Neuausgabe vollständig erhalten blieb. Auch ist durch die Straffung das Bild der einzelnen Inseln konzentrierter geworden, so daß der Besucher von Andros, Delos, Kea, Melos, Naxos, Paros, Siphnos, Thera nun einfacheren Zugang zu den frühen Epochen der Inseln findet.

Im übrigen hat das Buch das Verdienst, mehr zu halten, als der Untertitel verspricht, denn es umfaßt auch ein ausführliches Kapitel über die neolithische Siedlung von Sáliagos/Paros, die älteste, von der wir bis heute wissen, und die mit ihrer für so frühe Zeit erstaunlich reichen Diversifizierung von ganz besonderem Interesse ist.

Das Hauptgewicht liegt natürlich auf der frühen Bronzezeit, die den eigentlichen Ruhm der Kykladen ausmacht, und auf der reichen Blüte der archaischen Zeit. Aber der aufmerksame Leser wird bald feststellen, daß auch die geometrische und die mykenische Zeit eine reizvolle Beschäftigung darstellen. Wer sich in ein bestimmtes Thema näher vertiefen möchte, muß für die Bibliographie allerdings auf die zweibändige Ausgabe zurückgreifen.

Für den Verfasser ist es eine große Befriedigung, daß sein Kykladenbuch, die Arbeit mehrerer Jahre, in der neuen Form nun vielen Lesern zugänglich wird, denen die zu große Ausführlichkeit oder der zu hohe Preis bisher ein Hindernis waren und denen es nun ein willkommener Führer werden kann zu einem der letzten Paradiese unserer Erde.

Staufen i. Br., März 1993　　　　　　　　　　　　　　　　　　　　W. E.

Neolithikum

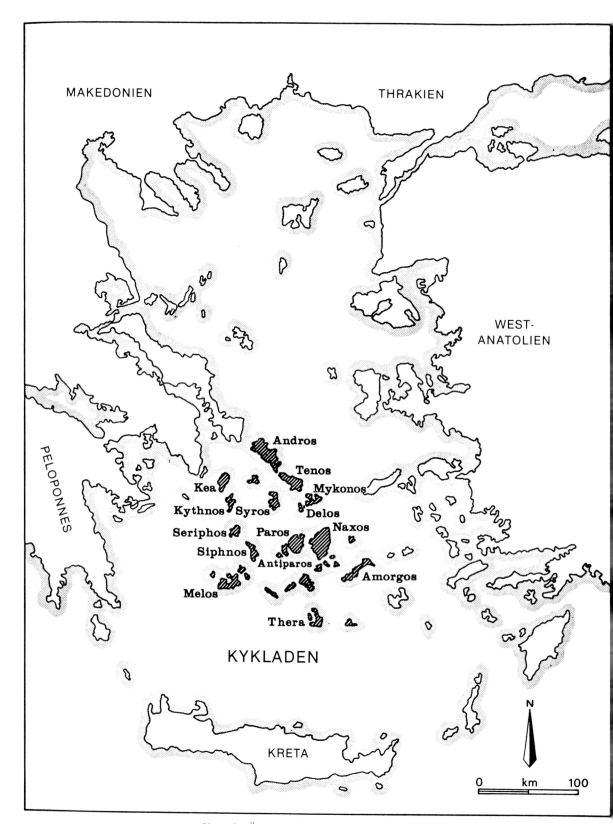

Karte der Ägäis mit der Inselgruppe der Kykladen

SÁLIAGOS BEI ANTÍPAROS

Eine kleine Insel, gerade hundert Meter lang und siebzig Meter breit, trägt die älteste Kykladensiedlung, von der wir wissen. Es ist eine neolithische Siedlung aus dem Ende des 4. Jts., und ihre Stätte ist die kleine Insel Sáliagos ganz im Norden des Sundes zwischen Paros und Antíparos. Sie ragt heute wenig höher als vier Meter aus dem Meer, und wenn es stürmt, fegt der Gischt über die ganze Insel hinweg. Eine Quelle besitzt sie nicht. Ohne Wasser und bei so kleiner Fläche konnte sie eine Siedlung mit ihren Menschen und Herden gewiß nicht ernähren. Wie in großen Teilen des Mittelmeergebiets so ist auch bei Paros und Antíparos die Küstenlinie in frühbyzantinischer Zeit bedeutend gesunken. Was sich seitdem als Insel präsentiert, ragte ursprünglich vier, vielleicht auch fünf und sechs Meter höher aus dem Meer. Das bedeutet: Paros und Antíparos waren früher durch eine Landenge miteinander verbunden und die heutigen Inseln Remmatonísi und Sáliagos bildeten eine davon nach Norden sich erstreckende Landzunge, mit Sáliagos an der Spitze, so daß ihm die beiden Buchten, eine kleinere im Westen, eine größere im Osten, zu Häfen dienen konnten. Mit dem Land verbunden gab es Weiden für die Herden und Felder für die Aussaat. Und wenn es keine Quelle in der Nähe gab, so konnte man Brunnen graben, die gutes Wasser lieferten, nicht nur Brackwasser, wie es heute der Fall sein würde.

Nach gründlicher Sondierung wurde Sáliagos im Sommer 1964 und 1965 vom Britischen Archäologischen Institut in Athen ausgegraben. Keramik- und Obsidianfunde gab es reichlich, die Bestimmung der Hausfundamente dagegen war schwierig. Erst am Ende der ersten Kampagne war man sicher, überhaupt auf Mauerreste gestoßen zu sein. Die Steintrümmer waren alle stark verworfen, besonders noch durch eine Grabanlage aus römischer Zeit. Es konnten nur ein paar einzelne Räume in vollständigem Umfang festgestellt werden: rechteckige Räume von etwa 2,60 x 3 m. In einem Raum von ovaler Form waren drei verschiedene Fußbodenniveaus erhalten. Die Stärke der Fundamente betrug 0,30 m. Aus welchem Material die aufgehenden Mauern errichtet waren, ist unklar. Die geringe Menge der erhaltenen Trümmer läßt eigentlich nicht den Schluß zu, daß die Häuser ganz aus Stein bestanden. Andererseits haben sich keinerlei Anzeichen für Lehmziegelbau gefunden.

An einer Stelle glaubte man, Kellerräume festzustellen. Sie müßten dann mit Holzbalken überdeckt gewesen sein, eine für diese frühe Zeit technisch unerwartete Konstruktion. Nur zwei Herde, ein rechteckiger und ein runder von je einem Meter Durchmesser, wurden gefunden. Ein Rundbau hat vielleicht als Silo gedient. Auch in einem kleinen rechteckigen Raum, der unerklärte Brandspuren aufwies, wird ein Getreidespeicher vermutet. Im ganzen konnten drei verschiedene Bauepochen festgestellt werden, nicht gerade viel für eine so langlebige Siedlung. In der obersten Schicht fanden sich noch drei Umfassungsmauern eines großen Baukomplexes von 15 x mindestens 17 m. Aber wie er gegliedert und unterteilt war, ließen die geringen Trümmer nicht mehr erkennen. Der aufregendste Baubefund war die Entdeckung einer Umfassungsmauer, an die die Häuser angelehnt waren und von der im Westen sogar die Fundamente einer »Bastion« erhalten waren. Dieser Perimeter ließ sich aber nicht weiter nach Osten verfolgen, und ob es sich wirklich um eine Wehrmauer gehandelt hat, muß offenbleiben. Es ist dabei vor allem auch zu bedenken, daß die Verteidigungslinie des neolithischen Vorgebirges wesentlich größer war als die der heutigen Insel. Und da der Perimeter an der genannten Westbastion wieder nach Osten umbiegt, so sieht man nicht, wie sich im Westen eine durchgehende, bis ans Meer reichende Wehrmauer ergeben hätte.

Die Landzunge von Sáliagos ist mehrere Jahrhunderte, vielleicht ein halbes Jahrtausend lang bewohnt gewesen. In dieser Zeit haben sich bedeutende Mengen Keramik angesammelt, fast ganz in Scherben freilich. Nur ein paar vereinzelte kleine Gefäße konnten sich halbwegs unversehrt erhalten, für die größeren war das steinige Gelände zu ungünstig. Die Gesamtmenge der ausgegrabenen Scherben wird auf dreieinhalb Tonnen geschätzt, die alle gereinigt, sortiert und aufgenommen wurden. Etwas über sechzig Gefäße ließen sich am Ende ganz oder teilweise wiederherstellen, die anderen Scherben gingen lediglich in die Statistik ein.

Der verwendete Ton ist von durchgehend gleicher Qualität, körnig, mit vielen Einschlüssen von Glimmer. Ein Brennofen ist in der Siedlung zwar nicht gefunden worden, trotzdem besteht kein Zweifel, daß die Keramik an Ort und Stelle hergestellt wurde. Sie besteht teils aus grober Haushaltsware, teils aus feinerem »Tafelgeschirr«. Da jedoch beide dieselben Formen verwenden, ist die Unterscheidung oft schwierig. Die groben Gefäße waren gewöhnlich an der Oberfläche nur geglättet, die feineren dagegen poliert. Nur ungefähr ein Achtel der Gesamtproduktion gehört der besseren Qualität an.

Die Farbe der Gefäße ist gewöhnlich dunkel, kann aber über braun und grau auch bis zu gelb reichen. Die Formen sind einfach. Auffällig ist das große Übergewicht von Schalen und Näpfen über Kannen und Krüge, d. h. offener Formen über geschlossene. Das Verhältnis beträgt ungefähr 1 : 10. Die Näpfe stehen ohne Fuß oder Standring einfach auf ebener Fläche. Runde Formen (im Vertikalschnitt) sind selten, bevorzugt wurden Gefäße entweder mit senkrechter Wandung oder mit geschweiftem Rand, die mindestens drei

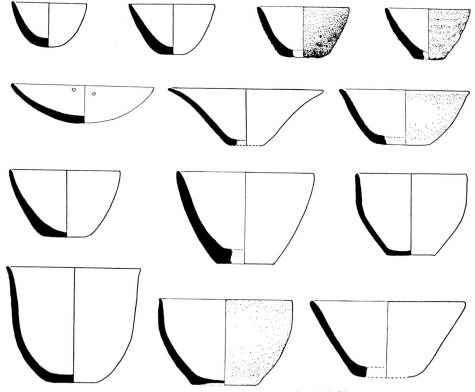

Abb. 1   Sáliagos. Eine Auswahl charakteristischer Gefäßformen

Viertel aller Näpfe ausmachen. Nur vereinzelt kommen Schalen mit Knick vor. Kennzeichnend ist jedoch, daß es keine scharf getrennten Standardtypen gibt, sondern daß die Formen fließend ineinander übergehen. Die kleineren Näpfe sind alle ohne Henkel, die sich nur bei den tieferen und bei den geschlossenen Formen finden, übrigens Henkel ganz verschiedener Gestalt, die möglicherweise auf weitverzweigte Einflüsse zurückgehen.

Was nun das Keramikrepertoire von Sáliagos besonders auszeichnet, sind Gefäße auf hohem Fuß, die den Bestimmungsnamen »Fruchtständer« (»fruit-stands«) erhalten haben. Es sind nicht nur ziemlich große, sondern auch komplizierte und aufwendige Gefäße. Trotzdem hat die Statistik ergeben, daß zwei Fünftel, 40 % aller Gefäße solche »Fruchtständer« gewesen sein sollen, Schalen auf hohem Fuß. Man darf wohl unerschrocken und ohne Zögern die Aussage wagen, hier irrt die Statistik. Was wollte man mit dieser gewaltigen Menge großer, aufwendiger und — überaus unpraktischer Gefäße? Wozu dienten sie? Die Ausgräber haben sich jeder Vermutung über ihre Funktion enthalten. Es steht aber doch ganz außer Frage, daß man für den täglichen Gebrauch in seinen verschiedenen Anforderungen einfache und be-

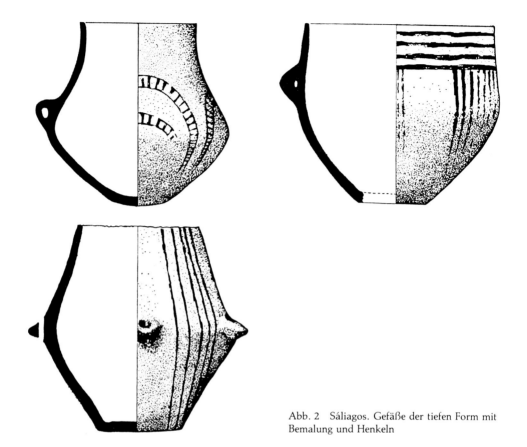

Abb. 2 Sáliagos. Gefäße der tiefen Form mit Bemalung und Henkeln

wegliche Gefäße brauchte, Gefäße, die sich stapeln ließen. Es fehlte für eine solche Menge »Fruchtständer« in den engen Behausungen überhaupt der Raum. So charakteristisch sie für die Sáliagos-Keramik sind, in der angegebenen Menge können sie unmöglich vorgekommen sein.

Die Gefäße von Sáliagos wurden nicht monochrom benutzt, sie waren bemalt, und zwar mit mattem Weiß. (Bei den Textabbildungen ist die Weißzeichnung schwarz wiedergegeben.) Die Muster sind alle geometrisch. Und wie es bei den Formen keine Typisierung gab, so auch nicht beim Dekor. Es gibt keine Muster, die bestimmten Gefäßarten zugeordnet wären, ja, es gibt auch keine Typenmuster selbst, Muster, die sich wiederholten. Das Charakteristische ist vielmehr eine große Vielfalt der veschiedensten Einfälle. Es werden nicht einmal rekti- und kurvilineare Muster getrennt, sondern sie können durchaus auf einem und demselben Gefäß gemeinsam vorkommen. Diese frühe Gesellschaft ist also alles andere als primitiv. Das Handwerk war nicht einmal reglementiert, sondern äußerte sich spontan in einer freien Mannigfaltigkeit von Form und Zeichnung.

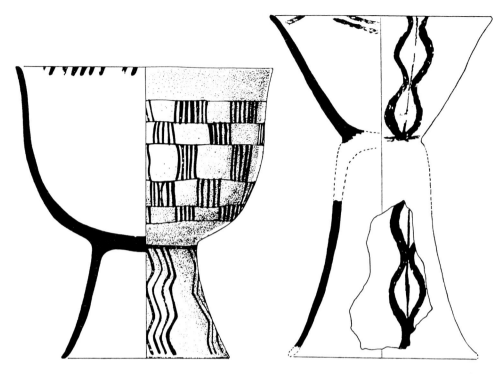

Abb. 3 Sáliagos. Sog. Fruchtständer. Ihre Funktion ist unbekannt, obwohl sie angeblich zu den Gefäßen gehörten, die am meisten benutzt wurden

Ritzmuster, die in der frühen Bronzezeit der Kykladen eine so große Rolle spielen, kommen auf Sáliagos fast gar nicht vor. Doch gibt es bei der groben Gebrauchsware auch eine einfache plastische Verzierung durch eingedrückte Muster oder aufgesetzte Noppen. Jedoch wird nur der Rand so geschmückt. Teils werden kleine parallele Kerbschnitte auf die Kante gesetzt, teils kleine runde oder ovale Eindrücke auf der Kante und dem Außenrand angebracht. Oder es wird eine Reihe oder zwei konkaver oder konvexer Noppen außen aufgesetzt. Eine dritte, seltene Art plastischen Dekors schmückt nicht den Rand, sondern das ganze Gefäß und besteht darin, daß mit einem feinen Tonstreifen kunstvoll geschlungene Voluten dem Gefäßleib aufgelegt werden.

Zwei bescheidene Fragmente beweisen die wichtige Tatsache, daß es auch auf Sáliagos bereits Gefäße aus Marmor gegeben hat. Es sind gewiß kostbare Prunkstücke gewesen. Aber das Erhaltene erlaubt nicht, den Umfang dieses Luxus zutreffend einzuschätzen.

Gegen dreieinhalb Tonnen Keramik, die erhalten blieben, sind die dreieinhalb geborgenen Idole ein verschwindender, aber umso wertvollerer Bestand. So klein er ist, so umfaßt er doch zwei ganz verschiedene Typen. Ein Idol von 5,8 cm Größe, aus weißem grobkörnigem Marmor, den das lange Liegen in der Erde stärker korrodiert hat, ist eines der für das Neolithikum typischen Fruchtbarkeitsidole. Eine dicke, fettleibige Frau ist sitzend dargestellt, das rechte Bein über das linke geschlagen. Das Gesäß hat ungeheure Dimensionen angenommen gegenüber dem schlanken Oberkörper. Die Ellbogen sind in die Taille gelegt und die Unterarme auf einer dicken Speckfalte vor den Leib, so daß die Fingerspitzen sich berühren. Kopf und rechte Schulter fehlen, aber das Gesamtbild wird dadurch wenig betroffen. Es ist, wie gesagt, eines der für das Neolithikum typischen Fruchtbarkeitsidole. Ob damit zugleich, wie vielfach behauptet wird, auch das Schönheitsideal jener Zeit ausgesprochen ist, erscheint weitaus weniger gesichert.

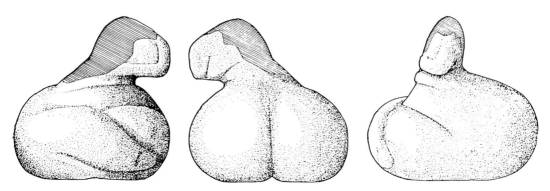

Abb. 4 Sáliagos. Fruchtbarkeitsidol aus grobkörnigem Marmor, in Sitzposition mit untergeschlagenen Beinen, sog. Lady von Sáliagos

Taf. 24a   Einen ganz anderen Typus stellt ein Idol von 6,6 cm Größe aus feinkörnigem weißem Marmor dar, das unmittelbar an die Violinidole der frühen Bronzezeit erinnert. Auf alle Merkmale der Fruchtbarkeit, ja auf Plastizität überhaupt ist hier verzichtet. Vorder- und Rückseite sind vollkommen flach. Der Umriß hebt nur Arme und Taille hervor. Hals und Kopf bilden ein durchgehendes spitzes Dreieck, doch ist hier, in auffälligem Gegensatz zu den bronzezeitlichen Violinidolen, der Kopf durch eine Einkerbung an der Spitze angedeutet, die den Vorsprung der Nase oder des Kinns anzeigt. Von einem weiteren Violinidol blieb nur der lange, stabartige Hals erhalten, wie er bei den bronzezeitlichen Violinidolen üblich ist. Aber auch hier wird durch Einkerbung der Kopf angegeben.

Es finden sich also zwei völlig verschiedene, ja in der Auffassung geradezu entgegengesetzte Idoltypen vertreten. Welche religiösen Vorstellungen damit

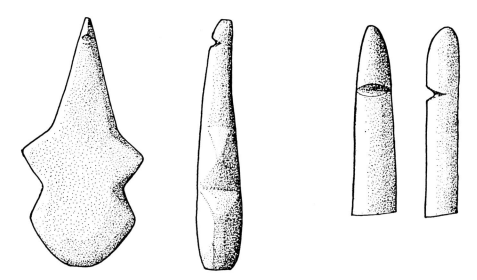

Abb. 5 Sáliagos. Violinidole aus Marmor, ein »abstrakter« Idoltyp, der von (4) völlig verschieden ist. Beide können nicht auseinander hergeleitet werden, sondern müssen schon in dieser frühen Zeit auf völlig unabhängigen Traditionen beruhen

verbunden waren, wird uns wohl immer verschlossen bleiben. Formgeschichtlich steht aber fest, daß es keine Verbindung von dem einen zum anderen Typus gibt, sondern daß schon in dieser frühen Zeit zwei ganz getrennte Entwicklungen und Überlieferungen selbständig nebeneinander stehen. Auch ist es von großer Bedeutung zu sehen, auf eine wie lange Vorgeschichte die bronzezeitlichen Idole zurückblicken, und es kann kein Zufall sein, daß sich im 3. Jt. Violinidole fast ausschließlich auf Paros, Antíparos und Despotikón, also den Nachbarinseln von Sáliagos, finden.

Ein viertes Marmoridol von 10,6 cm Größe ist ein kaum bearbeiteter Naturstein, dessen Oberteil ebenfalls dreieckig zuläuft und bei dem eine Ein-

Abb. 6 Sáliagos. Anhänger aus Stein (Talisman?) in Form eines Idols, einer Form, die zwar auch abstrakt, aber von den Violinidolen charakteristisch unterschieden ist

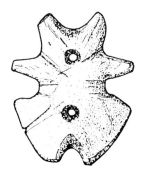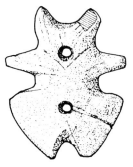

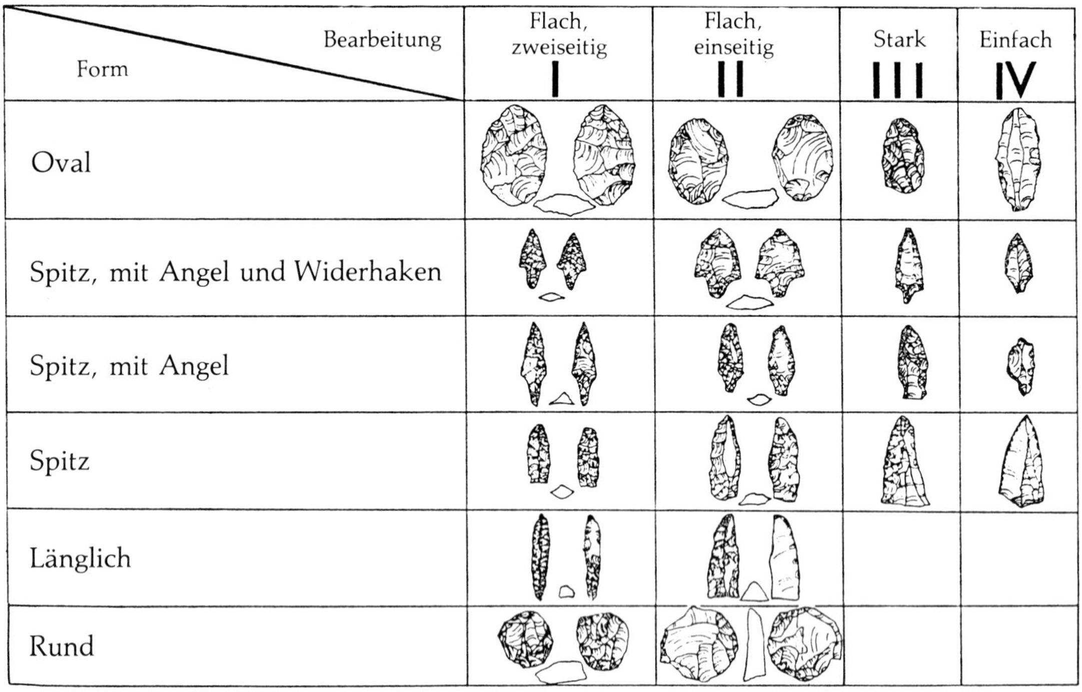

Form \ Bearbeitung	Flach, zweiseitig I	Flach, einseitig II	Stark III	Einfach IV
Oval				
Spitz, mit Angel und Widerhaken				
Spitz, mit Angel				
Spitz				
Länglich				
Rund				

Abb. 7 Sáliagos. Auswahl der wichtigsten Obsidianklingen, klassifiziert nach Form und Bearbeitungsgrad. Überraschend ist die große Mannigfaltigkeit, die man bereits in dieser frühen Zeit besaß.

kerbung für die Anzeige der Taille genommen werden konnte. Auch in späterer Zeit waren solch einfache Merkmale vollkommen ausreichend, einen vorgefundenen Stein zum Idol zu erheben. — Es ist auch das Fragment eines Tonidols erhalten, jedoch nur so rudimentär, daß man nicht weiß, ob es zu dem einen oder anderen Typus ergänzt werden muß. — Daß auf Sáliagos nur diese vereinzelten Idole gefunden wurden, ist mit Sicherheit so zu erklären, daß die große Mehrzahl als Grabbeigaben verwendet wurde. Doch sind die Gräber uns nicht erhalten, sondern alle im Meer versunken.

Einzigartig für das Neolithikum ist die auf Sáliagos gefundene Menge und Varietät der Obsidianklingen. Im ganzen wurden nicht weniger als 25 000 Obsidianwerkzeuge sortiert und untersucht, davon 1176 Klingen katalogisiert und gezeichnet, hundert weitere aus anderem Vulkangestein und aus Feuerstein nicht gerechnet, die eine ganze Industrie verraten, denn die auf der Insel gefundenen Abschläge beweisen, daß sie an Ort und Stelle gefertigt wurden. Der Obsidian stammt fast ausschließlich von dem sechzig Kilometer entfernten Melos, zu dem also eine regelmäßige Schiffverbindung bestanden haben muß. Einige vereinzelte Stücke stammen aber auch von dem dreimal so weit gelegenen Jalí und bezeugen Verbindung auch mit dem Dodekanes. Die Hauptformen auf Sáliagos sind Klingen, ovale und runde Schaber, und vor allem Spitzen mit Heftangel. Was völlig fehlt, sind die in der Bronzezeit fast allein vorkommenden Klingen mit parallelen Schneiden. Man hat auf Sáliagos die Klingen noch nicht vom Kern abgesprengt, sondern fein behauen. Dabei waren die erwähnten Spitzen mit Heftangel besonders arbeitsaufwendig und besonders typisch. Sie kommen in der Bronzezeit auf den Kykladen nicht mehr vor.

Nur wenige Geräte aus Bein wurden gefunden, und im ganzen fällt auf, daß fast gar nichts zutage kam, was auf Fischfang deutet, obwohl er in der Ernährung der Meeresanwohner ohne Zweifel eine besondere Rolle gespielt hat. Es liegt daher nahe, in den zahlreich erhaltenen Obsidianspitzen nicht Pfeilspitzen zu sehen, sondern Harpunenspitzen, die dem Fischfang dienten und vielleicht auch schon zu mehreren auf einem Zwei- oder Dreizack vereinigt wurden. Die erhaltenen Gräten und Knochen beweisen, daß die Fischnahrung der Bewohner von Sáliagos zum allergrößten Teil aus Thunfisch bestand. Das ist überraschend. Der Thunfischfang spielt heute auf Sizilien immer noch eine gewisse Rolle, in Griechenland dagegen überhaupt nicht mehr. Die Thunfischschwärme müssen also in alter Zeit andere Routen genommen haben als heute, müssen auch Paros berührt haben, und wirklich berichtet Aelian zu Anfang des 3. Jhs. noch vom Thunfischfang auf Naxos. Wenn die Schwärme vorbeizogen, gab es überreichlich Fisch. War es nur ein temporärer Segen, oder verstand man bereits, ihn sich auf Dauer zu sichern, d. h. den Thunfisch zu trocknen und einzulegen? Man hätte sonst nur kurzen Nutzen von ihm gehabt, und es war vielleicht nicht so schwierig, auf die Konservierung zu kommen.

Gewiß hat man Fische auch mit Netzen gefangen. Ob man bereits Hanfnetze besaß, ist fraglich. Steine mit eingeschnittener Taille, die gefunden wurden, können sowohl als Webgewichte wie zum Beschweren von Netzen gedient haben.

Einmal hat sich auch ein Wal nach Antíparos verirrt, wie zwei gefundene Wirbel beweisen.

Die Herden bestanden vor allem aus Schafen und Ziegen. Rinder und Schweine waren noch von geringer Bedeutung. Die Ziegen waren wichtig für Fleisch und Milch, die Schafe für Wolle. Obwohl die Einwohner von Sáliagos ihre Kleidung ohne Zweifel selbst hergestellt haben, so gibt es, im Unterschied zur Keramik- und Obsidianindustrie, nur auffallend wenige Hinweise für die Textilerzeugung. Spinnwirtel und Webgewichte, die in bronzezeitlichen Siedlungen massenhaft vorkommen, finden sich auf Sáliagos nur vereinzelt und recht primitiv. Die Spinnwirtel sind nichts als rund geschlagene Gefäßscherben mit einem Loch in der Mitte. Sie müssen ziemlich unregelmäßig geschwungen haben. Ein merkwürdiger Kontrast zu den Leistungen der Keramik und Obsidianbearbeitung. Von der eleganten Lösung der Bronzezeit, den völlig gleichmäßig schwingenden doppelkonischen Wirteln, war man noch weit entfernt. Auch Webgewichte wurden nur in geringer Zahl gefunden. Und doch muß in der ganzen Siedlung fast ohne Unterbrechung gesponnen und gewebt worden sein.

Es sind keine Gräber gefunden worden, die bei der Küstensenkung im Meer versanken. Aber die Neolithiker von Sáliagos übten offenbar den Brauch, ihre Siedlung von den Toten freizuhalten und diese außerhalb zu bestatten. Durch den gänzlichen Mangel der Gräber ist uns jedes Mittel genommen, Lebensdauer und Größe der Bevölkerung abzuschätzen. Beide werden sich aber von den Ergebnissen in Kephála kaum unterschieden haben.

Auf Sáliagos wurden keinerlei Metallfunde gemacht. Die Siedlung gehört noch der reinen Steinzeit an. Die Ausgräber hatten ihr zuerst eine Lebensdauer von 200–300 Jahren gegeben. Die Karbon-14-Methode hat diese Spanne bedeutend erweitert. Durch sie wird die Datierung in die Zeit von 4300–3700 v. Chr. gesetzt, aber bekanntlich nicht mit großer Sicherheit.

Man hat natürlich versucht, die Sáliagos-Kultur mit anderen neolithischen Kulturen zu verbinden. Einzelne Elemente weisen mehr nach Osten, andere mehr nach Westen, aber nirgendwo gibt es wirklich schlagende Parallelen und gar nirgends findet sich eine Kultur, die im ganzen mit ihr vergleichbar wäre. Es ist eine durchaus eigenständige Kultur, die sich, wie es scheint, an Ort und Stelle zu ihrer erstaunlichen Mannigfaltigkeit entwickelte. Noch merkwürdiger aber ist, daß sie nicht fortgewirkt hat. Schon die nächste Kykladensiedlung in Kephála auf Kea aus dem Übergang von der Stein- zur Bronzezeit ist gänzlich unabhängig. Nur das Violinidol ist eine einzelne, singuläre Spur, die in die kykladische Bronzezeit vorweist.

Bronzezeit

Zeittafel

Zeit	Epoche	Stufe	Festland
3000 v. Chr.	Frühkykladisch I	Pelós Kampos	Frühhelladisch I
2600 v. Chr.	Frühkykladisch II	Syros Kastrí	Frühhelladisch II
2300 v. Chr.	Frühkykladisch III	Phylakopí I	Frühhelladisch III
2000 v. Chr.	Mittelkykladisch	Phylakopí II	Mittelhelladisch
1600 v. Chr.	Spätkykladisch I	Phylakopí III	Mykenisch I
1500 v. Chr.	Spätkykladisch II		Mykenisch II
1400 v. Chr.	Spätkykladisch III	Phylakopí IV	A Mykenisch III B C
1100 v. Chr.			

Chronologische Übersicht der Epochen und Stufen

Frühkykladische Zeit

SIEDLUNGSWEISEN

Pelós-Stufe (Frühkykladisch I, ca. 3000 bis 2600 v. Chr.)

Wie die Kykladenbewohner zu Beginn der Bronzezeit gesiedelt haben, ist uns unbekannt. Es sind zwar Hausfundamente aus dem Neolithikum erhalten, aus der Pelós-Stufe aber nicht. Daß man auch in dieser Zeit mit Stein zu bauen verstand, könnte man auch dann voraussetzen, wenn es nicht durch die Friedhöfe bezeugt wäre. Hier sind nicht nur die Steinkistengräber erhalten, sondern auch große Einfassungsmauern. So besaß die Terrasse des Friedhofes von Aj. Anárjiri auf Naxos eine Stützmauer von fast 40 m Länge, die noch bis zur Höhe von einem Meter erhalten ist. Sie war ohne Bindemittel aus flachen, plattenartigen Steinen errichtet und mit zwei Treppen ausgestattet. Die eine, die normale sozusagen, führte in regulären Stufen senkrecht durch die Mauer auf die Terrasse. Die andere bestand aus vorkragenden Steinen in wachsender Höhe, keine geschlossene Treppe also, sondern eine Steige, auf der man parallel zur Mauer auf deren Höhe gelangte, eine einfache und sparsame Lösung, wie man sie auch heute noch vielfach an griechischen Terrassenmauern findet. Die Mauer von Aj. Anárjiri ist z. Zt. das älteste bekannte Steinbauwerk der kykladischen Bronzezeit. Aber von Wohnhäusern ist keine Spur erhalten geblieben, sei es, daß es bloß einfache Hütten waren, die nur aus Rohr und Schilf bestanden, sei es, was wahrscheinlicher ist, daß die niedrigen Steinfundamente ganz der Erosion zum Opfer gefallen sind.

Die Menschen scheinen in der frühen Zeit noch nicht in geschlossenen Siedlungen gewohnt zu haben. Bei den erhaltenen Friedhöfen geht die Zahl der Gräber nur selten über 15–20 hinaus. Es ist daher anzunehmen, daß die zugehörigen Siedlungen ebenfalls sehr klein waren und nur aus einer Ansammlung von Einzelhäusern bestanden. Wahrscheinlich haben in der frühen Zeit noch keine Dorfgemeinschaften existiert, sondern es haben immer nur einzelne Familien oder Clans zusammengewohnt.

Da die Pelós-Stufe indessen nahezu ein halbes Jahrtausend umfaßte (ca. 3000–2600 v. Chr.), so ist in so vielen Jahrhunderten nicht nur mit einer bedeutenden Bevölkerungszunahme, sondern wahrscheinlich auch mit einer Entwicklung zu Dorfanlagen hin zu rechnen. Greifbar ist aber vorläufig nichts davon.

Da die Friedhöfe vorwiegend an der Küste, z. T. aber auch im Inneren liegen, ist für die Siedlungen dieselbe Verteilung anzunehmen. Am dichtesten scheint von Anfang an die Insel Naxos bewohnt gewesen zu sein.

Vom Ende der Pelós-Stufe sind einige vereinzelte Fundamentreste von Rechteckhäusern erhalten, die jedoch keine detaillierte Rekonstruktion zulassen.

Syros-Stufe (Frühkykladisch II, ca. 2600 bis 2300 v. Chr.)

Um die Mitte des 3. Jts. hat sich die Lage auf den Kykladen grundlegend verändert. Aus dieser Zeit sind mehrere Siedlungen erhalten. Sie liegen alle auf — z. T. schwer zugänglichen — Bergeshöhen und sind alle befestigt, legen also unübersehbar Zeugnis davon ab, daß unsichere Zeiten angebrochen waren, in denen man fortwährend auf Angreifer gefaßt sein und sich vor ihnen mit großem Aufwand schützen mußte.

Die bedeutendste dieser Festungen ist die von Kastrí an der Nordostküste von Syros. Sie wurde 1898 vom Altmeister der Kykladenforschung Chr. Tsountas entdeckt und freigelegt und 1962 von der deutschen Archäologin E. M. Fischer-Bossert noch einmal gründlich untersucht. Die Anlage hat seit den Tagen ihrer Entdeckung keine Entstellung erfahren und ist heute noch so erhalten, wie sie von Tsountas freigelegt wurde. Allerdings ist sie nur auf einer strapaziösen Bergtour zu erreichen.

Der Gipfel bildet einen Teil der Steilküste, mit der die Insel Syros im Osten und Norden in das Meer abfällt und an der alle Schiffe entlangfahren, die zwischen dem Piräus und dem Haupthafen Hermoúpolis verkehren. Der Berg erhebt sich zu einer Höhe von 165 m und ist im Südosten und Südwesten von steilen Schluchten eingeschlossen, so daß er auf diesen Seiten schwer zu ersteigen oder jedenfalls leicht zu verteidigen war. Nach Osten senkt er sich auf dreieckiger Fläche in starker, relativ gleichmäßiger Neigung ins Meer. Das Gestein besteht aus schräg geschichtetem Marmor, dessen Verwitterung den ganzen Boden stark zerklüftet hat. So bietet der Berg dem heutigen Besucher ein ausgesprochen unwegsames Gelände. Wenn es auch falsch wäre, die heutigen Verhältnisse ohne weiteres auf das Altertum zu übertragen, wo es wahrscheinlich ein milderes Klima und eine reichere Vegetation und damit auch mehr Wasser gab, so muß die Höhe doch auch damals ziemlich unwirtlich gewesen sein. Sie war starken Winden ausgesetzt und besaß

Abb. 8 Porträt von Christos Tsountas, dem Altmeister der Kykladenforschung (1857–1934)

keine eigene Quelle. Nur aus den genannten Schluchten konnte man sich mit Wasser versorgen. Jedenfalls wird sie aber damals noch eine Erdkrume besessen haben, auf der man etwas aussäen konnte. Heute ist das Gelände völlig unfruchtbar.

Kastrí hat auch in späterer Zeit noch Menschen angezogen. Es sind ein paar vereinzelte geometrische Scherben und eine archaische Besitzerinschrift gefunden worden. Der oberste Gipfel ist von einer gut erhaltenen, noch übermannshohen Bastion unbestimmten Alters eingeschlossen, in die ein Teil des frühkykladischen Mauerwerks eingegangen ist. Wer wollte sich in dieser völlig abgelegenen Gegend gegen wen verteidigen? Auch Frau Fischer-Bossert ist eine Altersbestimmung nicht gelungen. Wegen ihrer guten Erhaltung ist man immer wieder versucht zu glauben, daß die Anlage erst aus dem Griechischen Freiheitskrieg stammt. Aber welcher Zeit sie auch angehören

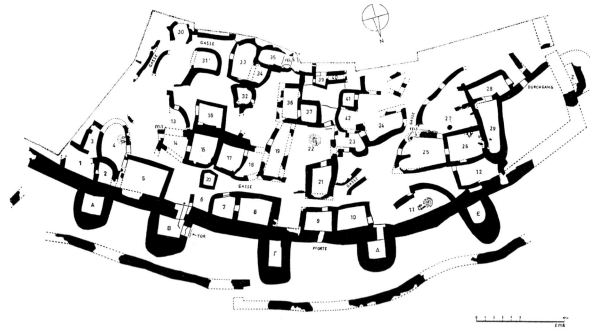

Abb. 9 Kastrí auf Syros. Plan der Siedlung und Wehranlage. Unregelmäßig angelegte Häuser drängen sich hinter einer mit Bastionen versehenen Wehrmauer. Einen zusätzlichen Schutz bildet eine Vormauer, so daß für den eindringenden Feind ein gefährlicher Zwinger entsteht

mag, sie kann nur von ganz vorübergehender Bedeutung gewesen sein. Was wollte man dort verteidigen?

Die frühkykladische Befestigung liegt etwa 40 m unterhalb dieser Bastion und riegelt den ganzen Gipfel nach Osten gegen das Meer hin ab. Sie erreicht heute noch eine Länge von 72 m, bei einer erhaltenen Höhe von 1–1,35 m. Die Stärke der Mauer schwankt zwischen 1,30 und 1,80 m. Die Nachuntersuchung durch Frau Fischer-Bossert hat ergeben, daß sie ursprünglich schwächer war und nachträglich verstärkt wurde. Eine Reihe von hufeisenförmigen Bastionen waren dieser Mauer unverbunden vorgelegt, von denen noch fünf erhalten sind. Diese in Form und Größe sehr ungleichen Bastionen umschlossen vier rechteckige Kammern und eine apsidenförmige, von denen zwei zu ebener Erde lagen, die übrigen nur über Stufen oder Leitern zu erreichen waren. Die Dicke der Seitenmauern dieser Bastionen schwankt zwischen 0,80 und 1,30 m, während die stark ausladenden Bogenteile zwischen 1,40 und 2,50 m differieren. Diese dem Feind direkt zugekehrten Bogenteile sind zur größeren Festigkeit mit Erdmörtel verbunden im Unterschied zu allen übrigen Mauern, die ohne Bindemittel, »trocken« aufgeschichtet sind. Die

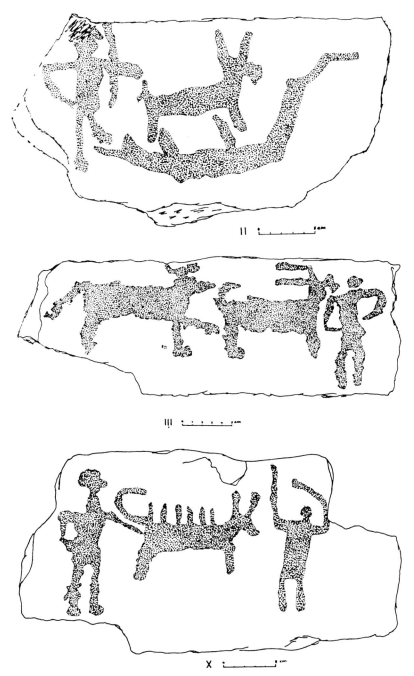

Abb. 10 Korphí t'Aranioū auf Naxos. Steine mit eingehämmerten Tier-, Schiffs- und Jagddarstellungen

Wehrmauer besteht aus Marmorblöcken von auffälliger Dicke, während die Bastionen aus flachen Platten errichtet sind. Außer den erhaltenen Bastionen, die in unregelmäßigen Abständen von 4,50–8 m aufeinander folgen, ist im Osten und Westen noch je eine Eckbastion anzunehmen, mit denen die Wehranlage den Anschluß an die den Gipfel einschließenden Steilhänge fand, so daß der Berggipfel geschlossen abgeriegelt war. Wie weit die Wehrmauer noch am Rand der Steilhänge entlanglief, ist nicht mehr festzustellen.

Zwei Eingänge durchbrachen die Mauer, beide waren doppelt gesichert. Der eine führte im rechten Winkel durch Bastion B und konnte durch Innen- und Außentür verriegelt werden. Der andere lief geradlinig durch Raum 9, wo ebenfalls ein doppelter Türverschluß angelegt war. Ein dritter Eingang, dessen Form nicht mehr genau auszumachen ist, vielleicht nur eine Pforte, befand sich südlich der zerstörten Bastion Z.

Dieser ganzen wohldurchdachten Wehranlage war nun im Abstand von 0,80–2,30 m noch ein Vorwerk vorgeschaltet, eine lange, etwas schwächere Mauer (0,90–1,15 m), so daß zwischen diesen beiden Mauern ein Zwinger entstand, in dem eingedrungene Feinde leicht isoliert und bekämpft werden konnten. Der Durchlaß durch das Vorwerk lag unmittelbar vor Bastion Γ, von der aus er direkt überwacht werden konnte. Er bestand aus zwei sich überschneidenden Mauern, so daß er von außen aus größerem Abstand nicht gleich zu erkennen war. In den Kammern der Bastion und im Zwinger sind beträchtliche Mengen von eigroßen Wurf- und Schleudersteinen gefunden worden, die Munition für erwartete oder erfolgte Kämpfe.

Es versteht sich von selbst, daß ein so perfektes und ausgeklügeltes Verteidigungssystem nicht das erste seiner Art war. Vielmehr sehen wir eine Anlage vor uns, die nicht am Ort entworfen wurde, sondern auf eine längere Vorgeschichte zurückblickt. Das bedeutet zugleich, daß es noch eine Reihe anderer solcher Wehrbauten gegeben haben muß, von denen wir aber nichts wissen.

Ähnliche Bastionen wie Kastrí besaß zur gleichen Zeit die Wehranlage von Lerna in der Argolis. Aber die Art der Verbindung oder Abhängigkeit, die zwischen beiden besteht, ist schwer zu bestimmen.

Gegen welche Feinde war die Festung von Kastrí errichtet? Zunächst ist klar, daß man mit einer bedeutenden Zahl von Angreifern rechnete, denn mit einzelnen Marodeuren wäre man auch ohne eine so aufwendige Wehranlage fertig geworden. Die Feinde konnten nicht über Land kommen, denn die Insel war in dieser Gegend völlig unwegsam. Die Angreifer kamen also übers Meer, und es müssen damals schon nennenswerte Flotten bestanden haben, die imstande waren, so große Truppenkontingente zu transportieren. Klar ist auch, daß diese Angriffe vereinzelt und nur von kurzer Dauer waren, denn da Kastrí über keine eigene Wasserversorgung verfügte, hätte es einer längeren Belagerung nicht standhalten können. Es rettete sie wahrscheinlich der Umstand, daß auch für die Angreifer die Versorgung schwierig war, daß sie sich nur bei organisiertem Nachschub übers Meer für längere Zeit hätten halten können. Der Schaden für die Einwohner von Kastrí war freilich groß genug, wenn ein überlegener Gegner nichts weiter tat, als ihnen die Schiffe zu zerstören, die bei den lokalen Verhältnissen nur schwer zu ersetzen waren.

Wer konnten diese gefährlichen Feinde sein? Man hat an die Kreter gedacht, die versucht hätten, mit ihren Flotten die Kykladen zu unterwerfen. Aber die Annahme ist ganz anachronistisch für diese frühe Zeit, mehrere Jahrhunderte vor der Epoche der ersten Paläste. In dieser frühen Zeit gibt es kykladische Importe auf Kreta, aber keine kretischen auf den Kykladen, d. h., die Kykladenbewohner haben damals das Meer befahren, nicht die Kreter. Viel eher ist anzunehmen, daß die Kykladen damals zum erstenmal von Piraten behelligt wurden, wie es sich in ihrer Geschichte noch oft wiederholen sollte. Für Piraten ist im Unterschied zu »regulären« kriegerischen Auseinandersetzungen auch bezeichnend, daß sie nur zu Überfällen antreten, kaum zu Belagerungen. Jedenfalls aber haben sie damals eine tödliche Bedrohung dargestellt.

Die Siedlung, die von der Wehranlage geschützt wurde, hat wahrscheinlich den ganzen Gipfel des Berges eingenommen. Die Fundamente auf der obersten Höhe sind heute freilich spurlos verschwunden, z. T. vermutlich in die erwähnte neuere Befestigung eingegangen. Erhalten sind nur die Fundamente der Häuser, die sich in der Nähe der Wehrmauer befanden, im ganzen wenig mehr als vierzig Räume, von sehr verschiedener Gestalt und Größe. Zu allen Zeiten ist in geschlossenen Siedlungen der Grundbesitz knapp und teuer gewesen. Man wohnte dicht aufeinander, mußte mit engen Gassen und Höfen vorliebnehmen. Die Häuser umfaßten Wohnungen von ein oder zwei Räumen. Der Wehrmauer entlang waren sie nebeneinander gelegen, sonst aber auch häufig übereck gesetzt. Die isolierten Bauten 20, 30 und 32 stellen wahrscheinlich Vorratsspeicher dar. Auffällig ist die Weiträumigkeit zweier Bauten im Nordwesten: 25 + 26 und 28 + 29, die zudem von zwei großen Höfen umgeben sind, 27 im Osten und dem unbezeichneten Rhombus im Nordwesten. Hier scheint sich deutlich eine soziale Differenzierung der Einwohner anzuzeigen. Im Komplex der Räume 24 (mit der großen Stichmauer), 41 und 42 haben einige ein Heiligtum erblicken wollen. Konkrete Befunde, die dafür sprechen, gibt es jedoch nicht.

Nur in den Räumen 4, 11 und 22 konnten noch Feuerstellen festgestellt werden. Die Herde bestehen aus einer größeren Bodenplatte, auf die im Abstand von 0,25–30 cm zwei parallele Wangenplatten fest verkeilt aufgesetzt sind. Größere Mengen von Kohlenresten haben sich noch vorgefunden, in Raum 11 auch Bronzeschlacken. Darüber hinaus sind in Kastrí auch an mehreren anderen Stellen Bronzeschlacken gefunden worden, dazu Gußformen und vier Fragmente von Schmelztiegeln, mit Rückständen von Blei und Kupfer.

Die Nachgrabung in Raum 11 hat in einer Mauernische eine größere Anzahl von Metallgegenständen erbracht: eine Metallspule, Reste eines bronzenen Sägeblatts, ein Metallrohstück, drei Pfriemen, neun Meißel verschiedener Form und Größe, von denen mehrere ungebraucht, sozusagen »fabrikneu« zu sein schienen. Es ist daher so gut wie sicher, daß sich in Raum 11, wo auch das Fragment eines Schmelztiegels gefunden wurde, eine Metallgießerei befand.

Nun hat es mit diesen Metallfunden aus Kastrí seine besondere Bewandtnis: 1. befinden sich darunter eine Speerspitze, die nach Anatolien, und drei Meißel, die nach Troja weisen, so wie auch unter der Keramik zwei Formen auftreten (Glockenbecher und Depas amphikýpellon), die anatolischen Ursprungs zu sein scheinen, in einem Fall vielleicht sogar direkter Import aus Troja sind. Dann hat die Blei-Isotopen-Analyse ergeben, daß für sechs Metallfundstücke aus Kastrí, darunter die oben genannten, eine Kupferart verwandt wurde, die nur in Kastrí vorkommt, sonst nirgends auf den Kykladen, und sehr wahrscheinlich aus Anatolien stammt. Das Material fünf weiterer Bronzefunde aus Kastrí zeigt Verwandtschaft mit zyprischem Kupfer, stammt aber vielleicht aus einer zweiten anatolischen Quelle. Alle diese Werkzeuge bestehen aus hochgradiger Zinnbronze, die sonst auf den Inseln in frühkykladischer Zeit unbekannt ist.

Diese Besonderheiten haben die Vermutung aufgebracht, die Siedlung von Kastrí sei vielleicht eine befestigte Handelsniederlassung trojanischer Schmiede gewesen, ja, man hat sogar von trojanischen Flüchtlingen gesprochen, die sich hier niedergelassen hätten. Aber für eine Handels- oder Flüchtlingssiedlung macht die raffinierte Befestigungsanlage einen viel zu aufwendigen und vor allem systematischen Eindruck. Hier sind ohne Zweifel professionelle Festungserbauer im Auftrag einer großen und wohlhabenden Gemeinschaft am Werk gewesen. Außerdem existieren Fundgruppen der Kastrí-Typologie auch in Aj. Irini auf Kea und auf dem Kynthos von Delos, neben Einzelfunden auf mehreren anderen Inseln. Die Kastrí-Keramik ist also keineswegs so begrenzt und isoliert, wie es nach der obigen Erklärung zu erwarten wäre.

Die Häuser von Kastrí weisen keine Umbauten oder Erneuerungen auf, sie gehören nur einer einzigen Epoche an. Die Siedlung kann also nicht sehr lange bestanden haben. Vielleicht ging sie, worauf Spuren hindeuten, durch Feuer unter, vielleicht waren aber auch den Bewohnern die Lebensbedingungen auf der steilen Höhe auf die Dauer zu hart, besonders, wenn die ganze Gegend schon damals ziemlich unfruchtbar war oder die Erträge sich drastisch verringerten. Von den großen, über 600 Gräber zählenden Friedhöfen, die Tsountas auf dem gegenüberliegenden Hang von Chalandrianí entdeckte,

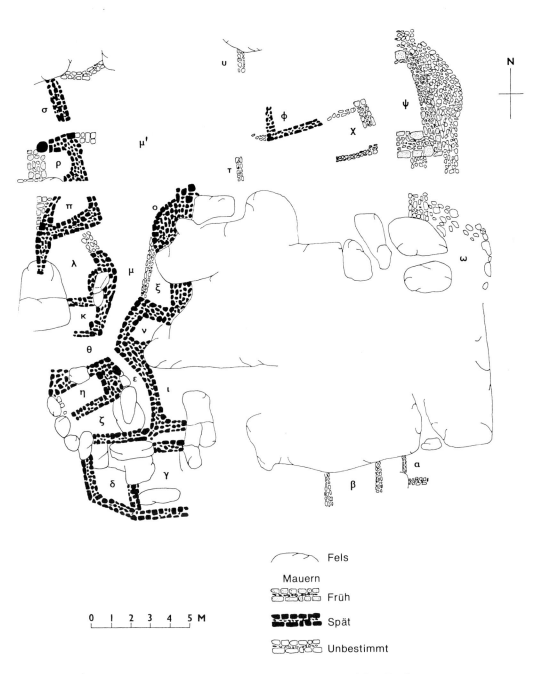

Abb. 11 Delos. Plan der frühkykladischen Siedlung auf dem Kynthos

Taf. 1   Kegelhalsgefäß aus Marmor (sog. *Kandíla* = Öllampe der orthodoxen Kirche), mit vier senkrechten Schnurösenrippen. Der Mittelteil ahmt die Form eines Seeigelgehäuses nach. Der Fuß läßt deutlich erkennen, daß er kein ursprünglicher Bestandteil des Gefäßes, sondern eine nachträgliche Hinzufügung ist, d. h., in der Formidee, denn technisch ist das Gefäß aus einem Block gearbeitet. Die Kandíles sind nur z. T. ausgebohrt und daher sehr schwer und ohne großes Volumen. Ihre Funktion ist unbekannt, aber ohne Zweifel waren sie höchst aufwendige Luxusgegenstände. Die vollkommen gleichmäßige Rundung des Gefäßes setzt auf jeden Fall die Anwendung irgendwelcher langsam rotierender Torsionsgeräte (Drehbänke) voraus.
Athen, NM 4763

Taf. 2   a) Runde Steinschale aus Paros zum Anreiben von Farbe, mit polygonalem Obsidiankern als Stößel und Klümpchen von Ocker. Der rote Ocker bedeutete Blut und Lebenskraft. Teils wurden die Toten selbst mit ihm gezeichnet, teils die Idole.
Athen, NM 4778.3
b) Zylindrische Tonpyxide aus Naxos mit Ritzdekor aus schraffierten Dreiecken. Auf dem (nicht zugehörigen) Deckel Wechsel schraffierter und ausgesparter Dreiecke. Mit Hilfe der Schnurösen konnte der Deckel mit der Dose verschnürt oder das Ganze aufgehängt werden. Die genaue Funktion ist unbekannt. Als Inhalt kann man sich Schmuck, Kosmetika oder Gewürze vorstellen.
Athen, NM 6103.3

Taf. 3   Tönernes Kegelhalsgefäß ohne Fuß von Despotikón, mit drei senkrechten Schnurösen, an denen das Gefäß aufgehängt und der Inhalt vor Mäusen und Haustieren geschützt werden konnte. Der Rand beweist, daß es durch einen Deckel geschlossen war. Der Hals ist undekoriert, der Gefäßleib in Form einer Seeigelschale mit einem diagonalen Fischgrätenmuster geschmückt.
Athen, NM 4880

Taf. 4   a) Tonpyxide und Fußbecher aus Syros vom Ende der frühkykladischen Zeit, mit einfachem Girlanden- und abwechslungsreichem Dreiecksdekor, dunkel auf hell. Die elegante Form der mit Doppelschnurösen versehenen Pyxide ist gegenüber den ursprünglich sphärischen Pyxiden bedeutend verfeinert.
Athen, NM 5156 u. 4988
b) Tönerne »Spulen«pyxide aus Syros, Frühkykladisch II, mit wirkungsvollem Dreiecksdekor, dunkel auf hell. Die Pyxide ist in der Vitrine und Aufnahme verkehrt herum aufgestellt. Der Teil, der übergestülpt wird, ist natürlich der Deckel. H 5,5 cm.
Athen, NM 5225

Taf. 5   a) Steatitpyxide aus Naxos, Schmuckdose, vielleicht in Form eines ovalen Hauses, verziert mit Vierergruppen plastischer Spiralen unterschiedlicher Größe auf Gefäß und Deckel, der mit Schnüren auf dem Gefäß befestigt werden konnte. H 7,2 cm.
Athen, NM 5358
b) Sphärische Deckelpyxide aus dunklem Ton von Chalandrianí/Syros mit typischem Ritzdekor aus Kerbschnitt und sog. falschen Spiralen, d. h. durch Tangenten verbundenen konzentrischen Kreisen. Der Dekor wird durch Weißfüllung zu nachdrücklicher Wirkung gebracht.
Athen, NM 5029

Taf. 2

Taf. 3

Taf. 4

f. 5

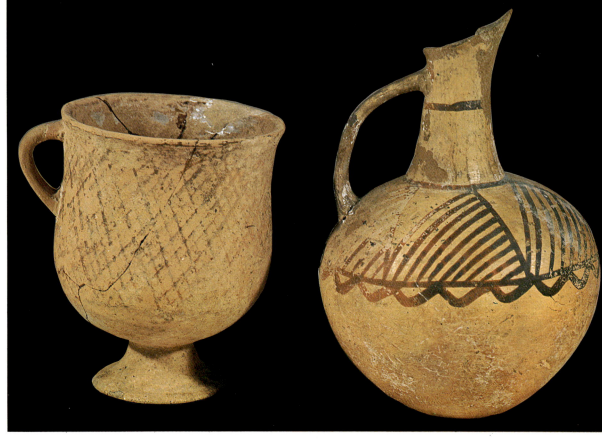

Taf. 7 Vorratsgefäße aus Phylakopí/Melos in zwei entgegengesetzt ponderierten Formen, die Griffe jeweils an der ausladendsten Stelle. Einfacher linearer Dekor der Phylakopí I-Stufe: dunkel auf weißem Überzug. Der breite waagerechte Rand des ersten Gefäßes besitzt Löcher zum Festbinden des Deckels. Der Dekor und daher auch der weiße Überzug läßt den untersten Teil des Gefäßes frei. H 27 und 32 cm.
Athen, NM

◁ Taf. 6 a) Sog. Schnabeltasse, typisch für die gesamte mittlere Frühbronzezeit. Trink-, Spendengefäß oder Lampe? Besonders schönes Gefäß aus Naxos mit Bemalung der oberen Hälfte, schwarz auf hell, mit kreuzschraffierten Dreiecken und Winkelhaken, während die untere Hälfte dunkelrot überzogen ist. L 28 cm.
Athen, NM
b) Geschweifter Becher mit Henkel und Trompetenfuß und Schnabelkanne aus Chalandrianí/Syros, der Becher mit fortlaufendem Rhombenmuster, die Schnabelkanne mit schraffierten Dreiecken auf einer Wellenlinie, hell auf dunkel.
Athen, NM 5169 u. 5147

Taf. 8 Tiergestaltiges Tongefäß aus Chalandrianí/Syros. Ein gedrungenes sitzendes Tier mit kurzen Beinen, Rüsselschnauze und langen Krallen hält eine große konische Schale vor der Brust, die durch eine breite Öffnung mit dem Hohlraum des Tierleibes verbunden ist. Rötliche Bemalung auf hellbraunem Überzug. Vielfach als (honigschleckender) Bär erklärt, aber auch als Dachs und Igel. H 10,8 cm. ▷
Athen, NM 6176

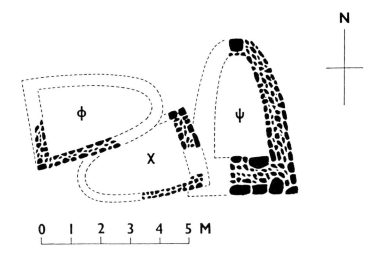

Abb. 12 Delos. Detail von Abb. 11: Apsidenhäuser im NO-Bereich der Siedlung

gehört nur eine kleine und, wie es scheint, späte Gruppe der Siedlung von Kastrí an. Die Funde sind von den älteren der Syrostradition charakteristisch unterschieden und stellen eine eigene Stufe dar. Unentdeckt ist aber bisher die Siedlung geblieben, der der Großteil der Gräber von Chalandrianí angehörte.

Eine weitere befestigte Höhensiedlung hat sich auf Delos befunden. Die kleine Insel verfügt nur über eine einzige nennenswerte Erhebung, den Berg Kynthos. Unter der ausgedehnten späteren Überbauung haben sich freilich nur geringe Reste erhalten: Fundamente einräumiger Apsidenhäuser aus kleinen rohen Steinen mit Ton als Bindemittel. Es haben sich Mauern von 0,30, 0,80 und 1,40 m Stärke gefunden. Nur die ersteren können normale Hausmauern sein, die beiden letzteren entsprechen in der Stärke den Wehrmauern von Kastrí. So hat man auch in ihnen Reste einer frühkykladischen Befestigung gesehen. Obwohl die Keramikfunde meist der Phylakopí I-Stufe angehören, kann die Festung selbst natürlich älter sein. Es muß auffallen, daß die Siedlung auf dem Kynthos nicht wie die anderen am Meer gelegen ist, sondern in der Mitte der Insel. Die Tatsache, daß die 24 entdeckten Wohnräume um den obersten Gipfel herum gruppiert waren, hat die Vermutung aufkommen lassen, es finde darin eine religiöse Idee ihren Ausdruck, nämlich die Verehrung eines heiligen Felsens. Aber wie will man es ohne Parallelen erweisen?

Andere, durch Wehrbauten oder natürliche Lage gesicherte Siedlungen haben sich auf der kleinen Insel Daskalió unmittelbar südwestlich von Keros, bei Spedos an der Südostküste von Naxos und bei Pyrgos auf Paros gefunden, wo bisher jedoch nur Versuchsgrabungen stattgefunden haben.

Umfassender ausgegraben, so daß der Plan des Ganzen erkennbar ist, wurde eine kleine Höhensiedlung bei Kap Pánormos, ebenfalls an der Südostküste von Naxos, auf der Kuppe *Korphári tōn Amygdaliōn — Gipfel der*

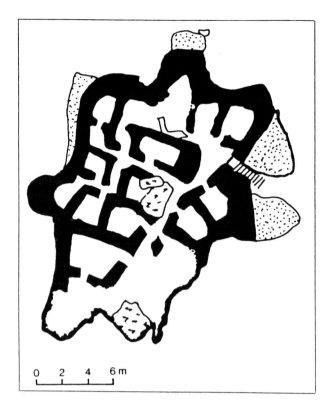

Abb. 13 Korphári tōn Amygdaliōn auf Naxos. Plan der kleinen Festung mit ihrem ausgebuchteten, bastionartig verstärkten Mauerring, dem Eingang im NO und den gedrängten Häusern im Innern. Der Umfang beträgt nicht mehr als 18 x 24 m

Mandelbäume. Die kleine Akropolis ist winzig und umfaßt nur ein Areal von 18 x 24 m, aber sie stellt eine völlig geschlossene Festung dar. Eine ein Meter starke Wehrmauer umzieht schlangenförmig den Gipfel des Hügels, an den Ausbuchtungen verstärkt, so daß sich sieben Bastionen ergeben. Im Innern drängen sich zwanzig enge, unregelmäßige Räume zusammen. Eine längere Treppe führt zu dem einzigen Eingang hinauf, der nicht mehr als 0,80 m breit ist. Eine Miniaturfestung für eine kleine Gemeinschaft von vier bis fünf Dutzend Menschen. Sie liegt zudem zwischen höheren Hügeln verborgen, so daß sie vom Meer aus nicht direkt zu erkennen war.

Phylakopí I-Stufe (Frühkykladisch III, ca. 2300 bis 2000 v. Chr.)

Phylakopí auf Melos

Von den drei Epochen des Frühkykladikums ist die Syros-Stufe ohne Zweifel die reichste gewesen. Wenn es auch, wie die Wehrbauten ausweisen, eine unsichere, kriegerische Zeit war, so hat sie doch an Idolen, an Ton- und Marmorgefäßen, an Werkzeugen und Waffen, Bauten und Gräbern weit mehr geschaffen und hinterlassen, als die beiden anderen Epochen. Vieles davon, wie einige Arten der Idole und der Marmorgefäße, hat sie nur für sich selbst hervorgebracht. Es ist mit ihr entstanden und mit ihr erloschen. Welches Ende sie nach einer Lebensdauer von drei- oder vierhundert Jahren genommen hat, ist uns unbekannt. Wir sehen nur, daß beim Übergang zur nächsten Epoche ein großer Umbruch erfolgte. Die Zahl der bekannten Siedlungen sinkt von 33 auf 15, auf weniger als die Hälfte. In Wirklichkeit ist die Verschiebung, ist die Menge der aufgegebenen Siedlungen noch größer, als diese Zahlen vermuten lassen. Denn die 15 Siedlungen von Frühkykladisch III sind nicht alle Fortsetzungen der vorhergehenden Epoche, sondern zum großen Teil an neuer Stelle angelegt. Es hat sich also um eine Verlagerung großen Ausmaßes gehandelt, die nur bedeutende Umbrüche hervorgerufen haben können. Mit der Abnahme der Siedlungen braucht nicht notwendig ein allgemeiner Rückgang der Bevölkerung verbunden gewesen zu sein. Es ist denkbar, daß sie sich in größeren Siedlungen konzentrierte. Eine stete Fortentwicklung kann jedoch nicht stattgefunden haben, der Bruch ist unverkennbar. Was auch immer ihn herbeigeführt hat, es müssen danach wieder friedliche Zeiten eingekehrt sein. Die neuen Siedlungen liegen am Meer oder in Meeresnähe, gewöhnlich zwar in geschützter Lage, aber, wie es scheint, unbefestigt. Eines dauernden Schutzes gegen Angreifer scheint es nicht bedurft zu haben.

Wie die beiden ersten Stufen so ist auch diese dritte nach ihrem Hauptfundort benannt, Phylakopí auf Melos. In Phylakopí bestand in mittel- und spätkykladischer Zeit eine bedeutende Stadt. Diese beiden Stadtanlagen, die wir unten näher zu beschreiben haben, bezeichneten die Ausgräber als Phylakopí II und III. Unter ihnen lag, dem Ende der Frühbronzezeit angehörend, Phylakopí I, das noch keine Stadt gewesen ist, aber eine ausgedehnte Siedlung. Stellenweise ging sie sogar über den Bereich der späteren Stadt hinaus, denn es haben sich Phylakopí I-Fundamente unter der großen Wehrmauer gefunden, die die mykenische Stadt im Südwesten einschloß. Wie dicht aber diese frühe Siedlung bewohnt war, das ist heute nicht mehr auszumachen, denn die spätere Überbauung hat nur einzelne Fundamente übriggelassen. Wir bilden den größten Komplex, der freigelegt werden konnte, hier ab. Man sieht eine Reihe mehr oder weniger rechteckiger Räume, aber die ganze Anlage ist ziemlich verwinkelt und undurchsichtig. Die Mauerstärke schwankt zwischen 0,30 und 0,60 m. Nur zu einem einzigen Raum (25) ist der Eingang erhalten. Man sieht nicht, in welcher Beziehung die Räume zueinander standen, wie sie miteinander verbunden waren. Der Ausgräber bemerkt selbst: »Es sind beträchtliche Mauerreste, aber sie ergeben selbst für die erfinderischste Einbildungskraft keinen verständlichen Plan.«

TONGEFÄSSE

Für viele Bewunderer ist die Kultur der Kykladen in erster Linie eine Marmorkultur. Die geheimnisvollen Idole und die kostbaren Steingefäße sind es vor allem, die den Ruhm der Inseln ausmachen. Die Idee, Idole und Gefäße aus Marmor zu bilden, ist nicht von Natur naheliegend. Unwillkürlich stellt man sich vor, sie müsse von irgendwoher übernommen sein. Oder war es einfach das Gefallen an dem hellen einheimischen Marmor, das die Motivation abgab?

Verglichen mit den Marmorgefäßen ist der Formenreichtum der Tongefäße natürlich wesentlich größer, und zwar nicht nur für Gebrauchsgefäße, sondern auch bei ihnen gibt es zahlreiche ausgeprägte Zier- und Schmuckformen.

Die Herstellung von Tongefäßen hat geeignete Tonlager zur Voraussetzung. Auf den felsigen Kykladen war guter Ton selten, ja, wir werden später sehen, daß auf Thera z. B. der Ton so grob und körnig war, daß man Prunkgefäße mit einem dicken hellen Schlick überzog (s. Taf. 51). Wo man aber über feinen Ton verfügte, dort wagte man sich nicht nur an sehr kunstvolle, sondern auch an sehr zerbrechliche und geradezu ausgefallene Formen (s. Abb. 21/22).

Die Gefäße und Idole sind es eigentlich, die der kykladischen Bronzezeit des 3. Jts. den Rang einer eigenen »Kultur« verleihen, denn in ihnen sprechen sich für uns ihr Gestaltungsvermögen in Formung und Zeichnung, aber auch ein Teil ihrer Lebens- und Religionsanschauung am deutlichsten aus. Die übrigen Formbereiche: Bauten, Schiffe, Schmuck und Waffen sind uns nur sehr fragmentarisch überliefert.

Das Erstaunliche an der frühkykladischen Keramik ist aber, daß sie uns von Anfang an in so großer Vollendung entgegentritt, eine Tatsache, die erstaunlich bleibt, auch wenn man annimmt, daß den Toten vorwiegend ausgesuchte Gefäße mit ins Grab gegeben wurden, denn so gut wie alle erhaltenen Funde stammen aus Gräbern.

Pelós-Stufe (Frühkykladisch I, ca. 3000 bis 2600 v. Chr.)

Eine Gefäßform, die ganz für sich steht, sind die frühkykladischen Pyxiden, Dosen mit Verschlußdeckel. Es gibt sie in zylindrischer und in sphärischer Form. Der Verwendungszweck ist nicht eindeutig klar. Man kann an Behälter für Schmuck, Kosmetika oder Gewürze denken.

Die zylindrischen Pyxiden sind ein wenig breiter als hoch, die durchschnittliche Höhe schwankt zwischen 10 und 12 cm, die durchschnittliche

Breite zwischen 12 und 14 cm. Aber es gibt auch Miniaturexemplare von 5,5 cm Höhe und 7 cm Durchmesser. Der Deckel ist nur selten flach, sondern gewöhnlich leicht gewölbt. Seitlich sind an Deckel und Dose senkrechte Schnurösen angesetzt, mit deren Hilfe die beiden Teile zusammengebunden oder aufgehängt werden konnten. Die Pyxiden sind manchmal ohne Dekor, nur glatt poliert, oft aber mit Ritzmustern geschmückt, mit Fischgrätenmustern gewöhnlich oder schraffierten Dreiecken.

Zur Erklärung der ganz regelmäßigen Zylinderform und des perfekten Zusammenpassens von Deckel und Gefäß und den Schnurösen an beiden kann man annehmen, daß der Ton rings über einen hölzernen Kern gezogen wurde, daß, sobald er lederhart geworden war, der Ritzdekor aufgetragen und dann der Deckel durch einen Schnitt vom Gefäßkörper getrennt wurde. Das Gefäß mit dem Holzkern auch zu brennen, war jedoch nicht möglich, denn er hätte sich in der Hitze deformiert und das Gefäß verzogen. Ein schlüssiger Beweis für das angegebene Verfahren liegt auch darin, daß sich in mehreren Fällen der Ritzdekor des Gefäßkörpers auf dem Deckelrand fortsetzt.

Eine ebenso elegante wie schwierige Rundung zeigen die sphärischen Pyxiden und sind doch vollkommen gleichmäßig sowohl in der Form wie in der Stärke der Wandung. Hier könnte man an einen Holzkern denken, der aus einzelnen Klötzchen zusammengesetzt war, die sich durch die enge Öffnung stückweise herausziehen ließen. Eher wird jedoch irgendeine Art von Rotationstechnik Anwendung gefunden haben. Zwar wurde die schnell rotierende Töpferscheibe erst in der Mittleren Bronzezeit, erst nach 2000 v. Chr. erfunden, aber die kykladischen Marmorgefäße beweisen, daß es langsam rotierende Drehbänke schon viel früher gegeben haben muß. — Schwierig wird es gewesen sein, auf die runden Gefäße ohne Holzkern den Ritzdekor aufzutragen, ohne sie zu deformieren.

Sehr viel seltener als die Pyxiden sind die sog. Kegelhalsgefäße. Sie bestehen aus einem Gefäßkörper, dessen Form ein umgestülptes Seeigelgehäuse

Abb. 14 Drei Beispiele von Ritzdekor auf Kegelhalsgefäßen. Der Dekor benutzt z.T. außerordentlich schwierige und komplizierte Muster und erforderte besonders bei den Torsionsmustern genaue Berechnung und große Kunstfertigkeit

Abb. 15 Kegelhalsgefäß aus Ton mit dichtem Fischgrät-Strichmuster. Auf dem Hals nur ein schmaler Reifen aus Winkelhaken. Der Gefäßkörper ahmt die Form einer Seeigelschale nach. H 16 cm. Athen, Benaki-Museum 7685

Abb. 16 Das Kegelhalsgefäß entwickelt sich fort zur sog. Kamposflasche von sehr viel geschlossenerer Form, aber das Seeigelgehäuse ist bereits verwischt. H 12,5 cm. Athen, Slg. Goulandris 94

zum Vorbild hat, und einem breiten, konisch sich verengenden Hals. Die Höhe des Halses oder Kragens steht hinter der des Gefäßkörpers kaum zurück. Auch die Kegelhalsgefäße sind gewöhnlich mit Schnurösen zum Aufhängen versehen. Ihre Größe liegt meistens zwischen 12 und 18 cm. Aber es finden sich auch Exemplare von 22 cm Höhe. Der Durchmesser entspricht ungefähr der Höhe.

Der Dekor besteht wie bei den Pyxiden aus Ritzmustern, vielfach Fischgrätmustern. Und wie bei den Pyxiden kann das Muster das Gefäß waagerecht umziehen oder senkrecht vom Boden aufsteigen. Eine besonders schwierige, aber auch besonders dekorative Lösung war es, das Fischgrätmuster in Torsion anzulegen und die einzelnen Streifen durch schmale, glatte, ungekerbte Stege voneinander zu trennen, wodurch der Dekor rhythmisch gegliedert wurde und die Torsion deutlich zur Erscheinung kam. Nur selten ist das ganze Gefäß gleichmäßig mit Ritzung überzogen, der Hals bleibt gewöhnlich frei oder trägt nur einen einzigen Fischgrätreifen.

Ein sehr wirkungsvoller Dekor ist auch der mit schraffierten gegenständigen Dreiecken. Zum Teil sind sie sehr kompliziert, so daß es besonders bei sphärischen Gefäßen schwierig war, sie mit der Dichte, Feinheit und voll-

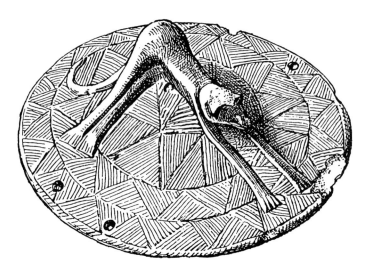

Abb. 17 Deckel einer kretischen Luxuspyxide aus grünem Steatit, der in zwei Exemplaren erhalten ist (Dm 12 cm). Der Griff in Form eines liegenden Windhundes. Der Dekor mit Ringen schraffierter Dreiecke ist kykladisch

kommenen Regelmäßigkeit aufzutragen, wie wir sie finden. Sie setzen präzisesten Entwurf und genaueste Berechnung voraus und beweisen eine Kunstfertigkeit, die auf großer Tradition und Erfahrung beruht und schließlich auch auswärts nachgeahmt wurde. Eine der schönsten Imitationen ist der Deckel einer kretischen Steatitpyxide aus Mochlos mit einem liegenden Hund als Griff. Der Dreiecksdekor ist kykladisch. Das großartige Gefäß war so geglückt und begehrt, daß es serienmäßig angefertigt wurde. Ein genau gleicher Deckel ist in dem sog. Pharángi von Kato Zakros als zufälliger Streufund zutage gekommen.

Die Kegelhalsgefäße sind von besonderer Wichtigkeit dadurch, daß sie das Thema zu Variationen sowohl bei den Ton- wie bei den Marmorgefäßen angeben.

Die erste Keramikvariation ist das Kegelhalsgefäß mit Fuß, also ein sozusagen dreistöckiges Gefäß. Der glocken- oder trompetenförmige Fuß wirkt immer mehr oder weniger unorganisch. Man sieht, daß er nachträglich hinzugekommen ist. Man könnte ihn mit dem Hypokraterion der klassischen Zeit vergleichen.

Frühkykladisch I zeigt noch keine einheitliche Entwicklung. Dazu war die Welt in dieser Zeit viel zu kleinräumig. Es bilden sich teils insulare, teils auf den einzelnen Inseln wiederum, besonders auf Naxos und Paros, lokale Sonderformen heraus, die sich zeitlich unbestimmt überschneiden. Für eine genaue chronologische Einordnung reichen die Befunde vorläufig nicht aus. Die Relationen können aufgrund stilistischer und technischer Merkmale nur erschlossen werden. Inzwischen unterscheidet man innerhalb des Frühkykladikums vier verschiedene Stufen.

Die erläuterten vier Hauptformen der Pelós-Keramik stellen nicht den für uns erkennbaren Anfang dar. Ihnen geht vielmehr eine frühere Stufe voraus mit zwei Grundformen, aus denen sich die Pyxiden und Kegelhalsgefäße herzuleiten scheinen. Merkwürdig ist, daß zu diesen komplizierten und aufwendigen Gefäßen erst nachträglich eine Form hinzukommt, die man aus praktischen wie technischen Gründen von Anfang an erwarten sollte: die einfache flache Schale, die vielfältigen Zwecken dienen konnte.

Eine bedeutende Veränderung und Erweiterung des Pelós-Repertoires erfolgt auf der wichtigen Kampos-Stufe. Beim Kegelhalsgefäß wird der Rand der Öffnung leicht nach außen gewölbt und der Fuß zu einem niedrigen Konus verkürzt, wodurch das Gefäß seine Dreistöckigkeit verliert, geschlossener wirkt und standfester ist.

Eine Fortentwicklung des Kegelhalsgefäßes ohne Fuß ist ein Gefäß, das wie eine bauchige Flasche wirkt, da der weite konische Kragen zu einem schlanken konkaven Hals verengt ist, dessen Mündung durch einen Ring verstärkt wird. Die Schnurösen sind auf die Schulter gesetzt, die Größe übersteigt nur selten 10 cm.

Bei diesen beiden Typen des Kampos-Repertoires herrscht noch die Fischgrätritzung vor, die zu großer Perfektion gelangt.

Eine weitere Abart sind Miniatur-Kegelhalsgefäße von 4 bis 6 cm durchschnittlicher Höhe und gleicher Breite. Am Fuß des Halses sind mehrere parallele Reifen eingeritzt oder ein Ring von Dreiecken eingepreßt. Auf dem

Gefäßkörper finden sich große, miteinander verbundene Spiralen. Die Ritzung ist tief und gewöhnlich mit einer weißen Masse ausgefüllt, so daß die Zeichnung kontrastiv hervortritt. Diese kleinen »Aryballoi« sind also im Dekor von den großen Gefäßen auffällig unterschieden. Sie sind es auch im Verwendungszweck. Ein großer Teil von ihnen enthält eine blaue Farbsubstanz, Azurit. Welcher Gebrauch bei Lebenden oder Toten von diesem »Puder« gemacht wurde, ist leider noch unbekannt. Auffällig ist, daß eine Anzahl dieser kleinen Gefäße massiv war, also keinen Farbstoff aufnehmen konnte. Wollte man mit solchen Beigaben den Toten täuschen, oder hatten sie symbolische Bedeutung und es genügte bereits die betreffende Form? Die Aryballoi kommen auch zu zweien und selbst zu vieren kombiniert vor.

Seltenere Tongefäße der Kampos-Stufe sind Näpfe, deren Wände geschwungen, am Rand schwächer, am Fuß stärker verengt sind.

Aus grobem Ton bestehen größere, pithosartige Gefäße, deren horizontale Henkel gegen die Statik am unteren Drittel befestigt sind.

Merkwürdig ist die große Zahl von hutartigen Gefäßen, die nicht innerhalb, sondern außerhalb der Gräber gefunden wurden. Sie müssen als Spendengefäße für Totenopfer nach der Bestattung gedient haben. Als Dekor tragen sie auf dem Rand Stempelmuster: Ringe von Winkeln, Dreiecken oder Rhomben.

Noch rätselhafter, aber zweifellos das wichtigste und interessanteste neue Kampos-Gefäß sind die sog. Kykladenpfannen oder Griffschalen. Sie stellen in Form und Dekor eine ganz eigene Gattung dar, die ein besonderes Kapitel erfordert (s. u. S. 54 ff.).

Syros-Stufe (Frühkykladisch II, ca. 2600 bis 2300 v. Chr.)

Das Siedlungskapitel hat gezeigt, daß sich in der zweiten Phase des Frühkykladikums die Lebensbedingungen stark veränderten. Es war eine unsichere Zeit, und die Kykladenbewohner zogen sich in befestigte Bergsiedlungen zurück. Auch die Keramik bleibt vom Wechsel der Zeiten nicht unberührt. Teils treten ganz neue Formen auf, teils werden die alten fortentwickelt. Im ganzen ist die Varietät deutlich größer geworden.

Die einst vielverwandten Pyxiden treten an Bedeutung stark zurück, bleiben aber, verändert, in beiden Formen erhalten. Die zylindrische Pyxis erhält einen flachen Deckel mit weit ausladendem Rand. Ebenso ausladend wird auch der Boden gestaltet. Außerdem wird der Deckel nicht mehr wie bisher aufgesetzt, sondern er ist so hoch, daß er dem Gefäßzylinder übergestülpt wird und bis auf den Boden reicht. Die Pyxide nimmt auf diese Weise die Form einer Spule an.

Geringer ist die Veränderung der sphärischen Pyxide. Sie behält ihren normalen Deckel, wird aber leicht abgeflacht, so daß sie eine doppelkonische Form annimmt.

Die flache Schale, die in der Kampos-Stufe aufgekommen war, wird nun mit niedrigem und hohem Fuß hergestellt, und neben diese zweite Form, die konvexe Schale auf hohem Fuß, tritt als Komplement auch die konkave Schale auf hohem Fuß, die besonders elegant wirkt, da hier die Schwingung des Fußes und die Schwingung der Schale einander entsprechen.

Das Kegelhalsgefäß hat seine charakteristische Form fast verloren. Weder die Form des Seeigelgehäuses, noch die scharfe Dreiteilung ist erhalten geblieben. Das Gefäß wird nun mit fließenden Übergängen gestaltet.

Eine wichtige Gruppe bildet die in der Kampos-Stufe aufgekommene »Flaschen«form.

Neu tritt im Syros-Repertoire die Schnabelkanne auf, der eine lange und charakteristische Entwicklung innerhalb der Kykladenkeramik beschieden sein sollte. Der Griff faßt sozusagen den Gefäßhals am Schopf, so daß der schnabelförmige Ausguß sich aufrichtet.

Ein Gefäß dagegen, das keine Fortsetzung gefunden hat, sondern die Syros-Stufe exklusiv bezeichnet, ist die sog. Schnabeltasse oder Sauciere. Sie kommt in einer flacheren und einer gestreckteren Form vor und ist wahrscheinlich aus der konvexen Schale mit Fuß und Ausguß entstanden. Es ist ein für unser Empfinden merkwürdig unsymmetrisches und disharmonisches Gefäß, manchmal aber geradezu humoristisch, wenn nämlich die gestreckte Form direkt an ein watschelndes Huhn erinnert. Die Funktion ist ungewiß. Man hat an Trinkgefäße gedacht, aber der »Schnabel« ist zum An-den-Mund-Setzen und Trinken alles andere als praktisch. Vielleicht waren es Lampen, vielleicht Libationsgefäße, aber warum von einer so vertrackten und schwer herzustellenden Form? Sie hat denn auch die Syros-Stufe nicht überdauert, aber dafür hat sie sich zu jener Zeit allgemeiner Beliebtheit erfreut und ist in der ganzen Ägäis verbreitet gewesen. Sie findet sich in Frühhelladisch II und Frühminoisch II ebenso wie in Frühkykladisch II und ist geradezu die Leitform des mittleren 3. Jts. Ihr Ursprung liegt möglicherweise wirklich auf den Kykladen.

Eine Form, die dann wieder ausschließlich der Syros-Stufe angehört, sind die »Pfannen« oder Griffschalen. Sie sind in Randgestaltung, Griff und Dekor von den älteren Kampos-Schalen charakteristisch unterschieden, doch gibt darüber ein besonderes Kapitel Auskunft.

Die Syros-Gefäße sind im allgemeinen aus feiner geschlämmtem Ton hergestellt als die älteren Gefäße. Auch tragen einige von ihnen einen feinen Überzug, der beim Polieren einen starken Glanz ergab. Die Verzierung besteht weiter in den traditionellen Ritzmustern. Es kommt nun aber auch eine ganz neue Dekortechnik auf, nämlich mit eingestempelten Mustern, vor

Taf. 20, 21

allem Kreisen und Spiralen, die durch Tangenten zu fortlaufenden Mustern verbunden werden. Und schließlich findet sich auch gemalter Dekor, sowohl hell auf dunkel wie umgekehrt. Die Verzierung besteht aus rektilinearen geometrischen Mustern: Dreiecken, Schraffierungen und Punktierungen.

Neben die großen Friedhöfe von Chalandrianí tritt auf Syros die Festung Kastrí, deren Gefäßrepertoire mehrere Sonderformen aufweist. Dazu gehört eine einhenklige Tasse mit kugelförmigem Körper und großem trichterförmigem Rand, weiter ein doppelhenkliges Trinkgefäß (dépas amphikýpellon), das auch aus Troja bekannt ist und Verbindung mit Anatolien beweist, eine schlanke Form der Schnabelkanne, eine tiefe Schale mit Schnuröse, Fuß und röhrenförmigem Ausguß, und schließlich ein Askós, ein bauchartiges Gefäß, das auch den sprechenden Namen »Entenvase« trägt, mit seitlich gesetztem Schnabelausguß und einem kleinen Henkel als Höcker über der Mitte der Vase.

Die Kastrí-Gefäße besitzen gewöhnlich keine Verzierung, sondern nur eine braun oder schwarz polierte Oberfläche. Eine Ausnahme bilden die sphärischen Pyxiden, die Ritzdekor tragen: zwei parallele Linien an der stärksten Ausbuchtung, und darüber, auf der Schulter, große doppelte oder dreifache Zickzacklinien, die mit Weiß gefüllt sein können. Die Form der Kastrí-Pyxiden ist kugeliger als die der älteren Typen, auch besitzen sie einen abgesetzten zylindrischen Halsring. Schnurösen fehlen. Statt ihrer finden sich vereinzelt auf der Linie der stärksten Ausbuchtung winzige Höckergriffe.

Die Kastrí-Gruppe gehört dem Ende von Frühkykladisch II an. Mit einigen ihrer Formen weist sie bereits auf die Stufe von Phylakopí I voraus. (Von Barber und MacGillivray wird sie als Frühkykladisch III A bezeichnet.) Sie kommt in größeren Komplexen noch in Aj. Irini und auf dem Kynthos von Delos vor, auf den anderen Inseln nur vereinzelt. Sie ist von besonderem Interesse u. a. wegen der deutlichen Verbindung nach Anatolien, die sie bei mehreren Formen aufweist.

Phylakopí I-Stufe (Frühkykladisch III, ca. 2300 bis 2000 v. Chr.)

Der griechische Archäologe D. Stravrópoulos hatte 1899 bei dem großen Keramikfund auf Rhenea, um den riesigen Scherbenberg abzubauen, kurzerhand alle Stücke, die ihm unbedeutend erschienen, ins Meer kippen lassen. Nur ein Jahr vorher waren ihm die Engländer bereits mit besserem Beispiel vorangegangen. Bei ihren Ausgrabungen der vorgeschichtlichen Stadt von Phylakopí auf Melos (1896 bis 1899) begannen sich im dritten Jahr die Keramikfunde enorm zu häufen. Aber obwohl die tägliche Ausbeute 10 bis 20 000 Scherben erreichte, machten sie es sich zur Regel, keine von ihnen, und sei sie noch so unscheinbar, fortzuwerfen, bevor sie nicht gereinigt und geprüft worden war. Am Ende jeder Kampagne wurde eine große Menge Keramik zur endgültigen Bearbeitung ins Nationalmuseum von Athen verbracht. »Es gibt keine Grenze für die Sorgfalt, mit der eine solche Aufgabe durchzuführen, oder für die Zeit, die auf sie zu verwenden ist«, schreibt der Bearbeiter der Keramik C. C. Edgar zu Beginn seines Berichts. Dieser Sorgfalt verdanken wir eine lückenlose Keramikfolge der ganzen Bronzezeit von der frühkykladischen bis zur spätmykenischen Zeit.

In Phylakopi wurden mehrere Siedlungsschichten übereinander gefunden. Die älteste gehört dem Ende der frühkykladischen Zeit an und hat dieser Phase (Frühkykladisch III) den Namen gegeben, so wie ein Gräberfeld in der Nähe von Phylakopi für die erste, die Pelos-Stufe, namengebend gewesen ist. Über die Baufunde ist oben bereits berichtet. Bei der Keramik sind je nach Glanz und Glasur zwei Gattungen zu unterscheiden. Die eine ist von mattglänzender Oberfläche, rot, braun oder schwarz. Der Glanz ist nicht wie bisher durch Polieren erzeugt, sondern durch einen mineralischen Zusatz im Überzug. Daher ist der Glanz nicht wirklich brillant. In den Überzug sind oft Ritzmuster eingetragen und diese in vielen Fällen mit einer weißen Masse gefüllt, so daß die Muster deutlich hervortreten.

Immer noch sind die Pyxiden in Mode. Nur die alten Formen sind verschwunden, sie werden jetzt konisch, sich nach oben verjüngend hergestellt. Auch besitzen sie keine Schnurösen mehr, sondern sind am oberen Rand einfach waagerecht durchbohrt. Auch die Deckel weisen nur noch einfache Löcher auf. Die Verschnürung ist also primitiver geworden.

Mit charakteristischer Veränderung tritt auch die Entenvase auf. Der schnabelförmige Ausguß ist in eine breitrandige Tülle verwandelt und der kleine Henkel von der Spitze des Gefäßkörpers heruntergenommen und direkt an den Ausguß gesetzt, so daß sich der Bauch des Gefäßes nun zu einem stumpfen Höcker aufwölbt. Man hat in diesen Entenvasen die Vor-

Abb. 18 Phylakopí. Scherbe mit der Ritzzeichnung eines Schiffes. Erhalten ist das hochgezogene Heck mit Steuerruder und Steuermann

läuferinnen der mykenischen Bügelkannen sehen wollen. Sie können in Phylakopi beträchtliche Größen erreichen.

Taf. 5b
Abb. 18
Taf. 21

Die Verzierung besteht aus Ritzdekor. Ohne Schwierigkeit und mit scharfen Rändern konnten nur gerade und gebrochene Linien in den feuchten Ton gezogen werden. Gebogene Linien waren schwierig und selten. Kreise, einfache und konzentrische, wurden eingestempelt. Wir wollen nur eine dieser Ritzzeichnungen eigens hervorheben, weil sie von besonderem Interesse ist. Es handelt sich um eine Schiffsdarstellung, und zwar die erste mit einem Menschen. Erhalten ist nur das weit aufgeschwungene Heck. Seitlich, über und unter dem Rumpf, ist je eine Reihe von Strichen zur Bezeichnung der Ruder eingeritzt, wie wir es von den Griffschalen kennen. Inzwischen sind einige Jahrhunderte vergangen, und auf unserer Zeichnung ist zum erstenmal das große Steuerruder angegeben, mit einer Ruderzier geschmückt. Und unmittelbar vor ihm steht der Steuermann, der es handhabt. Sein Leib ist schematisch dargestellt in Form einer Sanduhr. Unglücklicherweise ist die Spitze des Hecks weggebrochen, so daß wir nicht wissen, welche Heckzier es geschmückt hat. Auch der Bug ist nicht erhalten, so daß wir seine Form nicht mit der der Griffschalen vergleichen können.

Die Entenvase, die weite Verbreitung fand, ist ein auffällig untektonisches Gefäß. Daß die Töpfer den Anklang an die Ente bewußt intendiert haben, erscheint nicht geradezu ausgeschlossen, denn es findet sich ein allerdings vereinzeltes anderes Gefäß, dessen Hals und flacher Ausguß ganz den Entenvasen entspricht, dessen Körper aber als Vierfüßer gestaltet ist.

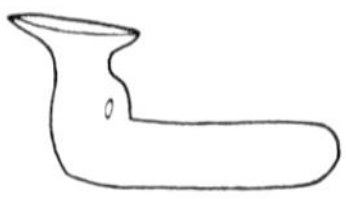

Der Entenvase in Tülle und Griff entspricht auch das Ringgefäß, bei dem der bauchige Gefäßkörper durch einen schlauchförmigen Ring ersetzt ist, ein Gefäß von stark reduziertem Fassungsvermögen und unbekannter Funktion.

Das eleganteste Gefäß der Gruppe ist die Schnabelkanne. Auch hier ist der Ausguß zu einer breitrandigen Tülle erweitert, auch hier der kleine Henkel unmittelbar an den Ausguß gesetzt, und er zieht diesen so energisch in die Höhe, daß das Gefäß nun recht deutlich einer Rohrdommel gleicht und sich die Frage wiederholt, wie weit diese Assonanz von den Töpfern bewußt gesucht wurde.

Neben den Ritzdekor tritt nun die zweite Gattung aus grauem oder rotem Ton, der mit einem weißlichen Überzug versehen ist, um den Maldekor recht zur Geltung zu bringen. Der weiße Überzug bedeckt auch den Innenrand des Gefäßes, die Außenseite jedoch nur so weit, wie der Maldekor reicht. Die Fußzone oder der untere Teil sind ungeweißt. Die Muster sind geometrisch und mit glänzendem Firnis aufgetragen. Für diese bemalte Gattung ist charakteristisch eine Schnabelkanne von etwas anderem Schnitt. Der Leib des Gefäßes ist etwas bauchiger, oft zwiebelartig, der Ausguß auch gereckt, aber nicht mehr spitz, sondern vorne coupiert, der Griff wesentlich kräftiger und größer. Er verbindet in geschlossenem Bogen Ausguß und Gefäßleib.

Der Dekor ist ziemlich grob. Bis zum unteren Henkelansatz ist das Gefäß von breiten parallelen Streifen umgeben. An den untersten Reifen ist dann ein Hängemuster angehängt: Blätter, Schlaufen, Voluten, Sicheln, auch Dreiecks- und Diagonalmuster. Sie bedecken die größte Ausladung des Gefäßes, lassen aber sein unteres Drittel frei, ein sehr charakteristisches Arrangement. Viele dieser Hängemuster wirken wirklich wie Schmuckgehänge, wie Kolliers, und das um so mehr, als das Gefäß selbst ja so etwas wie eine Brust vorweist.

Zum erstenmal besitzen wir von dieser Gattung Vorratsgefäße, Pithoi, die uns von den älteren Gruppen nicht erhalten sind, weil sie für Gräber zu groß oder als Beigaben unpassend waren. Es sind Gefäße, die ihre weiteste Ausladung im unteren Drittel haben, wo auch die Griffe sitzen, und die für uns etwas plumpsackig aussehen. Sie tragen einen breiten Rand mit Löchern, in

Abb. 19 Schnabelkanne der Phylakopí I-Stufe mit charakteristischem Dekor. Bis zum Ansatz des Henkels wird das Gefäß mit breiten parallelen Reifen umzogen. An den untersten wird in abwechslungs-, oft auch einfallsreicher Form ein Pendentivmuster angehängt, das gewöhnlich die größte Weite des Gefäßes nicht überschreitet und seinen untersten Teil unverziert läßt

denen der Deckel verschnürt werden konnte. Das Format reicht über eine weite Skala. Die großen sind über 70 cm hoch, die kleinen nur 25 bis 30 cm. Auch der Dekor zeigt eine große Varietät, kein festes Schema. Strich-, Winkel-, Schraffur- und Kreismuster können sowohl horizontal wie vertikal verlaufen. Eine besondere Rolle spielt die sog. falsche Spirale, konzentrische Kreise, die durch Tangenten verbunden sind. Auch eine figürliche Darstellung kommt bereits vor, ein Tierfries. Aber er ist so stark stilisiert, daß unklar bleibt, ob es sich um Vögel oder um sitzende Vierfüßer handelt. Wie bei den Schnabelkannen läßt der Dekor das untere Drittel des Gefäßes gewöhnlich frei, das daher oft nur nachlässig geweißt ist.

Abb. 20 Kernos der Phylakopí I-Stufe. Vermutlich Spendengefäß, mit zahlreichen »Flacons«, in denen eine ganze Reihe von Flüssigkeiten, Getreidesorten und Arten von Hülsenfrüchten dargebracht werden konnte

Diese Pithoi waren auch auf Ägina und dem Peloponnes verbreitet, so daß sich die Frage ihres Ursprungs stellt. Man nimmt an, daß die Form auf den Kykladen entstanden ist und sich von dort aus verbreitet hat. Auf den Inseln kommt sie freilich noch mit einem anderen Dekor als dem beschriebenen vor, nämlich in rotem oder schwarzem Ton, der weiß bemalt war, in umgekehrter Farbgebung also. Dieser Dekor Weiß auf Dunkel oder Schwarz wird

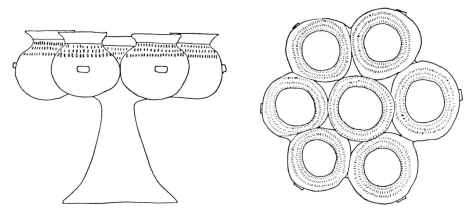

Abb. 21 Kernos mit sieben Spendenschälchen, von denen sechs im Kreis um ein zentrales siebtes angeordnet sind

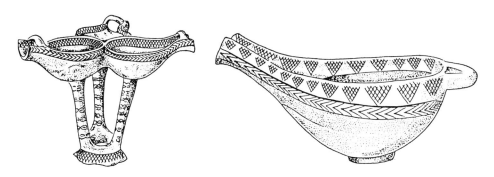

Abb. 22 Bemaltes Drillingsgefäß aus Naxos (Grab 10 von Spedos), H 19 cm. Aus dem Standring erheben sich drei Stangen. Sie tragen Schnabelschalen, die sich an der Rückseite berühren und wahrscheinlich als Lampen dienten. – Bemalte Schnabeltasse aus Naxos, L 28 cm. Die merkwürdig unorganische Form diente als Trink- oder Spendengefäß. Vgl. Taf. 6a

gewiß mit Recht als jüngere Fortsetzung der Ritztechnik mit weißer Füllung angesehen. Man hatte herausgefunden, daß es wesentlich einfacher war, statt die Muster einzuritzen und mit Weiß zu füllen, sie direkt mit weißer Farbe aufzumalen. Vor allem auch konnte man mit Farbe mühelos runde Formen wiedergeben, die der Ritzung immer große Schwierigkeiten bereiteten. Die Mühelosigkeit förderte die motivische Entwicklung, und so finden wir in der Weißmalerei schließlich eine Reihe schematischer Menschendarstellungen, und zwar sind es vor allem Gestalten mit erhobenen Armen im Anbetungsgestus, darunter das besonders wichtige Motiv eines Mannes, der die Sonne verehrt.

Mit ihrer schwankenden Rundung und Gewichtung sind die Pithoi eine weitere kykladische Gefäßart, die auf uns unausgewogen und atektonisch wirkt. Ja, sie wirken nicht einmal stabil, obwohl ihr Schwerpunkt so tief liegt. Vielleicht beunruhigt uns beim Betrachten unbewußt die Vorstellung, daß das gefüllte Gefäß beim Aufheben an den tief sitzenden Henkeln leicht umschlagen konnte. Für unser Formgefühl harmonisch und ausgewogen wirken Pithoi, die sozusagen die Umkehrung der obigen darstellen. Aber sie sind, wie es scheint, weit weniger in Gebrauch gewesen.

Wir finden zwei Formen von Tassen, eine konvexe ohne Griff und eine gebrochen zylindrische mit Griff.

Die Phylakopi I-Stufe hat eine gewisse Vorliebe für mehrteilige Gefäße. Es kommen nicht nur doppelte Pyxiden vor, sondern auch gekoppelte Schnabelkannen. Noch viel komplizierter sind Gefäße, die hier zum erstenmal auftreten, als Kernoi, Spendengefäße. In den kleinen Röhren konnte eine ganze Varietät verschiedener Samen oder Flüssigkeiten und Essenzen dargebracht werden. Außer den Kernoi hat die Endstufe des Frühkykladikums auch eine Reihe verspielter, man könnte sagen experimenteller Formen hervorgebracht, z. B. einen Kranz von sechs kleinen, abgeflacht kugeligen Pyxiden, die um eine zentrale größere angeordnet und alle miteinander durch Röhren verbunden sind. Oder drei Lampenschalen, mit dem Rücken aneinandergesetzt, die Dochttüllen nach außen gekehrt und dieser dreifache Leuchter auf ein hohes, leicht zerbrechliches Tongestänge gesetzt, so daß das ganze als Polýphoton dienen konnte. — Schöpfungen von zweifellos humoristischer Art sind die beiden Dachse oder Igel, die in Brusthöhe eine Schale vor sich halten. Es sind erstaunliche Zeugen plastischer Könnerschaft. Von den meisten werden sie als (honigschleckende) Bären angesehen. Frau Bossert hat den Ursprung des Motivs in Ägypten gesucht, in den bekannten Darstellungen sitzender Paviane. Aber von einem Affen ist nun wirklich nichts mehr zu erkennen, die »ägyptische Anregung« also zumindest vollständig verfremdet und selbständig weiterentwickelt. Wie auch soll man es sich erklären, daß der angenommene ägyptische Einfluß auf dieses eine, gänzlich isolierte Motiv beschränkt bleibt? Oder sind am Ende auch die Musikinstrumente und das eine oder andere kykladische Amulett aus Ägypten herzuleiten?

Abb. 21, 22
Taf. 8

Abb. 23 Großer bemalter Tonbecher der Susa I-Kultur (Anf. 4. Jt.) mit leicht erweitertem Rand. Schwarzbraune Bemalung auf geglättetem weißlichen Ton. Unter dem Rand Fries stilisierter Vögel mit überlangen Hälsen. Hauptmotiv: stilisierter Steinbock mit zu gewaltigem Doppelkreis geschwungenem Gehörn. Der Tonbecher aus dem elamischen Hochland erinnert unmittelbar an die tausend Jahre jüngeren Marmorbecher der frühen Kykladenkultur. H 25,2 cm; ob. Dm 16,7 cm. Paris, Louvre

MARMORGEFÄSSE

Gefäße in Stein zu schneiden, ist keine natürliche Idee, sondern ein Ausdruck des Überflusses und des Luxus. Aber sie ist schon sehr früh aufgekommen. Schon den Menschen des Neolithikums hat ihre große Erfindung, Gefäße nicht mehr aus Holz zu schnitzen, sondern in Ton zu formen, nicht genügt. Sie haben bereits Gefäße aus Stein gebildet. Im neolithischen Ägypten erreichte man in der Steingefäßherstellung bereits eine unerhörte Meisterschaft, die trotz sehr beschränkter technischer Mittel geradezu virtuose Leistungen vollbrachte und ihre Kunst darein setzte, gerade den härtesten Gesteinen die gewagtesten Formen abzugewinnen. Auch auf den Kykladen waren, wie das Kapitel über Sáliagos wenigstens erwähnt hat, bereits in neolithischer

Zeit Steingefäße in Gebrauch, auch sie bereits von vollendeter Form. Man darf mit Sicherheit annehmen, daß diese Tradition niemals abgerissen ist, auch wenn wir nicht sehen, auf welche Weise sie erhalten blieb.

Die Pelós-Stufe kennt noch keine Marmorgefäße, sondern nur einige schematische Marmoridole. Aber in der Plastirás-Gruppe treten sie dann mit einer Art Aplomb auf, gleich in vier ganz verschiedenen Formen, und in einer Menge, daß die Tongefäße hinter ihnen zurücktreten. Auch die einfachste Form, eine flache Schale, hat ihr Anfangsstadium bereits weit hinter sich gelassen, denn sie ist mit einer technisch nicht leicht herzustellenden Ösenrippe versehen. Fast alle frühen Gefäße tragen Schnurösen. Wurden sie wirklich alle aufgehängt, oder ist es bei den Marmorvasen nur noch ein künstlerischer Schmuck, den man von der traditionellen Form der Tongefäße übernommen hatte? Ganz sicher hat man eine solche Marmorschale nicht am Gürtel getragen, sondern lieber aus der Hand getrunken, als sie leichtem Zerbrechen auszusetzen. Es folgen Schalen, z. T. mit Fuß, mit zwei, drei und vier Schnurösen. Oft sind sie nicht gleichmäßig um das Gefäß verteilt, sondern auf einer Seite direkt nebeneinander gereiht. In dieser Anordnung haben sie eher dekorativen als praktischen Wert.

Die nächste Form ist die rechteckige Palette, an allen vier Ecken durchbohrt. Sie diente ohne Zweifel zum Anreiben von Ocker und Azurit, obwohl wir leider nicht genau wissen, wozu ihrerseits diese Farben dienten. Kostbare und relativ seltene Gefäße sind hohe, leicht geschweifte Becher mit vertikalen Schnurösen. Sie gleichen in überraschender Weise großen Tonbechern aus Susa, aus dem vorgeschichtlichen Elam. Aber es wäre seltsam, wenn nur diese eine Form von dort übernommen worden wäre, abgesehen davon, daß man nicht wüßte, wie der Traditionsstrom verlaufen wäre. Denkbar bleibt aber immer, daß ein einzelnes Gefäß gewandert ist und bleibende Nachahmung fand.

Das bei weitem komplizierteste und arbeitsaufwendigste Marmorgefäß ist das Kegelhalsgefäß, das genau das Tonmodell nachahmt. Die griechischen Archäologen nennen es Kandíla, weil es ziemlich stark den Öllampen in den orthodoxen Kirchen ähnelt. Aber ob es seinerseits wirklich zum Aufhängen bestimmt war, darf man trotz seiner eleganten Schnurösen bezweifeln. Die Kandiles sind innen oft nur zu einem kleinen Teil ausgebohrt, das bedeutet, sie haben nur ein sehr geringes Fassungsvermögen, sind aber außerordentlich schwer. Sie aufzuhängen, bedurfte es kräftiger Schnüre. Wozu können diese Gefäße gedient haben? Man kann sie eigentlich nur als Schmuckgefäße verstehen. War dies aber das Motiv, warum sie mit ins Grab gegeben wurden? Ohne Zweifel war es eine ganz besonders kostbare Beigabe, was nicht gehindert hat, daß sie wesentlich häufiger vorkamen als die Marmorbecher.

Taf. 1, 9

Viele dieser Gefäße sind so vollkommen rund, daß die Annahme langsamer Torsionsgeräte unumgänglich ist. Erstaunlich bleibt die perfekte Rundung aber dadurch, daß die langen Schnurösen den Fräsvorgang bei jeder Umdrehung viermal unterbrachen und außerordentlich erschwerten.

Auf der Kampos-Stufe nimmt die Verwendung von Marmorgefäßen zu. Nur die Palette hat geringe Bedeutung. Dafür kommt die einfache flache Schale auf, die man ganz am Anfang der Typenreihe erwartet hätte. Sie ist ohne Öse, trägt aber im Innern eine Rille, die den Rand gegen das übrige absetzt. Als weitere neue Form tritt noch ein etwas plumper Napf auf, der aber wahrscheinlich keine Vergröberung des feinen Plastiras-Bechers darstellt, sondern die Nachahmung eines Tongefäßes. Beide »Neuschöpfungen« der Kampos-Stufe kann man sich leicht als Gefäße für Totenspenden vorstellen.

Die reiche Syros-Stufe zeigt in der Produktion von Marmorgefäßen fast dieselbe Mannigfaltigkeit wie bei Tongefäßen. Nur die Kandila scheint in ihr keine Stelle mehr zu haben. Dafür ist die Palette von großer Bedeutung.

Die einfache Schale der Kampos-Gruppe wird auf Syros mit einem Ausguß und oft noch zusätzlich mit einem Fuß versehen. Daneben stehen zwei Formen von Kelchen. Die eine hat eine konvexe Schale mit rundem Boden, die andere eine konkave mit flachem Boden. Die letzte Form ist besonders geglückt, weil die Schwingung des Fußes hier mit der der Schale in Gleichklang steht. Beide Formen sind gewöhnlich sehr kleine Gefäße, deren Höhe sich in der Größenordnung von 6–8 cm bewegt.

Marmorpyxiden sind eine kostbare Besonderheit der Syros-Gruppe. Wie bei den tönernen gibt es sphärische und Spulenpyxiden. Die letzteren sind besonders elegant, wenn der Spulenzylinder gleichmäßig mit Rillen bedeckt ist. Die sphärischen Pyxiden sind die einzigen von allen Marmorgefäßen, bei denen Ritzmuster vorkommen, eine Griffschale aus Naxos ausgenommen.

Unerklärt ist die Funktion der »Federschalen«, denen wir schon oben in Aplómata begegnet sind. Sie gleichen halbierten Röhren mit lang ausgezogenen Zipfeln. Wir wollen die bestehenden Erklärungen hier nicht wiederholen, da keine überzeugend ist. Als Idol-»Bahren« kommen sie schon deshalb nicht in Frage, weil sie, wie es scheint, 20 cm nie überschreiten.

Groß ist die Varietät flacher Schalen. Obwohl sie nur eine ganz einfache Form besitzen, können sie doch regelrechte Prunkstücke darstellen. Es gibt Einzelstücke von 48 cm Durchmesser, die also allein schon durch ihre Größe aufwendig sind. Viele dieser Schalen sind innen rot gefärbt. Die unbeantwortbare Frage ist, ob es sich um bloß ästhetische Kolorierung oder um kultisches Rot handelt.

In Aplómata waren zum erstenmal auch marmorne Griffschalen aufgetreten, die bisher nirgends sonst bekannt sind.

Den Griffschalen in der Grundform gleich ist die »Taubenschale« der Sammlung Goulandris, über deren wahre Größe die Fotografien täuschen. Ihr Durchmesser beträgt nicht weniger als 39 cm, während der der Griffschalen bei 18–22 cm liegt. Sie besitzt keinen Griff, aber Rand und Wölbung

Taf. 15 a

des Bodens sind ganz wie bei einer Griffschale. Das Innere jedoch ist flach und trägt eine niedrige diagonale Leiste, auf der (ursprünglich sechzehn) stilisierte Tauben in einer Reihe nebeneinander sitzen, alles aus ein und derselben Marmorscheibe geschnitten. Sie ist kein Einzelstück. Ein Pendant wurde im Sommer 1967 auf der Insel Keros gefunden, das ebenfalls 38 cm im Durchmesser mißt. Ein praktischer Gebrauch dieser Schalen läßt sich schwer denken. Er wird kultisch gewesen sein.

Taf. 14 a   Schließlich haben die Steinschneider auch Gefäße in Form von Tieren geschaffen. Es sind bisher nur ein Widder (in Oxford) und ein Schwein (in der Sammlung Goulandris) bekannt, aber es wird sehr viel mehr gegeben haben. Auch sehen wir immer wieder, wie gerade eben bei der Vogelschale, daß geglückte Entwürfe wiederholt, wenn nicht serienmäßig angefertigt wurden.

Taf. 14 b
Taf. 18, 20, 21   Auch der anthropomorphe Becher in Oxford ist nicht einzig geblieben, sondern er besitzt in einer Schweizer Sammlung ein Pendant. Das Gefäß, ein niedriger, breit geöffneter Becher, trägt auf der Vorderseite Elemente einer Frauendarstellung. Die Schnurösen sind als Oberarme eingesetzt, die sich in Unterarmen fortsetzen, die an die Brüste greifen. Obwohl es ein Gestus ist, der bei Idolen, besonders aus dem Vorderen Orient, häufig vorkommt, so wirkt er doch bei den beiden Kykladenbechern sehr verfremdet. Die kultische Bedeutung könnte aber dieselbe sein.

GRIFFSCHALEN

Zu den merkwürdigsten Gefäßen der frühkykladischen Keramik gehören die Griffschalen, eigenartig in der Form, rätselhaft in der Funktion. Ihre besondere Gestalt hat ihnen lange die Bezeichnung Kykladenpfannen angeheftet.

Abb. 24, 25   Sie bestehen gewöhnlich aus Terrakotta, doch sind inzwischen auch drei Exemplare aus Stein bekannt. Der Durchmesser schwankt zwischen 14 und 30 cm, meist liegt er zwischen 20 und 28 cm. Der Rand ist immer nur wenige Zentimeter hoch. Ein Katalog vom Jahre 1985 umfaßt 124 Nummern, doch werden im ganzen vielleicht ca. zweihundert Schalen vollständig oder fragmentiert erhalten sein. Die meisten stammen von den Kykladen, eine größere Anzahl aber auch vom griechischen Festland, und zwar sind es nicht alles Importe von den Inseln, sondern ein Teil ist ohne Zweifel an Ort und Stelle gefertigt. Bezeichnenderweise sind bis jetzt nur zwei Schalen auf Kreta gefunden worden.

Die weitaus meisten Schalen sind verziert und tragen Stempel- oder Ritzdekor. Klassifiziert werden sie gewöhnlich nach der verschiedenen Form ihrer Griffe. Es finden sich gegabelte Griffe, deren zwei runde Stümpfe mehr oder weniger stark auseinandergehen, und eine zweite Art, wo die beiden Stümpfe parallel laufen und am Ende durch einen Querriegel miteinander verbunden sind, einen Riegel, der oft über die beiden parallelen Stümpfe hinausragt. Und schließlich finden sich Schalen mit einem kompakten, mehr oder weniger rechteckigen Griff, der gelegentlich eine senkrechte Durchbohrung aufweisen kann. Die drei Schalen aus Stein haben alle diese dritte einfache Form. Die große Varietät der Griffe hat zu der Vermutung geführt, die ältesten Schalen seien aus Holz geschnitzt gewesen.

Abb. 25

Taf. 18

Man nimmt heute an, daß alle Griffschalen erst dem Frühkykladikum II angehören. Wenn die Entwicklung sich auch vielleicht überschnitten hat, so scheinen die Schalen mit Querriegel doch die älteren gewesen zu sein. Man benennt sie gewöhnlich nach ihrem Hauptfundort Kampos bei Aj. Nikólaos auf Paros. Bei ihnen steht der leicht konkave Rand senkrecht auf der Schalenscheibe, und zwar auf der äußersten Kante, so daß der Gefäßboden nicht übersteht. Der Rand ist außen gewöhnlich mit einer fortlaufenden Spirale verziert, die Außenseite des Bodens trägt ein Astralzeichen, einen Stern oder die Sonne, das auf abwechslungsreiche Weise von Ritzmuster-Ringen begleitet ist. Ebenso ist der ganze Schalenboden häufig am äußersten Rand durch ein Kerbschnitt-Zickzack eingefaßt. Um das Sonnenzeichen kann sich ein fortlaufendes Spiralband ziehen. In einem Fall, bei einer Schale aus Lourosgrab 26, ist die Sonne von einem Spiralenvierpaß umgeben, um den im Gegensinn wiederum vier Fische schwimmen. Daß es sich um kosmische Motive handelt, ist offensichtlich, und die Fische setzen außer Zweifel, daß das Spiralband auch sonst das Meer bedeutet, auch wenn Fische außer auf der Lourosschale sonst nicht vorkommen. Der angebrochene Griff der Lourosschale ist nicht mit Sicherheit zu ergänzen.

Abb. 24

Die wichtigste und interessanteste Gruppe bilden die Schalen mit gegabeltem Griff. Sie stammen sämtlich von den Inseln, und zwar fast ausschließlich von Syros. Je eine Schale von Naxos und Mykonos und sechs aus Manika auf Euböa sind die einzigen Ausnahmen. Die Syrosschalen haben keinen senkrechten, sondern einen nach außen sich erweiternden Rand. Auch steht er nicht auf der Kante des Bodens, sondern um ein Stück nach innen versetzt, so daß ein mehr oder weniger breiter waagerechter Rand bleibt. Der Dekor kann immer noch ein großes zentrales Astralzeichen sein, doch tritt nun häufig auf dem Zwickel des Griffansatzes noch ein Geschlechtssymbol hinzu, das weibliche Dreieck, und zwar genau in der Form des sumerischen Schriftzeichens für Frau. Bei den jüngeren Syrosschalen tritt an die Stelle des Sternzeichens ein Spiralgeflecht. Oft sind es echte Spiralen, die in fortlaufendem Rapport zueinander stehen, oft aber auch nur eingestempelte konzentrische Kreise, die, durch Tangenten miteinander verbunden, Spiralcharakter nur vortäuschen. Außen am Rand läuft ein Kerbschnittmuster. Daß das Spiral-

geflecht das Meer, genauer die Meeresfläche darstellt, wäre auch dann nicht zweifelhaft, wenn sich nicht öfter eine Schiffsdarstellung eingeschlossen fände. Im Griffzwickel steht fast regelmäßig, aber nicht immer, das Schamdreieck.

Die ungeklärte Funktion der Schalen hat, wie gewöhnlich, zu ausgreifenden Spekulationen geführt, und auch, wie ebenfalls üblich in solchen Fällen, zu einigen ganz törichten. Man hat versucht, den kunstvollen Dekor überhaupt beiseite zu schieben und die Schalen für einfache Eßteller zu erklären, mit spezieller Eignung natürlich als Suppenteller. Nach Gebrauch habe man sie zum Schmuck an die Wand gehängt. Damit sind die Schalen aber vermutlich denn doch arg verkannt. Viel einleuchtender ist es, in ihnen Libationsgefäße zu sehen, für feste oder auch flüssige Opferspenden. Und dies ist immer noch die neutralste und annehmbarste Auskunft geblieben. Man darf sich aber auch hier die bestehende Schwierigkeit nicht verhehlen, daß der neue Name »Griffschalen« eigentlich irreführend ist. Denn die »Griffe« sind in vielen Fällen so kurz, daß sie eine sichere Handhabung der Schalen, vollends wenn sie schwer, z. B. mit Früchten gefüllt waren, gar nicht zuließen. Die Griffe scheinen einem anderen Zweck als dem Halten mit der Hand gedient zu haben. Man könnte auch an Thymiaterien, Weihrauchpfannen, denken, aber bei keinem Exemplar sind Brandspuren zu bemerken. Man hat in den Schalen Navigationsinstrumente, und man hat Musikinstrumente in ihnen sehen wollen, Tamburine. Dieser letzte Vorschlag ist völlig absurd, denn was hätte das derbe Tongefäß wohl für eine Resonanz ergeben? Auch wäre an den senkrechten Rändern der Kamposmodelle ein Trommelfell überhaupt nicht zu befestigen gewesen. Eine ganz neue Interpretation ergab sich 1972, als auf dem Friedhof von Aplómata auf Naxos eine Griffschale aus Marmor zutage kam, in der sich Spuren von roter und blauer Farbe fanden. Hier tauchte die Möglichkeit auf, die Schalen könnten Paletten gewesen sein, in denen Farben für den Totenkult angerieben wurden. Aber der Befund war nicht eindeutig. Schon das kombinierte Rot und Blau war irritierend. Es kommt hinzu, daß das betr. Grab weitgehend mit Blau durchtränkt war: Boden, Gebeine, Beigaben. Es kann also sehr gut sein, daß das Blau erst sekundär in die Schale geraten ist. Außerdem sind nirgendwo sonst Anzeichen für eine solche Verwendung festgestellt worden.

Neben die rituelle Bedeutung tritt als letzte die religiöse. Man hat versucht, die Schalen als mit Wasser gefüllte Spiegel oder als Idole zu verstehen. Diese letzte Erklärung stützt sich auf die naturalistischen Elemente der Beinstümpfe und des Schamdreiecks. Aber der kreisrunde Leib darüber, noch dazu ohne Hals und Kopf, wäre einfach monströs. Außerdem bleibt die Meeressymbolik dunkel, aber ebenso auch das ganz äußerliche Moment der Form und Vertiefung, die den Schalen die Bezeichnung »Pfannen« eingetragen hat. Und der Typ der Kamposschalen, der keine »Beine« hat, bleibt samt und sonders unerklärt. – Die Erklärung als Spiegel geht von der Überlegung aus, daß die Große Mutter, die von Haus aus entweder die Mutter Erde oder die Herrin der Tiere ist, sich auf den Inseln ganz von selbst in die Göttin des Meeres verwandelte. Dadurch erklärt sich die Kombination von Meer und Geschlechtssymbol. Gleichzeitig ist die Meerestiefe der Schoß des Seins, aus dem alles Seiende seinen Ursprung hat, in den es auch wieder zurückkehrt. So ist die Spirale nicht einfach ein schematisches Wellenzeichen, sondern das Symbol der ewigen Wiederkehr von Geburt, Tod und Wiedergeburt, und das Geschlechtssymbol vertritt die Vorstellung vom Sterben als der Rückgeburt in den Schoß der Muttergöttin.

Mehrere Schwierigkeiten treten dieser Kombination entgegen. Stellen die Idole die Mutter Erde, die Griffschalen aber die Mutter Meer dar, so hätte man auf den Kykladen zwei Große Mütter verehrt, was sich ausschließt. Außerdem, so vertraut den Kykladenbewohnern der Tod auf See auch gewesen sein mag, so haben sie doch jedenfalls ihre Verstorbenen nicht im Meer, sondern auf dem Land bestattet, und die Idee von der Meerestiefe als dem Schoß alles Seins wurde von ihnen zumindest nicht praktiziert. Das reduziert aber zugleich die mögliche Relevanz der Schalen als Spiegel. Mit Wasser gefüllt, sollen sie als Spiegel gedient und den Meeresspiegel bedeutet haben. So wie der Tote in die Meerestiefe zurückkehrte, so erblickt sich bereits der Lebende als der Meerestiefe angehörend, im Wasserspiegel. Die Idee ist schön und tief und hat das Verdienst, die verschiedenen Elemente in einen geschlossenen Zusammenhang zu bringen. Aber sie bleibt hochgradig spekulativ. Außerdem ist die Kombination eher eine moderne Assoziation. Die Metapher vom Meer als Spiegel — Meeresspiegel, Mirror of the sea — ist dem Griechischen alter und neuer Zeit fremd und war es möglicherweise auch den Kykladenbewohnern. Gegen die Interpretation als Spiegel spricht auch das einfache Argument, daß die Schalen nur mit Wasser gefüllt als Spiegel fungieren konnten. In den Gräbern aber lagen sie trocken und waren auf diese Weise dort niemals Spiegel.

Schließlich spricht gegen eine generelle Verwendung und Bedeutung im Totenkult dasselbe Argument, das auch die Idole trifft: die auffallend ungleiche Verteilung in den Gräbern. Die allermeisten von ihnen enthalten keine Schalen, in anderen kommen sie gehäuft vor. So fanden sich auf dem Ostfriedhof von Chalandrianí auf Syros sechzehn Schalen allein in zwei Gräbern, fast die Hälfte aller Schalen, die auf diesem Friedhof von 490 Gräbern überhaupt gefunden wurden. Auf jeden Fall also sind sie kein generelles, sondern ein besonders kostbares Totengerät gewesen. Die Schalen waren jedoch in keiner Weise ausschließlich für den Totenkult in Gebrauch, sondern man bediente sich ihrer nach den Funden offenbar auch im Haushalt.

SCHIFFSDARSTELLUNGEN

Die Spiralgeflechte der Syrosschalen umschließen in einer Reihe von mindestens zehn Fällen eine Schiffs-Ritzzeichnung, ein Schiff auf dem hohen Meer. Die spekulative Interpretation erblickt darin natürlich, nach ägyptischer Analogie, ein Totenschiff und die Überfahrt des Toten und nimmt es in Kauf, sich damit selbst zu widersprechen. Denn Überfahrt wohin? Nach der obigen Erklärung zieht der Tote ja nicht wie in Ägypten ins Jenseits, sondern kehrt in die Tiefe des Meeres zurück. Für eine Totenüberfahrt ist da kein Raum. Schiff und Spiegel schließen sich aus.

Abb. 25 Aufsicht einer Schale mit gegabeltem Griff, einer der beiden Hauptformen der Griffbildung. Vgl. Taf. 21

◁ Abb. 24 Griffschale aus Naxos mit weiß gefülltem Ritzdekor. Die Zeichnung mit Spiralenvierpaß ist eine der schönsten, die erhalten sind. Die Spiralen als Wellen und die Fische bezeichnen das Meer, das Astralzeichen in der Mitte vermutlich die Sonne. Die Verbindung von Astral- und Meereszeichen verleiht der Schale besonderes Interesse. Dm 22 cm. Athen, NM

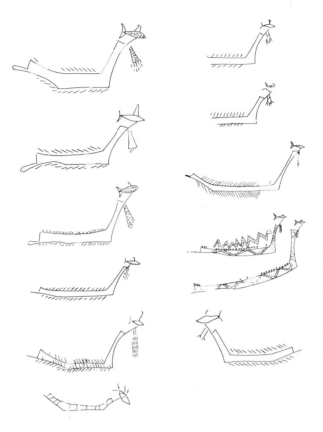

Abb. 26 Die Schiffe auf den Griffschalen sind die ältesten Schiffsdarstellungen Europas. Sie zeigen Schiffe mit hohem Heck, in dem der Steuermann mit dem Steuerruder stand, und den flachen Bug, mit dem das Schiff leicht auf den Strand gezogen werden konnte. Die Zahl der Striche wird ungefähr die wirkliche der Ruder angeben, so daß schon in dieser frühen Zeit mit Fünfzigruderern zu rechnen ist, die etwa eine Länge von 30 m erreichten. Vgl. Taf. 21

Die Ritzzeichnungen selbst enthalten von einer Totenüberfahrt auch keinerlei Andeutung, vielmehr geben sie ohne Zweifel reale Schiffe wieder, mit in zwei Reihen angeordneten Rudern, zwischen zwölf und vierzig auf jeder Seite. Die Darstellungen haben also für uns unmittelbares historisches Interesse. Sie geben uns eine konkrete Vorstellung vom kykladischen Schiffsbau um die Mitte des 3. Jts. Es sind die ältesten Schiffsdarstellungen in Europa. Man hat in dieser Zeit offenbar bereits große, seetüchtige Schiffe besessen, noch keine Segelschiffe, sondern reine Ruderschiffe. Die Größe der Mannschaft wird nur in den extremen Darstellungen ruhmredig übertrieben sein. Jedenfalls erscheinen Fünfzigruderer nicht als unwahrscheinlich. Solche Schiffe müssen eine Länge von 25–30 m erreicht und über einigen Transportraum verfügt haben. Ihre Hauptvorzüge aber waren Schnelligkeit und Seetüchtigkeit.

Nun zeigen die Darstellungen übereinstimmend das eine Schiffsende flach, das andere steil aufgerichtet. Seit der Erstveröffentlichung der Schiffszeichnungen durch Tsountas 1899 ist die Frage kontrovers geblieben, was als Bug

Abb. 27 Zwei Schiffsdarstellungen auf geometrischen Vasen aus Eleusis. Die Darstellungen lassen keinen Zweifel, daß das hochgeschweifte Ende das Heck mit dem Steuerruder war. Das flache Ende ist der Bug. Mit dem Rücken zu ihm rudern die Männer in seine Richtung. Auffällig ist, daß der Wasservogel auf der Bugstange des großen Schiffes gegen die Fahrtrichtung blickt, ganz wie die Fischzeichen der Kykladenschalen

und was als Heck anzusehen sei. Tsountas selbst und Evans erklärten das hohe Ende für den Bug, Matz und Marinatos das flache. In Wirklichkeit scheinen die griechischen Vasendarstellungen die Entscheidung ziemlich einfach zu machen, denn es handelt sich um einen Schiffstyp, der sich in sich wandelnder Form außerordentlich lange in der griechischen Welt gehalten hat. Noch die klassischen Schiffsdarstellungen in Delphinform wie die berühmte Meerfahrt des Dionysos in München zeigen eindeutig, daß der Bug flach, das Heck aber aufgewölbt war. Geometrische Vasen bestätigen es ebenfalls. Die kretischen und mykenischen Darstellungen zeigen einen ande-

Abb. 10

ren Schiffstyp, aber vor längerer Zeit haben sich weitere zeitgenössische Darstellungen gefunden, auf den Bildsteinen von Apíranthos auf Naxos, die das niedrige Ende als den Bug erkennen lassen. Auf einer schwarzfigurigen Vase des 6. Jhs., die in unseren Bereich fällt, ist aber auch klar zu erkennen, wozu das hohe Heck diente. Auf der großartigen Schale, die Zaphirópoulos 1961 auf dem archaischen Friedhof von Sellada auf Santorin entdeckte und die sich im Archäologischen Museum von Santorin befindet, trägt der Innenrand nicht weniger als fünf große Schiffsdarstellungen. Die Schiffe sind alle auf eine ringsum laufende Wellenlinie gesetzt. Bis zu dieser Linie wurde das Gefäß mit Wein gefüllt, und für den Betrachter sah es dann so aus, als ob die Schiffe wirklich schwämmen. Es ist übereinstimmend das Delphinmodell, nur die Besatzung ist in wechselnder Aktion dargestellt, vergrößert aber und besonders deutlich der Steuermann, und zwar ist er im hohen Heck des Schiffes stationiert. Das hohe Heck war die Kommandobrücke. Von hier aus wurde der Kurs gehalten. In der Tat, vom flachen Schiffsende aus war das Meer nicht zu übersehen, schon gar nicht bei starkem Wellengang. Der niedrige, meist leicht gewinkelte Bug aber diente dazu, das Schiff möglichst sanft auf den Strand zu setzen. Der Sporn schließlich, der ihm manchmal vorgesetzt ist, ist teils polemisch, teils hygienisch erklärt worden, von den einen als Rammsporn, von den anderen als — Schiffstoilette.

Der eindeutige ikonographische Befund ist nun neuerdings wieder angefochten worden durch den Hinweis auf vier in Oxford und Liverpool befindliche, von den Kykladen stammende Bleiboote. Es waren Grabbeigaben, also vielleicht in der Tat Totenschiffe. Sie haben die eindrucksvolle Länge von 40 cm. An diesen Schiffen sei nun klar zu ersehen, daß der höhere Teil der Bug

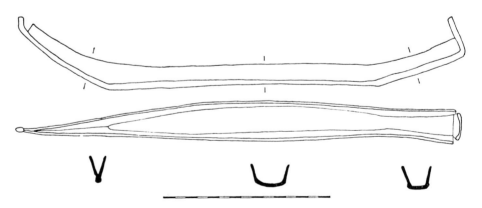

Abb. 28 Zeichnung eines Bleibootes von Naxos, aus drei Streifen gehämmerten Bleis. Die Bleiboote stellen einen ganz anderen Typus dar als die Schiffe der Griffschalen, eben Boote, keine Schiffe. L ca. 40 cm

sei. Eine Reihe von Spezialisten hat sich dieser Argumentation angeschlossen, obwohl man auf den ersten Blick sieht, daß es sich um zwei völlig verschiedene, voneinander gänzlich unabhängige Gefährte handelt. Die Ritzzeichnungen der Schalen stellen *Schiffe*, die Bleimodelle aber stellen *Boote* dar. Und es ist ein bezeichnender Freudscher Versprecher, daß die genannten Spezialisten die Bleimodelle unbewußt immer wieder Blei*boote* nennen. Genau so ist es: eines sind Boote, ein anderes Schiffe. Bei diesen bildete das hohe Heck den Kommando- und Ruderstand (Ort des Steuerruders).

Es besteht auch ein elementarer konstruktiver Unterschied zwischen Booten und Schiffen. Die ersteren besitzen, wie auch die Bleimodelle zeigen, natürlich keinen Kiel. Es ist aber eine sehr einleuchtende Vermutung, daß die Kykladenbewohner für den Bau ihrer großen Schiffe den Kiel erfanden. Ohne Kiel hätte man so lange Schiffe wie Fünfzigruderer gar nicht auflegen können. Erst der Kiel verlieh ihnen Seefestigkeit.

Für Seeleute, die mit Schiffen praktisch zu tun haben, scheint es gar keine Frage zu sein, daß der hohe Schiffsteil das Heck darstellt. Dagegen ist verschiedentlich die Richtung der Fische ins Feld geführt worden, die die Ritzzeichnungen als Bug- oder Heckzier angeben. Sie besteht aus einem hängenden Gebilde, das in unterschiedlicher Weise gezeichnet und bis jetzt ungedeutet ist. Darüber befindet sich ein Fisch, der immer in dieselbe Richtung zeigt, vom Sporn des Schiffes fort. Das Argument lautet, es wäre absurd, wenn der Fisch nicht in Fahrtrichtung wiese. Danach wäre dann das hohe Schiffsende der Bug. Aber wenn man schon mit so viel Symbolik arbeitet, müßte es eigentlich leichtfallen zu sehen, daß das Fischzeichen *nóstos*, die *Heimkehr* (des Toten) anzeigt. Wie auch immer, jedenfalls geht es nicht an, wegen eines unverständlichen Schiffszeichens die ganze Schiffskonstruktion auf den Kopf zu stellen, die in sich einleuchtend und außerdem von der geometrischen Zeit an durch zahlreiche Vasenbilder bezeugt ist.

IDOLE

Die Idole sind es, die den eigentlichen Ruhm der vorgeschichtlichen Kykladenkultur ausmachen, die ihn zuerst begründet haben und in einer breiten Öffentlichkeit lebendig erhalten. Das kostbare Material, die streng stilisierte Form, die unbekannte Verwendung und Bedeutung üben einen sich stets erneuernden Reiz aus.

Zwei Gestaltungen sind es, in denen die Idole dem modernen Betrachter entgegentreten; wir können sie, nicht ganz zutreffend, nur zur terminologi-

Taf. 9   Die beiden aufwendigsten Formen der frühkykladischen Marmorgefäße: ein Kegelhalsgefäß und ▷
ein Becher mit eingezogenem Rand, beide mit je vier senkrechten Schnurösen versehen. Es ist unklar, ob
die Ösenrippen wirklich noch zur Aufhängung dienten oder nur mehr Schmuckfunktion hatten. Die völlig gleichmäßig gerundeten Gefäße sind ohne den Gebrauch eines Rotationsgeräts undenkbar. Wenn es so
scheint, als habe der Becher im Unterschied zum Kegelhalsgefäß keinen Vorläufer in Ton gehabt, so kann
es sich nur um eine Defizienz unseres Fundbestandes handeln.   Karlsruhe, Bad. Landesmuseum

Taf. 10   Weibliches, vermutlich Schwangerschaft zeigendes Marmoridol des Dokathísmata-Typs, aus
Chalandrianí / Syros, mit übermäßig ausladenden eckigen Schultern und starker Betonung der Gerad-
linigkeit, selbst beim Stirnansatz, und Flächigkeit. Arme und Beine geschlitzt.   Athen, NM 6174

Taf. 11   a) Weibliches Marmoridol des Kápsalatyps. Die Artikulation der Körperformen ist wesentlich
natürlicher, bis auf die extreme Schematisierung der Arme, deren Dünnheit in scharfem Kontrast steht zu
den kräftigen Beinen, die geschlossen bleiben. Der Kopf, der auf einem übermäßig starken und langen
Hals ruht, ist an der Stirn lyraförmig ausladend, was ohne Zweifel eine besondere Kopfbedeckung an-
deutet, deren Form aber nirgends überliefert ist.   Athen, NM
b) Seltenes Doppelidol des Spedostyps von Paros, Fuß über Kopf. H 21,6 cm. Die Deutung als Darstellung der göttlichen Mutter und ihrer Tochter, in Analogie zu Demeter und Persephone, ist sicher unzutreffend. Eher handelt es sich um ein einfaches bildnerisches Mittel der Potenzierung, einer Gestalt im
übrigen, deren Geschlecht unbestimmt, aber wahrscheinlich weiblich ist.   Karlsruhe, Bad. Landesmuseum B 839

Taf. 12   Einzigartige Sitzfigur der Sammlung Goulandrís. Die rechte Hand mit einem zylindrischen
Becher ist zu Gruß oder Libation erhoben, während der linke Arm vor den Leib gelegt ist. Der übergroße
mandelförmige Kopf mit spitzem Kinn auf einem kräftigen langen Hals ist stark erhoben und macht die
ganze Figur ungünstig kopflastig. Die Statuette gehört zu der späten Gruppe der »dreidimensionalen«
Musikanten und vollzieht wie diese wahrscheinlich einen Kultakt. Weißer Marmor, mit Ocker in-
krustiert. H 15,2 cm; H des Hockers 4,3 cm.   Athen, Slg. Goulandrís 286

◁ Taf. 12

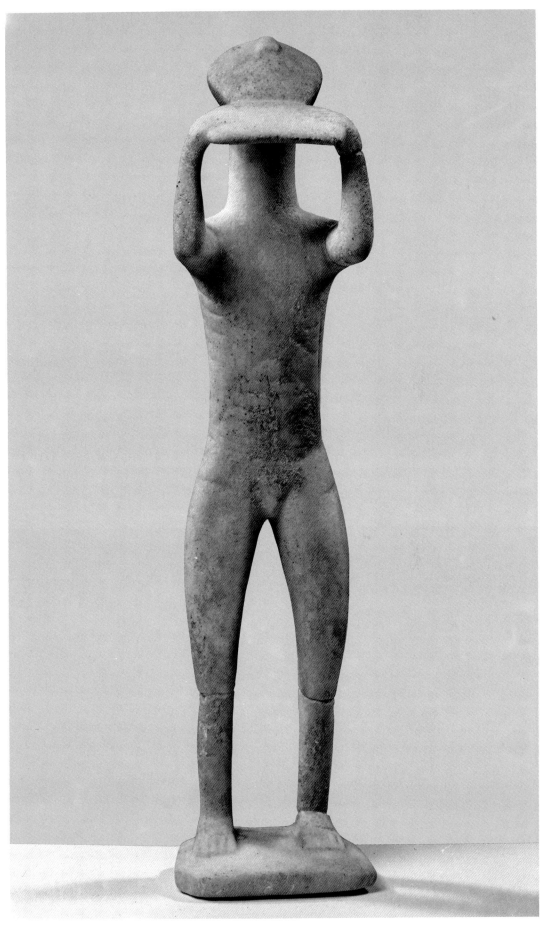

Taf. 13

Taf. 14

Taf. 15

Taf. 13   Schlanke männliche Marmorfigur unbekannter Herkunft auf Standplatte, Syrinxspieler mit
großflächigem stark erhobenem Gesicht. Die Statuette gehört in die Reihe der Kultmusikanten und stellt
eine bildnerische Gestaltung ersten Ranges dar. Sie hat ein Pendant in dem Athener Doppelflötenspieler
aus Keros, der ebenfalls auf einer Standplatte steht und mit der bekannten Athener Statuette eines Harfenspielers (s. Taf. 22/23) im selben Grab gefunden wurde. H 34 cm. Karlsruhe, Bad. Landesmuseum 64/100

Taf. 14   a) Tiergestaltiges Marmorgefäß mit dem Kopf eines Schweins. Die Öffnung auf dem Rücken
war ursprünglich mit einem Deckel geschlossen. H 4 cm; L 12,7 cm; Br 7,9 cm. Athen, Slg. Goulandrís 285
b) Anthropomorpher Marmorbecher von Amorgós. Die senkrechten Schnurösen sind als Oberarme einbezogen und die angedeuteten Unterarme zu den Brüsten geführt, die zusammen mit dem Dreieck die
Figur als weiblich bezeichnen. Ein Pendant von etwas steilerer Form befindet sich in Basler Privatbesitz.
H 8,2 cm; Dm 8 cm. Oxford, Ashmolean Museum

Taf. 15   a) Große, sog. Taubenschale, aus grobkörnigem Marmor in Form einer Griffschale. Der Boden
ist leicht konvex. Auf einem Riegel im inneren Durchmesser war eine Reihe von 16 Vögeln dargestellt, das
Ganze aus einem Stück gearbeitet. Die Herkunft ist unbekannt, aber ein Pendant wurde 1967 auf Keros
gefunden. Offenbar handelt es sich um kostbare Kultschalen. H 5,1 cm; Dm 39 cm. Athen, Slg. Goulandrís 329
b) Rechteckige Marmorschale mit aufgewölbtem Rand und abgerundeten und durchbohrten Ecken, sog.
Palette, die zum Anreiben von Farbe diente. Spuren von rotem Ocker sind noch erhalten. Mit der roten
Farbe wurden teils die Toten, teils die Idole gezeichnet. Möglicherweise diente sie aber auch den Lebenden
als kosmetische, vielleicht auch als kultische Schminke. Die Funktion der Durchbohrungen ist unerklärt.
Zum Aufhängen der Schale können sie schwerlich gedient haben. L 33 cm. Karlsruhe, Bad. Landesmuseum 63/107

◁ Taf. 16   Fast lebensgroßer Kopf aus Amorgós. Parischer Marmor, H 29 cm. Mund und Ohren sind ausnahmsweise plastisch wiedergegeben, die Augen dagegen schwarz gemalt. »Dieser abstoßend häßliche
Kopf«, wie Paul Wolters ihn 1891 in seiner Erstveröffentlichung nannte, trug bei seiner Entdeckung eine
Reihe waagerechter roter Streifen auf der Stirn, acht schmale senkrechte rote Striche auf den Wangen und
einen breiten auf dem Nasenrücken. Die zugehörige Statue muß ebenfalls fast lebensgroß gewesen sein,
doch sind wir wohl nicht berechtigt, in ihr ein Kultbild (eines Heiligtums) zu vermuten. Athen, NM 3909

schen Fixierung, schematisch und naturalistisch nennen. Beide sind jedenfalls streng stilisiert.

Was auch immer die Idole den Kykladenbewohnern bedeutet haben mögen, es genügte ihnen in vielen Fällen schon die Andeutung einer Menschengestalt, um einen Stein brauchbar zu machen, es genügte eine kleine Einkerbung rechts und links, die als »Taille«, als Trennung von Ober- und Unterkörper verstanden werden konnte, um einen Stein zum Idol zu erheben. Solche Steine kommen nicht selten in der freien Natur am Strand vor. Man konnte ein solches Stück leicht überarbeiten, symmetrisch gestalten, durch weitere Einkerbung die Kopfpartie markieren. Nicht die genaue Artikulation war das Entscheidende, sondern die Gestalt, die die Phantasie in ihr sah. Diese Elementarform erreichte ihre vollkommenste, d. h. vollkommen durchstilisierte Gestaltung in derjenigen Gattung, die man nach ihrem äußeren Anklang Violinidol nennt. Das Violinidol ist nur die Abbreviatur eines Menschen. Es besitzt z. B. keinen Kopf, sondern ein langer, sich verjüngender Zapfen stellt Hals und Kopf in einem dar. Es besitzt auch keine Gliedmaßen, sondern sieht etwa aus, wie ein auf dem Boden sitzender Mensch mit gekreuzten Armen und untergeschlagenen Beinen von hinten, im Umriß, aussieht. Ob ein Zusammenhang mit sitzenden neolithischen Tonfiguren besteht, ist ganz offen. Die Taille ist stark und breit eingezogen, und eben dadurch entsteht die Ähnlichkeit mit einer Geige. Ober- und Unterkörper können in unterschiedlichem Grade eckig oder gerundet sein. Das macht den Hauptunterschied in der künstlerischen Gestaltung und Erscheinung aus. Ritzzeichnung kann auf der Vorderseite die Halsgrube, einige Bauchfalten, öfter auch das weibliche Dreieck markieren, und die Brüste und übereinandergelegten Arme können in einzelnen Fällen auch plastisch angegeben sein. Diese sog. schematischen Idole stellen sicher die älteste Form der Statuetten dar und haben die Kykladenkultur wahrscheinlich von Anfang an begleitet. Ein früher Vorläufer aus dem 5. Jahrtausend hat sich bei den Ausgrabungen auf Sáliagos gefunden. Von den schematischen Idolen gibt es keinen Übergang zu den »naturalistischen«. Man muß sie als zwei getrennte Entwicklungen ansehen, und es ist auch nicht so, als ob die zweite Form die erste abgelöst hätte, sondern sie haben ohne Zweifel lange, vielleicht jahrhundertelang nebeneinander bestanden.

»Naturalistisch« kann man mit einem gewissen Recht die zweite Gattung deshalb nennen, weil bei ihr Kopf und Gliedmaßen angegeben sind und die menschliche Gestalt dadurch vollständig artikuliert ist. Sie ist aber nicht naturalistisch in dem Sinne, wie wir die menschliche Gestalt sehen, sondern stark stilisiert, und nach der Stilisierung kann man verschiedene Typen mit je eigener Herkunft und Verbreitung unterscheiden. Wir stellen die Haupttypen hier kurz vor. Es ist nicht so, als ob sie unserem Geschmack alle gleich stark entsprächen.

Abb. 5

Alles andere als schön, aber unverkennbar in seiner Eigenart ist der Plastirás-Typ, benannt nach seinem Fundort an der Bucht von Náoussa auf Paros. Auf einem unverhältnismäßig langen Hals ist ein mehr oder weniger ovales Gesicht aufgesetzt, in dem Augen, Nase und Mund zu deutlichen, stark verschiedenen Physiognomien plastisch angegeben sind. Die Ohren können fehlen oder als angesetzte dicke Scheiben übertrieben betont sein. Unverwechselbar ist die Armhaltung. Die Arme sind nicht übereinandergeschlagen, sondern so vor die Brust gelegt, daß die Fingerspitzen sich berühren. Oberkörper und Leib sind ganz ähnlich gegeneinander abgesetzt wie bei den Violinidolen. Aber dann folgen eine stark betonte Hüftpartie und auseinandergestellte Beine. Das Ganze wirkt auf uns sehr unharmonisch. Die Plastirás-Idole sind fast ausschließlich Frauengestalten. Brüste und Rima sind deutlich angegeben. Gelegentlich glaubt man auch bereits eine Schwangere zu erkennen. Vielfach ist der Bauchnabel angegeben, in einem Fall sogar das Schlüsselbein. Oder soll man diese Figur für eine Fälschung halten? Alle Kykladenidole sind nackt, aber die von Plastirás zeichnen sich dadurch aus, daß viele von ihnen eine Kopfbedeckung tragen, teils eine Art einfacher Bergmannskappe, teils einen Kopfaufsatz nach Art geflochtener Bienenkörbe. Die nackte Figur mit Kopfbedeckung wirkt natürlich irgendwie pikant. Wir haben keine Ahnung, was der vorhandene oder fehlende Kopfaufsatz bedeutete. Wir können aus ihm aber schließen, daß die ausladende Kopfform der kanonischen Idole sehr wahrscheinlich auch einen Kopfschmuck bezeugt.

Stark und charakteristisch geschieden ist der Louros-Typ, nach dem frühkykladischen Fundort auf Naxos. Auf einem überlangen Hals sitzt ein gewöhnlich schildförmiger Kopf, die beide ein Drittel der ganzen Figur ausmachen. Die Arme sind nur als abgewinkelte Stümpfe angegeben, der Leib ist stark verkürzt zugunsten langer, teils getrennter, teils nur geschlitzter Beine. Die Gesichtsteile sind nicht hervorgehoben, die Gesichter ohne Physiognomie. Auch die Brüste sind selten angegeben, nur das weibliche Dreieck zeigt an, daß es sich um Frauengestalten handelt.

Die beiden beschriebenen Gruppen gehören der frühen Phase, der Pelós-Stufe, an. Sie werden das Wohlgefallen der meisten Betrachter so wenig gewinnen wie zahlreiche andere, die keine typische, sondern freiere Gestaltung aufweisen, z. T. auch kuriose Mischformen darstellen. Alle sind gewöhnlich von bescheidener Größe und erreichen nur selten 25–30 cm.

Aus der zweiten, der Syros-Stufe, stammen dann jene Idole, die man als kanonisch bezeichnet, die Idole mit verschränkten Armen, wie sie allgemein bekannt sind und den Gipfel der Kykladenplastik darstellen. Bei ihnen lassen sich vier Haupttypen unterscheiden, individuelle Unterarten dabei zusammengenommen.

Der Kápsala-Typus, nach einem Fundort auf Amorgós, würde am ehesten unserer eigenen Körperauffassung entsprechen, denn er ist mehr als alle anderen rundplastisch gestaltet. Der Hals hat von seiner Überlänge verloren, das Gesicht ist schildförmig gebildet, leicht angehoben und von einer großen keilförmigen Nase beherrscht. Die gerundeten Schultern sind nur wenig breiter als die Hüften, die Brüste physiologischer plaziert als bei jeder anderen Gattung. Auch die Arme weisen eine halbwegs natürliche Stärke auf. Die halbe Länge der Figur nehmen die nur durch einen Schlitz getrennten Beine ein. Sie kommen an Natürlichkeit dem Oberkörper gleich, nur daß ihre große Länge sich durch unverhältnismäßig lange Oberschenkel ergibt. Die Füße sind leicht abgewinkelt, die Figur steht auf den Zehen, aber nicht auf den Zehenspitzen. Die Kápsala-Idole erreichen nur eine Größe von 15–20 cm, sind aber in der Mehrzahl kleine Meisterwerke.

Eine ungleich zahlreichere Gruppe bildet die Spedós-Art, nach einem wichtigen Fundort auf Naxos, die der vorigen im Gesamthabitus sehr nahesteht, aber der Hals ist oft betont stark und stiernackig, das Gesicht oft lyraförmig, so daß es sich an der Stirn noch einmal verbreitert, der Hinterkopf »dinarisch« flach. Die Oberschenkel sind im allgemeinen kräftiger und kürzer als bei der Kápsala-Art, das Idol wirkt daher im ganzen weniger schlank. Die Fußstellung ist dieselbe. Die Spedós-Gruppe bildet die bei weitem umfangreichste von allen. Sie weiter zu unterteilen, würde aber zum großen Teil nur unklare Überschneidungen ergeben.

Der Dokathísmata-Typ nach seiner Fundstelle auf Amorgós ist diejenige Idolform, wie sie wahrscheinlich von den meisten als die charakteristischste angesehen wird. Die Plastizität ist weitgehend aufgegeben zu einer flachen, man könnte sagen: brettartigen Gestalt, wenn sie nicht dreifach gewinkelt wäre. Der Hals ist lang und prismenartig, das Gesicht flach und lyraförmig, mit einer scharfkantigen Nase versehen. Die weitausladenden Schultern sind wesentlich breiter als die Hüften. Durch spitze Schulterknochen und Ellbogen gerät der ganze Oberkörper fünfeckig. Der Halsansatz ist durch Einritzung markiert, die Brüste sind leicht plaziert. In auffälligem Kontrast zu den eckigen Formen des Oberkörpers steht die natürliche Rundung der Hüften und Beine, so wie auch die schmalen, unnatürlich dünnen Arme hart kontrastieren zu den kräftigen Beinen. Die Idole sind durch die Geschlechtsmerkmale als weiblich bezeichnet und stehen auf den Zehenspitzen.

Der Chalandrianí-Typ, nach dem großen Gräberfeld auf Syros, ist dem vorigen eng verwandt und noch stärker reduziert in der Plastizität: auch die Beine sind flach und geradlinig. Der Hals ist rund, das Gesicht dreieckig, der Oberkörper oft quadratisch. Die Figur steht auch auf den Zehenspitzen, hat aber nicht mehr das Schwebende wie die Dokathísmata-Art.

Neben diese Idole, die in großer Zahl erhalten sind, tritt nun noch eine ganz andere Kategorie seltener und besonders kostbarer Schöpfungen, bei denen die Meister sozusagen in die dritte Dimension gehen. Es sind vor allem eine größere Anzahl Musikanten: sitzende Harfenspieler, die merkwürdigerweise zweimal zu je zweien gefunden wurden, und je ein stehender Doppelflöten-und Syrinxspieler. Alle Musikanten haben das Gesicht »wie in Verzückung« stark zurückgeneigt, und alle sind männlich.

Daneben gibt es dann noch mehrere ausgefallene Gruppendarstellungen, z. B. zwei Männer, die auf ihren gekreuzten Armen einen kleineren dritten tragen, oder mehrmals eine stehende weibliche Gestalt, auf deren Kopf sich eine zweite kleine erhebt. Mehrmals auch sind Zweiergruppen bezeugt, die, nebeneinanderstehend, sich gegenseitig einen Arm auf die Schulter legen. Zuletzt aber, als besonderes Prunkstück, ist die einmalige Figur der Sammlung Goulandrís zu erwähnen: ein sitzender Mann, der einen Becher hebt, als ob er einem imaginären Gegenüber zutränke.

Taf. 11 b

Taf. 12

Alle diese Gruppen gehören der Syros-Stufe an. Ihre Interpretation ist schwierig. Die Musikanten kann man ohne großes Risiko der Kultmusik zuschreiben, wenn man will,* aber die Drei-Männer-Gruppe und die Fuß-über-Kopf-Figuren sind bis jetzt nicht einleuchtend zu deuten. Bei den letzteren hat man die Geburt der Athene aus dem Haupt des Zeus herangezogen. Aber weder handelt es sich überhaupt um eine Kopfgeburt, noch um ein Götterpaar, sondern um zwei weibliche Gestalten. So ist man darauf verfallen, Demeter und Persephone zu berufen, aber auch diese Assoziation aus historischer Zeit kann gar nichts helfen. Weder kann es gelingen, diese besonderen Gottheiten in so früher Zeit zu identifizieren, noch ist es einleuchtend, das Verhältnis von Mutter und Tochter durch eine solche Akrobatik auszudrücken. Es hat u. E. überhaupt keine wissenschaftliche Berechtigung, bloß um irgend etwas zu sagen, irgendwelche historischen Namen herbeizuziehen, die sich in so früher Zeit auf keine Weise verifizieren lassen.

Taf. 13, 22, 23

Um die Interpretation der Idole selbst steht es nicht viel besser. Hier hat die Spekulation z. T. zu geradezu geschmacklosen, ja monströsen »Interpretationen« geführt. In Wirklichkeit ist so gut wie alles unklar.

Eine Tatsache, die dem Verständnis große Schwierigkeiten bereitet, ist die ungleiche Verteilung der Idole. Nur in einer kleinen Anzahl von Gräbern haben sie sich gefunden, dafür in einigen mehrfach. Danach ist ihre Beigabe kein allgemein geübter Brauch gewesen, so daß ihnen auch keine allgemeine

---

* Die nachstehenden Zeugnisse sind spät und können zu einem genuinen Verständnis nicht herangezogen werden. Aber sie weisen vielleicht in die Richtung, in der es zu suchen ist. Quintilian (*Inst. or.* I 10, 10. 12. 32; IX 4, 12) und Cicero (*Tusc.* V 113) berichten, daß nach der Ansicht der Pythagoreer mehr als jedes andere Instrument die Lyra die Harmonie des Alls wiedergebe und die Menschen mit den göttlichen Dingen verbinde und daß die wichtigste Stunde, sie zu spielen oder zu hören, die Zeit nach dem Aufwachen und die Zeit vor dem Einschlafen sei.

Bedeutung zukommt. Dieser Folgerung hat man durch die Annahme zu entgehen versucht, den meisten Toten sei ein Idol aus Holz beigegeben worden, das sich nicht erhalten habe. Aber die Existenz von Holzidolen ist sehr unwahrscheinlich. Noch leichter waren Idole aus Ton herzustellen, die außerdem eine lange neolithische Tradition besaßen und auch in Kephála auf Keos in Gebrauch waren. Aber kein einziges solcher Tonidole hat sich erhalten.

Die Meinung ist geteilt, ob die Idole nur für den Grabkult hergestellt wurden oder auch außerhalb in Gebrauch waren. Zwar sind die weitaus meisten in Gräbern gefunden worden, aber ein Teil doch auch in Häusern. Natürlich kann man das Argument nicht leicht widerlegen, auch diese Idole seien für den Grabkult bestimmt gewesen, aber es klingt doch forciert und nicht überzeugend. Hören wir zuerst, wie die Idole in den Gräbern ausgelegt werden. Daß sie jedenfalls nicht den Toten selbst dargestellt haben können, ist oben bei der Besprechung der Bestattungsbräuche gezeigt worden. Eine alte Erklärung aus dem Jahre 1927 versuchte, die Kykladenidole nach Art der ägyptischen Ushebtis zu verstehen. Die Ushebtis (= *Antworter*) sind kleine, handspannengroße Statuetten aus Holz oder Fayence in Gestalt von Mumien, die den ägyptischen Toten — vom Neuen Reich ab in großer Zahl — mit ins Grab gegeben wurden, um für den Toten die im Totenreich üblichen Frondienste zu verrichten. Wenn der Tote dazu aufgerufen wurde, so *antwortete*, meldete sich statt seiner der Ushebti. Die Analogie hätte den einzigen Vorteil, daß sie erklären könnte, warum sich in den kykladischen Gräbern sowohl männliche als auch weibliche Idole finden. Aber wir können nicht einfach voraussetzen, daß die kykladischen Vorstellungen vom Totenreich den ägyptischen entsprachen. Auch ist der Vorschlag anachronistisch. Die Ushebtis kamen erst im Mittleren Reich auf, d. h. nach 2000 v. Chr., also zu einer Zeit, als die Tradition der Kykladenidole bereits erloschen war.

Man hat die Idole als Ersatz für Menschenopfer verstehen wollen, hat sie mit primitivem Ahnenkult in Verbindung gebracht, hat sie als Seelenführer ausgelegt, die die Seele des Verstorbenen auf ihrem Weg ins Jenseits begleiteten, oder als Totenbräute, die dem Verstorbenen im Jenseits zu Diensten stünden. Man hat die Idole als Gestalten der kykladischen Mythologie betrachtet und mit den griechischen Nymphen verglichen. Sie seien, mit zurückgelegtem Kopf, in ekstatischem Tanz dargestellt. Unabhängig davon, was dies dann weiter bedeuten soll, ist die Haltung mit verschränkten Armen ganz sicher keine Tanzhaltung. Die Stellung auf den Zehen kann da auch nichts helfen. Was bedeuten überhaupt die verschränkten Arme? Man hat versucht, die Haltung aus der Bestattung herzuleiten, aber wir haben oben gesehen, daß die Toten mit den Händen vor dem Gesicht begraben wurden. Ein Teil der Idole ist als schwanger dargestellt. Man könnte die Verschränkung der Arme als Schutzgebärde für die Leibesfrucht verstehen, bis man sieht, daß die Arme nicht vor, sondern über dem Leib verschränkt sind. So

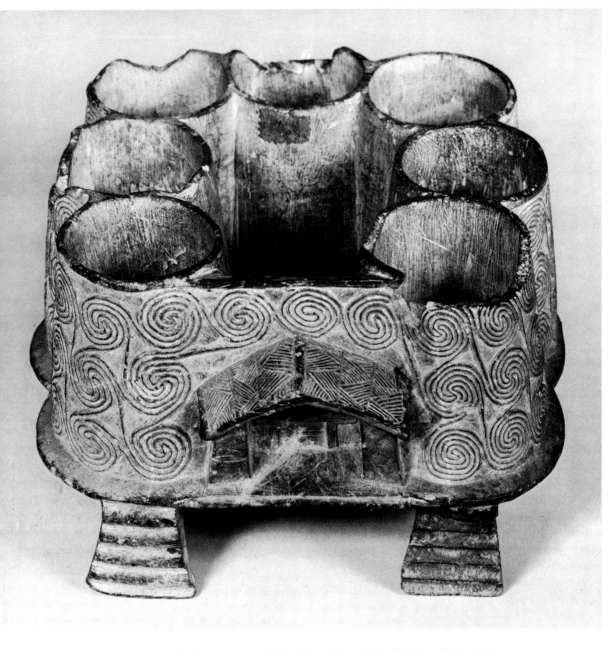

Taf. 17 Pyxide aus Chloritschiefer in Form eines Gebäudekomplexes. Melos. H 9,5 cm; Fl 15 x 16,3 cm. Das Gebäude erhebt sich auf einer von vier geriefelten Füßen getragenen, leicht überstehenden Standplatte und besteht aus sieben leicht konischen Rundbauten, die um einen rechteckigen Hof gruppiert sind und ursprünglich wohl mit einem einzigen oder auch einzelnen Deckeln geschlossen waren. Den Zugang zum Hof bildet eine mit einem Satteldach versehene Vorhalle. Das Dach ist mit schraffierten Dreiecken, das Gebäude mit verbundenen Spiralen verziert. Es ist das kunstvollste aller erhaltenen Steingefäße aus frühkykladischer Zeit. Es gibt drei Deutungen: 1. Phantasieentwurf eines Steinschneiders für eine kostbare Schmuckdose, 2. Nachahmung eines realen Bauwerkes: a) eines Getreidespeichers, b) eines Heiligtums. Setzt man für die Türhöhe der Vorhalle 1,80 m an, so ergäbe sich für die Rundbauten eine Höhe von ca. 6 m und ein oberer Durchmesser von ca. 4,20 m, d. h. es ergäbe sich für die sieben Silos ein Fassungsvermögen, das die Erfordernisse jeder Insel weit überstiege. Aber auch als Heiligtum wäre das Bauwerk unverständlich. Was soll man sich unter sieben nebeneinanderliegenden Heiligtümern oder Kulträumen (ohne Fenster und Türen) vorstellen? Auch sind Rundbauten des 3. Jts. auf den Kykladen nirgends nachzuweisen, weder als Speicher, noch als Kultbauten. München, Staatl. Antikenslg. 1839 WAF

bleiben eigentlich nur zwei Möglichkeiten, diese Haltung, die sonst nirgends überliefert ist, zu verstehen, entweder als Haltung der Sammlung und Konzentration oder als Gestus der Ergebung in einen fremden, höheren Willen. Beide Auslegungen würden aber bedeuten, daß der Verstorbene selbst mit dem Idol gemeint sei, und das scheint uns ausgeschlossen.

Eine ganz andere Erklärung der Armhaltung hat M. E. P. König gegeben. Sie sieht bei den Idolen in den dreieckigen Nasen und der Ritzung des weiblichen Dreiecks Lunarsymbolik, während das Viereck, das von Armen und Schultern gebildet wird, die Idee der Weltordnung zum Ausdruck bringe und die jeweilige Figur als Herrn oder Herrin der Weltordnung bezeichne.

Wegen der Kostbarkeit und z. T. auch beträchtlichen Größe, nicht zuletzt auch wegen der Geschlechtsmerkmale hat man die (weiblichen) Idole als Darstellungen der Großen Mutter ausgelegt, der Herrin über Leben und Tod. Hier möchte man zunächst daran erinnern, daß in auffälligem Gegensatz zu den neolithischen Idolen die kykladischen alle massiven Merkmale der Fruchtbarkeit ganz abgelegt haben. Gegenüber der neolithischen Fettleibigkeit stellen die Kykladenidole einen ganz anderen Typus dar, der die Frage erhebt, ob jene Fruchtbarkeitsvorstellungen für die Kykladen überhaupt noch gültig sind, wo ja auch die Schwangerschaft z. B. nur sehr zurückhaltend angedeutet ist. Man kann daher gewiß auch mit Recht fragen, ob die Geschlechtsmerkmale der weiblichen Statuetten überhaupt noch als Fruchtbarkeitsanzeigen zu verstehen sind, ob sie nicht vielmehr die Statuetten einfach als weiblich bezeichnen sollen und weiter nichts.

Die Auslegung als Große Göttin steht nun vor der Schwierigkeit, ganz verschiedene Kontexte erklären zu müssen. Da ist einmal die Hockerstellung der Bestatteten und deren Erklärung als Embryostellung. Da stellt das Idol denn die Große Mutter dar, in deren Schoß der Mensch durch den Tod zurückkehrt, die Mutter Erde. Dann sind da die als Spiegel verstandenen Griffschalen mit ihren Darstellungen von Meer und Schiffen und den auf »Heimkehr« gestellten Schiffszeichen. Hier kehrt der Tote zur Großen Mutter in Gestalt des ewigen Meeres zurück. Und schließlich finden sich auf denselben Griffschalen Astralzeichen. Die Große Mutter wird, um auch diesen Zusammen-

◁ Taf. 18 Griffschale mit Bügelgriff. Um ein zentrales Sternmotiv ist der Dekor in konzentrischen Kreisen angeordnet. Zwei Ringe aus Kerbschnitt schließen ein Spiralmotiv ein, das von langen doppelten S-Haken gebildet wird. Auf den zentralen Stern ist, als erste Umschließung, ein Strahlenkranz gerichtet. Ob der Spiralring neben den Astralzeichen das Meeresmotiv bezeichnet, muß offenbleiben. H 2,1 cm; Dm 19,8 cm.   Paris, Louvre CA 2991

hang zu erfassen, nun — wahrscheinlich in Assoziation zur astralen Venusverehrung — als auf- und untergehende, Leben und Tod verkörpernde Gestirngöttin aufgefaßt. Und das als liegend vorgestellte Idol wird ausgelegt als die Göttin, die ihrem eigenen Aufgang zusieht. Eben daran läßt sie den Verstorbenen teilnehmen. Das Idol wird Ausdruck der Auferstehungshoffnung oder auch der Wiedergeburtsmagie, je nachdem. Aber die Berufung auf Magie scheint eher ein asylum ignorantiae als eine aufhellende Erklärung zu sein.

Die drei genannten Ausprägungen der Großen Mutter mögen vielleicht jede für sich ganz eindrucksvoll sein, aber sie lassen sich kaum vereinen, und es macht einen ziemlich schizophrenen Eindruck, wenn derselbe Gelehrte sich an dieser Stelle dieser, an einer anderen jener Auslegung bedient. Ein einleuchtender Ausgleich scheint unmöglich, denn die Berufung auf die gemeinsam zugrundeliegende Wiedergeburtsvorstellung reicht nicht aus. Es muß auch der Ausdruck der Vorstellung sich vereinigen lassen.

Wir glauben auch nicht, daß die Idole als liegend vorzustellen sind. Charakteristisch für sie ist, daß sie keine feste Orientierung im Raum besitzen, daß sie unstatisch aufgefaßt sind. Wenn irgendetwas eindeutig etwas über sie aussagt, so ist es dies. Aber das bedeutet nicht, daß sie liegend gedacht waren. Während sie (auf den Zehen) stehend oder schwebend gedacht eine natürliche Haltung einnehmen, sind sie auf dem Rücken liegend ganz instabil. Es gibt nur vereinzelte Idole, bei denen Hinterkopf, Gesäß und Fersen eine einheitliche Linie bilden, so daß sie fest auf dem Rücken liegen. Die meisten würden schaukeln. Man müßte ihnen dann eine Kopfstütze unterlegen und hat es auch getan, aber was man ihnen unterlegte, sind in Wirklichkeit keine Schlummerrollen, sondern Stößel zum Farbanreiben gewesen. Es scheint nicht zu bezweifeln, daß alle Idole stehend gedacht waren.

Die wüsteste Auslegung der Kykladenidole hat der neuerdings wieder hervorgezogene Kunstwissenschaftler Max Raphael (1889–1952) geliefert. In seinem aus dem Nachlaß herausgegebenen Buch *Wiedergeburtsmagie in der Altsteinzeit* (Frkf. 1979) erhalten wir die Aufklärung: »Immerhin läßt sich zeigen, daß die meisten Cycladenidole sich nur durch die Annahme einer Wiedergeburtsmagie befriedigend erklären lassen. Der Geschlechtsakt wurde ohne Gegenwart des Mannes als gewaltsames Öffnen der Beine einer Frau dargestellt, deren Arme und Hände stillgelegt sind, um den Gegenzauber auszuschließen« (a.a.O. S. 100). Ohne Kommentar verweisen wir nur auf die Formulierung »die meisten Cycladenidole«, um zu fragen: was wird mit den anderen, den männlichen Idolen? Müßte man neben der Großen Göttin nun auch den Großen Vatergott annehmen? Man hat versucht, die männlichen Idole als Parhedroi, als Geliebte, der Großen Muttergöttin zu verstehen, wie sie in mehreren Religionskreisen vorkommen. Aber das alles sind unerweisliche und unwahrscheinliche Spekulationen. Wichtig wäre z. B. für uns zu wissen, ob weibliche Idole männlichen Toten und männliche Idole weiblichen Toten beigegeben wurden. Aber solche Zusammenhänge werden sich auch bei künftigen Ausgrabungen kaum ergeben, da die Gebeine gewöhnlich vollständig zerfallen sind.

Über die Kykladenreligion im ganzen finden wir zwei entgegengesetzte Positionen vertreten. Die eine traut ihr nicht zu, daß sie in so früher Zeit bereits über explizite religiöse Vorstellungen verfügte und diese sogar ins Bild fassen konnte. Die andere behauptet, die Kykladenbewohner hätten zum erstenmal die Gottheit als Du erlebt. Es ist der Versuch, diese vorgeschichtliche Zeit zu einer bedeutenden Epoche zu stilisieren, in der ein für die Geistesgeschichte Europas bedeutender und bleibender Schritt erfolgte. Aber reichen zu einer solchen Aussage die Voraussetzungen aus? Es scheint, daß hierin der Begriff »Du« viel zu vage und unbestimmt ist. Haben die Helden der attischen Tragödie die Gottheit als »Du« erlebt? Hat Herodot, ein frommer Grieche des 5. Jhs., der fest überzeugt war, daß das menschliche Leben durch göttliche Orakel und Vorzeichen geleitet ist, die Gottheit als »Du« erlebt? Hat Xenophon, ein frommer Grieche des 4. Jhs., der nichts Wichtiges unternahm, ohne den Orakelpriester zu Rate zu ziehen, die Gottheit als »Du« erlebt? Ganz gewiß nicht nach unserem, d. h., nach dialogischem Verständnis. Anders hat es aber für uns gar keinen Sinn, das Wort »Du« zu gebrauchen. Und noch viel weniger ist dies Du glaublich für die frühe Zeit des 3. Jahrtausends.

In den Gräbern wurden verschiedentlich außer kompletten auch partielle, zerbrochene oder geflickte Idole gefunden. Die einen sagen, eine so respektlose Verwendung der Idole spreche eindeutig dagegen, daß sie Gottheiten dargestellt hätten, und beweise, daß ihnen überhaupt keine besondere Bedeutung für die Toten zukomme. Die andere Auslegung setzt voraus, daß die Idole nicht nur für den Grabgebrauch hergestellt wurden, sondern schon im Leben der Kykladenbewohner eine bedeutende Rolle spielten. Man versteht sie nicht als Kultidole, wie sie uns seit einigen Jahren aus mykenischen Kultstätten und dem »Tempel« von Aj. Iríni auf Kea bekannt sind. Dafür ist einfach ihre Zahl viel zu groß. Aber man versteht sie als Bilder, die man aufstellte, um sich dadurch göttlichem Schutz anzuvertrauen, einem Schutz, der einen lebenslang begleitete. Diese Erklärung erinnert mit Recht daran, daß das frühe Leben in viel höherem Grade als unseres in die Lebensgemeinschaft der Gruppe eingeordnet war und daß die einzelnen Lebensstationen Geburt, Jugendreife, Mannbarkeit, Hochzeit, Tod, daß auch Krankheit, Krieg, gefährliche Fahrten bedeutungsschwere Widerfahrnisse waren, die besonderen göttlichen Schutz erforderten. Seiner glaubte man sich versichert, indem man ein Idol aufstellte. Und da die Frauen durch ihre zahlreichen Geburten so viel mehr gefährdet waren als die Männer, andererseits als Leben Schenkende für die Gemeinschaft auch so viel wichtiger als die Männer, so erkläre es sich, daß die Zahl der weiblichen Idole ein so großes Übergewicht besitze über die männlichen. Dem Verstorbenen aber habe man sein(e) Idol(e) mit ins Grab gegeben, um ihm den göttlichen Schutz auch dort zu erhalten, und auch, weil die Überlebenden die Idole der Verstorbenen nicht für sich reklamieren konnten. Dort aber, wo man vor dem Toten und seiner Wiederkehr Angst hatte, habe man sein(e) Idol(e) apotropäisch zerbrochen.

Diese Theorie erklärt, warum es männliche, weibliche und zerbrochene Idole gibt. Sie erklärt zur Not auch, warum es so viel mehr weibliche Idole gibt. Sie erklärt nicht, wieso die meisten Gräber keine Idole enthalten.

Das Kapitel ist lang geworden. Wir fügen nur noch kurz einige technische Bemerkungen an. Es steht inzwischen fest, daß ein großer Teil der Idole, mehr, als man bisher glaubte, mit Farbe bemalt war, besonders in den Gesichtern, wo Augen und Mund, die wir heute vermissen, ursprünglich mit Farbe aufgetragen waren. Mit Farbe waren z. T. auch die Kopfzier und Kronen angegeben, die ein großer Teil der Idole ohne Zweifel besessen hat. Andere mögen reale plastische Aufsätze getragen haben. — Es ist inzwischen bewiesen, was man freilich auch ohne Beweis mit Sicherheit annehmen würde, daß die künstlerisch hochwertigen Idole nach festen Maßverhältnissen und auch nach einem bestimmten Modul entworfen und angefertigt wurden. Diese festen Maßverhältnisse machen eben den jeweils besonderen Typus aus. — Es ist inzwischen auch gelungen, Ateliers auszumachen, d. h., gewisse Stücke bestimmten Meistern zuzuschreiben. Es beweist, daß sich einzelne Gruppen blockartig erhalten haben. Rein statistisch wäre zu erwarten, daß sich die Produktion über so viele Jahrhunderte hinweg nur ganz verstreut erhalten hätte.

Am 9. Juni 1983 fand im Britischen Museum in London ein spezielles Kolloquium über die frühe Kykladenskulptur statt, das erste seiner Art. In einer der Diskussionen äußerte Chr. Doumas, einer der kompetentesten unter den Fachleuten, zur Frage der Idole: »Ich glaube nicht, daß wir zu irgendeinem sicheren Schluß über ihre Bedeutung gekommen sind.«

METALLARBEITEN

Auch der sog. Steinzeit waren Metalle nicht unbekannt. Kupfer und selbst Gold kommen gelegentlich rein in der Natur vor. Man verarbeitete sie zu Schmuck. Kupferperlen, die in der neolithischen Siedlung Sitagrí bei Drama in Ostmakedonien gefunden wurden, stammen aus der Zeit um 3800 v. Chr. Um die Mitte des Jts. findet sich dort außer Nadeln und Ahlen auch bereits Kupferschlacke, die keinen Zweifel daran läßt, daß man damals schon das

Schmelzverfahren anwandte. Die alte Vorstellung, daß die Metallverhüttung zu Beginn der Bronzezeit in Anatolien erfunden worden sei und sich von dort schnell ausgebreitet habe, ist in mehrfacher Hinsicht unzutreffend. Die Metallverwertung war schon Jahrhunderte früher, bereits gegen Ende der Steinzeit, bekannt. Und der Orient ist nicht der Ort des Ursprungs, sondern der Westen tritt gleichwertig neben ihn. Die Ausbreitung erfolgte nicht schlagartig, sondern nur sehr zögernd. Noch der Anfang, d. h. die ersten Jahrhunderte der sog. Bronzezeit, ist gebietsweise eine Epoche von nur sehr begrenzter Metallverwertung. Aber schon aus dem Ende der Steinzeit sind zwei flache Kupferäxte aus Sesklo in Thessalien erhalten. Es waren jedoch die weichen Kupferwerkzeuge den steinernen nicht wirklich überlegen. Die Metallurgie war daher anfangs keine Kunst von großem wirtschaftlichen Interesse. Erst als sich bei der Verhüttung der Erze zufällig Legierungen ergaben, erkannte man, daß sich auch härtere Metalle erzeugen ließen. Bekanntlich ergibt eine Mischung aus Kupfer und Zinn (10%) eine besonders gute Legierung, Bronze. Kupfer- und Bleierze scheinen an vielen Orten des Mittelmeers vorgekommen zu sein, Zinn aber nicht, und es ist bis heute ungeklärt, woher man es bezog. Man hat an den Nahen Osten, an Mitteleuropa und das westliche Mittelmeergebiet gedacht. Aber das würde einen weitläufigen organisierten Handelsaustausch zur Voraussetzung der Bronzeherstellung machen, der wenig wahrscheinlich ist. Es muß auf jeden Fall näher gelegene Quellen gegeben haben, die heute unbekannt sind. Es war eine wichtige Entdeckung, als man in den sechziger Jahren überrascht feststellte, daß ein großer Teil der kykladischen Bronzeerzeugnisse nicht aus Zinn-, sondern aus Arsenbronze bestand, einer Legierung, die offenbar leichter zu gewinnen war. Aber nur etwa ein Drittel der Funde bestand aus Arsenbronze, und das Problem der Zinnbronze blieb ungelöst.*

Abb. 29 Zeichnung eines Metallgußsteines aus Kastrí auf Syros. Die Flächen der Gußsteine wurden möglichst voll ausgenutzt. Sie enthielten auf Vorder- und Rückseite mehrere Gußformen dicht nebeneinander

---

* Inzwischen hat sich die Frage und Statistik dadurch verschoben, daß ein großer Teil der Zinnbronze-Gegenstände aus Kastrí stammt, von denen feststeht, daß sie aus Anatolien kamen.

Die ältesten Metallfunde auf den Kykladen stammen aus Kephála auf Kea, wo jedoch ihre Herkunft und Zeitstellung nicht eindeutig ist. Die erste sichere Metallverarbeitung fand in der Pelos-Stufe statt. Aber während für diese Zeit (Frühkykl. I) auf den Inseln Lesbos (Thermi) und Lemnos (Polióchni) bereits eine reiche Bronzeerzeugung belegt ist, sind die Funde auf den Kykladen minimal. Zum Gießen benutzte man Steine oder Tonziegel, in die die Gußformen, vor allem von Äxten und Meißeln, eingeschnitten waren. Und zwar wurden die Flächen eines solchen Gußsteins möglichst voll ausgenutzt. Es finden sich auf demselben Stein nicht nur mehrere Gußformen nebeneinander, sondern es ist auch die Rückseite verwendet. Neben dem offenen Guß (Herdguß), wo die Außenseite erst durch nachträgliche Bearbeitung ihre endgültige Form erhielt, erfand man dann die zweiteilige geschlossene Form, durch die der Gegenstand gleich beim Guß seine richtige Gestalt erhielt. Und es wurde vielleicht auch schon das Verfahren der verlorenen Form (Ausschmelzverfahren) praktiziert, bei dem die zu gießende Form zunächst in Wachs plastiziert und dann mit Ton umschlossen wurde. Aus dem getrockneten Ton wurde dann das Wachs ausgeschmolzen, und die Gußform war fertig. Das Verfahren hatte den Vorteil schneller Formherstellung, aber den Nachteil, daß nach jedem Guß die Form zerbrochen und neu angefertigt werden mußte.

Der große Aufschwung, den die ägäische Metallurgie in der Mitte des 3. Jts. nahm, scheint durch die Erfindung des Dolches ausgelöst worden zu sein. Für die Werkzeuge bedeutete, wie gesagt, die Metallverarbeitung zunächst keine so überzeugende Neuerung. Erst die Erfindung des Dolches, die jeden Krieger in die Notwendigkeit versetzte, sich auf gleiche Weise auszurüsten, rief eine allgemeine Steigerung hervor. Die Hälfte aller Metallfunde aus der Mitte des 3. Jts. sind Dolche, während aus dem Anfang des Jts. Waffen unbekannt sind. Auffällig ist, daß aber auch auf dem großen Gräberfeld von Chalandrianí auf Syros keine Waffen gefunden wurden. Die Funde, die dort in der Festung Kastrí zutage kamen, haben wir oben bereits angeführt.

Die kykladischen Dolche erhalten ihre spitze Form dadurch, daß ihre Schneiden konkav eingezogen sind. Sie besitzen zur Verstärkung eine Rippe, aber keine Angel. Vielmehr wurde das Heft am breiten Ende festgenietet, wofür zwischen zwei und sechs Nietlöcher vorgesehen waren. Die Größe der Dolche schwankt zwischen 12 und 25 cm, meistens liegt sie um 20 cm. Das Gewicht beträgt zwischen 90 und 110 g.

Die Klinge konnte lang ausgezogen werden, indem man die Rippe verstärkte. So erhielt man das Schwert, oder genauer das Rapier. Zog man die massive Rippe über die Klinge hinaus, so ergab sich eine starke Angel und damit die Vorform des mykenischen Schwertes. Neben den spitzen Dolchen finden sich auch solche mit breiterer Klinge, geraden Schneiden und einem Angelansatz, die aber vielleicht mehr als Messer benutzt wurden.

Neben Dolchen spielten Speerspitzen eine wichtige Rolle. Auch sie haben eingezogene Schneiden, außerdem zwei Schlitze in der Klinge. Die Tülle zur Aufnahme der Holzstange war erst eine spätere Erfindung. Die Schlitze dienten dazu, die Spitze an der Stange festzuschnüren. Befremdend klingt es, daß auf den Kykladen lange keine bronzenen Pfeilspitzen gefunden wurden. Nur eine Gußform aus Chalandrianí bewies ihre im übrigen selbstverständliche Existenz. Inzwischen sind in Koukounariés auf Paros Pfeilspitzen gefunden. Doch wird ihre Bedeutung hinter den altbewährten Obsidianspitzen noch lange zurückgeblieben sein, die zugleich billiger, schärfer und härter waren. Dagegen hatte es Obsidiandolche niemals gegeben. Auffällig ist auch, daß nur eine einzige Bronzesichel gefunden wurde, auf Amorgós. Wahrscheinlich bewährten sie sich nicht und wurden zu schnell stumpf. Die alte Methode,

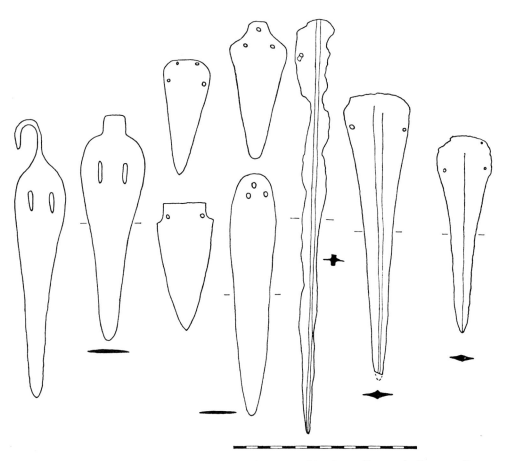

Abb. 30 Speerspitzen, Dolche und Rapier, die wichtigsten und häufigsten Formen der Bronzewaffen

Taf. 19   Silberne Schmucknadel mit einem Widder als Bekrönung. Aus Dokathísmata Amorgós. Das stark ▷
gehörnte Tier ist mit ungewöhnlichem Realismus dargestellt. Im selben Grab wurde ein silbernes Diadem
gefunden (s. Abb. 31). Br des Tieres etwa 1 cm.   Athen, NM 4730

Taf. 20   Griffschale mit »Beinstümpfen« aus Chalandrianí / Syros. Der etwas grobe, in Kerbschnitt ausgeführte Dekor artikuliert die Formen durch Aussparung: das weibliche Dreieck zwischen den Beinstümpfen und einen großen achtstrahligen Stern, dessen Spitzen direkt bis an den Rand reichen. Sein Inneres füllt ein Ringmuster. Der Dekor veranschaulicht die eine der beiden Hauptmöglichkeiten, die auf diesen Schalen vertreten sind: das weibliche Geschlechtssymbol in Verbindung mit einem Astralzeichen. Die andere ist die Verbindung mit Schiffs- und Meereszeichen. L 27 cm.   Athen, NM

Taf. 21   Griffschale mit »Beinstümpfen« aus Chalandrianí/Syros. Die mit größter Sorgfalt und Meisterschaft ausgeführte Schale ist die schönste und kostbarste aller erhaltenen. (Für die Innenseite vgl. Abb. 25.) Der Dekor auf der Außenseite wird von einem doppelten Kerbschnittstreifen eingefaßt, der auch das weibliche Dreieck umschließt. Spiralen in unendlichem Rapport stellen das wellenbewegte Meer dar. Darauf schwimmt ein großes Ruderschiff mit Bugsporn und hohem Heck, das als Heckzier Fisch und »Wimpel« trägt. Obwohl die Ruderzahl auf beiden Seiten differiert (14/15: das Steuerruder kann der überzählige Strich der Vorderseite nicht bezeichnen), wird sie doch ungefähr der Wirklichkeit entsprochen haben, d. h. es handelt sich um einen Dreißigruderer von 18 bis 20 m Länge. Die Schiffe der kykladischen Griffschalen sind die ältesten Schiffsdarstellungen Europas. L 28 cm.   Athen, NM 4974

Taf. 22   Harfenspieler aus Keros. Überaus gewagte und zerbrechliche, aus einem einzigen Marmorblock dreidimensional herausgearbeitete Figur. Der Harfner sitzt auf einem eleganten Thron mit durchbrochener Rückenlehne, den Schallkörper gegen die rechte Brust gepreßt, die (verlorenen) Unterarme zum Spiel erhoben. Der hocherhobene Kopf ist fast in die Waagerechte zurückgelegt. Die Geste der Verzückung, die man auch sonst in dieser Kopfhaltung hat finden wollen, entspricht kaum den Intentionen des frühen Künstlers. Den Kopf artikuliert lediglich eine große, spitze Nase und ein ausladender Hinterkopf, der ohne Zweifel eine hohe Kopfbedeckung anzeigt. Auffällig sind der unförmige Hals und ein Gegensatz eckiger Körperformen in der Seiten- und runder in der Vorderansicht. Der Harfner ist mit großer Sicherheit bei der Ausübung von Kultmusik dargestellt. H 22,5 cm.   Athen, NM 3908

Taf. 23   Marmorner Doppelflöten-Bläser auf Standplatte, aus Keros. Auch hier ist der Kopf fast in die Waagerechte zurückgelegt, aber runder, körperhafter als beim Harfner gestaltet. Dem überlängten Hals stehen stark verkürzte Beine, vor allem Unterschenkel, gegenüber. Die Figur ist nicht statisch aufgefaßt, sondern zeigt einen deutlichen Schub nach vorn. Harfner und Flötenspieler wurden zusammen mit zwei weiblichen Idolen im selben Grab gefunden, und es ist auffällig, daß auch die übrigen Harfnerfiguren jeweils zu zweien vereinigt waren. Dem reichlich plumpbeinigen Athener Flötenspieler steht der Karlsruher Syrinxspieler (Taf. 13) als betont grazile Gestalt gegenüber. H 20 cm.   Athen, NM 3910

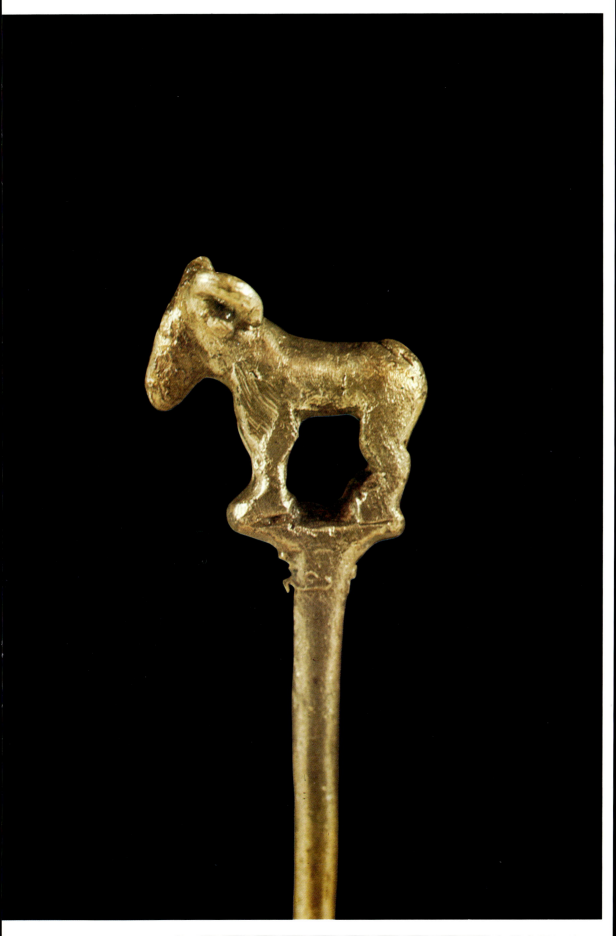

Taf. 22

Taf. 24 oben: Zwei »abstrakte« Violinidole mit überlängtem Hals, aber ohne Kopf. Der Körper ist wie bei einer von hinten gesehenen Sitzfigur mit übereinandergeschlagenen Armen und Beinen gestaltet: nur die Schulter- und Gesäßpartie ist artikuliert. Aber es ist ganz unwahrscheinlich, daß die Künstler ihrer Stilisierung ein solch naturalistisches Motiv zugrunde legten. Sonst müßten Hals- und Kopfpartie dem auch entsprechen. Der starke Einzug in der Taille hat die Bezeichnung »Violinidole« aufgebracht. Athen, NM
unten: Zwei »halbschematische« Lourosidole. Dem wiederum stark überlängten Hals ist nun ein Kopf, ganz verschiedener Form, aufgesetzt. Die Beine sind artikuliert, aber die Arme nur als Stümpfe gegeben. Die linke Figur trägt eine konische Kopfbedeckung. Andere Kopfaufsätze sind angedeutet durch hohe oder geschweifte, »lyraförmige« Stirnpartie oder ausladenden Hinterkopf.
Athen, NM

Taf. 25 a) Idol des Dokathísmata-Typs in besonders extremer Ausprägung. Die Darstellung verzichtet auf Artikulation der Körperteile zugunsten einer alles beherrschenden Trapezform. Von der Achselhöhle bis zum Fußknöchel zieht eine durchgehende gerade Linie. Auch die Tiefe ist nicht artikuliert, sondern die ganze Figur, einschließlich des Gesichts, brettartig flach. Athen, NM 4722
b) Marmoridol aus Amorgós, mit 1,52 m Höhe das größte vollständig erhaltene Kykladenidol. Schmale, wenig physiologische Form, am unnatürlichsten die Arme, mit betonter Angabe der Finger. Eine Reihe weiterer, unterlebensgroßer Idole sind in Fragmenten erhalten und stellen die Frage, ob diese großen Formate als Kultbilder in Heiligtümern aufgestellt waren, was ganz unwahrscheinlich ist. Athen, NM 3978

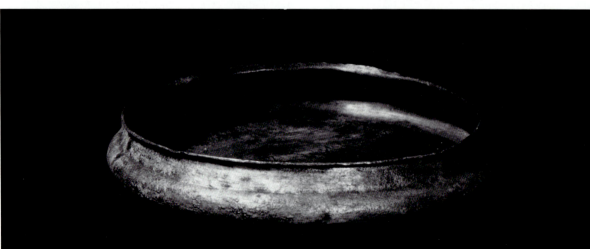

Taf. 26 a) Die beiden berühmten Goldschalen des Athener Benaki-Museums, angeblich auf Euböa gefunden. Es sind Meisterwerke in Form und Ausführung und singuläre Zeugnisse einer großen Tradition kykladischer Goldschmiedekunst. Der Gefäßleib hat die für die Kykladen typische Form des Seeigelgehäuses. Die Riefelung des zweiten Gefäßes kehrt genau als Ritzzeichnung auf dem Tongefäß Nr. 92 der Sammlung Goulandrís wieder, das der Kamposstufe angehört. H 9,5 u. 9 cm; Dm 12,4 u. 12,3 cm; Gew. 468 u. 560 g.   Athen, Benaki-Museum

b) Silberschale aus Kapros/Amorgós, eine von vier erhaltenen kykladischen Silberschalen. Offen und flach, mit gerundetem Boden und schmalem Halsring, ohne Verzierung. Die Form ist nicht charakteristisch kykladisch und die Herkunft von den Inseln nur durch den Fundort gegeben. H 2,4 cm; Dm 10,3 cm.
                                                                                       Oxford, Ashmolean Museum AE 158

ein gebogenes Stück Holz, Knochen oder Geweih mit einer Rille längs der Innenkante zu versehen und in dieser mit Hilfe von Harz eine Reihe von Obsidianklingen zu befestigen, war sicher leistungsfähiger.

Bei den Werkzeugen spielten Äxte und Meißel die wichtigste Rolle. Teils sind die Äxte einfache flache Klingen, an denen der Stiel nur unsicher zu befestigen war, teils goß man sie bereits mit Schaftloch, was die Anwendung der zweiteiligen geschlossenen Form voraussetzt. Auch kannte man schon eine Reihe von Formen: Flach-, Breit- und Kreuzbeil. Es versteht sich von selbst, daß die neuen Werkzeuge für den Hausbau, bei dem allerdings außer dem Dach gewöhnlich nicht viel Holzarbeit zu leisten war, unvergleichlich viel mehr aber für den Schiffsbau von großer Bedeutung waren, so daß die einzelnen Handwerke sich in einem Rückkopplungsprozeß gegenseitig befruchteten. Die großen Ruderschiffe, die wir auf den Griffschalen dargestellt finden, sind wahrscheinlich erst mit Hilfe der neuen Werkzeuge möglich geworden.

Der größte Fund kykladischer Bronzewerkzeuge, vielleicht die komplette Ausrüstung eines Zimmermanns, ist auf der Insel Kythnos gemacht worden: drei Flach-, vier Schaftbeile und drei Meißel im Gesamtgewicht von fast sieben Kilogramm. Die massiven Werkzeuge waren natürlich wesentlich materialaufwendiger als die Waffen. Das schwerste Flachbeil wiegt 943 g, das schwerste Schaftbeil 1490 g. Dagegen wogen Dolche und Speerspitzen nicht mehr als 90–110 g. Auch dies ist einer der Gründe, warum uns in den Gräbern so viel mehr Waffen erhalten sind. Die schweren Werkzeuge waren als Beigaben zu kostbar und wurden wieder eingeschmolzen.

An Kleingeräten dienten Rasiermesser und Bartzupfer (Pinzetten) der Kosmetik, Nadeln und Ahlen der Verarbeitung von Stoffen, Netzen und Leder, Angelhaken dem Fischfang.

Blei kam nicht nur, wie es scheint, relativ häufig vor, sondern war auch durch seinen niedrigen Schmelzpunkt ein leicht zu verhüttendes Metall. Durch seine große Weichheit war es freilich nur sehr begrenzt brauchbar. Man verwendete es vor allem zum Flicken zerbrochener Gefäße, gelegentlich auch zerbrochener Idole. Die Frage, wieso es sich lohnte, ein Tongefäß mit dem kostbaren Blei zu flicken, beantwortet sich dadurch, daß Blei in Wirklichkeit kein besonders wertvolles Metall war, ja, daß es überhaupt nicht um seiner selbst willen gewonnen wurde, sondern es war gewöhnlich nichts weiter als ein Nebenprodukt der Silbergewinnung, von nur sehr begrenzter Verwendbarkeit. Es gab Armspangen aus Blei und kleine gegossene Figuren, selten auch einmal einen Spinnwirtel und vereinzelt ein Siegel. Von besonderem Interesse sind drei schmale Bleiboote aus einem Grabfund von Naxos, die ins Ashmolean Museum von Oxford gelangt sind. Ein weiteres, mit den naxischen übereinstimmendes Exemplar unbekannter Herkunft gelangte nach Liverpool. Die langgestreckten Boote sind aus drei Streifen getriebenen Bleis

Abb. 28

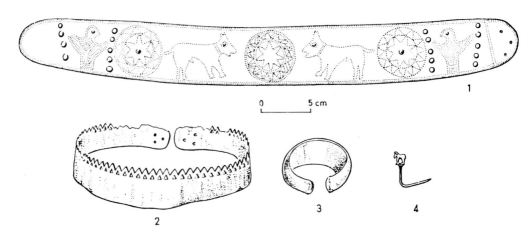

Abb. 31 Schmuckstücke aus Silber: Armreife mit Netzgravierung von Amorgós. Diadem aus Silberblech mit durchbrochenem Zackenrand von Amorgós. Diadem aus Silberblech mit gepunzten Tieren, Idolen und Sternrädern aus Chalandrianí, Gewandnadel mit plastischem Nadelkopf aus Amorgós. Vgl. Taf. 19

gefertigt und waren in unversehrtem Zustand alle über 40 cm lang. Man hat die Boote mit der Jenseitsfahrt der Toten in Zusammenhang bringen wollen. Dazu sind sie aber viel zu selten. Außer den Bleibooten ist nur noch ein Kalksteinboot aus Phylakopí bekannt, das 1968 ins Museum von Melos gelangte, dessen Herkunft aus einem Grabe aber nicht bezeugt ist. Eher haben die Boote keine allgemeine religiöse Bedeutung, sondern sind als Standeszeichen Schiffseignern mit ins Grab gegeben worden, wenn auch vielleicht durchaus mit metaphysischer Konnotation.

Mit Blei zusammen kommt gewöhnlich Silber vor, das natürlich auch damals schon als Edelmetall geschätzt war. Man fertigte Ringe, Armspangen, Totendiademe und vor allem Gewandnadeln, die abwechslungsreich geschmückt waren, mit Kugeln, Pyramiden und Knäufen, mit Doppelspiralen und kunstvollen Knoten aus verschlungenem Draht. Einmal findet sich ein kleiner Krug als Nadelbekrönung. Die Darstellung von Vögeln scheint auf Taf. 19 Nadeln aus Bein beschränkt gewesen zu sein, aber die schönste Silbernadel, aus Amorgós, trägt einen eindrucksvollen kleinen Widder, der gegossen ist. Aus Hunderten von kleinen Silberscheiben und aus Silberröhrchen wurden Ketten angefertigt. Die aufwendigsten Silberarbeiten, die erhalten blieben, sind eine Reihe flacher Schalen, die wenigstens zum Teil derselben Werkstatt Taf. 26b entstammen. Die eine, die nach Oxford gelangte, wurde in Grab D bei Kapros auf Amorgós gefunden, so daß ihre kykladische Herkunft gesichert ist.

Mittelkykladische Zeit

OBSIDIAN

Außer geringen Lagen auf Antíparos und der Dodekanesinsel Jalí (Gyalí), die keine nennenswerte Rolle gespielt haben, kommt Obsidian im Ostmittelmeer sonst nur auf Melos vor. Die Insel hat daher jahrtausendelang unvergleichliche Bedeutung gehabt.

Obsidian ist ein vulkanischer Glasfluß, der so schnell erkaltete, daß er nicht kristallisieren konnte. Er bildet, wenn man ihn sprengt, nicht nur sehr scharfe, sondern auch sehr haltbare Kanten. Er eignete sich daher hervorragend für Schneidewerkzeuge und behielt seine Bedeutung bis weit in die Bronzezeit hinein. Bronzene Sicheln konnten sich lange nicht gegen Obsidiansicheln, bei denen kleine Obsidianschneiden in die Rundung eines Holzes, Knochens oder Geweihs gesetzt wurden, durchsetzen, weil sie viel zu schnell stumpf wurden. Auch bronzenen Pfeilspitzen waren Obsidianspitzen an Härte und Schärfe weit überlegen. Noch im vierten Schachtgrab von Mykene findet sich im 16. Jh. eine Gruppe von 45 Obsidianpfeilspitzen, aber keine bronzenen. Es mag leicht noch spätere Beispiele geben. Mit der Schärfe einer Obsidianklinge konnte sich eine Metall-, auch eine Eisenschneide nicht entfernt vergleichen. Sie sind rasiermesserscharf. Wenn man sie zu fest anfaßt, hat man sich bereits geschnitten. Nur waren sie sehr leicht zerbrechlich und immer nur wenige Zentimeter lang.

Andere Völker haben den Obsidian auch künstlerisch verarbeitet, zu Idolen z. B., oder selbst zu Gefäßen, wie in Ägypten. Den raffiniertesten Gebrauch hat man schon im 6. Jt. auf der anatolischen Hochebene, in Çatal Hüyük bei Konya, vom Obsidian gemacht, indem man ihn zu Spiegeln verarbeitete. Die Leistung grenzt ans Wunderbare, denn es ist unbekannt, mit welchem Verfahren oder welchem Schleifmittel es möglich war, das spröde Material auf Hochglanz zu polieren, so daß es besser als ein Metallspiegel reflektierte. Die Kunst, Obsidianspiegel herzustellen, war zweifellos viel zu schwierig, um sich allgemein zu verbreiten. Die Kykladenbewohner haben Obsidian überhaupt nur zu Klingen, Messern und Spitzen verarbeitet. Instruktiv sind aber auch die erhaltenen Kerne, von denen die zweischneidigen Klingen abgesprengt wurden.

Zwei Probleme stellen sich für den »Export« des Obsidians. Die ältesten Obsidianklingen wurden in der Phranchthi-Höhle bei Ermióni in der Argolis gefunden. Sie stammen dort aus mesolithischen Schichten, d. h. aus der Mitte des 8. Jts. Man interpretiert sie als die ältesten Zeugnisse für Schiffahrt in der Welt überhaupt und stellt sich vor, daß damals von der Bucht der Argolis und vielleicht auch noch anderen Stellen aus die Menschen in primitiven Kähnen oder Flößen(!) nach Melos gerudert seien, um sich Obsidian zu holen. Melos selbst ist damals, und noch für Jahrtausende, unbesiedelt gewesen. Wie konnten also weit entfernt wohnende Menschen 1. von der Existenz des Obsidians auf Melos, der überdies nur an zwei ganz bestimmten Stellen vorkommt, und 2. von seiner Eignung überhaupt wissen? Die Vorstellung solcher Beschaffungsfahrten ist weltfremd und völlig phantastisch.

Auch in sehr frühen, noch vorkeramischen neolithischen Schichten Thessaliens sind Obsidianklingen gefunden worden, weiter in den vorkeramischen Schichten von Knossos, die um 6100 datiert werden, und schließlich in den frühen neolithischen Schichten von Nea Nikomedia in Makedonien zwischen 6200 bis 5300 v. Chr.

Alle diese Obsidianfunde haben chemisch-physikalische Untersuchungen als melisch erwiesen, und man liest den verblüffenden Satz: »So erscheint Melos, obwohl selbst unbewohnt, schon seit dem 8. Jt. als Zentrum des Obsidianhandels.« Von »Handel« kann natürlich überhaupt noch keine Rede sein. Aber auch von keinem Schiffsverkehr. Wie sollten ohne Bewohner Existenz und Eignung des Obsidians auswärts bekannt geworden sein, gar bis nach Makedonien? Wie immer das Ergebnis der naturwissenschaftlichen Analysen sich erklären mag, eher ist in Makedonien der Obsidian wie Manna vom Himmel gefallen, als daß sich denken ließe, man sei von dort per Boot nach Melos aufgebrochen, einer weit entfernten unbekannten Insel mit unbekanntem Gestein von unbekannter Eignung. Die Vorstellung ist völlig undiskutabel. Nur die Bewohner der Insel konnten die Existenz und die Eignung des Gesteins entdecken. Auswärtige nicht.

Das andere Problem betrifft den Obsidian-Export in der Bronzezeit. Hat Phylakopí ihn kontrolliert oder frei gelassen? Die ersten Ausgräber von Phylakopí waren mit Selbstverständlichkeit davon überzeugt, daß Phylakopí die Ausfuhr kontrollierte und daß wesentlich darauf seine Bedeutung und sein Reichtum beruhte. Bei den neuen Ausgrabungen 1974 bis 1977 haben die Engländer zwei Jahre darauf verwandt, die beiden großen Obsidianfelder bei Sta Nýchia und Demenegáki genau zu sondieren, um festzustellen, ob sich nach 4000 Jahren noch Spuren von Einzäunung, Bewachung, systematischer Ausbeutung finden ließen. Da nichts dergleichen festzustellen war, glaubt man sich zu dem Schluß berechtigt, daß die Einwohner von

Phylakopí die in der ganzen Mittelmeerwelt einzigartigen Obsidianfelder nicht für sich reklamierten, sondern der allgemeinen freien Nutzung überließen. Es gab also keinen Obsidianhandel, auch in der Bronzezeit nicht. Die Verteilung stellt man sich so vor, daß Einwohner der näher gelegenen Inseln sich auf Schiffsfahrten freizügig selbst versorgten, daß sie Obsidian über ihren eigenen Bedarf hinaus mitnahmen und diesen Überschuß dann bei ihren weiter entfernt wohnenden Nachbarn gegen andere Güter eintauschten. Phylakopí habe vielleicht dadurch Wohlstand erlangt, meint man, daß es diesen Freibeutern Unterkunft und Verpflegung verschaffte. Aber noch heute finden sich nirgends griechische Schiffer, die im Hotel übernachten. Doch vor allem: eine solche Indifferenz der Melier gegenüber einem einmaligen Wirtschaftspotential widerspräche sowohl der allgemeinen Menschennatur wie allen Erfahrungen der Geschichte und ist eine reine Konstruktion.

Falsch wäre es aber auch, sich vorzustellen, daß Phylakopí seine Obsidianlager nicht nur gehütet, sondern auch verarbeitet und nur als Fertigprodukte gehandelt hätte. Wir haben eindeutige und vielfältige Beweise, daß Rohobsidian ausgeführt und von den Konsumenten selbst verarbeitet wurde. Schon in Saliagos war das eindeutig. Fest steht auch, daß Obsidian — wenigstens zeitweise — nicht sehr teuer gewesen sein kann, wie das gehäufte Vorkommen von Klingen an vielen Orten beweist. Aber anzunehmen, daß man den wertvollen Rohstoff umsonst hinausgehen ließ, halten wir für weltfremd.

PHYLAKOPÍ II

Phylakopí II und Akrotérion Oúrion

Die Mittlere Bronzezeit (ca. 2000 bis 1600 v. Chr.) hat in den drei Bereichen, in denen sie sich in Griechenland ausformte, sehr unterschiedliche Entwicklungen genommen. Auf Kreta bezeichnet sie die Epoche der ersten Paläste und damit den ersten Höhepunkt der minoischen Kultur. Das griechische Festland erlebt gegenüber der Frühen Bronzezeit zunächst einen starken Rückgang seines Kulturniveaus und seiner Bevölkerung. Hier ist das Mittelhelladikum mit dem Problem der griechischen Einwanderung verknüpft, mit dem schubweisen Eindringen von Völkerschaften, aus denen sich im Lauf der nächsten Jahrhunderte die griechischen Stämme entwickelt haben sollen. Ein zweites Problem des Mittelhelladikums ist die Tatsache, daß es von Anfang an mit zwei ganz verschiedenen Keramikgattungen auftritt. Die erste ist die sog. graue minyische Ware. Ihr Material ist ein speckig glänzender und sich anfühlender durch und durch mausgrauer Ton. Die Formen der Gefäße weisen scharfe Kanten auf, so als ob sie Metallgefäße zum Vorbild gehabt hätten. Die graue minyische Ware ist monochrom und unbemalt und gehört zu der charakteristischsten Keramik, die es gibt. Sie ist praktisch unverwechselbar und auch in kleinen Scherben leicht erkennbar. Später wechselt sie zu einem gelblichen Ton über, woraus sich dann die mykenische Keramik entwickelte. Die zweite Gattung ist die sog. mattbemalte Keramik. Sie verwendet einen leicht grünlichen, nicht polierten, stumpfen Ton, auf den in dunkler matter Farbe Dekor aufgetragen wird. Die Herkunft beider Gattungen ist ungeklärt. Ungeklärt ist vor allem auch ihr gemeinsames gleichzeitiges Auftreten. Es ist so, als ob wir einem Volk mit zwei Sprachen begegneten.

Auch auf den Kykladen gehört die Mittlere Bronzezeit immer noch zu den unbekanntesten und schwerst verständlichen Epochen der Vorgeschichte. Im ganzen sind etwa zwanzig mittelkykladische Siedlungsstätten bekannt, aber nur drei von ihnen sind ausgegraben: Phylakopí auf Melos, Ajía Iríni auf Kea und das Phrourion von Paros. In Akrotíri auf Santorin ist es sehr schwierig, zu den in großer Tiefe liegenden mittelkykladischen Schichten vorzudringen.

An vielen Orten scheint die Frühe Bronzezeit mit einer Zerstörung geendet zu haben. Klar erkennbar ist ein Wechsel in Phylakopí. Auf anderen Inseln sind die mittelkykladischen Siedlungen keine Fortsetzungen von frühkykladischen, sondern an anderen Orten errichtet. Früher hat man geglaubt, daß nach dem Ende der Frühkykladischen Zeit eine plötzliche, einschneidende Verringerung der Siedlungen eingetreten sei. In Wirklichkeit hat eine nicht unbedeutende Zunahme stattgefunden. Fünfzehn bekannten Siedlungen vom Ende der Frühkykladischen Zeit (Frühkykl. III) stehen zwanzig mittelkykladische gegenüber. Sie sind gewöhnlich in der Nähe des Meeres gelegen, oft auf Höhen, die leicht zu verteidigen waren. Es gibt jedoch kein einheitliches Schema. Einige waren befestigt, andere nicht. Im einzelnen sind die Bedingungen, Umstände, Beziehungen und Entwicklungen sehr verschieden. Als einzige bestehende mittelkykladische Stadt hat zwei Menschenalter lang Phylakopí gegolten. Hier hatten die englischen Ausgrabungen von 1896 bis 1899 eine bedeutende Stadt freigelegt, die erste wirkliche Stadt, die damals und noch für lange auf den Kykladen bekannt war. Dieses sog. Phylakopí II hatte zwar in der dritten Phase der Frühkykladischen Zeit in Phylakopí I schon eine Vorgängerin mit rechteckigen Häusern und vielleicht auch schon rechtwinkligen Gassen besessen, aber eine wirkliche Stadt mit geschlossenem Wohngebiet entwickelte sich erst jetzt. Sie maß 220 m in der Länge und war von unbestimmter Breite, da ein großer Teil des Geländes vom Meer unterspült worden und abgestürzt ist. Diese Stadt entwickelte eine große und vielgestaltige Keramikproduktion und eine bedeutende Obsidianmanufaktur. Ihr schrieb man die wunderbaren Fresken zu, die man in einigen Häusern gefunden hatte, und auch die gewaltige Befestigungsmauer, deren Westteil noch heute erhalten ist. Ohne Zweifel war es eine bedeutende Hafen- und vielleicht auch Handelsstadt. Melische Keramik ist auf Kreta und in der Argolis gefunden worden. Umgekehrt gelangten die beschriebene graue minyische Ware und kretische Gefäße nach Phylakopí. So gut wie aller Obsidian, der auf den Kykladen, auf Kreta und dem griechischen Festland verarbeitet wurde, stammt aus Melos. Die frühen Ausgräber führten, wir sagten es schon, die Blüte und die Bedeutung der Stadt auf den Obsidianhandel zurück, in dem sie ein Monopol besaß.

Inzwischen hat dieses Bild sich stark verändert. Die kyklopische Wehrmauer wird nicht mehr der mittelkykladischen, sondern der frühmykenischen Zeit, dem 16. Jh., zugeschrieben, ebenso die Pfeilergebäude und die Fresken. Der großartige Stadtplan, den die ersten Ausgräber 1904 von Phylakopí II vorgelegt haben, gilt nicht mehr als verbindlich, sondern als stark mit späteren Bauten durchsetzt. Wir müssen hier darauf verzichten, ihn zu reproduzieren.

Die Lebensbedingungen der einzelnen mittelkykladischen Städte waren sehr verschieden. Aj. Iríni war von einer Befestigungsanlage gesichert und besaß ein zentrales Heiligtum, Phylakopí dagegen weder das eine noch das andere. Beide scheinen aber nicht monarchisch beherrscht gewesen zu sein, da sich in beiden kein Herrschaftshaus gefunden hat. Ob das mittelkykladische Phrourion von Paros befestigt war, darüber ist nichts auszumachen, da der ganze Hügel überbaut ist und Otto Rubensohn nur ein winziges Areal von 14 x 19 m freilegen konnte.

Dagegen war die Siedlung von Akrotírion Oúrion auf Tinos wieder befestigt. Es ist dies eine noch unausgegrabene mittelkykladische Höhensiedlung eine Wegstunde östlich der Hauptstadt auf dem südlichsten Punkt der Insel, einem spitzen, kegelförmigen Berg. Noch im heutigen Namen spricht sich das Vorhandensein einer Wehrsiedlung aus: Vryókastron, gelegentlich fälschlich erklärt als *Evräókastron — Judenburg.* Der spitze Berg bietet als Wohnfläche nur ganz schmale, steil übereinandergesetzte Terrassen und gleicht in seinen Bedingungen stark der Höhe von Berbáti in der Argolis. Der Gipfel ist mit Keramik übersät. Er muß ziemlich lange besiedelt gewesen sein. Meist sind es dicke, grobe Scherben großer Vorratsgefäße, die nicht leicht zu datieren sind. Daneben sind noch geringe, aber unverkennbare Reste der einstigen Befestigung erhalten. Ausgrabungen und selbst Sondierungen haben bis jetzt nicht stattgefunden. Scherben und Mauer werden aber allgemein der mittelkykladischen Zeit zugeschrieben. Hier hat also eine befestigte Siedlung bestanden, sie hat jedoch keine Fortsetzung in der mykenischen Zeit gefunden, sondern ist mit der mittelkykladischen erloschen. Das mykenische Tinos ist bis jetzt noch unentdeckt, doch besteht inzwischen wenigstens Gewißheit, daß es überhaupt bestanden hat. 1972 ist bei Straßenarbeiten ein mykenisches Kuppelgrab entdeckt worden, das erste auf den Kykladen.

Mykenische Zeit

PHYLAKOPÍ III UND IV

Vor der Entdeckung von Ajía Iríni auf Kea und Akrotíri auf Santorin war Phylakopí auf Melos die größte und wichtigste vorgeschichtliche Ausgrabungsstätte auf den Kykladen, und immer noch übertrifft sie die beiden anderen an Ausdehnung. Freigelegt wurde sie 1896 bis 1899 vom Britischen Archäologischen Institut Athen. Eine kurze Nachgrabung zur Kontrolle der Schichtenfolge fand 1911 statt, deren Ergebnisse jedoch erst 1974 systematisch ausgewertet wurden. Im gleichen Jahr begannen die neuen Ausgrabungen (1974 bis 1977), die nicht nur überaus wichtige Ergebnisse für die Chronologie, sondern auch überraschend reiche Funde erbrachten und bewiesen, daß der Boden von Phylakopí keineswegs erschöpft ist.

Gelegen ist die Stadt an der Nordküste von Melos, eine halbe Stunde *Taf. 30* westlich des Hafenorts Pollonia, von dem aus man nach Kimolos übersetzt. Und zwar befindet sie sich auf einem leicht geneigten Kalksteinfelsen, der sich nur wenige Meter über das umliegende Flachland erhebt. Die Ruinen liegen heute siebzehn Meter über dem Meer, in das sie z. T. abgestürzt sind, so daß sie nun nach Norden über einem Steilhang enden. Die Länge der Stadt von Ost nach West beträgt ungefähr 220 m, ihre heutige Breite nicht ganz 100 m. Wichtig wäre zu wissen, wie groß ihre Nord-Süd-Erstreckung ursprünglich war, d. h., wieviel das Meer von ihr fortgespült hat. Hat es nur hundert, zweihundert, dreihundert Meter fortgetragen oder vielleicht eine ganze Meile (1600 m), wie der Ausgräber Atkinson für möglich hielt. Darüber kann man nichts Sicheres wissen. Das letztere würde aber bedeuten, daß die Stadt nicht unmittelbar am Meer gelegen war, sondern einen für sich bestehenden Hafen besaß.

Die Stelle ist schon in der ersten Phase des Frühkykladikums besiedelt gewesen und hat, wie wir oben gesehen haben, der dritten den Namen gegeben. Aus dieser Zeit sind zum erstenmal Häuser erhalten, aber nur isolierte Fundamente, die keinen zusammenhängenden Plan ergeben und über Straßen und Plätze nichts aussagen. Wirklichen Stadtcharakter wird man erst der mittelkykladischen Siedlung zuschreiben können, die wir auch bereits kurz beschrieben haben. Ob diese mittelkykladische Stadt befestigt war, ist unausgemacht. Es wurden zwar bei den bisherigen Ausgrabungen keine Wehrmauern gefunden, aber das schließt nicht aus, daß sie trotzdem existierten und bei genauerer Nachforschung entdeckt werden können. Auf die mittelkykladische Stadt folgten eine früh- und eine spätmykenische. Alle drei besitzen ein annähernd gleiches Straßensystem mit Straßen, die sich rechtwinklig schneiden. Aber die späteren sind jeweils unabhängig von der Vorgängerin errichtet. Sie benutzten lediglich die Mauern der vorhergehenden Anlagen, wo es praktisch war. Diese Beziehungslosigkeit kann sich auf ganz verschiedene Weise erklären. Die Stadt kann durch Eroberung oder Feuer ganz oder teilweise zerstört und vorübergehend verlassen worden sein. Es kann sich ebensogut um normalen Verfall gehandelt haben, dem ein allgemeiner Abriß und Neubau folgte, oder der, was wahrscheinlicher ist, nach und nach durch Neubauten abgelöst wurde. Die Ausgrabungen haben keinen Anhalt dafür geliefert, auf welche Weise die einzelnen Städte ihr Ende gefunden haben. Sie zeigen nur, daß zwischen den Mauern und Anlagen der aufeinanderfolgenden Städte keine Verbindung besteht und daß zweimal das Ganze vollständig erneuert wurde. Demgegenüber zeigt die kulturelle Entwicklung eine auffallende Stetigkeit, fast unberührt von dem generellen Umbruch der Bauten.

Die frühmykenische Stadt

Die frühmykenische Stadt aus dem 16. und 15. Jh. ist besser als die beiden anderen erhalten, nicht zuletzt dadurch, daß ihre Bauten sorgfältiger errichtet wurden. Die Gassen kreuzen sich rechtwinklig und sind durch die Lage der Stadt annähernd nach den Himmelsrichtungen ausgelegt. Ihre Breite beträgt durchschnittlich eineinhalb Meter. Unter einigen von ihnen befinden sich Kanäle zur Ableitung des Regenwassers. Wo das Gelände steiler war, gingen die Gassen in Treppenfluchten über. Die Häuser scheinen im allgemeinen zwei bis vier Räume umfaßt zu haben. Die Ausgräber konnten nicht mehr feststellen, was überdacht und unüberdacht, d. h. was Räume und was Höfe gewesen waren, deren Wechsel und Verhältnis daher unklar bleibt. Die Mauerstärke beträgt gewöhnlich 0,60 m. Man benutzte Basalt und Kalkstein und verwendete als Bindemittel Lehmmörtel. Die Mauern waren vielleicht verputzt und getüncht. Ein Teil der Häuser wird zweistöckig gewesen sein. Andere besaßen einen Keller, in den man auf einer Leiter hinabstieg. Diese Keller müssen nicht immer unterirdisch, sie können auch halb oder ganz oberirdisch gelegen haben. Über die Anlage der Fenster wissen wir nichts. Die Türen waren teils mit steinernen, teils mit hölzernen Türstürzen abgedeckt. Vier von ihnen sind ganz erhalten, davon aber drei so eng und niedrig, daß ein Erwachsener sich beim Eintritt bücken mußte.

Das Dach war vermutlich mit Balken, Ried, Schieferplatten und zuletzt einer wasserdichten Tonschicht gedeckt.

Von den etwas über zehn Häusern, deren Grundriß vollständig erhalten ist, wählen wir das sog. Pfeilerhaus im Planquadrat G 3. Der Eingang lag vermutlich in der Ostwand von Raum 6, die zum größten Teil zerstört ist. Aus Raum 6 gelangte man in zwei weitere Räume (11 und 17). Alle drei liegen hintereinander wie in Aj. Irini, doch ist diese Anordnung in Phylakopi nicht die Regel. In Raum 6 sind zwei weiße Kalksteinblöcke von 0,60 x 0,60 m Querschnitt zu einem 1,35 m hohen Pfeiler aufeinanderge-

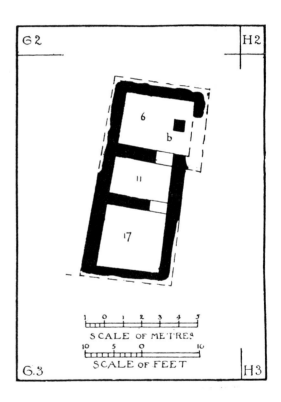

Abb. 32 Phylakopí. Plan des sog. Pfeilerhauses, in dem das Fresko mit den fliegenden Fischen gefunden wurde

türmt, der dem Haus den Namen gegeben hat. Ein zweiter Pfeiler aus einem einzigen weißen Kalkstein von 0,47 x 0,47 m Querschnitt und 0,97 m Höhe befand sich in einem Haus etwas weiter westlich im gleichen Planquadrat. Diese Pfeiler gehen auf kretischen Einfluß zurück. Dasselbe gilt von den Fresken, und nicht zufällig ist die großartige Wandmalerei mit den fliegenden Fischen im Pfeilerhaus gefunden worden, eben in Raum 6.

Taf. 27 Das berühmte Fresko mißt nicht mehr als 23 x 31 cm, aber es ist eines der originellsten und ansprechendsten Kunstwerke, die auf den Kykladen erhalten blieben. Der Versuch, aus den Dutzenden von Fragmenten noch weitere Teile des Frieses zusammenzusetzen, hat wenig mehr als die Gewißheit ergeben, daß er ursprünglich vier-, vielleicht auch fünfmal so lang war und daß er immer dasselbe Motiv wiederholte. Fliegende Fische schießen aufwärts und abwärts, mit bald offenen, bald geschlossenen Flügeln. Sie bewegen sich innerhalb einer phantastischen Seelandschaft, zwischen zerklüfteten Felsen, die mit Schwämmen und merkwürdigen, rotgestreiften »See-Eiern« bedeckt sind. Aber wir sehen keine mechanische Wiederholung, sondern der Maler ist ein wirklicher Künstler gewesen, der sein Motiv nicht nur mit großer Beobachtungsgabe und Genauigkeit wiedergegeben, sondern es vor allem zu einer lebendig bewegten rhythmischen Komposition gestaltet hat. Wir brauchen nicht zu zweifeln, daß das geglückte Werk damals dieselbe Bewunderung fand wie heute und daß es in mehreren Wiederholungen und Abwandlungen existierte. Daß das Motiv der fliegenden Fische schon in sich selbst attraktiv war, dürfte man auch dann vermuten, wenn es nicht durch Darstellungen in Glaspaste, auf Siegelabdrücken und Einlegearbeiten bezeugt wäre.

Gelb und Blau sind die beherrschenden Farben. Die Umrißlinien sind schwarz gezeichnet. Es scheint ursprünglich noch eine vierte Farbe gegeben zu haben, Rot, für Tupfen auf Felsen und Flügeln. Aber sie ist fast ganz abgeblättert.

Wer heute Phylakopi besucht, findet fast nur verworfene Trümmer vor und hat selbst mit den alten englischen Ausgrabungsplänen Mühe, sich darin zurechtzufinden, noch viel mehr aber, sich dies alles in seinem ursprünglichen Zustand voll Leben und Tätigkeit vorzustellen. Wie sehr dies frühe Leben aber nicht nur geschäftig, sondern wie wunderbar es auch durch Kunst und Schönheit bestimmt war, das sich zu vergegenwärtigen, bleibt das kleine Fresko der fliegenden Fische immer eines der schönsten Fenster für den Blick ins Innere.

Aber es ist in keiner Weise das einzige, vielmehr wurden im gleichen Raum noch Fragmente von weiteren, größeren Fresken gefunden. Das eine ist ebenfalls eine Seelandschaft, von der aber nur die Felsformationen, keine Meeresfauna erhalten ist. Das andere stellte die Figur eines sitzenden Mannes dar. Erhalten sind noch Brust, Unterarme, Hände, Taille und Knie. Beide Handgelenke sind mit gelben Armbändern, die Taille ist mit einem gelben Gürtel geschmückt. Sehr wahrscheinlich ist Gold damit gemeint. Unter dem Gürtel befindet sich eine gedrehte hellblaue Schärpe und darunter ein buntes Lendentuch in Blau, Rot und Gelb, das mit einem breiten Emblem bestickt ist: zwei Vögel mit gespreizten Flügeln wenden sich nach rechts und links. Hier ist das Rot etwas besser erhalten. Die Musterung der Federn, die Torsionslinien der Armbänder und die Fingernägel sind rot gemalt. Es wird die Wie-

Abb. 33 Phylakopí. Fragment eines farbigen Freskos: Arme und Oberkörper eines sitzenden Mannes mit Goldarmbändern, der ein »drapiertes Tuch« hält

dergabe eines wirklichen Nagellacks gemeint sein. Die »Drapierung« aber, die von der linken Hand ergriffen und von der rechten zusammengehalten wird, hat bis jetzt keine einleuchtende Erklärung gefunden, denn Saiten einer Harfe oder Zügel eines Pferdegespanns, wie man vorgeschlagen hat, sind es sicher nicht. Auf jeden Fall aber weisen die erlesenen Schmuck- und Kleidungsstücke den Dargestellten als einen Mann von Rang aus.

Von einer zweiten männlichen Figur, die sich nach links neigt, sind nur Hals, Schultern und Oberarme erhalten. Der Hals ist mit einer Kette ge-

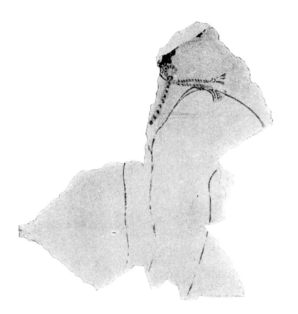

Abb. 34 Phylakopí. Fragment eines farbigen Freskos: Oberarme, Nacken und Haaransatz eines gebeugten Mannes, dessen Hals mit einer geknoteten Kette geschmückt ist

schmückt, die hinten geknotet ist. Darüber erscheint ein kleiner Rest der Frisur. Die Arme sind dicht aneinandergelegt, als ob die Hände etwas hielten, vielleicht eine Opfergabe. — Ob die beiden einander zugewandten Gestalten sich direkt gegenüberstanden, d. h. zu einer gemeinsamen Szene und Handlung verbunden waren, ist leider nicht zu bestimmen. Wir sehen auch hier wieder nur durch einen engen Spalt, welcher Reichtum an Form und Farben bestanden hat und wie wenig uns davon erhalten ist. Doch erlauben die geringen Reste, die reichere Anschauung, die uns Akrotiri auf Santorin bietet, ohne weiteres auf Phylakopi zu übertragen. Daß jedenfalls auch hier eine große Varietät bestand, beweist das vereinzelte Fragment eines großen Wasservogels, der mit rotem Kopf, rötlichem Rücken und weißen Flügeln farbenfreudig wiedergegeben ist.

Taf. 31 Die größte Sehenswürdigkeit von Phylakopi ist heute seine Wehrmauer. Sie wird gewiß die antiken Besucher sehr viel stärker beeindruckt haben als die modernen. Nicht nur, weil sie damals noch in voller Ausdehnung und Höhe erhalten war, sondern weil man sie als lebendigen Zweckbau erlebte, wo wir nur eine tote Ruine betrachten. Es gab in der Ägäis damals nur ganz vereinzelt Städte von der Größe von Phylakopi. Eine so bedeutende Stadt aber gleichzeitig noch von einem gewaltigen Befestigungsgürtel eingeschlossen zu sehen, muß einen unvergleichlichen Eindruck von Macht und Reichtum gegeben haben.

Die Mauer ist heute nur noch im Westen erhalten. Dort verläuft ein etwa hundert Meter langes Stück, das noch bis zu vier Metern Höhe ansteht, ge-

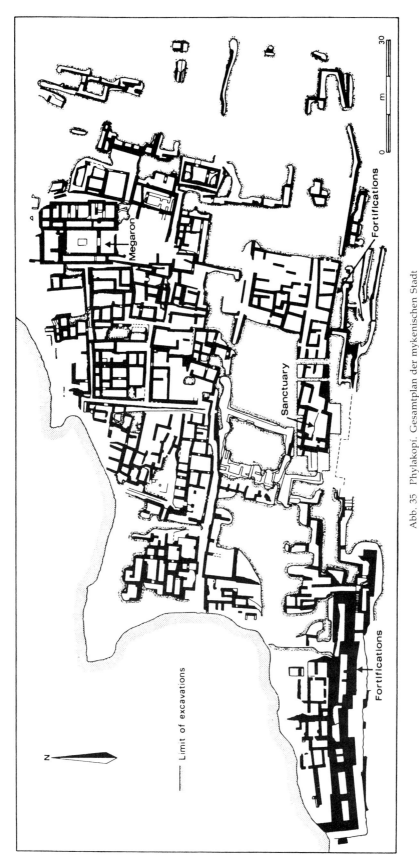

Abb. 35 Phylakopí. Gesamtplan der mykenischen Stadt

nau von Osten nach Westen, um am Ende rechtwinklig nach Norden umzubiegen. Hier hat also die Südwestecke der Stadt gelegen. Der nach Norden laufende Trakt ist am besten erhalten, aber er ist nur zehn Meter lang, dann endet er jäh an der Steilklippe über dem Meer, in das alles weitere abgestürzt ist. Die Mauer ist durchschnittlich zwei Meter stark und aus großen, sorgfältig geglätteten Kalksteinblöcken errichtet, deren Zwischenräume mit kleinen Steinen ausgefüllt sind. Unter den Blöcken sind solche von 1,70 m Länge und 0,85 m Höhe. Die Mauer ist nicht in durchlaufender Linie, sondern mit Vor- und Rücksprüngen erbaut, die teils der Stabilität der Mauer, teils der leichteren Bekämpfung der Feinde dienten. Die Zahl der Durchlässe und Tore ist unbekannt. Das erhaltene Mauerstück ist ganz geschlossen, und weiter nach Osten ist die Mauer noch nicht zusammenhängend untersucht, vermutlich auch gar nicht mehr erhalten. Es muß eine gefährliche Zeit und bereits eine Ära großer Flotten gewesen sein, die eine so aufwendige Befestigung notwendig machte.

Das größte Bauwerk der so abgesicherten Stadt war ein rechteckiges Herrenhaus von 5,70 x 13,60 m lichter Weite, ein Hauptraum mit Vestibül, keine grandiose Anlage, aber größer als alle anderen und wahrscheinlich das Zentrum der Verwaltung. Das bei den neuen Ausgrabungen gefundene Fragment einer Linear A-Tafel, das nicht unbedingt dem Herrenhaus zu entstammen braucht, beweist aber jedenfalls, daß man sich der kretischen Schrift und wahrscheinlich auch des kretischen Verwaltungssystems bediente, und es stellt sich die Frage, ob die Stadt nicht überhaupt eine minoische Kolonie war. Die Pfeilerräume, die Fresken und ein Teil der Keramik waren ja ebenfalls starke minoische Elemente. In einem erhellenden Aufsatz hat K. Branigan diese wichtige und vielverhandelte Frage 1984 noch einmal systematisch untersucht* und ist bei Abwägung aller denkbaren Formen und Grade der Abhängigkeit zu einem klaren Ergebnis gekommen, das auch Aj. Irini und Akrotiri einschließt. Durch die dort gefundenen Bleigewichte ist erwiesen, daß sie sich dem kretischen Maßsystem angeschlossen hatten. Die engste Verbindung mit Kreta zeigt aber Akrotiri durch das minoische Architekturelement der Polýthyra, der vielteiligen Tür- und Fensterwände, während z. B. das Herrenhaus von Phylakopi dem festländischen Megarontyp zugeordnet ist. Aber selbst Akrotiri zeigt keine direkten Merkmale einer kretischen Beherrschung. Branigan hält daher nur eine Erklärung für möglich: Die minoischen Elemente in allen drei Kykladenstädten gehen darauf zurück, daß sich in ihnen eine größere kretische Kaufmannschaft niedergelassen hatte, die nicht nur minoische Waren, sondern auch minoischen Schrift-,

---

* K. Branigan, *Minoan Colonialism*. BSA 79 (1984), 23-33

Maß- und Architekturgebrauch vermittelte, m. a. W., daß es wirtschaftliche, nicht militärische Interessen waren, die die Verhältnisse bestimmten. Branigan hält es für möglich, daß der kretische Handel im Ostmittelmeer und mit Ägypten einen solchen Umfang angenommen hatte, daß die einheimische Produktion die Nachfrage nicht mehr befriedigen konnte und die Kykladen als Mitproduzenten und Mitlieferanten eingeschaltet wurden.

Die neuen Ausgrabungen in Phylakopi haben noch ein wichtiges Ergebnis zur Frage des Zusammenhangs zwischen der Katastrophe von Santorin und dem Untergang der zweiten minoischen Paläste gebracht. Der große Aschenregen des theräischen Vulkanausbruchs hat auch Melos erreicht, aber, wahrscheinlich infolge günstigen Windes, nur in ganz schwacher Dosierung. Er war dort nicht mit bloßem Auge feststellbar, sondern nur mit Hilfe mikroskopischer Untersuchungen. Und diese Aschen»schicht« scheint auf Melos sicher datierbar zu sein: Sie fällt in die Zeit, als noch keine Vasen des kretischen Meeresstils (Spätmin. I B) eingeführt waren, die ja ebenfalls in Akrotiri ganz fehlen. Die Katastrophe von Santorin fällt also in das Ende des Pflanzenstils (Spätmin. I A) um 1500, während der Untergang der kretischen Paläste in das Ende von I B um 1450 fällt. Die Erklärung, die kretischen Paläste hätten durch eine ungeheure Flutwelle (Tsunami), die der Ausbruch von Santorin zur Folge hatte, ihren Untergang gefunden, scheidet damit aus. Beide Katastrophen sind unabhängig voneinander eingetreten. Auch haben sich weder auf Kreta noch auf Melos Spuren der angeblichen Flutwelle gefunden. Man kann sie daher nicht für historisch halten. Wenigstens auf Melos, das Santorin soviel näher liegt als Kreta, hätte sie deutlich erkennbar sein müssen.

Die spätmykenische Stadt

Die spätmykenische Stadt, die mit der Stufe Myk. III A (um 1400) beginnt, ist stärker abgetragen als ihre Vorgängerin und nur in vereinzelten Hausfundamenten manifest. Dafür hat sie aber drei Bauwerke hinterlassen, die von allgemeiner Bedeutung sind: die Stadtmauer, den Palast und ein Heiligtum.

Die Stadtmauer wurde in spätmykenischer Zeit gewaltig verstärkt. Die ursprüngliche Mauer von zwei Meter Stärke bildete nur noch eine der beiden Schalen, der die zweite von gleicher Stärke in einem Abstand von ebenfalls zwei Metern gegenüberstand, so daß sich eine Gesamtstärke von sechs Metern ergab, eine gewaltige, wahrhaft kyklopische Anlage. Der Zwischenraum war nicht einfach mit Steinen und Erde aufgefüllt, sondern durch Quermauern in eine Reihe ungleicher Kompartimente eingeteilt. Erst diese wurden massiv gefüllt. Von einigen (12–14) glauben aber die Ausgräber, daß sie bewohnbare Kammern, eine Art Kasematten bildeten. Eine noch erhalte-

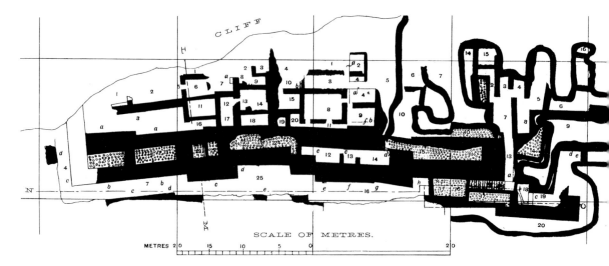

Abb. 36 Phylakopí. Detail der Befestigung: Mauern, »Kasematten« und Durchlaß

ne Drainage (e), die den Raum 12 entwässerte, ist eines der wichtigsten Argumente.

In dieser Mauer der Spätzeit ist nun ein Durchlaß erhalten, und zwar in einer Bastion im Planquadrat D 6, die, wie es scheint, einer zweiten Ausbaustufe angehört. Ein schmaler Gang (13) und eine nur 1,35 m breite Tür (a) führte durch die Stadtmauer ins Freie. Nach Durchschreiten der Tür konnte man nach rechts über eine Treppe auf die Höhe der Mauer gelangen, oder nach links durch die Gänge 18 und 19 die Stadtmauer im Winkel verlassen. In einer dritten Phase wurde dieser Ausgang aus der Stadt durch die Mauer b geschlossen und die Gänge 18 und 19 wahrscheinlich mit Erde gefüllt. Das Ganze war nun keine Poterne mehr, kein Durchlaß oder Ausfalltor, sondern diente nur noch dazu, die Mauer zu besteigen.

Nach Westen findet die eben beschriebene Bastion ihre Fortsetzung in einer Mauerflucht, deren Höhe nur noch ein bis zwei Steine beträgt und die nur im Westen gegenüber der Westmauer die Höhe von einem Meter erreicht. Der »Gang«, der zwischen dieser Mauer und der großen Wehrmauer lag, hat verschiedene Erklärungen gefunden. Atkinson hat gemeint, die Wehrmauer sei von einem Graben umzogen gewesen. Duncan Mackenzie vergleicht die zweite Mauer mit der Vormauer von Kastrí/Syros und hält sie für eine Art Vorwerk und Brustwehr. Weiter erinnert er an den Gang, der zwischen Innen- und Außenmauer zum Palasttor von Tiryns führt und vermutet in den beiden Mauern von Phylakopí eine ähnliche Schleuse. Wie soll sie aber funktioniert, d. h., wohin soll sie geführt haben, wenn sie vor der Bastion blind endete?

Abb. 9

Der Palast wurde mit einer ganz leichten Verschiebung nach Südost direkt über dem frühmykenischen Herrenhaus errichtet. Die Stelle hat also ihre ur-

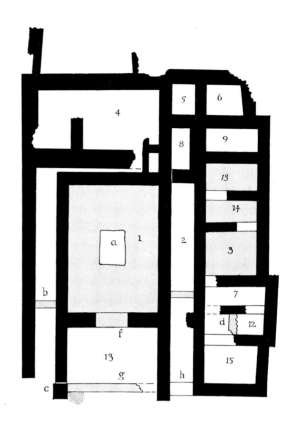

Abb. 37 Phylakopí. Grundriß des mykenischen Palastes. Alter Plan

sprüngliche Dignität behalten, obwohl sie weder im Zentrum, noch auf dem Gipfel, sondern im Osten auf halbem Hang lag. Der Haupttrakt hatte 6 m lichte Weite und bestand aus einem 8 m langen Megaron (1) und einer 4,60 m tiefen Vorhalle (13) im Süden. Ihre Schwelle (g) bildeten zwei große Schieferplatten, die aber keine Spuren von Säulen tragen, wie sie normalerweise zur mykenischen Vorhalle gehören. Ein 2,25 m breiter Eingang führt in die Haupthalle. Man betritt sie über die gewaltige monolithe Sandsteinschwelle von nicht weniger als 0,90 m Breite und 0,35 m Höhe und eben 2,25 m Länge, ein demonstrativ megalithisches Bauelement. Dagegen ist der Boden nur mit einer 2–3 cm dicken Zementschicht bedeckt, der die ursprüngliche Stuckauflage fehlt. In der Mitte der Halle ist eine rechteckige Fläche (a) ausgespart und statt mit Zement nur mit festem Ton bedeckt. Sie bezeichnet ohne Zweifel die Stelle des Herdes. Auch wenn also die übliche Dreiteilung des mykenischen Palastes und die Säulen der Vorhalle fehlen, so handelt es sich doch unverkennbar um ein mykenisches Megaron, sowohl in der Form, wie in der Funktion. Der Herrscher konnte die Halle nicht privat betreten und verlas-

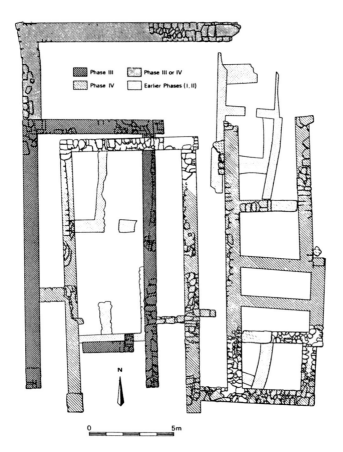

Abb. 38 Phylakopí. Grundriß des mykenischen Palastes nach den neuen Ausgrabungen

sen, sondern konnte, in welcher Situation auch immer, nur den zentralen Eingang benutzen.

Durch einen Korridor war der Haupttrakt von einer Flucht von Nebenräumen getrennt, die wahrscheinlich die Frauengemächer bildeten. Der nördlichste Raum könnte ein Bad gewesen sein. Kleinfunde, die über die Funktion der einzelnen Räume Auskunft gegeben hätten, sind nicht erhalten.

Dagegen ist wenigstens die Frage der Wasserversorgung geklärt. Auf der Westseite des Vorhofes war ein Brunnenschacht durch den Felsen getrieben. Er wurde bis auf neun Meter Tiefe von Schutt geleert, dann begann das Grundwasser einzudringen. Der Brunnenschacht war mit Tonröhren eingefaßt. Neun große Tonzylinder von 1 m Höhe und 0,75 m Durchmesser waren übereinandergesetzt. Steiglöcher rechts und links ermöglichten es, in die Tiefe des Schachtes hinunterzuklettern.

Das spätmykenische Heiligtum

Die neuen Ausgrabungen, die im Juli 1974 für vier Kampagnen aufgenommen wurden, um die Stratigraphie durch neues Material zu klären, wählten als Areal eine Stelle am Südrand der Stadt in der Nähe der Festungsmauer, die besonders ergiebig zu sein schien und es auch wirklich war. Die Ausgräber stießen auf ein (das?) Heiligtum der mykenischen Stadt und hätten einen wichtigeren Fund schwerlich machen können, denn bis dahin waren überhaupt nur zwei mykenische Heiligtümer bekannt, in Tiryns und Mykene selbst. Dagegen geht der »Tempel« von Aj. Irini auf Kea bereits auf die mittelkykladische Zeit zurück und stand später mehr unter minoischem als mykenischem Einfluß. Verglichen damit ist das Heiligtum von Phylakopi jung, seine Gründung erfolgte erst in der mykenischen Spätzeit (Myk. III A) um etwa 1360 v. Chr. Es umfaßte damals das sog. Westheiligtum, einen großen Raum von 6 x 6,60 m mit dem Haupteingang im Osten und einer kleinen Nebentür, die später zugemauert wurde, im Süden. In dem Mauerwerk aus unbehauenen Steinen fanden sich auch einige zugerichtete Blöcke, bei denen man sich fragt, ob sie vielleicht aus einem älteren, aufgelösten Heiligtum übernommen waren. Im hinteren Teil des Kultraums befanden sich zwei Altäre, im Nordwesten und Südwesten. Eine Türe in der Westwand führte in einen Vorraum, der seinerseits ungleich unterteilt war.

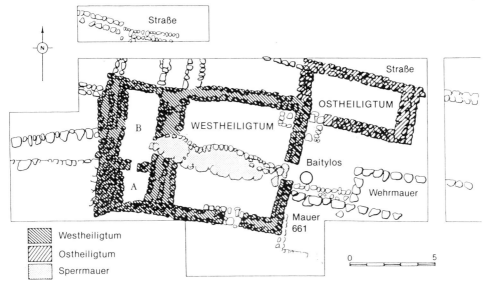

Abb. 39 Phylakopí. Plan des spätmykenischen Heiligtums, das Westheiligtum durch die spätere Trennmauer auf die Hälfte verkleinert

Abb. 40 Monströse Tonfigur. Oberteil eines »Tonidols« mit erhobenen Armen aus einem Kultraum in Mykene. H ca. 20 cm. Nauplia, Arch. Museum

Unbestimmte Zeit später wurde an der Nordost-Ecke des ersten ein zweiter Kultraum errichtet, das sog. Ostheiligtum in wesentlich bescheidenerer Dimension: 2,20 x 4,80 m. Anfang des 13. Jhs. scheinen beide gleichzeitig in Benutzung gewesen zu sein. Im Winkel zwischen beiden Heiligtümern lag ein gepflasterter Hof, von dem aus beide zugänglich waren. Abgeschlossen wurde dieser Hof im Süden durch die Mauer 661, vor der eine niedrige Steinbank errichtet war für die Besucher des Heiligtums. Unmittelbar neben dieser Bank und unmittelbar vor dem Eingang zum Westheiligtum ragte ein großer runder Stein von 0,47 m Höhe auf, der sicher kultische Bedeutung hatte und an den Omphalos von Delphi erinnert, der aber in der mykenischen Welt bis jetzt keine Parallele hat.

Etwa zu Beginn des 12. Jhs. (Anfang Myk. III C) wurde die ganze Anlage zerstört, vielleicht durch ein Erdbeben. Auch die oberen Schichten der süd-

Abb. 41 Phylakopí. Perspektivische Rekonstruktion des Westheiligtums mit dem Eingang im Süden und den drei Durchlässen nach Osten zu den Räumen A und B. Aufgestellt sieht man links zwei steinerne Räucherständer und rechts verschiedene Tonidole

lich gelegenen Wehrmauer stürzten herab. Im Zerstörungsschutt beider Kulträume wurde eine große Zahl bedeutender Funde gemacht.

Einige Zeit später wurde das Heiligtum in reduzierter Form wieder in Gebrauch genommen. Aber der Westraum wurde nun durch eine breite unregelmäßige Mauer halbiert, der Südteil zugeschüttet, nur der Nordteil weiter benutzt. Der ausgefallene Südwestaltar wurde durch einen neuen im Nordosten ersetzt. Der westliche Vorraum wurde aufgegeben, das Ostheiligtum beibehalten. Gegen Ende der mykenischen Zeit (um 1100) wurde dann nicht nur das Heiligtum, sondern ganz Phylakopi verlassen und aufgegeben und nie wieder besiedelt. Der Neuanfang in geometrischer Zeit erfolgte eineinhalb Wegstunden weiter östlich, an der Stelle der antiken Stadt Melos.

Das mykenische Heiligtum von Phylakopi ist also ungefähr 250 Jahre in Benutzung gewesen. Aus dieser langen Zeit sind, wie gesagt, zahlreiche wertvolle Funde erhalten geblieben. Es kann für unseren Zweck genügen, sie zusammenfassend, ohne Scheidung nach den einzelnen Phasen anzuführen.

Bei der Freilegung des Heiligtums von Mykene 1968 und 1969 kam außer einigen sozusagen kanonischen Kultstatuetten auch eine große Anzahl von Tongebilden zum Vorschein, die die Interpreten bis heute in Verlegenheit setzen. Einerseits waren es siebzehn 60–70 cm große teils männliche, teils weibliche Gestalten mit abscheulichen Grimassen, wie man sie niemals in einem mykenischen Heiligtum vermutet hätte, andererseits Darstellungen von ineinandergerollten Schlagen. Man schreibt den letzteren chthonische, den ersteren apotropäische Bedeutung zu, aber was das ganze eigentlich darstellt, ist in Wirklichkeit heute noch so rätselhaft wie am Tage der Entdeckung.

In Phylakopi kam ein »kanonisches« Kultidol zutage, das vielleicht das schönste ist, das wir bisher aus mykenischer Zeit besitzen. Es wurde zunächst ohne Kopf gefunden und machte den Eindruck eines hohen Gefäßfußes, denn es ist völlig gleichmäßig auf der Töpferscheibe gedreht. Der Kopf besitzt ein spitzes Kinn und eine Bemalung, die wie ein Bart aussieht, aber die Gesamterscheinung ist so weiblich, daß der von den Ausgräbern verliehene Titel »Lady of Phylakopi« wohl unangefochten bleiben wird. Das Gesicht ist leicht angehoben wie bei vielen Kykladenidolen, und was weiter an die Kykladenidole erinnert, ist die Verbreiterung des Kopfes oberhalb der Stirn. Leider ist die Statuette hier abgebrochen, so daß der Kopfaufsatz, den sie wahrscheinlich trug, verloren ist. Auch die Arme sind weggebrochen. Sie waren einfach in den Leib gesteckt wie die Henkel in ein Gefäß. Der Ansatz läßt nur erkennen, daß sie erhoben waren.

Außer der Lady von Phylakopi ist aber auch eine größere Anzahl männlicher Statuetten erhalten, die einen merkwürdigen Kontrast machen. Sie sind unbemalt, mit flachem, brettartigem Leib, kurzen Beinen, betontem Geschlecht, haben eine Art Vogelgesicht, die Arme vorgestreckt, die Hände eingewinkelt, als ob sie jemanden umarmen wollten. Diese Männerstatuetten sind zwar nicht ganz so greulich wie die Scheusale in Mykene, aber genau so befremdend und unerklärt. Sie sind ohne Parallele in der ganzen mykenischen Welt, der nackte Männerfiguren unbekannt sind. Sie mit dem offiziellen Kult in Zusammenhang zu bringen, erscheint geradezu ausgeschlossen, obwohl die Fundumstände eigentlich keine freie Wahl lassen. Welche Beziehung vollends diese Gestalten zur Lady von Phylakopi haben sollen, ist gänzlich unerfindlich.

Außer diesen beiden ist nun noch eine dritte Art von Kultidolen gefunden worden, die die Lage noch undurchsichtiger machen. Es sind zwei Bronze-

Abb. 42 Phylakopí. Sog. Lady von Phylakopí, trotz unverkennbaren Bartes. Tonidol. Reicher Dekor auf ▷ primitiver Modellierung: Hals, Brust und Konus mechanisch auf der Töpferscheibe gedreht. H 45 cm. Melos, Arch. Museum

Abb. 69 figuren des keulenschwingenden Gottes, wie er im Vorderen Orient verbreitet war, woher auch die in der Ägäis gefundenen Exemplare ohne Zweifel stammen. Nicht mehr als neun waren aus dem ägäischen Raum vor den Funden von Phylakopi bekannt, eines stammt aus dem Schatzfund des Artemisions von Delos (s. u.). Die ältere der beiden Statuetten, mit einer Größe von 12,5 cm, wurde fünf Meter östlich des Ostheiligtums gefunden, die zweite auf der Mauer 661. Sie ist zwar etwas größer (13,7 cm), aber in der Gestalt schmaler und feiner. Die Augen waren mit Gold eingelegt. Der keramische Kontext weist sie der Phase Myk. III C zu (12. Jh.).

Die drei Arten von Statuetten beweisen eine große Diversifizierung der mykenischen Kultpraxis, die vorläufig unerklärt bleibt. Sie zeigt aber jedenfalls, daß von einer einheitlichen minoisch-mykenischen Religion keine Rede sein kann. In auffälligem Gegensatz zu den anderen Völkern der vorgeschichtlichen Mittelmeerwelt scheint die Religion im Leben der Mykener keine große Rolle gespielt zu haben. Kultstätten sind selten. Die wenigen gefundenen sind unmonumental und verwinkelt, die darin gefundenen Idole zum großen Teil monströs und undurchsichtig in ihrem Zusammenhang mit den »kanonischen« Idolen. In Mykene lagen zwei Kultstätten mit ganz verschiedenen Kulteinrichtungen unmittelbar nebeneinander. Ihr Verhältnis zueinander ist unklar, so wie in Phylakopi unklar ist, wie Ost- und Westheiligtum eigentlich zusammenhängen. Auffällig und bezeichnend ist auch, daß hier die kretischen Kultzeichen Doppelaxt, Stierhörner und Schlange gänzlich fehlen.

Dafür haben aber tönerne Stiergefäße offenbar eine bedeutende Rolle gespielt: Vier wurden im West-, drei im Ostheiligtum gefunden. Sie sind nicht frei modelliert, sondern wurden auf der Töpferscheibe gedreht und sind z. T. von beträchtlicher Größe. Nur zwei waren als Rhyta, als Spendengefäße mit Ein- und Ausguß, zu gebrauchen.

Außer der für die Datierung wichtigen Keramik wurden noch zehn Siegelsteine gefunden, davon einer aus Bergkristall. Unter den kleinen Statuetten sind Psi-Idole, Tierfiguren, auch ein vollständig erhaltenes Zweigespann zu nennen. Zu den »grotesken Gestalten« kommen noch zwei kuriose Köpfe: ein entstellter Männerkopf und der Kopf eines kleinen Ungeheuers mit hängender Unterlippe oder Zunge. Etwas Einleuchtendes läßt sich nicht dabei denken.

Einer der merkwürdigsten Funde, aus der Endzeit, ist eine kleine Maske aus Goldfolie ähnlich den berühmten von Mykene, aber nur 4 cm breit. Vielleicht ist mit ihr ein kleines Holzidol bedeckt gewesen.

Die endgültige Publikation ist unter dem Titel »The Sanctuary at Phylakopi« als Supplement von BSA seit Jahren angekündigt, ohne bis jetzt erschienen zu sein. Sie wird wahrscheinlich genaue stratigraphische Aufklärungen bringen — zwischen dem ersten und zweiten vorläufigen Bericht bestehen ungeglichene Datierungsunterschiede —, aber ob es ihr gelingen wird, für die disparaten Kultgegenstände eine einleuchtende und kohärente Erklärung zu geben, muß man bezweifeln. Die Hauptfunde betreffen die mykenische Religion, aber statt klarer ist sie für uns nur undurchsichtiger geworden.

AKROTÍRI AUF SANTORIN

Die bekannteste und in mancher Hinsicht auch bedeutendste Ausgrabungsstätte der Kykladen ist Akrotíri auf Santorin. Ihre weltweite Berühmtheit verdankt sie teils ihrer Schicksalsgemeinschaft mit Pompeji und Herkulanum, durch einen Vulkanausbruch verschüttet worden zu sein, mehr aber noch ihrer Affinität zur Atlantissage. Denn so viele Orte Phantasten in aller Welt mit der legendären Insel auch identifizierbar fanden, *eine* Aussage der Platonischen Erzählung trifft allein auf Santorin zu, diejenige nämlich, in der es heißt: »Während eines schlimmen Tages und einer schlimmen Nacht versank die ganze Insel Atlantis« (Tim. 25 d).

Über die Stadien dieses Untergangs haben die Ausgrabungen ziemlich genauen Aufschluß gegeben. Um 1550 wurde die Insel von einem schweren Erdbeben getroffen, das die mittelkykladische Stadt von Akrotíri zerstörte. Die Bevölkerung scheint dabei keine großen Verluste erlitten zu haben, denn sie baute die Stadt auf dem alten Plan großzügiger und aufwendiger wieder auf. Ein zweites Erdbeben traf die Insel fünfzig Jahre später. Ein Teil der Häuser wurde baufällig und mußte abgerissen werden. Andere wurden ausgebessert. Die Straßen waren noch nicht vom Schutt befreit, als die endgültige Katastrophe eintrat. Sie kündigte sich durch Erdstöße an, die die Einwohner veranlaßten, die Stadt zu räumen und sich auf das offene Land zu flüchten. Sie nahmen ihr Vieh, ihre Wertsachen und Metallwerkzeuge mit. Die Tongefäße stellten sie zusammen und stapelten z. B. mit Getreide gefüllte Vorratsgefäße im Obergeschoß von Δ 1 zwischen den Türpfosten, um sie vor der einstürzenden Decke zu schützen. Daß die Räumung überstürzt erfolgte, beweisen in Raum 4 des Westhauses zwei Kübel mit frisch angerichtetem Zement für den Wandverputz, der nicht mehr zum Auftrag kam. Die ganze Insel wurde mit einer 3 cm starken Schicht aus körnigem Bimsgrus bedeckt. Dann erfolgte ein leichter Regen, der die Schicht nicht fortschwemmte, sondern ihre Oberfläche nur verkrustete. Die Bimsschicht weist Oxydationsspuren auf, die beweisen, daß sie mehrere Monate, vielleicht auch zwei Jahre, der Lufteinwirkung ausgesetzt war, bis sie durch den nächsten Auswurf versiegelt wurde. Diesmal bedeckte der Vulkan die Insel mit einer Bimssteinschicht von 50–100 cm Stärke, die das ganze Gelände einebnete, so wie bei uns der Schnee eine Landschaft mit seiner flauschigen Decke überzieht. Es gingen bei diesem Ausbruch Bimssteinbrocken von 15 cm Durchmesser und gleichzeitig schwere Basaltbrocken nieder, die wie Bomben in die Stadt einschlugen. Die Stadt war aber zu diesem Zeitpunkt bereits vollständig geräumt. Die Ausgrabungen haben bis jetzt kein einziges Menschen- oder Tierskelett zutage gebracht. Die weitere Verschüttung erfolgte in drei Etappen. Der Vulkan warf rosa Bimssteinklumpen aus, deren Schicht stellenweise eine Stärke von fünf Metern erreichte. Dann stieß er in rascher Folge Aschenwolken aus, die eine dichte Schichtenfolge von sieben Metern Stärke bildeten. Dann erst erfolgte der Hauptausbruch, der die Insel mit einer gewaltigen Aschenschicht von stellenweise dreißig Metern bedeckte.

Dieser gigantische Ausbruch hatte unter der Insel einen ungeheuren Hohlraum geschaffen. Als die Decke über ihm einstürzte, brach die Insel auseinander. Es blieben nur drei Randfragmente von ihr übrig: Santorin, Therasía, Aspronísi. Der ganze Mittelteil mit einer Fläche von über achtzig Quadratkilometern füllte sich mit Meer. Seine Tiefe reicht stellenweise bis zu 480 m. Rechnet man die 300 m Steilwand hinzu, mit der die Insel aus dem Meer aufragt, so ergibt sich eine Kratertiefe von fast 800 m.

Früher nahm man an, die Kraterdecke sei auf einen Schlag eingestürzt und habe dabei ungeheure Flutwellen erzeugt, deren Gewalt bis nach Kreta reichte und dort die minoischen Paläste und Siedlungen zerstörte, mit der einzigen Ausnahme von Knossos. Heute ist man überzeugt, daß sie nicht durch Wasser, sondern durch Feuer untergingen. Und auch unter den Geologen herrscht die Ansicht vor, daß der Einbruch nach und nach erfolgte und keine Flutkatastrophe zur Folge hatte.

Das Hauptfragment der Insel, das heutige Santorin, bildet im Südwesten ein Vorgebirge (griech. *Akrotérion*), nach dem auch das moderne Dorf dieser Gegend benannt ist: *Akrotíri.* Eine Viertelstunde südlich von ihm liegt die berühmte Ausgrabungsstätte. Die gewaltigen Bimsstein- und Aschenschichten, von denen die übrige Insel bedeckt ist, sind an dieser Stelle wesentlich schwächer. Bei dem Ausbruch herrschte Westwind, der den Aschenregen bis nach Kos und Rhodos trug, aber den Westen von Santorin selbst dabei entlastete. Erosion hat jahrhundertelang weiter zur Verringerung beigetragen, ja, das Bett eines Sturzbaches hatte sich so tief eingegraben, daß einzelne Mauerzüge der antiken Stadt zutage traten. Hier hatten schon im vorigen Jahrhundert einige Versuchsgrabungen stattgefunden, bis im Sommer 1967 Sp. Marinatos, der damalige Generaldirektor der griechischen Antikenverwaltung, die systematische Freilegung einleitete, die alsbald zu bedeutenden Entdeckungen führte. Nach Marinatos' Tod Anfang August 1973 wurden die Ausgrabungen für zwei Jahre ausgesetzt, um die bis dahin gemachten Funde aufzuarbeiten. Seitdem werden sie unter Chr. Doumas fortgesetzt. Obwohl

Abb. 43 Karte von Santorin. Außen die Reste der vom Vulkanausbruch zerrissenen Insel. In der Mitte die Lavamassen der späteren, aus dem Meer aufgetauchten Vulkanausstoßungen

seit Beginn inzwischen achtzehn Jahre vergangen sind, ist erst ein Teil der Stadt freigelegt, und es ist inzwischen klar, daß die vollständige Freilegung von Akrotíri eine Aufgabe für Generationen ist.

Der Stadtteil, auf den die griechischen Ausgräber stießen, hätte eindrucksvoller nicht sein können. Man fand nicht irgendein Wohnviertel mit den ärmlichen Katen der einfachen Leute, sondern hatte das Glück, mitten in den städtischen Wohlstand zu treffen. Denn das ist es in der Tat, eine richtige Stadt, mit steingepflasterten Gassen, zahlreichen Plätzen und lauter mehrstöckigen Häusern. Es sind sämtlich große, vielräumige Gebäude, in solider, dauerhafter Bauweise errichtet. Große, sorgfältig behauene Steinblöcke befestigen die Hausecken und bilden Tür- und Fensterrahmen. Andere Häuser sind ganz aus solchen Blöcken errichtet (alle, die die Bezeichnung Xesté tragen). Aufwendige Treppen aus Stein oder Holz verbinden die Stockwerke. Die Häuser sind regelmäßig mit Bad und Toilette ausgerüstet. Runde Tonrohre beförderten die Abwässer in das Kanalsystem, das unter dem Steinpflaster der Gassen angelegt war. Es herrschte für die Häuser jedoch kein einheitlicher Bauplan, vielmehr sind die Grundrisse von individueller Gestaltung. Unverkennbar ist bei einigen der kretische Einfluß im sog. Polýthyron, das sind lichte, luftige Räume, bei denen zwei oder sogar drei Wände ganz von Fenstern und Türen durchbrochen waren, die das Haus der Abendkühle oder dem frischen Meereswind öffneten. Sonst schützt man sich im Süden vor der großen Hitze besser durch Verschließen aller Fenster und Türen. In keinem der Häuser war Raum für Tierhaltung vorgesehen. Ställe und Tiere waren aus der Stadt verbannt. Das Kellergeschoß mit seiner Kühle diente gewöhnlich der Aufbewahrung von Vorräten. In den massenhaft erhaltenen Gefäßen haben sich häufig noch Reste von Hülsenfrüchten, Gerste, Mehl und Mandeln, aber auch von Stockfisch gefunden. Andere Gefäße enthielten Oliven, Öl und Wein. Es scheint, daß durch große Vorratshaltung jedes Haus in seiner Versorgung unabhängig war, wie auch fast jedes Haus eine eigene Mühle besaß. Die Fleischnahrung lieferten vor allem Ziegen und Schafe, weniger Schweine. Kühe hielt man, wie es scheint, vor allem der Milch wegen, doch werden den Hauptanteil auch hier die Ziegen bestritten haben. — Im Erdgeschoß befanden sich Werkstätten, Lagerräume und Geschäfte, in der Beletage und darüber die Wohn- und Aufenthaltsräume. Aber auch hier wurde in fast allen Häusern gearbeitet, und zwar am Webstuhl. Das Weben war eine der wichtigsten und angelegensten Verrichtungen der Frauen, denn der Textilbedarf jeder Familie war groß. Webgewichte sind allenthalben gefunden worden, wie in Aj. Iríni auf Keos.

Beim großen Ausbruch hat die heiße Asche zwar alle Holzgegenstände versehrt, aber zugleich doch ihre Form im Abdruck bewahrt. Die Höhlungen konnten ausgegossen und so auf wunderbar authentische Weise die Form von Tischen, Schemeln und Liegen wiedergewonnen werden. Aber eines

Abb. 44 Plan der Ausgrabungen von Akrotíri mit den freigelegten Hauskomplexen, Straßen und Plätzen

SECTOR ALPHA
 Porter's Lodge : African
HOUSE OF THE LADIES
 Room 1 - a : "Papyruses"
        b : Ladies
WEST HOUSE
 Room 4 - a : "Banners"
        b : "Priestess"
 Room 5 - a : "Sea-battle" (frieze)
        b : River-scape (frieze)
        c : Flotilla (frieze)
        d : Fisherman
SECTOR DELTA
 Room Δ2 - a : Lilies
BUILDING BETA
 Room B1 - a : Antelopes
        b : Boxing Children
 Room B6 - a : Blue Monkeys

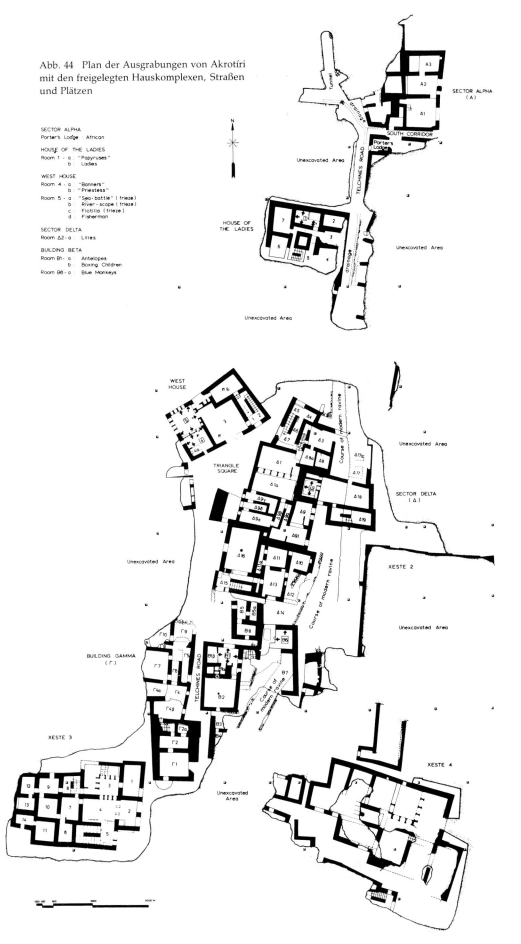

Webstuhls habhaft zu werden, ist bis jetzt nicht gelungen. Wir wissen nicht einmal, wie groß die Hauswebstühle waren. Man kann nicht daran zweifeln, daß die Textilien z. T. auch fabrikmäßig hergestellt wurden, wie es auch mit der Töpferware geschah. Die in Akrotíri erhaltenen Gefäße zählen nach Tausenden, in über fünfzig verschiedenen Formen. Das Hauptkontingent stellen natürlich Gebrauchsgeschirr und Vorratsgefäße. Seltener und kostbarer sind die Kultgefäße, aber es gibt auch reine Luxusgefäße, die nur dem Schmuck und der Schönheit der Wohnung dienten. Die große Mannigfaltigkeit der Formen erklärt sich nicht durch umfangreichen Import — die Zahl der kretischen Gefäße ist überraschend gering —, vielmehr sind die meisten Gefäßtypen einheimische Erzeugnisse, von denen die gebräuchlichsten ohne Zweifel nicht nur serienmäßig, sondern fabrikmäßig hergestellt wurden. Und im Raum Δ 16 am Mühlenplatz ist ein regelrechter Töpferladen entdeckt worden. Etwa 400 Gefäße standen dort nach Größe, Form und Qualität für den Verkauf geordnet.

Taf. 34
Taf. 46, 47

Nicht eindeutig klar ist, worauf sich der Wohlstand von Akrotíri gründete. Auf der Land- und Viehwirtschaft kann er nicht hauptsächlich beruht haben, denn die Einwohner von Akrotíri waren keine Bauernbevölkerung, und aus der Naturalwirtschaft hätten auch nicht die großen Überschüsse fließen können, die der städtische Luxus zur Voraussetzung hat. Und obwohl der Überseehandel damals noch nicht sehr ausgedehnt gewesen sein kann, so ist doch wenig Zweifel, daß nur Seefahrt und Kaufmannschaft den großen Wohlstand schaffen und tragen konnten, den die Ausgrabungen so erstaunlich ans Licht gebracht haben. Das sprechendste Zeugnis für die erste ist das großartige Fresko im Westhaus mit der Flottenparade, das den Reichtum an Schiffen mit unübersehbarem Stolz vorführt. Für die zweite könnte man sich auf die vielen tausend Gefäße und ihren reichen Inhalt berufen. Aber bezeichnender ist etwas viel Unscheinbareres, nämlich die zahlreichen Waagen und Bleigewichte, die in Akrotíri gefunden wurden und die beweisen, daß nicht nur ein differenziertes, sondern vor allem ein *normiertes* Gewichtssystem bestand. Ein solches Normsystem hat aber nur Sinn und kann sich nur entwickeln, wo ein reger Handelsverkehr besteht und wo ein solches Gewichtssystem bereits eine deutliche Vorform des Geldes ist. Die Annahme, es habe das kretische Gewichtssystem gegolten, das von kretischen Kaufleuten eingeführt und von den einheimischen übernommen worden sei, läßt sich in dieser Allgemeinheit, wie es scheint, nicht halten. (Vgl. die Erklärung zu Abb. 48.)

Taf. 38

Abb. 70

Obwohl man immer noch hofft, eines Tages auch einen Palast zu finden, ist doch indirekt klar, daß Akrotíri wahrscheinlich nicht monarchisch beherrscht war. Das Städtische, der gleichverteilte Reichtum und Luxus, spricht eigentlich dagegen. Das schließt nicht aus, daß Gesellschaft und Leben zentral organisiert waren, denn sonst hätten Anlage und Versorgung der Stadt,

Taf. 27 Phylakopí / Melos. Fragment des Frieses der fliegenden Fische. Innerhalb einer zerklüfteten Seelandschaft schießen fliegende Fische aufwärts und abwärts, bald mit offenen, bald mit geschlossenen Flügeln. Die Fische sind nicht nur mit großer Beobachtungsgabe und Genauigkeit wiedergegeben, sondern auch mit großer Varietät. Der Künstler hat jede mechanische Wiederholung kunstvoll vermieden. Größe des erhaltenen Teils 23 x 31 cm.   Athen, NM 5844

Taf. 28 Phylakopí/Melos. a) Schnabelkanne mit Krokusdekor. Kugeliges Gefäß mit hochgezogenem Ausguß in Form eines Vogelschnabels. Zu beiden Seiten Augen aufgesetzt, so daß die Nachahmung eines Vogels unbezweifelbar ist.
b) Krug des sog. Schwarz-Rot-Stils mit charakteristischer Vogeldarstellung. Die Zeichnung ist in Schwarz, der Leib des Vogels als rote Scheibe gegeben. Athen, NM 5749 u. 5762

Taf. 29 Phylakopí/Melos. Fragment der sog. Fischervase, des bedeutendsten Gefäßes der Schwarz-Rot-Technik. Zylindrische Basis vielleicht einer Lampe, eher einer Schale. Über dem gekehlten Fuß folgt eine gepunktete Zone, die wohl Sand andeuten soll. Darauf schreiten vier junge Fischer hintereinander nach rechts, barfuß, nur mit einem Lendentuch bekleidet, in jeder Hand einen Fisch mit Delphinkopf. Überschlanke, manierierte Darstellung mit einem monströsen Auge auf der Backe in Dreiecksrelation zu den Fischköpfen. Das Motiv weist voraus auf die Fischerjungen von Akrotíri (vgl. Taf. 37). Zwischen den Köpfen der Fischer eine Efeugirlande, wie sie ebenfalls in Akrotíri wiederkehrt. H 17 cm. Athen, NM 5782

Taf. 30 Melos, Luftaufnahme. Der tiefe Einschnitt der Hauptbucht macht die Insel zu einem der größten und sichersten Häfen der Ägäis. Auf der rechten, östlichen Seite der Bucht, unmittelbar über dem Meer bei sta Nýchia, liegt das eine der beiden großen Obsidianfelder der Insel. Die bronzezeitliche Stadt Phylakopí lag allerdings außerhalb der großen Bucht, an der offenen Nordküste der Insel.

Taf. 31   Phylakopí/Melos. Südwestecke der Stadt mit dem am besten erhaltenen Trakt der mykenischen Befestigung, die hier noch bis zu vier Metern Höhe ansteht. Im Hintergrund rechts eine vorspringende Bastion. Die Mauer ist aus großen, nach außen sorgfältig geglätteten Kalksteinblöcken errichtet, die Maße von 0,90 x 1,70 erreichen. Die Zwischenräume sind mit kleinen Steinen ausgefüllt. Die mykenische Mauer von Phylakopí ist vorläufig immer noch die eindrucksvollste und besterhaltene vorgeschichtliche Befestigung auf den Kykladen.

Taf. 32   Akrotíri/Santorin. Blick vom sog. Triangelplatz auf das Westhaus mit seinen Türen und Fenstern. Die Aufnahme macht deutlich, wie außerordentlich gut und bis zu welcher Höhe die Häuser von Akrotíri unter der Aschenschicht des Vulkanausbruchs erhalten blieben. In Raum 5 des Westhauses wurden die berühmten Miniaturfresken gefunden (s. Taf. 38, 42, 45).

Taf. 33   Akrotíri/Santorin. Treppen und Treppenhäuser gehören immer zu den wichtigsten und interessantesten Überresten antiker Bauten. Hier eine Treppe im Nordteil von Gebäude Delta, die beim Erdbeben zusammenstürzte und zerbrach, eines der dramatischen Zeugnisse für die Gewalt des Erdbebens, das der endgültigen Zerstörung durch den Vulkanausbruch vorausging.

Taf. 34 Akrotíri/Santorin. Gefäße blieben in Akrotíri zu Tausenden erhalten, darunter auch viele große Vorratsgefäße in ausgedehnten Lagerräumen. Hier die Pithoi im Vorratsraum von Abschnitt Alpha. Ursprünglich waren alle Gefäße mit Ton- oder Steinplatten verschlossen, wie wir es jetzt auf der Abb. nur noch bei einem Pithos sehen.

Schiffahrt, Produktion und Handel nicht den Stand erreichen können, den sie in der Tat besaßen.

Das Bedeutendste und Wertvollste, das in gewisser Weise Unvergleichliche, was die Ausgrabungen in Akrotíri ans Licht gebracht haben, sind die zahlreichen großartigen Fresken. In allen Herrschaftshäusern waren die Repräsentationsräume mit Wandmalereien geschmückt. Hier erreichte der städtische Luxus eine gänzlich unvermutete Höhe, und es grenzt geradezu ans Wunderbare, daß wir heute große Teile dieses kostbaren Wandschmucks vor uns haben, wie er vor dreieinhalbtausend Jahren geschaffen wurde, ein einmaliges Zeugnis für Kunstfertigkeit, Naturauffassung und Menschenbild, für Schmuck und Kleidung, Leben und Kult. Die Technik der Wandmalerei ist natürlich aus Kreta übernommen, und auch manche Motive der Aktion und Kleidung sind kretisch, aber die Ausführung ist eigenständig. Im Gegensatz zur kretischen Hof- und Palastkunst handelt es sich in Akrotíri offenbar um Privataufträge, die den Meistern abverlangten, dem persönlichen Geschmack ihrer Auftraggeber Rechnung zu tragen. Entsprechend groß ist die Mannigfaltigkeit der behandelten Themen. Es finden sich reine Naturmotive: liliengeschmückte Felsformationen oder Gruppen von Papyrusdolden, *Taf. 44* schnäbelnde Vögel, weidende Antilopen, kletternde Affen. Es finden sich *Taf. 41, 43* Menschendarstellungen, einzeln oder in Gruppen: ein junger Fischer mit seinem Fang, *Taf. 37* zwei boxende Kinder, Safran pflückende Frauen. Und es finden *Taf. 35, 36* sich komplizierte, figurenreiche Großkompositionen: eine weitläufige Flußlandschaft mit vielfältigen Pflanzen- und Tierdarstellungen; ein gekentertes *Taf. 45* Schiff mit Ertrunkenen und am benachbarten Ufer Heimtrieb der Herde, *Taf. 42* Szene am Brunnen, eine Soldatenpatrouille; oder die Parade einer ganzen *Taf. 38* Flotte mit zahlreicher Zuschauerschaft.

Die Abbildung aus Raum B 1 gibt ein instruktives Beispiel für den Abwechslungsreichtum der Gestaltung. Rechts der Tür ein Antilopenpaar in *Taf. 43* schwungvoller Umrißzeichnung auf hellem Grund, die Tiere beim beginnenden Liebesspiel. Zwischen den Türen dagegen die für uns überraschende und befremdliche Darstellung zweier boxender Kinder, ebenfalls auf hellem Grund, aber in Silhouettentechnik. Die schlanken, unnatürlich durchgebogenen *Taf. 36* Körper sind nur mit einem Gürtel bekleidet, und nur die rechte, die Angriffshand trägt einen Boxhandschuh. Die Abwehrhand ist ungepolstert. Auffällig ist die Haartracht: kurze Büschel nach vorn, lange Strähnen nach hinten, der größte Teil der Kopfhaut aber ist abrasiert und kahl. Das linke Kind trägt Schmuck: Armbänder, Hals- und Fußkette. Daß es sich deshalb um ein Mädchen handeln könnte, schließt die dunkle Hautfarbe aus. Der Schmuck mag persönliche Vorliebe oder aber eine höhere gesellschaftliche Stellung andeuten. Wie immer ist die Darstellung oben und unten durch ein Streifenband begrenzt. Oben wird das ganze Zimmer überdies von einem kräftigen Efeuband überzogen.

113

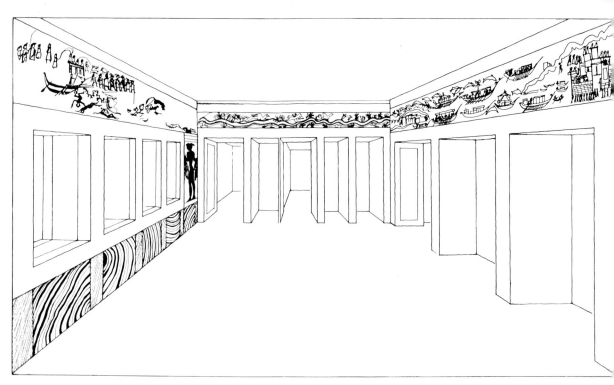

Abb. 45 Akrotíri. Rekonstruktion des Polýthyrons mit dem Fischerjungen und den Miniaturfresken in Raum 5 des Westhauses, von Westen gesehen. Die Miniaturfresken v. l. n. r.: »Seeschlacht«, Flußlandschaft, Flottenparade

Taf. 37   Verwandt ist der nackte Fischerjunge, der seinen reichen Fang an zwei Schnüren aufgereiht heimträgt. Auch er besitzt nur zwei Haarbüschel und trägt den übrigen Kopf kahlgeschoren. Er ist im kanonischen Schema der Ägypter dargestellt: Augen und Brust in Frontansicht, Kopf und Unterleib in Seitenansicht. Aber seine Nacktheit ist ganz unägyptisch, vielmehr das älteste Beispiel im griechischen Raum, ein entfernter Vorläufer der archaischen Kouroi.

Die Darstellung hat zwei Auslegungen erfahren. Nach der einen handelt es sich einfach um die Heimkehr vom Fischfang, nach der anderen um eine kultische Szene. Die Nacktheit ist kultische Nacktheit und die Aktion die einer Opfergabe. Aber danach sieht die große, ungeordnete Menge Fische eigentlich nicht wirklich aus.

Befremdlich ist für unsere griechisch beeinflußte Körperauffassung die schlauchartige Körperdarstellung, ohne anatomische Artikulation, ohne jeden Anflug von Athletentum. Sie wirkt auf uns ausgesprochen weichlich, fast schon schlaff. Die Sensibilität der Freskenmaler erfaßt weniger das Kör-

Abb. 46 Akrotíri. Detail aus dem Fresko der Flottenparade. Die Abb. zeigt das besterhaltene der sieben Schiffe, von denen sechs Ruderschiffe und nur eins ein Segelschiff ist. Nach der Anzahl der Ruderer (21) ergibt sich eine Gesamtlänge von etwa 34 m. Das Schiff hat einen konvertiblen Mast aufgerichtet, der aber nur der Repräsentation, nicht der Navigation dient. Mittschiffs eine große Kabine, unter deren Sonnendach neun Festteilnehmer Platz genommen haben. Die Kabine befindet sich zwischen den beiden Reihen der Ruderer, die an den Bordrändern sitzen, aber in Wirklichkeit nicht rudern, mit dem Rücken in Fahrtrichtung, sondern nach vorn gerichtet sind und staken, paddeln, wobei sie sich tief über das Dollbord beugen müssen, um mit den kurzen Paddeln das Wasser zu erreichen. Für eine längere reguläre Fahrt wäre diese Ruderweise ganz ungeeignet. Auch aus ihr geht hervor, daß es sich nur um eine kurze Festfahrt handeln kann. Im Heck befindet sich eine kleine girlandengeschmückte Kajüte und in ihr auf erhöhtem Sitz der Kapitän. Vor ihr sitzt ein kleiner Schiffsjunge. Dann folgt der Steuermann und vor ihm mit verschränkten Armen der Mann, der wahrscheinlich den Ruderern den Takt angibt (keleustés). — Zum Festschmuck des Schiffes gehört eine große lange Stange, die den Bug um mehrere Meter verlängert und über das Heck erhöht. Der feste Bug beginnt mit dem ersten Haken, auf dem jetzt zum Schmuck ein Schmetterling sitzt, und davor eine große Sternblume. Das Heck ist als Löwe gestaltet, dessen Kopf nach außen gerichtet ist. Der Ausleger unter dem Heck ist kein Stabilisator, denn er befindet sich über Wasser, sondern wird als Schiffstoilette gedeutet. — Die Bordwand ist über ihre ganze Länge mit hängenden Spiralen auf blauem Grund geschmückt, die das Meer darstellen sollen. Die Bordwände anderer Schiffe sind mit Tieren dekoriert, so das Segelschiff mit fliegenden Tauben, die sicher seine Schnelligkeit andeuten sollen, und das Admiralsschiff mit Delphinen und jagenden Löwen. Hiermit hat es nun die besondere Bewandtnis, daß diese Löwen in geradezu verblüffendem Maß den Löwen gleichen, die sich auf den kostbaren, mit Gold, Silber und Niello eingelegten Bronzedolchen aus den Schachtgräbern von Mykene finden. Da man nicht annehmen kann, daß diese großartigen, raffinierten Prunkwaffen in so früher Zeit (16. Jh.) in Mykene selbst gefertigt wurden, da sie andererseits auch nicht aus Kreta stammen können, so wird nun vermutet, die berühmten Dolche stammten aus Akrotíri, und man geht in der Ausschmückung sogar soweit, anzunehmen, sie seien von Flüchtlingen mitgenommen worden, die bereits bei dem frühen Erdbebenunglück die Insel verließen, um sich in Mykene niederzulassen. — Wir dürfen nicht verschweigen, daß die Paradeschiffe unseres Freskos keine kykladischen, sondern ägyptische Modelle sind. So einzigartig und bedeutend also der Fries auch ist, über die Bauart und Technik kykladischer Schiffe, die zu Handels- und Kriegsfahrten eingesetzt wurden, erfahren wir aus ihm leider nichts

perliche als den Umriß. Mit großer Eleganz und Könnerschaft ist die schwingende Linie der Blüten, Pflanzen, Vögel, Tiere und Menschenleiber erfaßt und wiedergegeben. Die Farbskala kennt neben Schwarz und Weiß vier

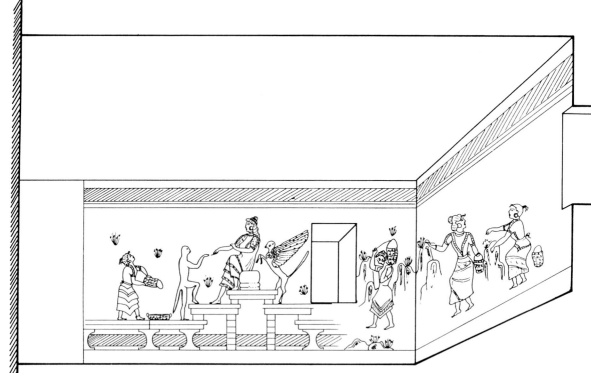

Abb. 47 Akrotíri. Rekonstruktion des Freskos der Krokuspflückerinnen aus Raum 3 von Xesté 3. In einer angedeuteten Felslandschaft sammeln drei reich gekleidete und geschmückte Frauen Krokusblüten in Körbe und bringen sie zu einer auf einem dreistufigen Podest thronenden Göttin. Die rechte, jüngere der drei Frauen trägt nur Stirnlocke und Pferdeschwanz, das übrige Haar geschoren, während die beiden Frauen links volles lockiges Haar tragen. Der auf einem einfachen Thron sitzenden Göttin gießt eine Kultdienerin im Falbelrock Wasser in ein Becken, während sich ihr von links und rechts ein Affe und ein Greif nähern. Funktion der Göttin und der Szene sind unbekannt

Hauptfarben: Blau, Rot, Orange und Gelb in verschiedenen Abstufungen. Auch Violett.

Das sog. Haus der Frauen trägt seine Bezeichnung vom Thema seiner Fresken im Vestibül von Raum 1: Frauen im langen farbigen Bortengewand, über das mit einer Hüftschnur eine Falbelschürze gebunden ist, die auf den ersten Blick wie ein kretischer Falbelrock aussieht, mit lang auf die Schulter fallendem Haar, mit Ohr- und Halsschmuck. Nach oben ist die Darstellung durch ein breit geschwungenes, blau gegliedertes Band begrenzt. Darüber folgt ein Muster von Sternen auf den Ecken rot gepunkteter Rhomben.

Sehr viel fragmentarischer erhalten sind aus Raum 3 des Gebäudes Xeste 3 die Safranpflückerinnen, die die kostbaren Staubfäden der Krokusblüten in Körbe sammeln. Sie tragen elegante, ganz verschieden aufgesteckte Frisuren,

Taf. 39, 40

Taf. 35

offenes oder geschlossenes Mieder, reichen Schmuck, vor allem ausladende Ohrgehänge. Die unerhörte Eleganz und Vollkommenheit der Linie, mit der diese Geschöpfe einer reifen Spätkultur gezeichnet sind, wird vollends offenbar, wenn man sie mit dem Kopf der Priesterin von Taf. 48 vergleicht.

Abb. 48 Akrotíri. Bleigewichte, wie sie vereinzelt in Phylakopí und in großer Zahl in Akrotíri und vor allem in Aj. Iríni gefunden wurden und die in ihrer dicht gestaffelten Quantifizierung ein ausgedehntes und differenziertes Handelswesen bezeugen. K. M. Petruso hat die These vertreten, daß für alle diese Gewichte gültige Maßsystem das kretische sei, das durch die Niederlassungen kretischer Kaufleute auf den genannten Inseln eingeführt worden sei. Inzwischen hat diese These stark an Kredit verloren, indem man bemerkt, daß die Übereinstimmung in den Gewichten nur durch Abrundung der Zahlen zustande komme oder überhaupt viel größere Abweichungen zeige, als für ein einheitliches System tragbar sei. Unabhängig davon bleiben die »Gewichtssätze« sprechende Zeugnisse eines umfangreichen organisierten Handels

Abb. 49 Akrotíri. Reichdekoriertes, kostbares Tongefäß aus Raum Delta 17, das als Bienenkorb diente und die Existenz der Bienenzucht belegt

Taf. 32
Abb. 45

Taf. 37

Taf. 42

Die in vieler Hinsicht bedeutendsten Fresken von Akrotiri sind die in Raum 5 des Westhauses. Der Raum ist ein sog. Polýthyron, d. h. er ist auf drei Seiten von Fenstern und Türen durchbrochen, eine kretische Bauform, um einem Raum Durchzug zu verschaffen gegen die Hitze. Auf diesen Wänden existieren also keine Flächen zur Anbringung von Fresken, und es finden sich dort, in der NO- und SW-Ecke lediglich die Darstellungen von zwei Fischerjungen, dem einen, schon besprochenen, mit zwei Fischbündeln, und einem anderen nur mit einem. Aber über den Fenster- und Türstürzen sind lange Friese von Wandmalerei angebracht. Da sie nur schmal sind: 40 cm breit auf Nord- und Südwand, 20 cm auf der Ostwand, tragen sie gewöhnlich die Bezeichnung »Miniaturfriese«. Die Gesamtlänge der Wände beträgt etwa 11,90 m, davon sind 7,50 m der Malerei erhalten, ein außerordentlicher Bestand gemessen an dem, was auf Kreta erhalten ist, und ganz ohne zweifelhafte Ergänzungen. Es ist trotz seiner Schmalheit in der Tat ein Monument, und vielleicht die bedeutendste Kunstschöpfung, die wir aus frühägäischer Zeit überhaupt besitzen.

Die Hauptkomposition, die auf der Nordwand erhalten ist, zeigt eine komplexe Szene. Wir sehen die Reste von drei Schiffen. Einem von ihnen ist die Bugstange zersplittert. Zwischen diesen Schiffen schwimmen drei Ertrunkene vor der Küste. Es macht den Eindruck, als sei ein Angriff auf das Ufer, ein Landeversuch, abgeschlagen worden, und zwar von der Uferstation aus, die wir oberhalb mit zwei hellen und zwei dunklen Räumen angegeben finden. Rechts davon sehen wir eine Marschkolonne von acht Kriegern, die sich nach erfolgreicher Abwehr wieder zurückziehen. In scharfem Gegensatz zu der grausigen Untergangsszene unten, sind oben drei idyllische Szenen angebracht. Über der genannten Uferstation befindet sich ein Brunnenhaus mit zwei Wasserkrügen darauf und zwei Frauen, die gefüllte Krüge auf dem Kopf davontragen. Über den Kriegern sieht man zwei Hirten und ihre Herden, eine Schafherde ganz oben, die ihren Pferch verläßt, und eine Ziegenherde, die ihn aufsucht. Diese Szenen veranschaulichen wohl, daß das normale Leben nach erfolgreicher Abwehr friedlich weitergeht. In der figuren- und kontrastreichen Darstellung hat die Gruppe der Krieger die größte Aufmerksamkeit auf sich gezogen. Sie tragen nämlich Eberzahnhelme und Turmschilde, beides charakteristische Stücke mykenischer Bewaffnung. Viele Interpreten haben daher in ihnen eine mykenische Truppe gesehen. Dann erheben sich natürlich schwerwiegende Fragen: Wie, mit welchen Schiffen sind diese Mykener nach Santorin gelangt? Marschieren sie in friedlicher oder feindlicher Absicht auf der sonst kretisch beeinflußten Insel? Hier kann also wieder einmal ausgiebig spekuliert werden. Wir halten eine viel einfachere Lösung für die wahrscheinliche. Eberzahnhelme kommen auch auf kretischen Siegeln vor, sind also nicht ausschließlich mykenisch. Jedenfalls hindert nichts, anzunehmen, daß die Einwohner von Akrotíri sich die mykenische Bewaffnung zu eigen machten, besonders, wenn sie jeder anderen überlegen war. Wir möchten also in der Truppe eine einheimische Kriegerschar sehen, die den von der See her erfolgten Angriff erfolgreich abgewehrt hat.

Der schmale, nur 20 cm breite Fries der Ostwand stellt eine Flußlandschaft ohne Menschen, nur mit Pflanzen und Tieren dar. Ein zwischen felsigen Ufern gleichmäßig sich windender Fluß wird von einem zweiten, kleineren begleitet. Die Ufer sind von mehreren Palmenarten, Papyrus, Schilf, Krokus- und anderen Stauden bestanden. Die Tierwelt aber geht über die natürliche Fauna noch hinaus. Links ist ein entenartiger Wasservogel im Flug dargestellt, dann folgt oben ein großer springender Greif, darunter, auf dem anderen Ufer, ebenfalls im Sprung ein geflecktes Reh oder Hirschkalb, dann, wieder auf dem jenseitigen Ufer, ein Panther, oder ähnlich, der zwei Enten verfolgt. Unklar ist, wie diese Flußlandschaft der Ostwand mit den Friesen der Nord- und Südwand verbunden war. Wie es sich uns heute darstellt, bildete sie, auch durch ihr anderes Format, eher ein trennendes Element, das die beiden thematisch verschiedenen Darstellungen der Nord- und Südwand voneinander schied. *Taf. 45*

Der prächtigste, figurenreichste und besterhaltene Fries ist der der Südwand. Wir sehen eine lange, festliche Flottenparade. Sieben große Schiffe, *Taf. 38* von denen sechs Ruderschiffe sind und nur eins ein Segelschiff, bewegen sich zwischen zwei Küstenorten oder Hafenstädten. Ein mittelgroßes Ruderschiff fährt der Flotte nach, ein kleines Boot ihr entgegen, während vier weitere im Hafen liegen. Kein Zweifel, daß die Szene festlich und friedlich ist. Die Flotte wird von einer großen Schar von Delphinen begleitet, die Schiffe sind festlich geschmückt, besonders das Admiralsschiff, mit einer doppelten Girlande. Bis auf das Segelschiff besitzen alle Heck- und Mittschiffskabinen. In den letzteren erblickt man eine Reihe Festteilnehmer. Sie sitzen zwischen den Rudermannschaften auf beiden Seiten, die aber in Wirklichkeit nicht rudern, mit dem Rücken in Fahrtrichtung, sondern auf unpraktische und anstrengende, hier offenbar als altes Zeremoniell geübte Weise, in Fahrtrichtung gerichtet, das Schiff vorwärts staken, wie man ein Kanu bewegt, eine Antriebsweise, die für so große Schiffe ganz ungeeignet ist und, wie gesagt, nur aus alter Tradition verstanden werden kann. Bis zu 24 Ruderer sind auf einer Seite angegeben, so daß die Gesamtmannschaft zwischen 40 und 50 zählt. Mit den Fahrgästen zusammen, befinden sich an die vierhundert Personen auf den sieben Schiffen.

Was kann der Anlaß der Parade und des Festes gewesen sein? Im Altertum ruhte im Winter wegen der Sturmgefahr der Schiffsverkehr. Es könnte sich also um ein Frühlingsfest handeln, mit dem die neue Saison der Seefahrt eröffnet wurde.

Wir wollen uns noch kurz mit den beiden Küsten- oder Hafenorten beschäftigen, bei denen die Parade beginnt und endet. Der linke liegt auf einem Vorgebirge, das von den Schiffen beiderseits umfahren wird, und ist seinerseits von einem Flußlauf eingeschlossen. Am Meeresufer finden sich dreimal zwei Personen verteilt: zwei, die sich über den Bach hinweg unterhalten, zweimal zwei, die in Richtung der Parade blicken, die von sechs weiteren Männern von den Brüstungen der Dachterrassen aus verfolgt wird.

Es ist kein Zweifel, daß das Vorgebirge sich zu mehreren Berggipfeln erhebt, die blau eingefaßt sind und eine bewegte Tierszene zeigen. Zwischen Bäumen und Sträuchern verfolgt ein Löwe eine Gruppe von drei hastig fliehenden Damhirschen mit großem Schaufelgeweih. Der Maler hat mit Szenerie nicht gespart. Links des Bachlaufs steht eine Reihe einzelner Häuser, rechts eine geschlossene Siedlung. Die Frage ist, ob auch diese Siedlung am Berghang gelegen zu denken ist, wie die vielfach sich überschneidenden Häuser nahelegen können. Nicht notwendigerweise, denn so wie Küstensaum und Bachlauf in Wirklichkeit nicht übereinander, sondern in derselben Ebene liegen, so braucht auch die Überschneidung der Häuser nicht unbedingt ihre Staffelung in die Höhe zu bedeuten, sondern kann ebensogut ihre Dichte in der Ebene besagen.

Der Maler vereinigt, auf erstaunlich freie und kunstvolle Weise, drei verschiedene Perspektiven miteinander: Schiffe, Häuser, Personen und Tiere stellt er in Seitenansicht dar, den Flußlauf in Aufsicht, so wie den Fluß auf dem Ostfries und die Küstenfelsen auf dem Nordfries. Die Szenerie im ganzen aber, die Flottenparade wie die Häusergruppen, ist diagonal von oben gesehen. Das erste Schiff der Flotte passiert gerade eine Berghöhe, zu der mehrere Männer im Laufschritt hinaufeilen, um in den Anblick des prächtigen Schauspiels zu kommen. In der Hafenstadt selbst sind nicht nur zahlreiche Zuschauer der herannahenden Flotte zugewandt, sondern es gibt auch zwei größere Gruppen, die ihr am Meeresufer entgegenziehen, wobei einer der Männer ein Opfertier zu tragen scheint.

Da es sich um eine festliche Schiffsparade handelt und die Mannschaften eine sehr ineffiziente Ruderweise anwenden, die nicht die Bewältigung großer Strecken erlaubt, wird man sich die Entfernung zwischen den beiden Küstenstädten, Ausgang und Ziel der Parade, nicht sehr groß vorstellen dürfen. Ob aber mit einer der beiden Städte Akrotiri selbst gemeint ist, das zu entscheiden, fehlt uns jede Möglichkeit. Fest steht nur, daß der Maler kein Phantasiebild entworfen, sondern reale Elemente seiner ägäischen Umwelt verarbeitet hat.

Nur ganz vereinzelt sind Fresken im Erdgeschoß gefunden worden, fast alle gehören dem Obergeschoß an. Eine neue Interpretation vertritt die Ansicht, daß die meisten der freskengeschmückten Räume keine Wohn-, sondern Kulträume gewesen sind, und versucht, die Fresken kultisch zu interpretieren. Danach sind sie nicht von Privatleuten, sondern von Priestern in Auftrag gegeben worden, und Priester sollen es auch gewesen sein, die das Staatswesen von Akrotíri geleitet haben. Wie weit es dieser kultisch-theokratischen Auffassung gelingen wird sich durchzusetzen, bleibt abzuwarten.

AJÍA IRÍNI AUF KEA

Siedlung und Befestigung

Die Insel Kea, die in ihrer Form ziemlich genau einem vorgeschichtlichen Faustkeil gleicht, besitzt an ihrer Küste viele kleine Buchten, aber nur einen einzigen wirklichen Hafen, an der Nordwestflanke, Attika zugewandt. Dieser Hafen, durch zwei aufeinander zulaufende Vorgebirge im Westen geschützt, ist weitläufig und selbst wieder in mehrere Buchten unterteilt. In der nordwestlichen innersten, vor Winden und unerwünschten Besuchern gleicherweise versteckt, ragt eine kleine Halbinsel nach Süden in das Meer, die

Abb. 50 Ajía Iríni. Das Vorgebirge mit der Kapelle und den Ausgrabungen von Norden

nach der auf ihr gelegenen Kirche Ajía Iríni heißt und auf der sich die nach Phylakopí auf Melos bedeutendste Siedlung der Bronzezeit befindet, die bisher auf den Kykladen bekannt ist. Entdeckt wurde sie in den fünfziger Jahren unseres Jahrhunderts von dem deutschen Archäologen Gabriel Welter, aber ausgegraben von den Amerikanern. Als die Amerikaner die Freilegung der vorgeschichtlichen Siedlung bei Lerna in der Argolis abbrachen, suchten sie eine ähnliche Ausgrabungsstätte auf den Inseln, um die Vorgeschichte der Kykladen aufzuklären. Die Wahl fiel auf Ajía Iríni. Die Universität von Cincinnati und private Stifter stellten die Mittel, das Amerikanische Archäologische Institut in Athen übernahm die Patenschaft, der Griechische Antikendienst erteilte die Grabungserlaubnis, die Deutschen verzichteten auf ihre durch die Entdeckung erworbenen Ansprüche und der Eigentümer, eine Kohle- und Schiffsagentur im Piräus, erklärte sich nicht nur ohne Auflagen mit den Ausgrabungen einverstanden, sondern stellte auch ihre alten, nicht mehr benutzten Lageranlagen zur Einrichtung von Magazinen und Werkstätten zur Verfügung. Unter Leitung des erfahrenen Ausgräbers von Lerna J. L. Caskey begann im Sommer 1960 die Freilegung von Ajía Iríni, die nach Verlauf von zwölf Jahren 1971 im wesentlichen abgeschlossen wurde. Die wissenschaftliche Auswertung und Veröffentlichung wird allerdings noch Jahre in Anspruch nehmen. Der Ausgräber selbst ist inzwischen längst verstorben, ohne auch nur die Veröffentlichung seiner 1958 beendeten Ausgrabung von Lerna verwirklicht zu haben. Wie sollte er, da er inzwischen den riesigen Komplex von Ajía Iríni in Angriff genommen hatte. Die Veröffentlichung von Lerna ist über die Knochenfunde von Menschen und Tieren bis jetzt nicht hinausgekommen. Die archäologischen Ergebnisse sind nur in vorläufigen Grabungsberichten bekannt gemacht, und so wird es möglicherweise für immer bleiben, höchstens, daß der eine oder andere Komplex in einer Dissertation der Universität Cincinnati, die die Ausgrabungen finanzierte, aufgearbeitet wird. Für Ajía Iríni haben wenigstens schon einmal die neolithische Siedlung und Nekropole von Kephala (1977), das größte Gebäude »Haus A« (1984) und die Töpfermarken (ebenfalls 1984) ihre definitive Veröffentlichung gefunden. Weitere sind zu erwarten.

Die Halbinsel, die heute 110 m in der Länge und ebensoviel in der Breite mißt, war im Altertum um einiges, vielleicht sogar wesentlich größer. In frühbyzantinischer Zeit sind große Teile der Mittelmeerküsten abgesunken. So liegen auch bei Ajía Iríni große Teile der bronzezeitlichen Siedlung und Befestigung heute unter Wasser, und auch im Innern der Halbinsel konnten tiefere Grabungen gegen das stark gestiegene Grundwasser nur unter ständigem Einsatz von Pumpen durchgeführt werden.

Die Halbinsel war schon gegen Ende des Neolithikums besiedelt, aber die spätere Bebauung hat davon nur so geringe Spuren übriggelassen, daß die Beurteilung schwierig ist. Die anderen auf Kea entdeckten Steinzeitsiedlungen befinden sich auf größerer Höhe: bei Troullos, Kephala und Paoura (alle an der Nordwestküste, nördlich der Bucht von Ajía Iríni). Andererseits entspräche eine Anlage auf Ajía Iríni genau den neolithischen Siedlungen, die bei Aj. Kosmas in Attika und auf Sáliagos bei Paros entdeckt wurden. Möglicherweise ist also die neolithische Siedlung auf Ajía Iríni bedeutender als die anderen der Insel gewesen, aber die Zeugnisse dafür sind, wie gesagt, durch die spätere Bebauung untergegangen. Die auf dem Vorgebirge Kephala, zweieinhalb Kilometer nördlich von Ajía Iríni, entdeckte Steinzeitsiedlung ist schon nach ungefähr drei Generationen wieder aufgegeben worden. Auch in Ajía Iríni ist die Steinzeit nicht kontinuierlich in die Frühe Bronzezeit übergegangen. Diese setzt vielmehr erst mit ihrer zweiten Phase um 2500 ein. Aus dieser Zeit sind im Westen der Halbinsel eine Reihe von Räumen erhalten geblieben, die von allen späteren charakteristisch unterschieden sind, sowohl durch ihre Orientierung von Nordwesten nach Südosten, als auch durch ihre Bauweise. Es ist eine kleinteilige, aber überaus sorgfältige Bauweise, die zu vollkommen senkrechten und ganz glatten Mauern führt und eine große Bautradition verrät. Es befinden sich große Räume darunter, bei denen die Decke eine Spannweite von 4,30–4,50 m erreichte, ohne daß man Holzpfeiler als Zwischenstützen eingesetzt hätte. — Die Besiedelung ging, wie es scheint, ohne Bruch in die letzte Phase der Frühen Bronzezeit über, anders als in Lerna, wo zwischen der vorletzten und letzten Phase der Frühhelladischen Zeit eine Zerstörung erfolgte.

Abb. 51

Zu Beginn der Mittleren Bronzezeit (ca. 2000–1600) ist aber die frühe Siedlung erloschen gewesen, denn über ihre Fundamente ging nun eine Befestigungsmauer hinweg, die um 1900 oder 1800 errichtet wurde. Davon geblie-

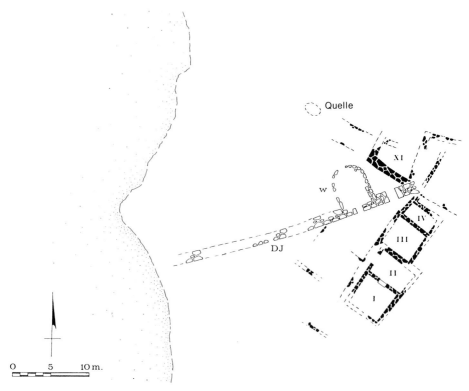

Abb. 51 Ajía Iríni. Hausfundamente (schwarz) der Frühkykladischen Zeit in Relation zu den Befestigungsanlagen der Mittelkykladischen Zeit

Abb. 52 ben sind bescheidene Reste einer geradlinigen Mauer (DJ) und eines acht Meter tiefen Hufeisenturms (w), der den unmittelbar östlich von ihm gelegenen Stadteingang deckte. Von der zugehörigen Siedlung sind nur die Fundamente dreier Räume rechts und links des Stadttors erhalten, schiefwinklige Räume, deren Bauweise derjenigen der vorhergehenden Zeit um vieles nachsteht. Auch unter dem Nordwestareal von Haus A haben sich einige mittelkykladische Mauerzüge mit drei Schwellen erhalten.

Etwa zweihundert Jahre später, gegen Ende der Mittleren Bronzezeit (um 1600), erfolgte dann die Errichtung einer wesentlich stärkeren und bedeutend größeren Befestigung, die die eigentliche Blütezeit der Stadt einleitet, obwohl es relativ unsichere Zeiten gewesen sein müssen, die eine solche Anlage notwendig machten. Sie ging von den äußersten Enden der Halbinsel aus, wo *Abb. 53* ihre Ecktürme (x und y) heute unter Wasser liegen, zog sich, auf Felsrändern entlanglaufend, weit nach Norden hinauf, mit einem weiteren Turm an der Nordwestecke (sw) und einer Bastion auf der geraden Ostseite (e). Innerhalb dieses Areals entwickelte sich dann die dichtgebaute Stadt, deren einziger

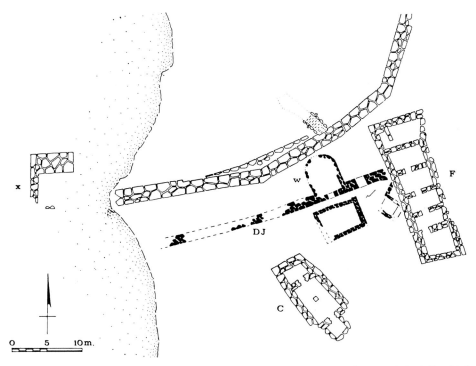

Abb. 52 Ajía Iríni. Mittelkykladische Hausfundamente, Wehrmauer (DJ) und Bastion (w) mit Durchlaß östlich der Bastion, zwischen Wehrmauer und Gebäude C und F der späteren Stadtanlage

Eingang im Nordosten lag. Die Frage ist, ob die Halbinsel auch auf der Meerseite von einer Wehrmauer umgeben war, wie Caskey voraussetzte. Wenn sie jemals bestanden hat, so ist sie jedenfalls heute ganz im Wasser versunken. Notwendig war sie kaum, denn an dem felsigen Ufer konnten feindliche Schiffe nicht normal anlegen und leicht abgewehrt werden. Dagegen wurde einige Zeit später die Landmauer mit großem architektonischem Aufwand an der Nordostspitze erweitert. Die Erweiterung konnte sich nicht mehr auf Felsränder stützen, sondern mußte auf tiefen Substruktionen errichtet werden. Sie schuf u. a. einen vorspringenden Eckturm im Nordosten, der dem früheren im Nordwesten entsprach, und auch das Stadttor wurde nun durch einen quadratischen Turm zusätzlich gesichert.

Man betrat die Stadt über eine doppelte, drei Meter breite Schwelle und *Abb. 54/55* gelangte durch einen sich leicht verengenden Gang und ein schmales Tor auf einen kleinen schiefwinkligen Platz, von dem nach rechts und links Gassen ins Innere der Stadt ihren Ausgang nahmen und in dessen Südwestecke sich der Eingang zum sog. Haus A befand, dem größten und wichtigsten Gebäude der Stadt, in dem der »Ortsvorsteher« seinen Sitz hatte. Die Häuser umfaßten Keller und Erdgeschoß und in vielen Fällen auch ein erstes Ober-

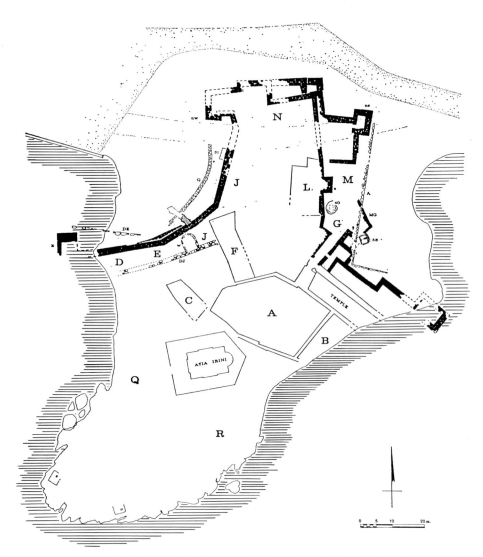

Abb. 53 Ajía Iríni. Plan des Systems der Stadtbefestigung mit den nachträglichen Erweiterungen an der Nord- und Nordostfront

geschoß, worauf die zahlreich erhaltenen Treppen hinweisen. Die Mauern sind aus größeren ungleichen Steinen erbaut, gelegentlich recht hastig und ungleichmäßig, und halten den Vergleich mit den Häusern der frühen Bronzezeit nicht aus. Aber das war nach Bauherr und Baumeister verschieden. Es gibt auch Beispiele, wie Haus C, wo aus großen langen Blöcken und kleinen flachen Tafeln ebenso stabile wie regelmäßige Mauern errichtet wurden. Die Hausform der Blütezeit von Ajía Iríni ist dadurch merkwürdig, daß

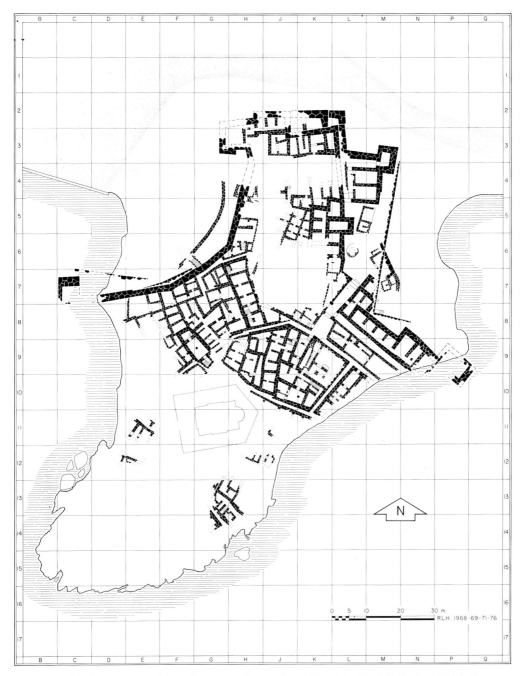

Abb. 54 Ajía Iríni. Plan der Stadt während ihrer Blütezeit Mittelmin. III bis Spätmin. I B/Myk. II

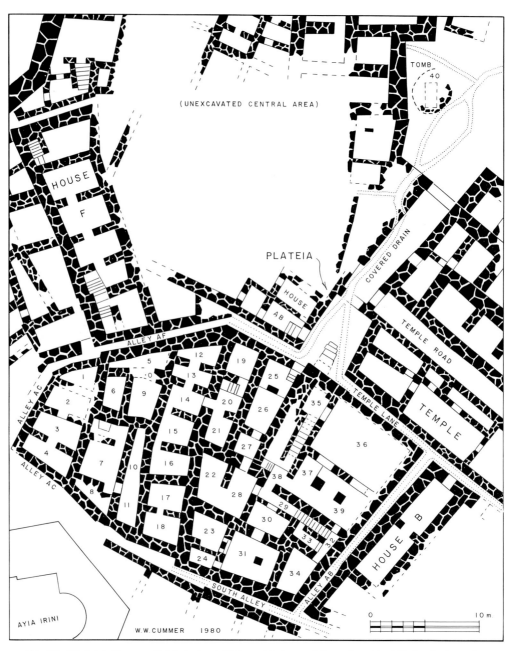

Abb. 55 Ajía Iríni. Plan von Gebäude A mit Nebengebäuden und Tempel und im NO das Stadttor, das durch einen Zwinger zu dem kleinen Vorplatz führt

Abb. 56   Ajía Iríni. Luftaufnahme von Gebäude A und Umgebung. L. u. die Kirche der Hl. Irene! L. o. das langgestreckte Gebäude F, rechts davon das noch unausgegrabene Mittelareal. Das langgestreckte Gebäude mit der Stichmauer am Rand rechts ist der »Tempel«. U. r. das Gebäude B, mit dem letzten Raum unter Wasser. In der Mitte der von den Amerikanern angelegte Zementweg zur Besichtigung der Ausgrabungen

die Räume nicht im Viereck angeordnet wurden, sondern einlinig hintereinander, so daß sich langgestreckte Rechtecke ergaben (vgl. z. B. Haus F).

Haus A, das ein unregelmäßiges Vieleck von 22 und 38 m diagonaler Länge bildet und durch die umlaufenden Gassen zusammengeschlossen wird, ist atypisch und erst in langer Entwicklung zusammengewachsen. Man sieht

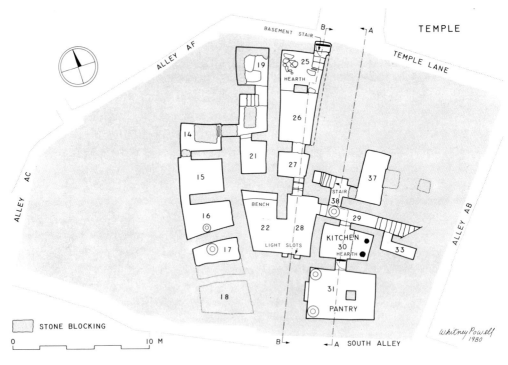

Abb. 57   Ajía Iríni. Gebäude A. Rekonstruktionsplan des Untergeschosses

Abb. 55 leicht, daß die Raumfolgen 1–4, 7 und 8, 12–16, 17 und 18 ursprünglich separate Einheiten bildeten und daß die Räume 1, 5 und 12 bei der späteren Einverleibung beschnitten wurden. Untypisch ist auch der quadratische Herrschaftstrakt des Gebäudes, die Räume 35–38. Ihnen wurden die Räume im Süden und Westen angegliedert, wobei der Übergang zum Komplex der Räume 1–18 (die durch die besonders starke diagonale Nordsüdmauer für sich gestellt sind) durch zwei Trakte in traditioneller Anordnung hergestellt wurde: die Raumfolgen 19–21 und 25–27.

Der Plan gibt kein zutreffendes Bild der Raumrelationen, da er alles auf der gleichen Ebene erscheinen läßt, während es sich in Wirklichkeit um Räume auf verschiedenem Niveau, im Unter- und Erdgeschoß handelt. Die richtige Vorstellung gibt die Aufteilung auf die beiden Stockwerke, wobei man zugleich versucht hat, aus den gemachten Funden die jeweilige Funktion der einzelnen Räume zu erschließen. Im Erdgeschoß sind nur die numerierten Räume in ihren Fundamenten vorgefunden, die nicht numerierten sind dage-

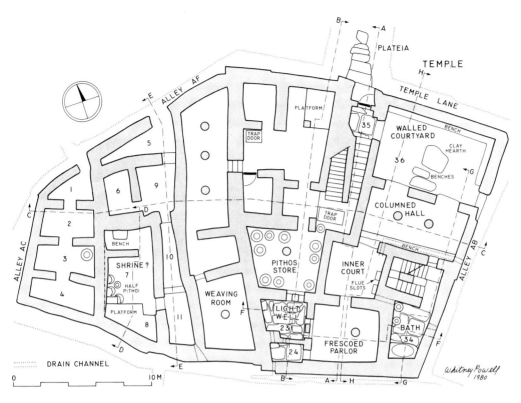

Abb. 58 Ajía Iríni. Gebäude A. Rekonstruktionsplan des Erdgeschosses

gen hypothetisch, aus der Anlage des Untergeschosses lediglich erschlossen. Vollends hypothetisch, weniger in seiner Existenz, aber ganz in seiner Einteilung, ist das angenommene Obergeschoß, ohne das es unserem Herrschaftshaus allerdings gehörig an Wohnraum gefehlt hätte. Nicht weniger als 39 Räume sind heute noch nachweisbar, aber ihre ursprüngliche Zahl ist wesentlich größer gewesen.

Im Untergeschoß befand sich nach dem Wiederherstellungsplan eine Vorratskammer mit freilich enttäuschend wenigen Vorratsgefäßen und eine Küche mit zwei Feuerstellen und einem weiteren Vorrats- oder eher Wassergefäß im anschließenden Gang. Eine weitere Küche könnte sich in Raum 25 des neu hinzugefügten Zwischentrakts 25–27 befunden haben. Über die meisten Räume des Untergeschosses enthalten sich die Ausgräber einer Vermutung.

Den darüber gelegenen Herrschaftstrakt betrat man vom Vorplatz aus und gelangte über den kleinen Treppenabsatz 35 zunächst in einen ummauerten

Abb. 59 Ajía Iríni. Die Nordmauer von Gebäude A mit ihrer Westecke vom Vorplatz aus gesehen. Unmittelbar rechts neben der Ecke liegt der Treppeneingang zu Gebäude A (Raum 25). Im Mittelgrund die große Treppe zu Raum 35

Hof, der mit umlaufenden Bänken und in der Mitte mit einem mächtigen Herd ausgestattet war. Der Hof bildete den Warte- und Vorraum zur eigentlichen, durch zwei Säulen gestützten Empfangshalle, die sich mit zwei weiten Durchgängen zu ihm öffnete. Auf einen kleinen Innenhof folgte dann ganz zurückgezogen der von einer Säule gestützte Salon, durch einen Lichthof (23) und eine Toilette (24) mit den nötigen Annehmlichkeiten versehen. Dagegen war das Bad rechts nur von den Wohnräumen des Obergeschosses aus zugänglich. Es entließ sein Wasser durch einen Rinnstein direkt in den Abwässerkanal der Gasse AB. Die Stadt war mit einem weitverzweigten Dränagenetz versehen, wie es sich schon seit früher Zeit entwickelt hatte. Nördlich des Lichthofes ist ein großer Vorratsraum mit zahlreichen Vorratsgefäßen anzunehmen. Überall in der Stadt und mit erstaunlich gleichmäßiger Verteilung sind Spinnwirtel und Webgewichte gefunden worden, so daß die Textilherstellung eine allgemein verbreitete Beschäftigung gewesen sein muß. Aber die in den Kellerräumen 17 und 18 massiert aufgetretenen Wirtel und Gewichte führen zu dem Schluß, daß sich darüber eine spezielle Webstube befunden haben muß. In Raum 7 soll sich ein Hausheiligtum befunden haben, das allerdings nicht einmal von Hägg in seine Liste aufgenommen worden ist, der darin alles zusammengetragen hat, was einer Kultstätte auch nur von fern ähnlich sieht. Das dortige Podium, auf dem Kultidole gestanden haben könnten, von denen sich aber nichts erhalten hat, ist so wenig beweisend, wie die anderen Funde, Webutensilien und Mörserkeulen, geradezu dagegen sprechen. Jedenfalls haben die beiden dort gefundenen Marmoridole (Caskey 1971 b, p. 121 no. 30 u. 33) mit dem angenommenen Kult nichts zu tun, und dessen Existenz muß durchaus offenbleiben.

Eine Frage wird jedem Betrachter des Hauses A aufsteigen: Über wie viele Einwohner hat der Besitzer des Anwesens eigentlich geboten, dessen Umfang bereits ein Zwölftel der ganzen Stadt einnahm. Seinem Haushalt werden maximal drei bis vier Dutzend Menschen angehört haben. Die ganze Stadt zählte dann ungefähr sechs- bis siebenhundert. War das ausreichend, um ein so blühendes und so stark befestigtes Gemeinwesen zu ermöglichen? Oder ist vielmehr anzunehmen, daß der Festungsring sozusagen nur die Akropolis einschloß, während rings an der Küste die übrigen Bewohner ansässig waren, die durch ihre Arbeit und Steuererträge nicht wenig zum allgemeinen Wohlstand beitrugen? Jedenfalls ist nicht anzunehmen, daß die Stadt nur vom Handel lebte, schon aus Gründen der Selbstversorgung nicht. Die Landwirtschaft der fruchtbaren Insel wird normalerweise die Lebensmittelversorgung der Stadt ganz gedeckt haben.

In der Stadt sind große Mengen von Keramik gefunden worden, stapelweise allein über 8000 einfache Schalen, die allen möglichen Anforderungen des täglichen Gebrauchs dienten. Die importierte Ware beweist weitreichende Handelsverbindungen, und zwar sowohl mit Kreta wie mit dem Festland (Peloponnes), denn die minoische und die mykenische Keramik halten

Abb. 60 Ajía Iríni. Abzugskanal südlich von Raum 31, von Osten gesehen

sich fast die Waage, eher noch, daß die letztere sogar überwiegt. Man kann daher Ajía Iríni nicht als minoische Kolonie bezeichnen. Gute einheimische Ware ist selten, auch guter Import von den Kykladen. Einheimisch ist vor allem die massenhafte, unverzierte Gebrauchsware. Umfangreich waren die Einfuhren von Obsidian aus Melos, der nach der Menge der Funde auch in der Späten Bronzezeit noch große Verwendung gefunden haben und ziemlich billig gewesen sein muß.

Die Halbinsel scheint schon in früher Zeit gelegentlich von Erdbeben heimgesucht worden zu sein. Mehrere Stöße trafen sie im Verlauf der zweiten mykenischen Phase (15. Jh.), bis sie schließlich am Ende dieses Jahrhunderts die Katastrophe ereilte. Ein verheerendes Erdbeben zerriß die Befestigungen und brachte die Häuser zum Einsturz. Die unteren Räume füllten sich mit tonnenschwerem Schutt, in und unter dem alle jene Funde begraben wurden, die die modernen Ausgrabungen wieder ans Licht gebracht haben. Mit dieser Katastrophe war das Schicksal von Ajía Iríni besiegelt. Die Stadt wurde nicht wieder aufgebaut. Nur an einzelnen Stellen richteten sich Neusiedler später wieder ein paar Räume her. Die Keramik, die in ihnen gefunden wurde, ist rein mykenisch. Aber in der sonst reichen mykenischen Spätzeit hat Ajía Iríni keine Rolle mehr gespielt. Das 14. und 13. Jh. mit ihrer geradezu internationalen Blüte im ganzen östlichen Mittelmeer haben es nicht zu neuem Leben erwecken können.

Auffallen muß, daß in Ajía Iríni keinerlei Wertfunde gemacht worden sind. Metallfunde, Schmuck und Waffen, fehlen ebenso wie Funde aus Elfenbein. Der Tatbestand ist wie auf Thera nur so zu erklären, daß die Katastrophe sich durch Erdstöße ankündigte und die gewarnten Einwohner sich mit ihrer wertvollsten Habe auf dem offenen Land oder auf ihren Schiffen in Sicherheit brachten. Die kostbaren bemalten Tongefäße dagegen mußten sie zurücklassen, sie waren für einen solchen Fluchttransport zu zerbrechlich. — Es ist auch nur ein einziges Skelett in den Trümmern gefunden worden.

Auffällig ist weiter, daß auf ganz Kea fast gar keine Marmorgefäße der frühen Kykladenkultur des 3. Jts. gefunden worden sind: in Ajía Iríni überhaupt nicht, wo nur einige Fragmente von Marmoridolen zum Vorschein kamen. Lediglich in der Nähe von Poiessa wurden beim Straßenbau ein kykladischer Napf und eine der großen Kandíles gefunden. Sind die kykladischen Marmorgefäße in Ajía Iríni alle untergegangen, wurden sie von den Einwohnern bei der Flucht mitgenommen oder hat es sie nie gegeben? Der Zufallsfund von Poiessa beweist, daß der keische Boden jedenfalls mehr enthält, als wir wissen, und daß er uns jederzeit mit neuen Funden überraschen kann. Und da bereits in Kephala zwei sehr schöne Marmorgefäße ans Licht gekommen sind, ein Napf und ein Trichtergefäß, beide mit Schnurösen, Gefäße, die noch der Steinzeit angehören, so ist wohl anzunehmen, daß auch die keische Bronzezeit diese kostbaren Gefäße gekannt und geschätzt hat und daß es nur ein Zufall der Überlieferung ist, wenn sie uns bisher fast ganz vorenthalten geblieben sind.

Der »Tempel« von Ajía Iríni

Nordöstlich des großen Gebäudes A liegt ein vergleichsweise kleines Bauwerk, das aber zu außerordentlicher Berühmtheit gelangt ist, denn seine Funde machen es zu einem der bedeutendsten Heiligtümer der griechischen Bronzezeit. Die Ausgräber nennen es Tempel. Der Name bezeichnet hier freilich nicht das, was man sich gewöhnlich unter ihm vorstellt: einen zentralen Hauptraum, dem die Nebenräume nach symmetrischem Plan zugeordnet sind. Der »Tempel« von Aj. Iríni ist ein disproportioniert langes Gebäude von durchschnittlich 6 m Breite, aber mehr als 24 m Länge. Das Südostende, an dem sich auch der Eingang befand, ist durch Erosion verloren. Der »Tempel« war auf den beiden Langseiten von Gassen eingeschlossen, die ihn von den Nachbargebäuden trennten, und endete im Nordwesten an dem kleinen Stadtplatz, dessen südöstliche Einfassungsseite er bildet. Man fragt sich, ob der Tempel nicht vor allem auch von diesem Platz aus zugänglich gewesen sein müßte. Aber die Ausgräber nehmen einen Eingang nur im Südosten an, was bedeutet, daß die Hilfsräume 1–5 nur über den Hauptraum zugänglich waren.

Die Anfänge des »Tempels« gehen auf den Beginn der Mittelkykladischen Zeit, auf die Zeit um 1900 v. Chr. zurück. Damals umfaßte das Heiligtum nur die Räume 1 und 2, bildete also ein einleuchtendes Rechteck. Dieser älteste »Tempel« besaß bereits eine Steinbank — vielleicht für Weihgeschenke —, wie sie sich auch in allen Nachfolgebauten findet. Leider wurden keine Kultidole gefunden, nur ein kleiner Miniaturschmelztiegel. Das braucht kei-

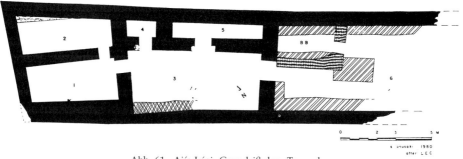

Abb. 61 Ajía Iríni. Grundriß des »Tempels«

Taf. 35   Akrotíri/Santorin. a) Fragment einer Wandmalerei aus Raum 3 in Xesté 3. Eine reich geschmückte junge Frau, die den Kopf ganz zurückwendet. Die Frisur besteht nur aus einigen langen Strähnen, der übrige Kopf ist kahl geschoren. Die Feinheit der Gesichtszeichnung und die Eleganz des Augenschnitts haben ohne Zweifel bereits die Bewunderung der antiken Betrachter gefunden.
b) Fragment einer Wandmalerei aus demselben Raum. Eine mit einem kurzärmeligen Mieder bekleidete und wiederum reich geschmückte Frau beim Safranpflücken. Bis auf eine Stirnlocke und den Pferdeschwanz ist der ganze Kopf kahlgeschoren. Es wird angenommen, die Kopfschur zeige durchgehend jugendliches Alter an.

Taf. 36   Akrotíri/Santorin. Wandmalerei der boxenden Kinder von der Südwand in Raum Beta 1, eine der überraschendsten Entdeckungen in Akrotíri. Die schlanken, stark durchgebogenen Körper sind nur mit einem Gürtel bekleidet, und nur die rechte, die Angriffshand trägt einen Boxhandschuh. Wieder die eigentümliche, durch Rasur bestimmte Haartracht. Das linke Kind trägt Armbänder, Hals- und Fußkette, aber die dunkle Hautfarbe schließt aus, daß es sich um ein Mädchen handelt. Br 0,93 m.

Taf. 37   Akrotíri/Santorin. Junger Fischer aus der Nordostecke von Raum 5 des Westhauses, der seinen reichen Fang an zwei Schnüren aufgereiht heimträgt. Eine korrespondierende Gestalt mit nur einem Fischbündel befand sich in der gegenüberliegenden Südwestecke. (Zum einzelnen s. Text.) H 1,09 m.

Taf. 38   Akrotíri/Santorin. Miniaturfresko von der Südwand in Raum 5 des Westhauses. Sieben große Schiffe bewegen sich auf einer festlichen Flottenparade zwischen zwei Küstenorten. (Zum einzelnen siehe Text.) H 40 cm.

Taf. 39/40   Akrotíri/Santorin. Zwei Frauendarstellungen aus Raum 1 im »Haus der Frauen« mit reichem Haar und minoischer Tracht: offenem Mieder und fußlangem Rock, darüber Falbelschürze. Die Fläche der Figuren wird oben durch ein breites blaues Wellenband abgeschlossen. Darüber folgt ein Rhombenmuster in roter Punktierung mit Sternen auf den Schnittpunkten. H 1,14 und 1,15 m.

Taf. 41   Akrotíri/Santorin. Ein Fries von acht blauen Affen, die in einer Felslandschaft herumklettern, schmückte zwei Wände in Raum Beta 6. Die Tiere sind nicht nur mit großer Naturtreue, Lebendigkeit und Varietät, sondern auch mit unverkennbarem Humor wiedergegeben. Der Künstler hat die Trennlinie der Ecke ignoriert und seine Darstellung einfach durchgehend über beide Wände geführt.

Taf. 36

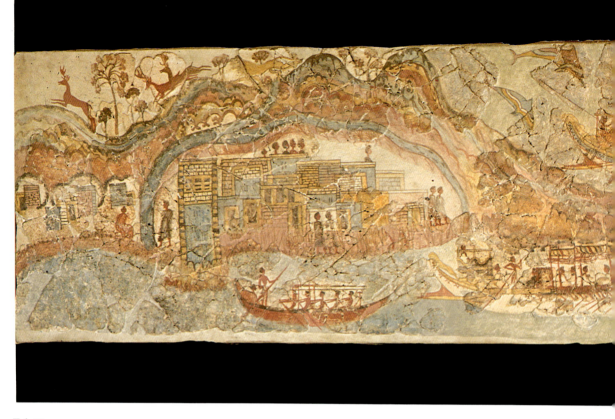

Taf. 38

Taf. 39

πίν. 40

Taf.

Abb. 62 Ajía Iríni. Fragment einer Tonstatuette des »Tempels«: weibliche Büste mit offenem Mieder und abgewinkelten Armen

nen chthonischen Kult zu bezeugen, sondern ist wahrscheinlich eher die Weihgabe eines der Schmiede, deren Gilde auf dem metallverarbeitenden Kea einen wichtigen Berufsstand bildete. In höheren Schichten sind aus der Späten Bronzezeit Teile von größeren Schmelztiegeln sogar mit den zugehörigen Blasventilen zutage gekommen.

Kultidole in großer Zahl sind dagegen aus der Blütezeit der Siedlung gefunden worden, bevor sie gegen Ende des 15. Jhs. das große Erdbeben traf. Bei der späteren Freilegung des zerstörten Tempels wurden die Fragmente der Kultstatuetten weit verstreut, ihre Hauptmasse fand sich jedoch in Raum 1 konzentriert. Die Räume 1 und 2 bildeten zu jener Zeit das Untergeschoß. Die Räume darüber zu ebener Erde werden es gewesen sein, aus denen sie beim Einsturz des Gebäudes in die Tiefe rutschten. Ob diese Räume im Untergeschoß auch Kulträume oder nur Magazine waren, muß offenbleiben.

Die gefundenen Kultidole sind weibliche Tonstatuetten von 60 cm aufwärts bis zu Lebensgröße, so daß es einer langen Erfahrung und Überlieferung bedurfte, sie zu brennen. Die Figuren tragen fußlange Röcke und über

Abb. 63 Ajía Iríni. Große weibliche Tonstatuette des »Tempels« mit fußlangem Rock, nacktem Oberkörper und Kranz, die Arme zu den Hüften geführt, vielleicht in Tanzhaltung. H 99 cm

dem Gürtel ein knappes offenes Mieder, aus dem schwere nackte Brüste hervorhängen, wie man es von kretischen Darstellungen kennt. Andere sind von der Taille aufwärts überhaupt nackt. Ein Teil trägt übliche Halsketten, ein anderer tief herabhängende Kränze, Blumengirlanden. Anfangs, nach der Entdeckung, hatte man geschätzt, daß es sich um etwa 20–25 Statuetten handeln müsse. Inzwischen hat sich durch genauen Vergleich von Größe, Form, Ton und Brand ergeben, daß es nicht weniger als 55 sind. Wurden sie innerhalb relativ kurzer Zeit geschaffen oder über einen längeren Zeitraum verteilt? Sie werden eher nach und nach im Verlauf mehrerer Menschenalter entstanden sein. Dabei läge es nahe anzunehmen, daß sie sich abgelöst haben, daß alt und defekt gewordene durch neue ersetzt wurden. Aber es hat sich gezeigt, daß man die unansehnlich oder schadhaft gewordenen nicht ausrangierte, sondern mit Glasur und Farbe wieder aufmöbelte, so daß sich ihre Zahl ständig vergrößerte. Als was fungierten sie? Unmöglich können sie alle dieselbe Göttin dargestellt haben, das wäre absurd gewesen. Es können höchstens die größten die Göttin verkörpert haben, während alle übrigen ihr Kultpersonal darstellten, und zwar in der Hauptsache ein Gefolge von Tänzerinnen. Die meisten haben die Hände auf die Hüften gelegt, eine aus kretischen Darstellungen wohlbekannte Tanzpose. Die kretische Kultpraxis war mit unverkennbar enthusiastischen Praktiken verbunden. Zu ihren wichtigsten Vorgängen gehörten Göttererscheinungen, wie sie auf Ringen und Gemmen vielfach dargestellt sind. Sie wurden mit ekstatischen Tänzen begleitet oder durch solche herbeigeführt. Man kann daher mit einigem Recht vermuten, die Menge der Statuen habe einen permanenten Kulttanz dargestellt, um sich auf diese Weise der ständigen Gegenwart der Göttin zu versichern. — Die Idee, es habe sich bei den Bildwerken um Porträtstatuen gehandelt, indem jede neue Oberpriesterin bei ihrem Amtsantritt ihr Konterfei in den Tempel gestiftet habe, sei nur als Kuriosum angeführt.

Zusammen mit den Statuetten kamen zahlreiche Trink- und Mischgefäße zutage, so, als ob reichliche Trankopfer mit zum Kult gehört hätten. Es wurden ein Delphin und mehrere Boote aus Ton und Bronze gefunden, deren Bedeutung aber vielleicht nur in dem Beruf ihrer Stifter gelegen hat.

Im ganzen konnten neun verschiedene Typen der Statuetten festgestellt werden, was vielleicht auf den Bestand von neun verschiedenen Werkstätten hinweist.

Mit der großen Erdbebenkatastrophe endet der minoische Einfluß in Aj. Iríni. In der darauf folgenden mykenischen Epoche hat die Tradition der großen Kultstatuetten keine Fortsetzung gefunden. Nur mit einem einzigen Beispiel ist bezeugt, daß sie auch später noch angefertigt wurden. In Korridor 5 sind zusammen mit mykenischer Keramik aus der Zeit um 1300 (Myk. III A 2 – III B) Reste einer letzten großen weiblichen Tonstatue mit Blumengirlande gefunden worden, die zwar den älteren sehr ähnlich sieht, aber eine ganz andere Herstellungsweise verrät. Sonst scheint man sich eher darauf beschränkt zu haben, Fragmente der alten in Ehren zu halten.

In seiner mykenischen Epoche ist Aj. Iríni nie wieder voll besiedelt gewesen. Nur einzelne Siedlergruppen ließen sich in den Ruinen nieder. Aber das Heiligtum wurde zum großen Teil sorgfältig ausgegraben und wieder in Gebrauch genommen. Im Hauptraum (6) befand sich außer langen Bänken an den Seiten ein Altar in der Mitte, auf dem Brandopfer dargebracht wurden. Die ältesten erhaltenen Aschenschichten aus dem Beginn der spätmykenischen Zeit (Anfang des 14. Jhs.) liegen direkt auf dem Schutt des mittelkykladischen Heiligtums und erreichen eine Stärke von 0,75 m. Über ihnen wurde im 12. Jh. (Myk. III C) ein großer Steinaltar errichtet, der ebenfalls als Brandopferstätte diente. Gegen Ende des Jahrhunderts und der mykenischen Zeit wurde aber das Heiligtum drastisch verkleinert. In der Nordwestecke von Raum 6 wurden zwei Mauern eingezogen, die Altar und Westeingang teilweise überdeckten und die Kultanlage auf den kleinen Raum BB reduzierten. Der Eingang zu diesem letzten mykenischen Heiligtum lag wie bei dem ursprünglichen im Südwesten.

Über den mykenischen Schichten folgen protogeometrische Scherben. Die Bevölkerung hatte sich damals wahrscheinlich ganz von der Halbinsel zurückgezogen und wohnte verstreut an den Stränden der Bucht. Nur die Kultstätte blieb weiter in Verehrung und Benutzung. Für ihren Fortbestand zeugte ein überraschender, merkwürdiger Fund.

Beim Zusammenfügen der Fragmente war aufgefallen, daß von den vielen Statuetten nur wenige, im ganzen nicht mehr als zehn Köpfe erhalten waren. Es machte den Eindruck, als ob man die übrigen geborgen hätte, und wirklich wurde ein einzelner Kopf in sehr auffälliger Lage wiedergefunden. In spätgeometrischem Kontext, zusammen mit Scherben eines spätgeometrischen Kantharos, fand sich einer der alten Köpfe in einem Tonring aufgestellt,* wunderbarerweise unverrückt, ganz so, wie er ursprünglich gestanden hatte. Es war ein stark korrodierter Kopf, so daß sein Geschlecht nicht mehr zu erkennen war. Der begleitende Kantharos als dionysisches Trinkgefäß gab aber den Hinweis, der Kopf könnte als Dionysos verehrt worden sein. Die alte Tradition war längst abgebrochen und ein neuer Göttername an ihre Stelle getreten. Daß jedenfalls 200 Jahre später, um 500, das alte Heiligtum Stätte des Dionysoskultes geworden war, bezeugte eindeutig ein tönerner Trinkbecher aus der Südosthälfte von Raum 1, den mit einer Inschrift auf dem Boden Anthippos von Ioulis um 500 v. Chr. dem Dionysos geweiht

---

* Die Auffindung von Resten zweier weiterer solcher Tonringe im Bereich des Tempels könnte darauf hinweisen, daß noch mehr solcher einzelnen Köpfe aufgestellt waren.

Abb. 64 Ajía Iríni. Sog. Dionysoskopf. Stark verriebener, nahezu lebensgroßer Kopf einer Tonstatuette des »Tempels«, der nicht verschüttet wurde, sondern sich erhielt und in historischer Zeit, für männlich gehalten, als Kopf des Dionysos verehrt wurde. H ca. 20 cm

hatte. Graffiti auf jüngeren Gefäßen bezeugen die Fortsetzung des Kults. Zuletzt ist er im 4. Jh. v. Chr. nachweisbar. — Der »Tempel« hat also eine erstaunlich lange Kontinuität bewiesen, über Katastrophen und Umwälzungen hinweg, die völlig neue Zeiten, Siedlungsverhältnisse und Bevölkerungsgruppen heraufführten. Eine analoge, nur sehr viel später beginnende Kontinuität hat sich auch für den Tempel von Zagorá auf Andros ergeben (s. S. 165 bis 167).

In dem Gebäude nordöstlich des Tempels, und zwar in dem westlichen Eckraum, der sich auf die Straße des Stadttors öffnet, wurde der merkwürdige Fund von fünf Tonfüßen der Schicht Spätmin. I A (16. Jh.) gemacht. Die Füße zeigen keine Zehen, sondern sehen aus, als ob sie in Pantoffeln steckten. Sie sind bis über die Enkel hochgezogen und schließen oben mit einer glatten Fläche ab. Die Länge variiert zwischen 12 und 24 cm. Es sind zwei rechte und drei linke Füße, aber es finden sich merkwürdigerweise keine darunter, die zusammengehören. Es sind lauter einzelne Füße. Mit den Statuetten des Tempels können sie kaum in Zusammenhang gebracht werden. Der Ton ist viel feiner geschlämmt, auch hat man im Umkreis der vielen Statuetten keinen einzigen Fuß gefunden. Die Idee, es könne sich um Weihgaben der Tempeltänzerinnen handeln, ist eine reine Verlegenheitsauskunft. Auch die hätten jedenfalls zwei Füße geweiht, und man muß die Tatsache, daß keine zusammengehörenden erhalten sind, für reinen Zufall halten. Viel einleuchtender ist die Erklärung, daß es sich um die Überreste hölzerner Kultbilder handelt, die auf tönernen Füßen standen und selbst völlig untergegangen sind. In dem 1979 entdeckten kretischen Heiligtum von Archanes, in dem Menschenopfer vermutet werden und das um 1700 v. Chr. durch ein Erdbeben zerstört wurde, hat sich im Hauptraum ein Paar vollständig erhaltener Tonfüße gefunden, die von natürlicher Größe und den keischen ganz ähnlich sind. Sie laufen oben in einen glatten, regelmäßigen Vierkant aus und haben ohne jeden Zweifel einem hölzernen Kultbild als Standglieder gedient. Man wird kaum zu zögern brauchen, auch für Aj. Iríni solche hölzernen Kultbilder anzunehmen, die nur ein weiteres Zeugnis des großen kretischen Einflusses wären. Die Frage ist dann, ob sich unter den Tonstatuetten überhaupt Darstellungen der großen Göttin befunden haben oder ob sie nicht vielmehr samt und sonders nur das Kultpersonal der anzunehmenden hölzernen Kultbilder dargestellt haben.

Im Zusammenhang damit kommt aber auch die Frage auf, ob der »Tempel« in der Blütezeit vielleicht doch nicht das langgestreckte, disproportionierte Gebäude gewesen ist, das der Plan jetzt ausweist. Hat vielleicht auch das Gebäude im Nordosten und im Süden Haus D dazu gehört? Dann wären die beiden Arten von Kultbildern in der Tat vereinigt gewesen. Aber der Tempel würde damit unverhältnismäßig groß, auch ergäbe sich immer noch keine klar gegliederte Anlage, und auch keine, die von der Wohnstadt ausgegrenzt und abgetrennt gewesen wäre. Man wird für alle diese Fragen die endgültige Publikation abwarten müssen, die aber vielleicht noch Jahre auf sich warten läßt.

DAS MYKENISCHE DELOS

Von den Touristen, die im Sommer zu Tausenden Delos besuchen und einige Mühe haben, sich in den weitläufigen Trümmern zurechtzufinden, werden nur wenige wissen, daß es unter den klassischen und archaischen Schichten auch eine mykenische gibt. Es sind die vielfach gestörten und häufig zusammenhanglosen Mauern und Mauerreste einer kleinen Siedlung.

Die frühkykladische Ansiedlung des 3. Jts. befand sich auf dem Gipfel des Kynthos. Nach ihrer Aufgabe blieb Delos die ganze mittelkykladische Zeit hindurch unbesiedelt. Die Annahme, es sei in der ersten Hälfte des 2. Jts. Sitz einer minoischen Kolonie gewesen, beruhte auf Fehlinterpretation der Funde. In Wirklichkeit ist Keramik der Mittleren Bronzezeit nirgendwo auf Delos zutage gekommen. Um die Mitte des 2. Jts. scheinen sich dann die ersten Mykener auf der Insel niedergelassen zu haben. Die erhaltenen Mauerreste gehören der mykenischen Spätzeit an (Myk. III: ca. 1400–1150). Eine genauere Datierung und Differenzierung scheitert an den geringen Resten und fehlenden Kleinfunden. Gefahren und Überfälle waren, scheint es, nicht zu befürchten, und so entstand die Siedlung in der Niederung an der Nordwestseite der Insel, dort, wo später die Schatzhäuser und Tempel standen. Im Unterschied zu diesen war sie, was ihre Identifizierung sehr erleichterte, gleichmäßig von Nordosten nach Südwesten ausgerichtet, doch nicht nach einem einheitlichen Plan entworfen, denn an Verschachtelung fehlt es nicht, und viele Mauern stoßen unverbunden gegeneinander, was beweist, daß man nachträglich angebaut und erweitert hat. Die Mauern von gewöhnlich 60–75 cm Stärke sind Schalenmauern aus roh zugerichteten Granit- und Gneis-, selten Marmorsteinen. Als Füllmaterial verwandte man kleine Steine. Erdmörtel diente als Bindemittel. Die französischen Ausgräber glauben sicher zu sein, daß die freigelegten Fundamente im großen und ganzen den ursprünglichen Umfang der Siedlung anzeigen. Danach ist sie nur von mäßiger Größe gewesen.

Die meisten Spuren haben sich unter den beiden westlichen Schatzhäusern und den beiden nördlichen Apollon-Tempeln gefunden. Das Zentrum dieses Komplexes bildet ein Plattenhof von 4,80 x 9,20 m. Die in Reihen verlegten Gneisplatten sind auf den gewachsenen Felsen gebettet. Die an diesen Hof sich anschließenden Räume sind z. T. winzig. Von der Nordostecke geht ein ca. 2 x 11 m langer Gang aus, an den sich im Westen ein noch schmalerer Raum von nur 1,65 m Breite anschließt. Seine Länge betrug 8,40 m, war aber vielleicht durch eine Quermauer unterteilt, die später der Südmauer des Schatzhauses 5 zum Opfer fiel. Im Norden schließt sich eine winzige Kammer von 2 x 2 m an, die durch drei Schwellen nach Norden, Osten und Westen mit ihren Nachbarräumen verbunden ist. Die zahlreich erhaltenen,

Abb. 11/12

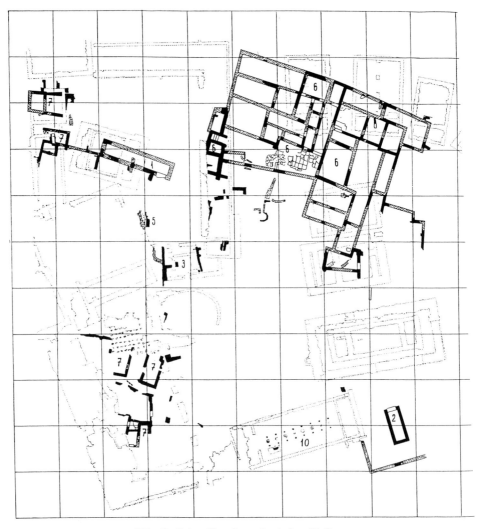

Abb. 65 Delos. Plan der mykenischen Siedlung

oft großen, immer monolithen Schwellen aus behauenen und unbehauenen Gneisplatten gehören zu den wichtigsten und klarsten Orientierungshilfen. Sie sind gewöhnlich nicht in die Mitte der Wände, sondern zur Seite gesetzt.

Die nächste im Westen sich anschließende Raumfolge beginnt mit nach Westen offenen Querräumen von großer Schmalheit (1,60 und 2,60 m breit). Dann folgt auf der Höhe des erwähnten Raumes von 2 x 2 m und mit diesem verbunden wieder ein Längsraum von 2,95 x 5,10 m und darauf der erste große, normal proportionierte Raum von 4 x 5,60 m. Alle Räume, die der Plan weiter westlich zeigt, sind fast rein hypothetisch.

Im Osten, neben dem Plattenhof und dem unteren Teil des Ganges, liegt ein großer repräsentativer Raum von 6,25 x 8 m. Östlich davon befindet sich ein großer freier Raum ohne Mauerspuren. (Die Nordsüdmauer auf dem Plan ist rein hypothetisch.) Es könnte sich um eine große Halle oder um einen zweiten Hof gehandelt haben. Nördlich folgt ein langer Westostgang von 1,90 x ca. 15 m, vielleicht, wie der Plan annimmt, von einer Quermauer unterteilt. Eine gut erhaltene Schwelle führt weiter nach Norden in einen großen, fast quadratischen Raum (ca. 6 x 6,20 m), in dessen Nordwestecke sich ein aufgemauerter, plattenbelegter Viertelkreis befindet, wahrscheinlich eine Feuerstelle. Auf gleicher Höhe schließen sich im Osten zwei Räume von gleicher Breite (3,75 m) an, der erste 5,20 m lang, der zweite etwas länger. In ihm fand sich ein weiterer aufgemauerter Viertelkreis als Feuerstelle.

Die Beschreibung ist gewiß ausreichend, um zu zeigen, daß es sich um eine sehr inhomogene, schwer verständliche Anlage handelt. Keinerlei Kleinfunde geben Aufschluß über den Verwendungszweck der einzelnen Räume. Läßt sich wenigstens Klarheit über die Funktion des Plattenhofes gewinnen? Handelt es sich bei ihm um einen öffentlichen Platz, der von verschiedenen Gehöften oder Wohnquartieren eingeschlossen wurde und auf den Straßen aus mehreren Richtungen mündeten? Oder handelt es sich wirklich um einen Hof als Zentrum eines größeren Gebäudekomplexes? Die Antwort ist dadurch erschwert, daß die Anlagen, die den Plattenhof im Süden und Westen umgaben, für uns nicht mehr erkennbar sind. Aber um einen öffentlichen Platz scheint es sich doch eher nicht zu handeln, es fehlen dazu alle Anzeichen von Gassen oder Straßen. Auch in dem ganzen oben beschriebenen Komplex sind nur zwei Gänge nach Norden und nach Osten, aber keine Gassen zu erkennen. Die Franzosen haben ihn daher als einheitliche Anlage aufgefaßt und als »Palast« bezeichnet. Die Anführungszeichen stammen von ihnen selbst. Als Palast wäre der Komplex einwandfrei ausgewiesen, wenn sich in ihm das typisch mykenische Megaron fände, was es nicht tut. Man hat die großen Räume östlich des Hofes als Ersatz vorgeschlagen und in ihnen die herrschaftlichen Repräsentationsräume erblicken wollen. Unmöglich ist es nicht, aber auch nicht sehr wahrscheinlich, haben sich doch z. B. nicht die geringsten Reste von Wandverputz erhalten, geschweige eines zentralen Herdes, wie man ihn erwarten müßte. Auch wäre ein Palast einmalig und befremdlich, bei dem die zugehörige Siedlung nicht mehr beträgt als das Fünffache seiner selbst. Die Idee ist weit mehr prätentiös als einleuchtend.

Von den übrigen Mauerresten der Siedlung wollen wir nur noch die im Südwesten kurz erwähnen, wo sich eine weitere Feuer- oder Opferstelle in Viertelkreisform und die einzige Andeutung einer Gasse gefunden hat. Nicht unerwähnt bleiben dürfen aber vor allem die relativ zahlreichen Reste von

Kanalisation, wie sie in mykenischen Siedlungen üblich war: mit Steinplatten eingefaßte und mit Steinplatten bedeckte Wasserrinnen. Die Frage ist, ob es sich um Ent- oder Bewässerungskanäle handelt. Gewohnt, für Delos immer nach dem Höchsten zu greifen, hat man angenommen, das gefundene Rinnennetz habe vor allem der Wasserversorgung gegolten, um den für die wasserarme Insel lebensnotwendigen Regen zu sammeln. Aber nirgends sind Zisternen gefunden worden, die diese Ansicht stützen könnten und die doch auch bei späterer Überbauung nicht leicht spurlos verschwinden. Die Frage muß offenbleiben.

Die Interpreten der heiligen Insel haben für das mykenische Delos nicht nur Anspruch auf einen »Palast«, sondern auch auf drei Kultstätten und zwei kultische Gräber erhoben. Die Insel soll schon in dieser frühen Zeit heilig gewesen sein, wo Sakrales und Profanes sich dicht durchdrangen. »Die Vielfalt und Verschiedenheit der delischen Heiligtümer stellen eine neue Tatsache innerhalb der mykenischen Welt dar.« »Delos war schon in mykenischer Zeit ein vielbesuchtes Heiligtum, dessen Bedeutung lange verkannt worden ist.« * Hält eine solche Projektion historischer Verhältnisse in die mykenische Zeit sachlicher Betrachtung stand?

Es werden also für das »mykenische Heiligtum« fünf Kultstätten in Anspruch genommen: zwei Gräber und drei »Tempel«. Wir können zwei von *Abb. 65* ihnen von vornherein ausschließen. Die unter dem Tempel G (Plan Nr. 3) gefundenen mykenischen Reste — das sog. Megaron H — sind so gering, daß man sich weder von der Form, noch viel weniger von der Funktion dieser Anlage eine bestimmte Ansicht bilden kann. — Unmittelbar nördlich befindet sich angeblich das Sema, das Grab der Hyperboreerinnen Laodike und Hyperoche, das in historischer Zeit verehrt wurde, wie Herodot (4, 34) bezeugt. Aber daß das Grab an dieser Stelle gelegen habe, dafür gibt es keinerlei nähere Beweise. Die Annahme ist rein hypothetisch.

Etwas besser steht es um ein weiteres Grab hyperboreischer Jungfrauen, die sog. Theke von Opis und Arge, vor der Südseite der Stoa des Antigonos. Hierbei handelt es sich in der Tat um ein mykenisches Grab. Eine Kammer von 1,40 x 3 m erstreckt sich von Norden nach Süden. Zu ihr führt von Osten ein kleiner Gang von 1 x 1,20 m, der oft fälschlich als Nebenkammer angesehen wird. Im Eingang zur Grabkammer stehen die beiden steinernen Türwangen noch aufrecht. Dagegen stammt die große halbrunde Einfassung, die heute den Grabbezirk umgibt, erst aus hellenistischer Zeit. Im Dromos hat sich keine Keramik gefunden, in der Kammer konnten, untermischt mit Gebeinen, nur noch fünf Gefäße geborgen werden. Sie sind alle mykenisch,

---

* H. Gallet de Santerre, *Délos primitive et archaïque* (Paris 1958), S. 90 u. 89.

stammen aber aus sehr verschiedenen Zeiten, reichen von Myk. I bis III, also etwa von 1550 bis 1300 oder später. Das bedeutet, daß das Grab, wie wir es auch sonst vielfach finden, immer wieder neu belegt wurde. Der Befund schließt aus, daß man in diesem Grab schon in mykenischer Zeit die Theke (Grablege) von Opis und Arge verehrt hätte, sonst wäre es unmöglich gewesen, es immer weiter zu benutzen. Offenbar war es so, daß zuerst die Legende der Hyperboreischen Jungfrauen bestand. Und erst nachträglich hat man dann, wahrscheinlich in geometrischer Zeit, dieser Legende in dem vorgeschichtlichen Grab eine konkrete Stätte gegeben. So unzweifelhaft also die Theke ein mykenisches Grab ist, so wenig kann sie doch für ununterbrochene Kulttradition seit mykenischer Zeit in Anspruch genommen werden. Der archäologische Befund spricht direkt dagegen.

Sechs Meter östlich vom Oikos der Naxier befindet sich ein Bauwerk von 3,60 × 7,90 m (Plan Nr. 2), das bald zurückhaltend als »Gebäude«, bald couragiert als »Tempel« bezeichnet wird, und zwar als Tempel mykenischer Zeit. Die maximal 70 cm starken Mauern sind Schalenmauern aus nur grob behauenen Granitblöcken und stehen noch 60 cm hoch an. Sie sind für ein so kleines Gebäude ungewöhnlich stark und machen den Innenraum außerordentlich schmal (2,30 m). Der Eingang lag im Norden und nahm fast die ganze Breite der nördlichen Schmalwand ein, mit einer wahrhaft monumentalen, nämlich monolithen Gneisplatte als Schwelle. Das Gebäude ist niemals umgebaut oder erweitert worden, sondern hat das ganze Altertum hindurch unverändert fortbestanden. Daß es sich um einen »Tempel« handelt, ist einzig und allein aus seiner Nähe zu den historischen Apollon-Tempeln erschlossen. Vollends aber ist unerweislich und auch ganz unwahrscheinlich, daß es sich um einen »mykenischen Tempel« handelt. Wenn es heißt: »Plan und Technik der Konstruktion scheinen anzuzeigen, daß es sich um einen Sakralbau mykenischer Zeit handelt«, so sind in Wirklichkeit auch die erfahrensten Architekturhistoriker nicht imstande, aus bloßem Mauerwerk, wenn es nicht ganz eindeutige Charakteristika aufweist, mit Sicherheit die Epoche der Erbauung zu ersehen. So kann auch der »Tempel« ohne weiteres archaisch und jünger sein und wird von mehreren Archäologen auch dafür gehalten. Was aber die Beweiskraft des »Planes« betrifft, so weicht der »Tempel« mit seiner Nordwest-Südost-Richtung nicht nur auffällig von der durchgehenden Nordost-Südwest-Orientierung der mykenischen Siedlung ab, sondern er wäre überhaupt das einzige mykenische Kultgebäude dieser Art und Form. Da es zum »Tempel« keinerlei mykenische Parallele gibt, hat B. Bergquist ihn aus der mykenischen Schicht von Delos ausgeschlossen, ja, sie hat ihn nicht einmal in den Plan des archaischen Heiligtums aufgenommen (Abb. 114) und hat natürlich auch die Existenz einer mykenischen Temenosmauer im Osten, Süden und Westen bestritten, mit der die französischen Ausgräber ihn umgeben hatten, wodurch er zu einem ganzen heiligen Bezirk emporstilisiert wurde. Selbst wenn es wirklich ein mykenisches Gebäude wäre, über den mykenischen Kult erführen wir nicht das allergeringste, aber ein mykenischer »Tempel« dieser Art ist geradezu unglaubwürdig. Der offizielle französische Führer von Bruneau/Ducat sieht sich denn auch zu der Einschränkung veranlaßt: ». . . aber es ist keineswegs ausgemacht (assuré), daß er (der Tempel) auf ein so hohes Alter zurückgeht.«

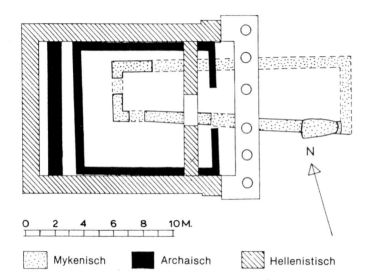

Abb. 66 Delos. Grundriß des Artemisions

Abb. 65

So bleibt denn als letzte Hoffnung der angebliche mykenische Kultbau unter dem Artemision. Im Innern der archaischen Cella wurden die Fundamente eines sehr viel älteren Bauwerks festgestellt: große Granitblöcke bezeichneten das westliche Ende eines schmalen Gebäudes, das außen ca. 4 m, innen 2,65 m maß. Ein Gesamtplan ergab sich jedoch nicht. 4 m vor der Ostfront des hellenistischen Tempels wurden nur noch vereinzelte Steine der Südmauer und eine schwere, 0,80 m starke, 0,95 x 2,20 m große Schwelle gefunden, die den Eingang bezeichnet. Nimmt man an, daß er unmittelbar an der Südostecke lag, so ergibt sich ein Bauwerk von 15,30 m Länge, außerordentlich gestreckt also bei der geringen Breite, dazu schiefwinklig (Plan Nr. 1). Die tiefe Lage des Fundaments und einige begleitende Scherben wiesen es der mykenischen Zeit zu. Wenn man über die unnatürliche Länge des Baus hinwegsah, konnte man glauben, in ihm den mykenischen Vorgänger des Artemisions gefunden zu haben. Der Befund ist jedoch nicht eindeutig und die Erklärung des Bauwerks umstritten. Dafür, daß es sich um einen

Kultbau handelt, gibt es keine direkten Indizien. Daß es der mykenische Vorläufer des Artemisions sein könnte, ist lediglich aus der Lage erschlossen, und die ist für sich allein ohne Beweiskraft. Im Gegensatz zum »Tempel« fügt sich das »mykenische Artemision« wenigstens in die allgemeine Orientierung der mykenischen Siedlung. Aber auf dem Plan sieht es viel eher wie ein Profanraum aus. Im übrigen ist der Plan schwer geschönt. Der Bau ist keineswegs so regelmäßig, und vor allem nicht so breit, wie er auf dem Plan erscheint. Desborough hat es in seinem großen zusammenfassenden Werk »The Last Mycenaeans and their Successors« (Oxford 1964) für das Wahrscheinlichste gehalten, daß es sich einfach um das Haus eines reichen Mannes handelt (S. 45 unt.). Gibt vielleicht die Zusammensetzung des im Artemision gemachten mykenischen Schatzfundes nähere Hinweise?

Abb. 65

1928 wurde in der Nordostecke der hellenistischen Vorhalle eine Sondierung vorgenommen. Der Versuchsgraben hatte nur eine Länge von 0,70 m, brachte aber überraschend wertvolle Funde zutage: Fragmente von Gold, Elfenbein und Bronze. Eine weitere Sondierung in der Südostecke der Vorhalle ergab dagegen nichts. Der Schatzfund war dadurch aber etwas näher eingegrenzt. Erst im Oktober 1946 wurde die Grabung wiederaufgenommen. Man untersuchte nun den ganzen Nordteil der hellenistischen Vorhalle beiderseits der Zungenmauer des archaischen Tempels und dehnte die Grabung so lange nach Süden aus, bis die Funde etwa 5,50 m von der Nordmauer entfernt aufhörten. Man grub auch außerhalb der Vorhalle im Norden, wo sich jedoch nichts ergab. Der Schatzfund blieb auf das Innere der Vorhalle beschränkt.

Wir können die Bedeutung des Fundes erst erörtern, wenn wir ihn in seinem Hauptbestand überblicken.

Zahlreich und besonders wertvoll sind die gefundenen Elfenbeine. Eine kleine Platte von 6,4 × 11,8 cm stellt, exakt zwischen Ober- und Unterkante eingeschlossen, einen mykenischen Krieger im Profil dar. Die Figur ist in starkem Relief wiedergegeben, das an der Schulter eine Tiefe von 1,2 cm erreicht, während die Grundplatte, die die Folie eines großen Achterschildes trägt, nur 2 mm stark und teilweise ausgebrochen ist. Die kräftige, gedrungene Gestalt hält mit energischem Griff eine Lanze vor sich, die den rechten Abschluß der Darstellung bildet. Der weit zurückgelegte Kopf, so daß Nase, Stirn und Helm den waagerechten oberen Abschluß bilden, trägt eine in einem starken Knauf endende Lederkalotte, auf der zwei Reihen von Eberzähnen befestigt sind, der bekannte mykenische Kopfschutz älterer Zeit. Die weitere »Ausstattung« des Kriegers ist unmykenisch, denn bis auf Gürtel und Phallustasche geht er nackt, ein Aufzug, der ägyptisch ist, während die grobe starke Nase hethitisch-orientalisch wirkt. Die Tafel stellt also ein merkwürdiges Stilgemisch dar, aber in Disposition und Motiv ist sie für uns ein wertvolles, einzigartiges Zeugnis mykenischer Kleinplastik.

Abb. 67

Abb. 67 »Schatzfund« des Artemisions. Elfenbeinplatte mit dem Hochrelief eines mykenischen Kriegers. Gr 6,4 x 11,8 cm. Die Stärke des Plattenbodens beträgt nur 2 mm, während die Höhe des Reliefs an der Schulter 12 mm erreicht

Die weiteren Elfenbeine sind eine Reihe von teils mit geometrischen, teils mit Tiermotiven gezierten Schmuckleisten. Die längste, fast ganz erhaltene mißt nicht weniger als 55 cm, bei einer Breite von 4,3 und einer Stärke von 0,8–1 cm. Beide Enden sind schräg angeschnitten. Der plastische Schmuck besteht in einem orientalisierenden Tierfries. Fünf aufeinanderfolgende Szenen zeigen Löwen im Kampf mit Hirschen und Rindern. Die Darstellung ist unausgewogen und rein paratisch, aber das Schnitzwerk einzigartig in seiner Fülle und Größe.

Abb. 68 Delos. »Schatzfund« des Artemisions. Gravierte Elfenbeinplatte mit Tierkampfszene: Ein Greif wird von einem Löwen angefallen. Max. Gr 5,1 x 22,5 cm; mittl. St 6 mm

Abb. 69 Delos. »Schatzfund« des Artemisions, Bronzestatuette, charakterisiert durch mächtigen Kopf und überschlanke Gestalt. Ges. H 11 cm. Bis auf das r. Bein intakt. Das l. Bein vorgesetzt, zeigt die Figur Schritthaltung. Die vorgestreckte l. Hand trägt einen kleinen runden Schild, die erhobene Rechte hält eine geschwungene Waffe (Blitz oder Sichel). Der großohrige Kopf trägt eine konische Kopfbedeckung, die in einem Knauf endet. Solche Statuetten des »syrischen Wettergottes« sind wiederholt in mykenischem Kontext gefunden worden (s. o. S. 106)

Außer den skulptierten Platten findet sich auch eine Reihe gravierter, von denen wir die schönste abbilden. Die Platte, die mit 5,1 x 22,5 cm und 0,6 cm Stärke vollständig erhalten ist, zeigt den Kampf eines Löwen mit einem Greifen. Der Löwe, der die rechte Seite einnimmt, wendet sich nach links. Der Greif, der nach links flieht, wendet den Kopf seinem Verfolger zu. Dieser schlägt ihm die rechte Pranke in den Rücken und sucht ihm mit einem Biß das Rückgrat zu zerbrechen. Mit der linken Vordertatze stützt er sich auf den Boden und stemmt sich zum Angriff auf die Hinterbeine. Das Hinterteil des Greifen ist in die Luft erhoben, so daß es Hals und Mähne des Löwen verdeckt. Die Flügel sind fächerförmig ausgebreitet, die Klauen schon kraftlos nach vorn ausgestreckt. Dem Künstler ist nicht nur eine Szene von großer Wildheit und Dramatik, sondern auch von großer künstlerischer Geschlossenheit gelungen. Die beiden Tierleiber sind durch Überschneidung zu einer durchgehenden einheitlichen Bewegungslinie vereinigt. Ihr und dem dramatischen Ausdruck der Tierköpfe kontrastieren die ruhig ausgebreiteten Flügel. An dramatischer Bewegtheit wie an künstlerischer Geschlossenheit ist die

Abb. 70 Delos. »Schatzfund« des Artemisions. Zwei kunstvoll ausgearbeitete kleine Elfenbeinkapitelle, zu denen kleine Halbsäulen gehörten, die an Truhen oder Möbeln als Schmuck angebracht waren. H 2,9 und 3,7 cm

delische Gravierung der bekannten elfenbeinernen Greifenpyxis von der Athener Agora ohne Zweifel überlegen.

Wir möchten den weiteren Bestand des Schatzfundes nur noch in aller Kürze aufführen, lediglich, um eine Vorstellung von seiner Mannigfaltigkeit zu geben. Die sehr zahlreichen Elfenbeinfragmente umfassen auch solche mit Pflanzen- und Spiralmustern oder Zahnschnitt. Es gibt kleine Halbsäulchen mit überaus kunstvoll gearbeiteten Kapitellen, Scheiben, Rosetten und Halbrosetten, Perlen, Ringe und Spindeln. Aus Gold finden sich Fragmente zweier Diademe, Perlen, Knöpfe, Bienen und kleine Vögel. Unter den Bronzefunden ist als erster eine kleine 11 cm hohe Statuette des syrischen Wettergottes zu nennen, dann Miniaturvögel, -doppeläxte und -schilde. Schließlich eine größere Zahl Pfeil- und Speerspitzen. Den Schluß bilden zehn Gegenstände der verschiedensten Funktionen aus Stein.

Was ergibt sich daraus für die Frage nach einer ununterbrochenen delischen Kulttradition von der mykenischen bis in die historische Zeit? Kann der »Schatzfund« als Beweis für die Existenz eines mykenischen Heiligtums an der Stelle des späteren Artemisions angesehen werden? Er kann es nicht. Denn 1. stellt er überhaupt keinen wirklichen Schatzfund, noch viel weniger ein Gründungsdepot dar, sondern eine Sammlung sehr verschiedener Dinge, zum großen Teil elfenbeinerner Möbelbeschläge. Und 2. ist er gar nicht im — angeblichen oder wirklichen — mykenischen Bau deponiert worden, sondern wurde, wie die Fundumstände eindeutig zeigen, erst bei der Anlage des archaischen Tempels in ebendiesem selbst vergraben. Gewiß hat man in den alten Dingen wertvolle Cimelien erblickt, die man pietätvoll bestattete. Aber eine unausgesetzte mykenische Kulttradition ist damit nicht zu beweisen. Eine »heilige Insel« wie in historischer Zeit ist Delos in der mykenischen sicherlich nicht gewesen.

Taf. 42 Akrotíri / Santorin. Ausschnitt aus dem Nordfries in Raum 5 des Westhauses: abwechslungsreiche Szene mit Schiffbruch vor einer felsigen Küste, mit Brunnenhaus und wassertragenden Frauen, Herdentrieb und »mykenischer Patrouille«. (Zum einzelnen s. Text.)

Taf. 43 Akrotíri/Santorin. Die Südwestecke von Raum Beta 1. Zwischen zwei Türen das Fresko der boxenden Kinder. Auf der Westwand zwei Antilopen beim Liebesspiel. Darüber ein doppelter Fries von Efeublättern. Der Kontrast in der Technik: die Kinder in Silhouette, die Antilopen in Umrißzeichnung, ist gewollt und von großem ästhetischem Effekt.

Taf. 44 Akrotíri/Santorin. Ausschnitt aus Raum Delta 2. Drei seiner Wände waren mit einer durchgehenden Landschaftsszene, mit von Lilien bewachsenen Felsen bedeckt. Der Ausschnitt zeigt schnäbelnde Schwalben, die zwischen den Liliensträuchern herumschwirren. Er verrät nicht nur die außerordentliche Meisterschaft, sondern auch die große Naturliebe des Künstlers.

Taf. 45 Akrotíri/Santorin. Miniaturfresko mit Flußlandschaft von der Ostwand in Raum 5 des Westhauses. Ein gleichmäßig sich windender und von einem Bach begleiteter Fluß ist beiderseits von einer reichen Vegetation aus Palmen, Papyrus, Ried und Krokussträuchern bestanden. Außer Wasservögeln, von denen zwei von einem »Panther« gejagt werden, und einem springenden Reh findet sich auch ein großer Greif auf dem Fresko. (Weiteres s. Text.) H 20 cm.

Taf. 45

Taf. 46

Da von den Elfenbeinen nicht angenommen werden kann, daß sie auf Delos selbst entstanden, so stellt sich die Frage nach ihrer Herkunft. Die genauesten Parallelen finden sich auf Zypern. Von dort also leitet man den Krieger und die gravierten Tierkämpfe her. Die lange Leiste mit den skulptierten Tierkämpfen dagegen stammt vielleicht aus Ras Schamra an der syrischen Küste. Durch die Provenienz aus dem östlichen Mittelmeerraum sind gleichzeitig auch die orientalischen Elemente erklärt, die sich auf den delischen Elfenbeinen finden.

Taf. 46   Akrotíri/Santorin. oben: Zwei polychrome Schalen (Kýmbai) im Lokalstil. Auf der oberen ein Fries schwarzer Tiere, die sich in einer roten und mit großen roten Krokussen bestandenen Hügellandschaft bewegen. Das Weiß auf Griff, Rand und Tierleibern vollendet die Polychromie. Dm 46 cm.
unten: Zwei Hausaltäre oder kleine Opfertische, der eine mit gelben Krokussen auf braunem Grund, der andere mit zwischen Felsenriffen spielenden Delphinen, wie sie auch auf dem Fresko mit der Flottenparade in Raum 5 des Westhauses vorkommen (s. Taf. 38). H 29 cm.

Taf. 47   Akrotíri/Santorin. oben: Zwei charakteristische Schnabelkannen mit Brustwarzen. Die eine hoch aufgerichtet und mit Ohrringen behängt, auf dem Gefäßleib Gerstenähren, die andere kugelig mit weit zurückgezogenem Kopf mit Augen und Halskette. Auf dem Gefäßleib drei große stilisierte Schwalben. H 26 und 18,5 cm.
unten: Die hohe Schnabelkanne noch einmal von der Seite. Daneben eine einheimische Kultvase mit Dekor verblühender Lilien, hell auf dunkel. H 19,5 cm.

Taf. 48   Akrotíri/Santorin. Wandmalerei aus Raum 4 des Westhauses: eine junge Priesterin mit einheimischer Tracht und der charakteristischen Kopfschur hält in ägyptischem Gestus in der Linken ein Becken mit glühenden Holzkohlen, auf das sie mit der Rechten Räucherwerk streut. Da sich das Fresko auf der Rückseite der Wand mit der Flottenparade befindet und seinerseits von einer Reihe von Schiffskajüten umgeben ist, so hat man vermutet, die Priesterin sei thematisch zugehörig, d. h., sie spende Räucherwerk aus Anlaß des großen Flottenfestes. H der ganzen Gestalt 1,51 m.

AJIOS ANDREAS AUF SIPHNOS

Eine halbe Stunde südlich des Dorfes Katavatí befindet sich ein charakteristischer kegelförmiger Berg, der nach der auf ihm gelegenen Kapelle des Schutzpatrons der orthodoxen Kirche Ajios Andreas heißt. Von dem etwa vierhundert Meter hohen Gipfel genießt man eine weite Aussicht über den Ostteil der Insel mit ihren Dörfern und Buchten und auf die Weite des Ägäischen Meeres, wo im Norden die Insel Syros und im Süden Sikinos und Ios den Horizont begrenzen. Zugleich besteht Sichtverbindung mit zwei anderen wichtigen Berghöhen der Insel, mit Ajios Sostis im Norden und mit Kastron, dem Ort der archaischen und klassischen Stadt Siphnos, im Osten.

Ein paar vereinzelte Scherben aus früh- und mittelkykladischer Zeit, die auf dem Gipfelplateau gefunden wurden, beweisen, wenn es nicht reine Streufunde sind, daß es schon im 3. und dann wieder zu Beginn des 2. Jts. bewohnt war, und in der Literatur ist Aj. Andreas oft in diese Zeit datiert worden. In Wirklichkeit gelangte es zu größerer Bedeutung erst in spätmykenischer Zeit, wahrscheinlich nach Jahrhunderten der Siedlungsunterbrechung.

Das Gipfelplateau stellt ein Areal von etwa 100 x 110 m dar und ist von einem doppelten Mauerring eingeschlossen. Die Außenmauer von 1,30–1,60 m Stärke ist aus kleinen und mittleren, vorwiegend länglichen Steinen errichtet, die dicht gefugt und sorgfältig geglättet sind. Die Mauer ist nicht in gerader Linie aufgeführt, sondern »gezahnt«. In unregelmäßigen Abständen springt sie zwischen 0,15–0,40 m vor. Diese Bauweise, wie sie sich auch bei mykenischen Mauern findet, ist in ihrem Zweck nicht sicher erklärt, diente aber wahrscheinlich der höheren Stabilität. Vom Effekt kann man sich leicht überzeugen, wenn man einen Zollstock aufklappt und auf die Kante stellt. Er steht mit seiner »Zahnung« ziemlich fest auf dem Tisch. Dagegen ist eine gerade Latte von 2 mm Stärke viel instabiler. Wahrscheinlich hatte man die Erfahrung gemacht, daß bei einem Einsturz eine gezahnte Mauer immer nur einen Abschnitt verlor, während bei einer durchgehenden Mauer der Schaden viel größer war.

Hinter dieser gezahnten Außenmauer folgt eine schwere Festungsmauer, allerdings von sehr verschiedener Stärke. Bei der Nordmauer beträgt sie 2,40–2,80 m, bei den beiden anderen 3,60–4,10 m. Den Grund für diese Differenz konnten die Ausgrabungen nicht aufklären. Die Mauer ist in ihren unteren, verdeckten Partien aus kleineren, auf Sicht aber aus großen Blöcken erbaut, die Längen von 1,80 m und Höhen von 0,85 m erreichen. Ihr sind in unregelmäßigen Abständen acht rechteckige Türme von durchschnittlich 2 x 2,80 m vorgelegt. Hinter den Türmen beta und delta befinden sich Einzüge in der Mauer, in denen Treppen lagen, über die man auf die Brüstung gelangte.

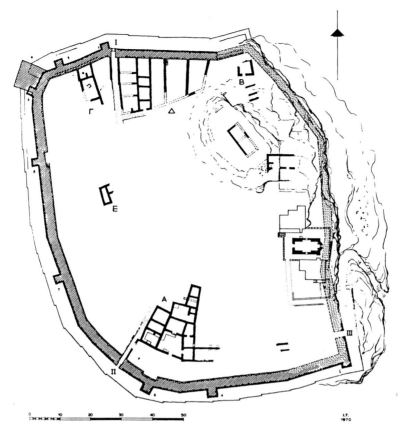

Abb. 71 Aj. Andreas auf Siphnos. Plan der Akropolis mit dem doppelten Befestigungsring der mykenischen und geometrischen Zeit und den freigelegten Hausfundamenten

Fraglich ist, ob auch die steile Ostseite, die eigentlich keiner Befestigung bedurfte, durch eine Mauer gesichert war. Südlich der Kapelle haben sich Mauerreste erhalten, die darauf hindeuten, daß der Weg aus dem Tal, der wie der heutige an dieser Stelle das Plateau erreichte, zunächst auf einer Rampe ein Stück parallel verlief, dann durch ein kleines Vorwerk in den Gang zwischen Haupt- und Außenmauer gelangte und über diesen zum Eingang III, der vielleicht das Haupttor darstellte, aber nur sehr schlecht erhalten ist.

Besser steht es um zwei kleinere Einlässe (I und II) im Norden und Südwesten. Sie öffnen sich nach außen mit sehr engen Türen von nur 0,95 und 0,85 m Breite, die sich dann nach innen sprunghaft auf 1,45 und 1,10 m erweitern. Nach Durchquerung der Mauer münden sie in Straßen von 2,80 und 1,10 m Breite, die sich noch ein gut Stück verfolgen ließen und an denen rechts und links Häuser lagen, im Norden Häuser, die sich an die Wehrmauer anlehnten. Es konnten auch noch Nebenstraßen ausgemacht werden. Die im Norden führt links an den genannten Häusern entlang. Im Süden lag 7,80 m hinter der Mauer eine Abzweigung nach rechts, die wahrscheinlich die Verbindung zum Haupttor III bildete.

Abb. 8   Untersucht und beschrieben wurde der Mauerring von Aj. Andreas zuerst durch Chr. Tsountas, den Altmeister der Kykladenforschung, für den fünf Tage Sondierung im Sommer 1898 genügten, einen vollständigen Plan vorzulegen. Tsountas hielt den Doppelring für eine einheitliche Anlage und datierte ihn nach den gefundenen Scherben in die mykenische Zeit. Er hatte die
Abb. 9   Anlage von Kastrí/Syros vor Augen mit Vor- und Hauptmauer, mit Bastionen und versetzten Eingängen, und glaubte, dasselbe Schema vielleicht einheimischen ägäischen Wehrbaus auch hier wiederzufinden. Er beschrieb, wie der Zwischenraum zwischen den beiden Mauern durch Steinfüllung auf ein ebenes Niveau gebracht und durch Auflage eines gestampften Lehmbodens zu einem sicheren und schnellen Umgang ausgestaltet wurde.

1969 hat dann die griechische Archäologin B. Philippáki, eine aus Katavatí gebürtige Siphnierin, in mehrfach unterbrochenen und leider immer nur sehr kurzen Kampagnen begonnen, Aj. Andreas mit modernen Methoden zu untersuchen. Sie ist zu dem Ergebnis gekommen, daß nur die große innere Mauer mykenisch ist, die gezahnte Außenmauer dagegen geometrisch. Geometrisch ist auch der große quadratische Turm a im Nordwesten (8,40 x 9 m), der den mykenischen Turm theta überdeckte und den Umgang an dieser Stelle unterbrach, so daß Feinde, denen es gelungen war, in ihn einzudringen, ihn nicht gleich ganz beherrschten.

Frau Philippákis Verdienst ist auch die Entdeckung und Freilegung großer Baukomplexe im Innern der Festung. Die Ausgrabungen sind schwierig, weil das Gelände fast keine Erddecke besitzt und die Mauern nur noch in geringer Höhe anstehen. Auch für Vasen war das steinige Bergplateau kein guter Konservierungsplatz. Sie haben sich nur in vereinzelten Scherben erhalten, die gerade zur Datierung ausreichen. Größere Keramikfunde sind bis jetzt nicht gelungen. Vereinzelt konnten noch mykenische Fundamente festgestellt werden, im Nordosten (Gebäude B) und im Westen beim Einzug hinter Turm beta (nicht eingezeichnet). Sie scheinen der Stufe Myk. III B (1300–1230) anzugehören, und es ergibt sich mit großer Sicherheit, daß Aj. Andreas nach der erwähnten Besiedlung in mittelkykladischer Zeit erst in spätmykenischer wieder neu bewohnt war. Die Hauptkomplexe im Süden und Norden gehören aber erst der geometrischen Zeit an. Es sind vorwiegend Fluchten hintereinanderliegender rechteckiger Räume. Die Schwellen sind nur zum kleineren Teil erhalten. In einigen befinden sich Sitz- und Schlafbänke, Herde sind unsicher, die Funde an Hausgerät und Keramik, wie gesagt, gering. Es macht fast den Eindruck, daß die Einwohner ihre Stadt am Ende der geometrischen Zeit freiwillig verlassen und ihren Hausrat mitgenommen haben. So sind die einzelnen Epochen vor allem nur architektonisch dokumentiert. In spätmykenischer Zeit war Aj. Andreas ohne Zweifel eine bedeutende Festung. Über Zerstörung oder Aufgabe sagen die Funde bisher nichts aus, doch ist es in protogeometrischer Zeit wahrscheinlich unbesiedelt gewesen. Eine neue Blüte erlebte es in geometrischer Zeit. Die Festungsanlage wurde verstärkt und erweitert und schützte ohne Zweifel eine bedeutende, wohlhabende Stadt, mit großen, rational angelegten Häusern und Straßen. Eine zweite blühende geometrische Siedlung bestand zur gleichen Zeit auf dem Berg von Kastron an der Ostküste, und nur diese entwickelte sich fort und war in archaischer und klassischer Zeit die Hauptstadt der Insel. Zwar sind auch auf Aj. Andreas einzelne Siedlungsspuren bis in die hellenistische Zeit erhalten, aber eine wirkliche Stadt wie in geometrischer Zeit scheint es damals nicht mehr gewesen zu sein. Vielleicht lag es für die Ansprüche der späteren Epochen einfach zu weit vom Meer.

Geometrische Zeit

ZAGORÁ AUF ANDROS

Seit byzantinischer Zeit liegt die Hauptstadt von Andros auf der Ostseite der Insel. Aber die Schiffe aus Euböa und Attika laufen heute wie im Altertum die Westküste an. Hier lag das antike Andros, das heutige Paläopolis, und hier lag auch die älteste Siedlung der Insel, von der wir wissen, eine geometrische Stadt des 8. Jhs. Ihr antiker Name ist unbekannt. Die Stätte trägt heute die slawische Bezeichnung *Zagorá = Jenseits der Berge*. Es ist das Plateau eines isolierten Vorgebirges, das die Siedler sich als Wohnsitz erwählten. Nach Norden, Westen und Süden fallen die Felswände steil ab. Nur nach NO verbindet ein etwa 140 m breiter Sattel das Vorgebirge mit den höher gelegenen Hängen der Insel. Er wurde durch eine Befestigungsmauer gegen Angriffe gesichert. Das Plateau liegt 140 m über dem Meer und fällt von Westen nach Osten leicht ab, so daß die Stadt für vorüberfahrende Schiffe unsichtbar blieb. Aber es hatte den Nachteil, keine Quellen zu besitzen, unfruchtbar zu sein und ungeschützt unter den heftigen Nordwinden zu liegen. Daß die Siedler diesen unwirtlichen Ort einer der leicht zugänglichen und fruchtbaren Meeresbuchten vorzogen, kann sich nur aus ihrem großen Sicherheitsbedürfnis erklären. Auch lebten sie offenbar nicht von der Landwirtschaft, sondern waren Seeleute und Händler. Das Vorgebirge ist im Norden und Süden von Buchten umgeben, die als Häfen dienen konnten. Die größere im Norden war ebenfalls durch eine Wehrmauer gesichert.

Die Stätte war schon Ende des vorigen Jhs. bekannt, und durch Gefäßfunde aus geometrischer Zeit war auch ihre Datierung gegeben. Aber erst 1960 fanden Ausgrabungen statt, die jedoch nach einer Kampagne von den Griechen wieder eingestellt wurden. Die systematische Freilegung begann im Sommer 1967, als unter Leitung von Prof. A. Kambítoglou die Griechische Archäologische Gesellschaft und die Universität Sydney/Australien ein gemeinsames sechsjähriges Forschungsprogramm eröffneten. Das Vorhaben war vielversprechend: technisch, weil die Ruinen zutage lagen und ihre Freilegung keine großen Erdbewegungen erforderte — in der Tat lag der gewachsene Felsen nirgends tiefer als einen Meter unter der Oberfläche —, und archäologisch, weil die Stadt am Ende der geometrischen Zeit aufgegeben und nie wieder besiedelt worden war, so daß mit einem ungestörten Befund gerechnet werden konnte, während sonst fast alle geometrischen Siedlungen durch spätere Überbauung zerstört sind. Und wirklich stellt Zagorá die best-

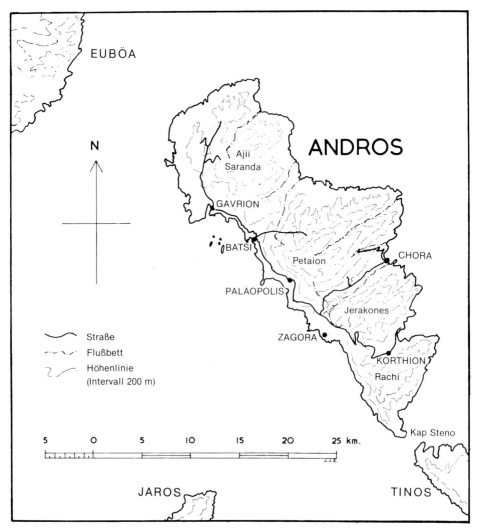

Abb. 72 Karte von Andros

erhaltene geometrische Siedlung dar, die sich in Griechenland findet. Wir nennen sie Stadt, obwohl sie im ganzen vielleicht nicht mehr als 400 bis 600 Menschen beherbergt hat. Aber ihre Mauern sind so geradlinig ausgerichtet, als ob sie einem einheitlichen Plan entsprängen, und das Vorherrschen der Quadratform und die Anwendung der gleichen Materialien und Bauweisen geben dem Ganzen etwas Organisches. Ein einheitlicher Haustyp findet sich freilich nicht. Die einzelnen Anwesen sind in Größe und Anlage sehr verschieden und oft stark ineinander verschachtelt.

Die Siedlung

Das Vorgebirge selbst besteht aus grauem Marmor, die gegenüberliegenden Abhänge aus grünem Schiefer. So ist das Baumaterial vieler Häuser gemischt. Im allgemeinen wurde jedoch der Schiefer bevorzugt, der sich leichter bearbeiten ließ. Die Räume sind alle rechteckig bis quadratisch. Nur selten findet sich eine abgerundete Außenecke, dort, wo sich eine Gasse durch die Siedlung wand, wie wir es auch heute noch in den Inseldörfern finden. Die Größe der Räume schwankt zwischen 5,5 und 52 m². Höfe reichen bis über 60 m². Die durchschnittliche Stärke der Mauern beträgt 0,60 m. Mauerverbund war noch unbekannt oder wurde nicht angewandt. Wo Mauern und Trennwände senkrecht aufeinandertreffen, geschieht es unverbunden. Obwohl im allgemeinen nur die Fundamente erhalten sind — nur vereinzelt stehen aufgehende Mauern bis zu 1,50 m Höhe an —, so ist doch kein Zweifel, daß die Häuser ganz aus Stein errichtet waren, wie es bis zum Zweiten Weltkrieg die übliche Bauweise der Kykladengehöfte war und wie man sie heute, freilich meist verlassen, noch überall findet, da sie außerordentlich dauerhaft sind. Der Boden bestand aus gestampftem gelbem oder rötlichem Lehm, die Decke aus Holzbalken, die mit Schieferplatten gedeckt waren. Darauf ruhte als Regenschutz eine Schicht aus wasserfestem Ton. Es gibt Räume von über 6, ja über 7 m Breite. Sie konnten bei solchen Maßen nicht von durchgehenden Balken abgedeckt werden. Ihre Decke wird von zwei oder vier Holzpfeilern gestützt, deren Steinbasen zahlreich erhalten sind.

Auch viele Türöffnungen finden sich gut erhalten, z. T. mit ihren Schwellen, vereinzelt sogar mit ihren steinernen Wangen. Zum Schutz gegen die vorherrschenden starken Nordwinde sind sie fast alle nach Süden ausgerichtet.

Unbezeugt ist die Wasserversorgung der Stadt. Das Vorgebirge besitzt keine Quellen. Es wurden auf ihm aber auch keine Zisternen gefunden. Quellen gab es nur in größerer Entfernung auf den gegenüberliegenden Hängen, von denen einige noch heute fließen. Sie geben aber nur wenige Liter Wasser pro Minute und versiegen z. T. im Sommer ganz. Möglich, daß sie im Altertum stärker und zahlreicher flossen. Aber auch mit ihnen war im Notfall die Stadt nicht versorgt. Es ist daher anzunehmen, daß man mit Hilfe der flachen Dächer das Regenwasser in große Tongefäße sammelte, wie sie durch zahlreiche Scherben bezeugt sind.

In einer Reihe von Häusern haben sich die in den Boden eingelassenen Feuerstellen erhalten. Sie sind gewöhnlich quadratisch, mit 0,90–1,10 m Seitenlänge, eingefaßt von vier starken Schieferblöcken.

Eine weitere wichtige Einrichtung der Häuser sind Steinbänke, mit Schieferplatten verkleidet und Kalksteinblöcken gefüllt. Die durchschnittliche Höhe und Breite ist 0,60 × 1,10 m. Es gibt Bänke, die nur eine Wand beklei-

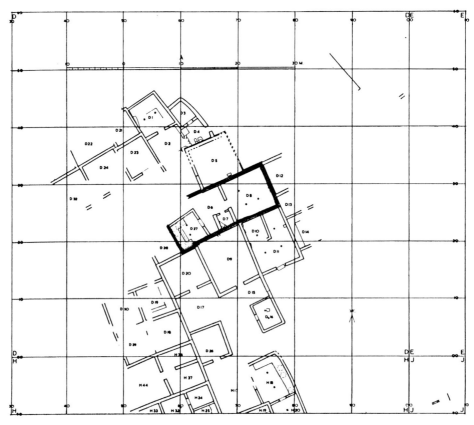

Abb. 73 Zagorá. Gehöft im Planquadrat D: D 6–8. 27

den, es gibt L-förmige, und schließlich solche, die sich an drei Wänden entlangziehen. Ohne Zweifel haben diese Sitzbänke gleichzeitig als Nachtlager gedient. Nicht selten waren sie aber auch Postamente für große, teils mannshohe Vorratsgefäße (Pithoi), in denen wohlhabende Familien ihr Getreide, Mehl, Öl usw. aufbewahrten.

Ein einheitlicher Wohnhaus- oder Gehöfttyp läßt sich, wie gesagt, nicht erkennen, vielmehr liegen Höfe und überdachte Räume in freier, wechselnder Anordnung. Wir wählen als Beispiele ein einfaches und ein weitläufiges Gehöft. Das erste liegt im Quadrat D, nordwestlich des Tempels (D 6–8, 27). Die Mitte bildet ein trapezförmiger Hof von etwa 12,20 x 8,10/10,50 m*,

---

* Die Maße sind nicht angegeben, sondern können nur ungefähr vom Plan Abb. 73 abgelesen werden.

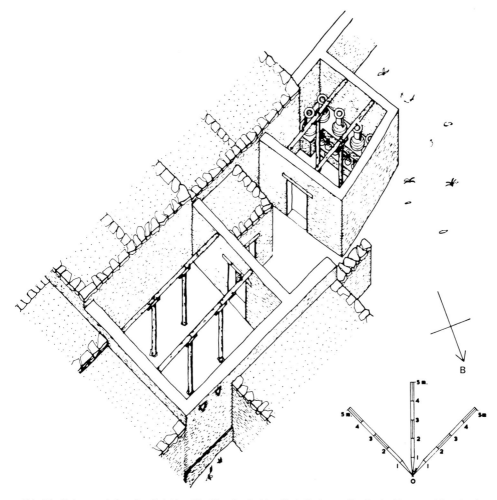

Abb. 74 Rekonstruktion des Gehöfts. Die Wände sind im Verhältnis zur Größe der Räume viel zu hoch gezeichnet

von dem ein Viertel auf einen quadratischen Raum verwandt war, der vielleicht als Stall diente. Auf der einen Seite liegt der große Wohnraum, mit ca. 12,20 x 13 m eine respektable Halle, deren Decke von vier Holzpfeilern getragen wurde. Sie weist weder Herd noch Sitzbänke auf, so daß man also hier transportables Feuer, Stühle und bewegliche Holzbetten benutzt hat. Auf der gegenüberliegenden Seite befand sich der Vorratsraum von etwa 8,50 x 9 m mit zwei Podien: einem hohen dreiteiligen für große Vorratsgefäße und, da-

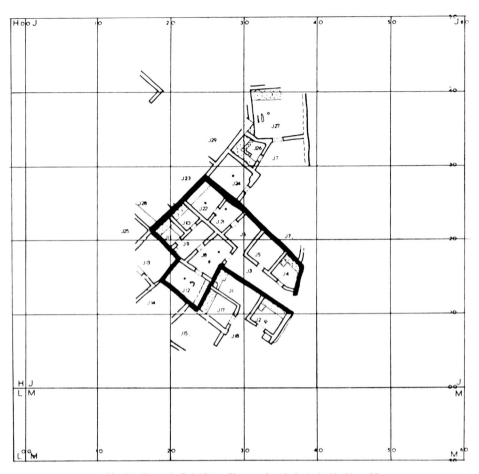

Abb. 75   Zagorá. Gehöft im Planquadrat J: 3–6. 8–12. 21 u. 22

von eingeschlossen, einem niedrigeren für kleine. Die Größe beider Räume weist darauf hin, daß sie einer ziemlich großen Zahl von Menschen zur Unterkunft dienten. Abb. 74 gibt eine Rekonstruktion, die zugleich erkennen läßt, wie das Gehöft ohne Gasse dicht von flachgedeckten Nachbarhäusern eingeschlossen war und daß die Wohnhalle nicht nur durch die Türe, sondern auch durch zwei (hypothetische) dreieckige Fenster, vielleicht aber auch durch eine Deckenöffnung im Quadrat der Stützen belüftet wurde.

Im Quadrat J, südöstlich des Tempels, dem Bezirk unseres zweiten Beispiels, sind die Räume wesentlich kleiner. Das Gelände ist hier stärker abschüssig. Bei größeren Räumen wären so starke Höhendifferenzen entstan-

den, daß sie durch den Estrich nicht mehr ausgeglichen werden konnten. Das
Gehöft aus den Räumen J 3-6, 8-12, 21 und 22 bildet eine unregelmäßige,
verschachtelte Anlage. Man betritt sie durch den gedeckten Korridor J 3. J 6
bildet einen offenen Hof. Das Gehöft bestand aus zwei Einzelräumen (J 4 und
5), einem Komplex aus zwei und einem weiteren aus fünf Räumen, die jeweils nur durch einen Eingang zugänglich waren. Die größeren Räume weisen einen oder zwei Stützpfeiler auf, in vielen befinden sich Steinbänke, in
keinem ein Herd. Über die Verwendung der einzelnen Räume geben die vorläufigen Grabungsberichte keine Auskunft, auch darüber nicht, wieweit sich
ein Kanalisationssystem hat feststellen lassen. Doch erfahren wir wenigstens
von der Existenz eines solchen: in den Mauern zwischen den Räumen J 1 und
J 2 und J 12 und J 13 fanden sich kleine Abzugskanäle. Durch einen besonderen Glücksfall ist die NO-Mauer des Raumes J 1, die der Länge nach eingestürzt war, so liegen geblieben, wie sie zu Fall gekommen war. Dieses vollständig erhaltene Mauerstück ergab, daß die Höhe der Räume mindestens
zwei Meter betrug und daß sie dreieckige Fenster besaßen. Es wurden einfach
drei Schieferplatten so gegeneinandergestellt, daß sie im Mauerwerk eine
dreieckige Öffnung aussparten. Solche Dreieckfenster waren bis dahin nur
durch einige Tonmodelle bezeugt, die wir von geometrischen Bauten besitzen.

Der Tempel

In der Mitte der Siedlung war ein freier Raum ausgespart, auf dem das größte
und aufwendigste Gebäude der Stadt angelegt war, der Tempel. Er mißt
außen 7,60 × 10,40 m und beherbergt im Innern einen nahezu quadratischen Hauptraum von 5,90 × 6,30 m und einen schmalen Vorraum von
2,80 × 6,30 m. Von zwei Stützen wurde die Decke des Vorraums, von vieren
die der Cella getragen, die in der Mitte sehr wahrscheinlich eine Öffnung für
den Rauchabzug besaß, denn zwischen den vier Stützen, jedoch aus ihrer
Mitte und an die beiden östlichen Pfeiler gerückt, befindet sich die Steinsetzung des Altars. Daß er nicht in der Achse des Tempels gelegen ist, wird so
gedeutet, daß er die Stelle eines älteren Altars einnimmt, der ursprünglich zu
einem freigelegenen Heiligtum gehörte und um den der Tempel erst nachträglich herumgebaut wurde.
Die Außenmauern des Tempels, deren Stärke 0,65 m beträgt, sind mit besonderer Sorgfalt angelegt. Sie bestehen aus Schieferplatten, deren Lücken
und Zwischenräume durch Schieferlamellen kunstvoll ausgefüllt sind und die
im ganzen dann mit großer Vollkommenheit geglättet wurden. Für die Genauigkeit der geometrischen Baumeister kann es zeugen, daß die Längendifferenz der beiden großen Mauern auf 10,40 m nur 6 cm beträgt.

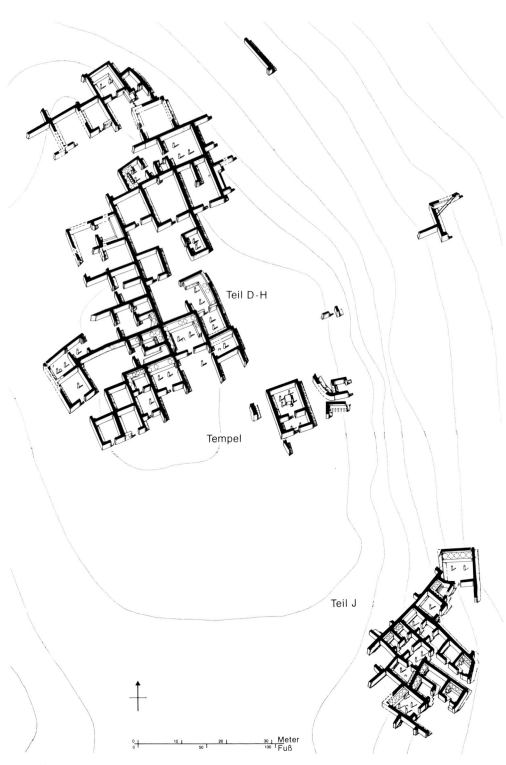

166

Keramikfunde im Umkreis des Tempels, seine hervorragende Bauweise und die Übereinstimmung seines Plans mit späteren Inselheiligtümern haben die Ausgräber bewogen, den Tempel von Zagorá auf die Mitte des 6. Jhs. herabzudatieren und für die geometrische Zeit nur eine ungedeckte Kultstätte mit einem Altar anzunehmen. Während die Siedlung selbst um 700 aufgegeben wurde, sollen fünf Menschenalter später fromme Nachfahren in Erinnerung an die einstmals heilige Stätte dorthin zurückgekehrt sein und in der verlassenen Ruinenlandschaft das schöne aufwendige Heiligtum errichtet haben, das dann bis zum Ende des 5. Jhs. in Benutzung blieb. Ob eine solch isolierte Erbauung und Erhaltung eines Kultgebäudes historisch glaubhaft ist, werden viele bezweifeln. Funktional verständlich ist der Tempel nur, wenn er mit der ihn umgebenden Siedlung organisch verbunden bleibt und nicht zu einem völlig isolierten Eigenleben verurteilt wird.

Im Boden des Tempels wurde eine beschriebene Scherbe gefunden, die in die 2. Hälfte des 6. Jhs. datiert wird und drei oder vier Buchstaben aufweist, die zu den Lesungen *Pos*(eidon) oder *Poli*(as Athena) ergänzt werden. Ein Poseidonheiligtum an dieser Stelle, auf dem Vorgebirge einer Insel, hätte nichts Überraschendes und würde gut zum Poseidontempel auf Kap Sunion und zum Heiligtum des Poseidon und der Amphitrite im benachbarten Tinos passen. Die andere Lesung dagegen, obwohl sie schriftgeschichtlich wahrscheinlicher ist, würde eine recht schwierige Erklärung erfordern, wie die Einwohner von Zagorá, vielleicht Euböer, dazu gekommen sind, gerade der Stadtgöttin von Athen ein Heiligtum auf ihrem Vorgebirge zu errichten. Es ist aber in keiner Weise ausgemacht, daß die besprochenen Zeichen überhaupt zu einer Weihinschrift gehörten und nicht in einen ganz anderen Zusammenhang. So muß der Versuch, mit Hilfe vereinzelter Buchstaben den Tempel von Zagorá einer bestimmten Gottheit zuzuschreiben, als ganz ungesichert gelten.

Das Herrenhaus

Der Tempel ist rings von freiem Gelände umgeben. Aber das Gebäude, das ihm am nächsten liegt, im Nordwesten, ist eines der größten und wichtigsten der ganzen Stadt. Wir betreten es durch einen weiten Hof (H 21), der im

◁ Abb. 76 Zagorá. Gesamtplan der Siedlung. Im Zentrum der Tempel

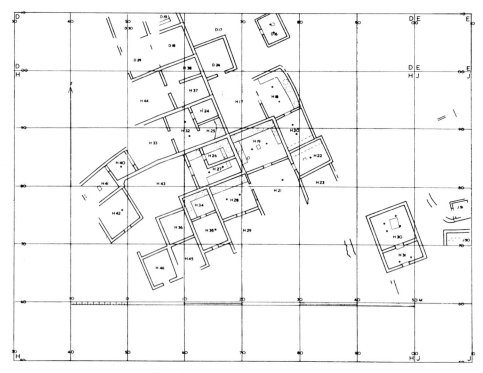

Abb. 77 Zagorá. Plan des Herrenhauses

Süden offen, im Norden vielleicht überdacht war. Von ihm aus gelangte man in den 51 m² großen Saal H 19. Er war auf drei Seiten von einer Steinbank umgeben, von zwei Pfeilern gestützt, und besaß in der Mitte einen großen Herd. Kein Zweifel, daß wir hier einen wichtigen Versammlungssaal vor uns haben, vielleicht sogar den Sitz des lokalen Herrschers. Auf der linken Seite des Hofes führt ein Eingang in die Räume H 28 und 29. Der erstere, der an der Nordwand eine Bank über die ganze Breite des Raumes besaß und durch zwei Pfeiler gestützt war, könnte Küche und Vorratsraum gewesen sein. Auf der rechten Seite des Hofes lag der Zugang zu H 22 mit einem Herd. Die hier gefundene Keramik, darunter die Scherben von drei Tellern, fällt durch ihre besondere Qualität auf, so daß H 22 vielleicht als Empfangsraum gedient hat. Ob auch H 23 mit einbezogen oder ein Raum für sich war, läßt der Erhaltungszustand nicht erkennen.

Wir sehen, daß auch diese herrschaftliche Anlage keinen geschlossenen, ausgegrenzten Komplex darstellt, sondern mit den Nachbargebäuden verzahnt ist. Die Bauweise gründet sich nicht auf einen rationalen, durchsichtigen, d. h. zugleich für uns praktischen Plan, sondern auf unregelmäßige Addition. Eine sehr auffällige und an die mykenischen Paläste erinnernde Eigenheit ist die Isolierung, in der sich der Hauptraum H 19 befindet. Eine bequeme direkte Verbindung von Raum zu Raum wird planmäßig vermieden. Für unser Verständnis führt das zu unmöglichen Konsequenzen. H 19 besitzt so wenig wie der mykenische Thronsaal einen privaten Zugang. Der Herrscher konnte die Halle immer nur durch den Haupteingang betreten oder verlassen. Unseren Begriffen von Bequemlichkeit, Sicherheit und Distinktion scheint das direkt zu widersprechen. Der Herrscher war bei privaten Bedürfnissen ebenso wie in Fällen von Gefahr in seiner Bewegungsfreiheit schwer eingeschränkt, saß in seinem Thronsaal sozusagen gefangen, konnte ihn unbemerkt weder betreten noch verlassen. Für uns ist es unverständlich.

In allen Räumen unseres Komplexes wurden größere Mengen von z. T. reich dekorierter Keramik gefunden. Der Fund zahlreicher Spinnwirtel in H 19 beweist, daß diese Halle jedenfalls nicht ausschließlich Männerversammlungen diente, sondern daß dort auch Frauen ihre Alltagsarbeit verrichteten. Die Spinnwirtel wurden in zwei Gruppen zu sechs und zehn Stück gefunden, so, als ob man sie in Körben oder Kästen aufbewahrt hätte. Es fanden sich auch mehrere runde Schieferplatten, wie sie als Verschlußdeckel von Pithoi gebraucht wurden. Die Halle ist nach den Spuren durch Feuer untergegangen.

In den Räumen wurden mehrere Fußböden übereinander gefunden, die wiederholte Erneuerung bezeugen. Die Änderungen gingen aber offenbar nicht parallel vor sich, sondern es fanden die Renovierungen und Änderungen zu verschiedenen Zeiten statt. Im Hof H 21 lagen nicht weniger als vier Fußböden übereinander, wobei die reichlich erhaltene Keramik zeigt, daß die beiden unteren bis in die mittelgeometrische Zeit zurückreichen. Auch Raum H 28 besaß vier Fußböden, aber auch die untersten waren nicht älter als Spätgeometrisch I. Andere Räume wie H 19 oder H 22 besaßen nur zwei oder drei Fußböden, jeweils verschiedener Zeit. Es gibt also keinen Zusammenhang zwischen den Räumen, keine durchgehende Schichtenfolge. Man kann gespannt sein, wie die Ausgräber dieses Phänomen in ihrer definitiven Publikation erklären werden.

H. Drerup, der 1969 eine bedeutende Studie über die geometrische Baukunst veröffentlichte, zu einer Zeit, als die Ausgrabungen in Zagorá erst im Anfang standen, hat schon damals die Ansicht geäußert, daß der freie Raum zwischen Tempel und Herrensitz der Vorläufer der späteren Agora sei, denn er verbinde bereits politische und sakrale Funktion, wie es für die klassische Agora typisch ist.

Inzwischen ist P. G. Themelis 1976 mit der Ansicht aufgetreten, Zagorá sei gar keine Wohnstadt, sondern eine Totenstadt gewesen. Und obwohl er aus

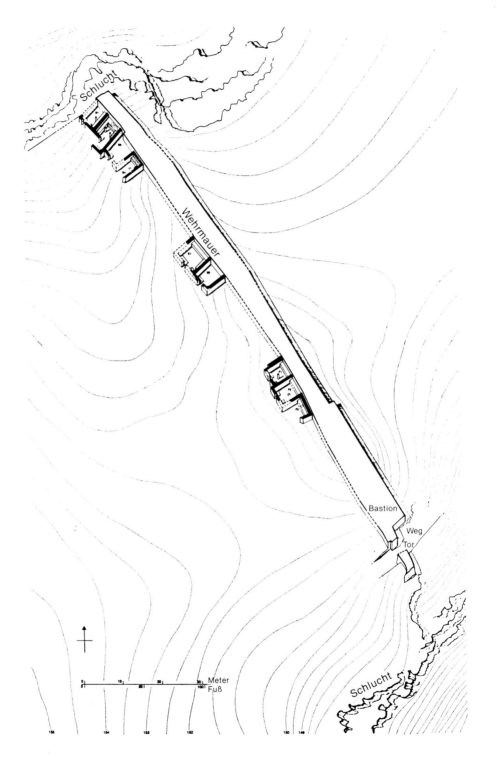

Wien Zustimmung dazu erfahren hat, würde er sie jetzt vielleicht doch lieber ungesagt gelassen haben.

Die Wehrmauer

Die Wehrmauer von Zagorá ist eine der ganz wenigen, die sich aus geometrischer Zeit erhalten haben. Sie bezeugt, daß es unsichere Zeitläufte waren, in denen die Menschen ihr Leben und Gut gegen gefährliche Feinde verteidigen mußten. Die zahlreichen Darstellungen von Schiffskämpfen auf geometrischen Vasen bestätigen dasselbe. Die Mauer schützte den 140 m breiten Sattel, der das Vorgebirge mit den höher gelegenen Abhängen der Insel verband. Es war eine Schalenmauer, die außen aus Schiefer bestand und innen mit Marmorgeröll gefüllt war. Sie ist an einzelnen Stellen noch bis zu zwei Metern Höhe erhalten. Ob sie im ganzen drei oder vier Meter hoch war, ist

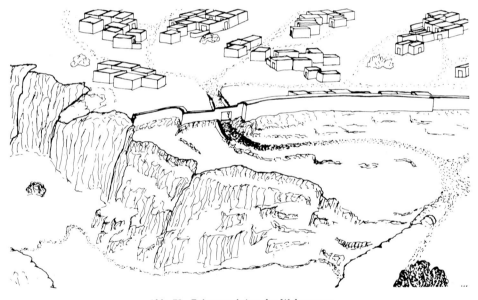

Abb. 79 Rekonstruktion der Wehrmauer

◁ Abb. 78 Zagorá. Plan der Wehrmauer

Abb. 80 Kastron auf Siphnos. Der heutige Ort an der Stelle der geometrischen und archaischen Stadt, im Hintergrund die Inseln Paros und Antiparos

heute nicht mehr auszumachen. Ihre größte Stärke erreichte sie im südlichen Viertel, wo sie nicht weniger als sieben Meter breit war. Am Ende dieser Hauptmauer lag das einzige Tor. Die Mauer sprang an dieser Stelle weit nach Westen zurück, so daß rechts vom Tor (von außen gesehen) eine breite Bastion entstand, der die andringenden Feinde ihre ungeschützte rechte Seite zuwandten. Im Innern sind eine Reihe von Häusern so dicht an die Mauer gebaut, daß dazwischen kein Pfad für Truppenbewegungen frei blieb. Außer dem Südtor wurde kein weiteres gefunden. So ist die Lage dieses einzigen Tores etwas befremdlich. Hier endete auf einer 2,50 m breiten, mit Kieseln bestreuten Rampe der Pfad, der durch eine steile Schlucht vom südlichen Hafen heraufkam. In ihn mündete kurz vor dem Tor der Weg, der ins Innere der Insel führte. Der Haupthafen aber lag im Norden. Von ihm verlief also der Weg in die Stadt erst die ganze Mauer entlang. Es ist vorläufig nicht erklärlich, warum das Stadttor nicht im Norden lag. Eine Skizze veranschaulicht das Gelände und die Gesamtanlage.

Das Ende der Siedlung

Die Siedlung von Zagorá hat nach Ausweis der Schichtbefunde und der Keramik nur während des 8. Jhs. bestanden. Gegen Ende der geometrischen Zeit, um 700, wurde sie aufgegeben. Über die Motive, die die Einwohner bewogen haben, nach zwei Menschenaltern ihre Stadt auf dem Berge wieder zu verlassen, gibt es zwei Hypothesen. Unter der in Zagorá gefundenen Keramik nimmt die euböische eine besondere Stellung ein. Es ist daher vermutet worden, die Siedlung sei ein Hafen, eine Zwischen- und Relaisstation der euböischen Stadt Eretria gewesen, angelegt zur Erleichterung des Überseehandels mit Syrien. Als aber gegen Ende des 8. Jhs. die euböischen Handelsfaktoreien in Syrien aufgegeben werden mußten, habe Zagorá seine Bedeutung als Verbindungsstation verloren und sei ebenfalls aufgelöst worden.

Die andere Erklärung ist, daß den Einwohnern von Zagorá die ungünstigen Lebensbedingungen, die Wasserlosigkeit, die Unfruchtbarkeit, die schwierigen Verkehrsverbindungen, der verheerende Wind auf die Dauer zu hart gewesen seien. Sie gaben das Vorgebirge auf und siedelten sich eine Strecke weiter nördlich an, an einer einladenden, freundlichen Meeresbucht, und gründeten dort eine neue Stadt, die dann die Hauptstadt der Insel wurde in klassischer Zeit. Die Schwierigkeit ist nur, daß im antiken Andros Funde, die bis in früharchaische Zeit zurückreichten, bisher nicht gemacht worden sind. Da indessen systematische Ausgrabungen in Paläopolis noch nicht stattgefunden haben, wird diese Schwierigkeit vielleicht durch zukünftige Forschungen ausgeräumt.

KASTRON AUF SIPHNOS

Im 6. Jh. war Siphnos die reichste aller Inseln. Gold- und Silberbergwerke waren die Quelle ihres Wohlstands. Vom Zehnten des Ertrages errichteten sie um 530 in Delphi ein großartiges Schatzhaus, das als einziges Gebäude der alten Siphnier bis heute erhalten blieb und dessen reicher Skulpturenschmuck zu den größten Schätzen des Museums in Delphi gehört. 524 segelten die von Polykrates vertriebenen samischen Adligen, die in Geldnot waren, gegen Siphnos und erpreßten, wie Herodot angibt, von der Insel hundert Talente = 2600 kg Silber (Hdt. 3, 57).

Die Hauptstadt befand sich auf einem 90 m hohen isolierten Schieferberg in der Mitte der Ostküste, dessen Gipfelplateau nicht mehr als 50 × 200 m

Taf. 73, 75, 76

maß, so daß sich die Häuser z. T. auf die steil abfallenden Hänge erstreckten. Der Berg ist das ganze Altertum hindurch, von der geometrischen bis zur römischen, dann weiter durch die byzantinische, fränkische und türkische Zeit bis heute ununterbrochen besiedelt gewesen. Eine solche Sequenz pflegt von alten Spuren nicht viel übrigzulassen, und das hat sich auch bei Siphnos bestätigt. Obwohl also die kurzen Sondierungen, die die Engländer 1935, 1937 und 1938 durchführten, nichts Spektakuläres zutage fördern konnten, so waren sie doch von großer historischer und archäologischer Bedeutung. Da der ganze Berg besiedelt ist, waren Ausgrabungen nur auf seinem Nordwestende möglich, dort, wo mittelalterliche Ruinen nicht modern überbaut worden waren.

Herodot berichtet in dem schon zitierten Kapitel, daß die Siphnier ihre Agorá und ihr Rathaus aus Marmor erbaut hätten, und die englischen Ausgrabungen haben ergeben, daß sie auch eine marmorne Stadtmauer besaßen, aus einheimischem Marmor natürlich, den es reichlich gibt. Am besten erhalten ist die südwestliche Schmalseite, wo noch sechs Lagen anstehen. Die isodom verlegten Marmorblöcke tragen noch die Transportbossen, was in diesem Fall wahrscheinlich nicht bedeutet, daß die Mauer unvollendet war, sondern daß es sich um die nicht sichtbaren Fundamentschichten handelt. Die Siphnier hätten also nicht nur eine Schaumauer, sondern die ganze Anlage von Grund auf aus Marmor errichtet. Obwohl datierende Begleitfunde fehlen und obwohl eine isodome Mauer für so frühe Zeit ungewöhnlich ist und Transportbossen eigentlich erst im 5. Jh. aufkommen, so glauben die Ausgräber doch, die Anlage in die Blütezeit der Insel und mit dem delphischen Schatzhaus ungefähr gleichzeitig setzen zu können, d. h. um 530 v. Chr. Wo Stadtmauer, Markt und Rathaus aus Marmor bestanden, kann es an einem marmornen Tempel nicht gefehlt haben. Als einzige Zeugen sind aber nur das Viertel eines dorischen Kapitells und ein zu Tal gerollter Säulenstumpf erhalten geblieben. Kein einziger Gesims- oder Architravblock hat sich in den mittelalterlichen Ruinen verbaut gefunden. Das archaische und klassische Siphnos ist bis auf die genannten Reste vollständig untergegangen, so befremdlich es klingt.

Die Ausgräber möchten das Kapitellfragment ebenfalls ins 6. Jh. datieren, wo wir dann den dorischen Stil bereits außerordentlich früh auf den Inseln vertreten fänden. Das Kapitell könnte auch sehr viel jünger sein. Eindeutig der archaischen Zeit gehört aber ein »Schatzfund« an, der beiderseits der Marmormauer gemacht wurde: Keramik, Bronze- und Elfenbeinfunde, vor allem vier Brillenfibeln (Gürtelschließen) aus Bein. Da diese Funde um die Mitte des 6. Jhs. aufhören, so hat man daraus geschlossen, es müsse um diese Zeit, also etwa ein halbes Menschenalter vor dem Schatzhaus, ein neuer Tempel errichtet worden sein. Denn die gemachten Funde stellten die ausrangierten Weihgaben des alten Tempels dar, während man von 550 an die Weihgaben in dem neu errichteten Tempel aufbewahrt habe. Jedenfalls ist er nur durch diesen Schluß und ein zweifelhaftes Kapitel erwiesen, und es ändert sich nichts an der Tatsache, daß das einzig gebliebene siphnische Bauwerk weit entfernt von der Insel erhalten ist, in Delphi.

Außer der »archaischen Stadtmauer« sind noch vereinzelte Mauerzüge klassischer Zeit erhalten geblieben (s. Plan) und unter diesen geometrische, zwar gering an Umfang, aber doch so geschlossen, daß die geometrische Siedlung, die einst den Gipfel bedeckte, wenigstens in Ansätzen erkennbar wird. Diagonal über das Nordwestende des Bergplateaus zieht sich ein etwa 1,20 m hoher Felsriegel. An ihn lehnte sich mit der Ostwand das einzige im Grundriß vollständig erhaltene geometrische Gebäude an. Es ist ein schiefwinkliges Einraumhaus von 5 x 6 m Umfang. Die 40 cm starken Mauern sind aus überaus sorgfältig, trocken, ohne Bindemittel verlegten Schieferplatten errichtet und innen so perfekt geglättet, daß sich eine ganz ebene Wandfläche ergibt. Es ist dieselbe Bauweise, die auf den Kykladen bis zum Zweiten Weltkrieg üblich war und sich als überaus dauerhaft erwiesen hat. Selbst seit mehreren Generationen aufgegebene Gehöfte sind bis auf das eingestürzte Dach in ihrem Mauerwerk noch vollkommen erhalten. Das gefundene Siphnierhaus (Nr. 4 des Plans) läßt auch noch etwas vom Leben der Menschen erkennen, die es im 8. Jh. v. Chr. und vielleicht mehrere Generationen hindurch bewohnten, wenn wir auch nicht wissen können, wie viele es gewesen sein mögen. Auf dem Boden fanden sich Reste des Küchengeschirrs und zahlreiche Spinnwirtel, die von der Textilherstellung zeugen. In der Südwestecke lagen noch zwei große Schieferplatten von je einem Meter Durchmesser, auf denen wahrscheinlich zwei große Vorratsgefäße aufgestellt waren. Die Nordwand weist zwei erwähnenswerte Sondereinrichtungen auf. In der östlichen Hälfte befindet sich in 1,20 m Höhe, also in bequemer Reichlage, eine durch Aussparung der Mauer entstandene rechteckige Nische von etwa einem halben Quadratmeter Umfang. Die Ausgräber bezeichnen sie als »den vielleicht ältesten Einbauschrank der Welt«. Auch dies ist eine Erfindung, die sich über Jahrtausende erhalten hat. Man trifft sie auch in den neuzeitlichen Kykladen-Schieferhäusern allenthalben. Ein weiterer Kunstgriff, Ablageflächen zu schaffen, bestand in neuerer Zeit darin, einfach große vorspringende Schieferplatten in die Wand einzumauern. Und wenn diese vielleicht in Gefahr standen, im Lauf der Zeit abzubrechen, so bot eine völlig sichere Lösung die Methode, in die Ecken der Räume große Platten diagonal einzubauen, je nach Bedarf mehrere übereinander, so daß regelrechte Regale entstanden. Es ist keineswegs ausgeschlossen, daß man schon in geometrischer Zeit diese Lösung fand. In ihrer südlichen Hälfte ist die Nordmauer in Bodenhöhe von einem rechteckigen Schacht von 15 x 20 cm durchbrochen. Grund- und linke Seitenplatte springen nach innen vor. Außen führt eine Rinne zu diesem Durchbruch. Die Wasserversorgung ist bei allen antiken Siedlungen immer

175

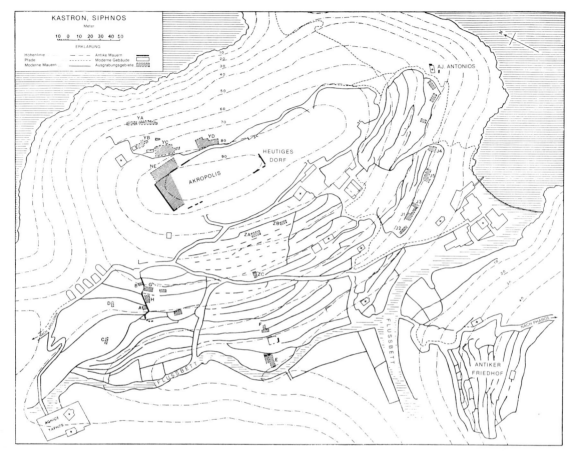

Abb. 81 Kastron auf Siphnos. Gesamtplan

von vitaler Wichtigkeit. Noch heute lebt die moderne Kleinstadt Kastron auf dem Berg von Siphnos von Zisternenwasser. So ist die Annahme wahrscheinlich, daß Rinne und Durchlaß dazu dienten, das vom Dach aufgefangene Regenwasser ins Innere des Hauses zu leiten. Das unterirdische Gefäß, in dem es gespeichert wurde, ist allerdings nicht gefunden worden. — Eine Schwelle ist nicht erhalten, sie kann sich nur in der Westwand befunden haben. Denkbar wäre auch, daß man das Haus über Leitern betrat, aber eine Tür zu ebener Erde ist doch wahrscheinlicher.

Im Norden und Süden schlossen sich weitere Räume (Häuser) an, wobei die Trennmauern gemeinsam sind. Im Norden deutet eine Querwand auf zwei weitere Räume, im Süden befand sich abermals ein großer, durch erhaltene Mauerzüge in seinem ganzen Umfang festliegender Raum. Er ist nicht

◁ Taf. 49 Geom. Amphore aus Thera. Kugeliges Gefäß mit senkrechten Schultergriffen und breiter waagerechter Lippe. Kennzeichnend das gepunktete Rautenband auf dem Hals und das wechselnde Hell-Dunkel der Reifen. Der figürliche Dekor, zwei Vögel vor einer zentralen Raute, ist spät, auch in der flüchtigen Ausführung. Fundort unbekannt. Münchner Vasenslg. 2166.

◁ Taf. 50 Große Theräische Halshenkelamphore mit dunkelbraunem Dekor auf gelblich weißem Überzug. Die Reifengruppen umziehen das ganze Gefäß, aber der Dekor auf Schulter und Hals ziert nur die vordere Schauseite, hier noch verstärkt durch die Henkelfüllung. Auf der Schulter drei Sternmetopen zwischen Flechtband und Schachbrett. Thera. Arch. Mus.

◁ Taf. 51 Große Theräische Schulterhenkelamphore wie Taf. 50. Der Dekor gegliedert durch vier Bänder falscher Spiralen. In der Mittelmetope ein Blattstern mit Füllmustern. Als figürliches Element treten Vögel auf, einzeln mit Wurm in den Schulterecken, in Vierergruppen auf dem untersten Schmuckband. Um 730 v. Chr. Kopenhagen, Nat. Mus. Chr. VIII 324.

Die ersten bedeutenden Vasen geometrischen Stils, die in Europa bekannt wurden, stammten von Thera. Zu ihnen gehört auch diese Kopenhagener Amphore. Es sind große, kostbare Gefäße, die sich nur vermögende Theräer als Aschenurnen leisten konnten. 36 oder 40 cm sind für eine Vase keine geringe Höhe. Aber so niedrig sind nur vereinzelte. Zwei größere Gruppen bewegen sich um 50 und 60 cm. Die Hauptgruppe mißt zwischen 74 und 80 cm, ist also ausgesprochen repräsentativ. Da sie ausschließlich auf Thera gefunden wurden, tragen sie die Bezeichnung »Theräische Vasen«, eine der wenigen Kykladengattungen, deren Herkunft nicht umstritten ist.

Der grobkörnige Ton ergab nur eine rauhe Oberfläche. Die Gefäße erhielten daher einen Überzug aus feingeschlämmtem Ton, der, ziemlich dick aufgetragen, sorgfältig geglättet und von gelblichweißer Farbe, die Theräischen Vasen von allen anderen geometrischen Gattungen charakteristisch unterscheidet. Auf diesen gelblichweißen Grund ist der Dekor gewöhnlich mit schwarzbraunem Firnis aufgetragen. Die meisten Gefäße dieser Gattung sind erstklassig getöpfert und für ihre Größe außerordentlich dünnwandig. Auch sind sie klingendhart gebrannt. Die gut erhaltenen ergeben beim Anschlag einen hellen Klang.

Der Dekor beschränkt sich auf Hals und Schulter, und auch nur auf die Vorderseite. Die Rückseite bleibt ungeschmückt. Die Vasen besitzen also eine klare Schauseite. Bei der Gruppe von Taf. 50 ist sie durch Ausfüllung und Bemalung der Halshenkel zusätzlich verstärkt.

Als einziges figürliches Motiv treten Vögel, meist Wasservögel auf, einzeln oder paarweise. Ein Vogelfries, wie er in anderen geometrischen Stilen eine so große Rolle spielt, kommt nur auf unserer Kopenhagener Vase vor, aber auch hier nur unterbrochen.

Taf. 52 Greifenkanne von Ägina, ein Hauptwerk kykladischer Töpferkunst. Auf den Schultermetopen ▷ Löwe, der einen Hirsch schlägt, zwischen zwei weidenden Pferden. Um 660 v. Chr. H 40 cm. London, BM A 547.

Taf. 53 Schulterhenkelamphore des sog. Linearen Inselstils, dreistufig, untere Hälfte dunkel. Auf dem ▷ Hals zwischen Reifengruppen die typischen Tremolierstriche. In den Metopen bereits figürliche Darstellung: straußartiger Vogel, der eine Schlange rupft, zwischen zwei S-förmigen Knospenstengeln, der eine mit Sternen. H 53 cm. Thera, Arch. Mus.

Taf. 54 Späte Amphore des Linearen Inselstils mit einer einzigen großen Metope, ganz von einem grazilen ▷ Hirsch ausgefüllt. Das Samtfell durch Punktierung geschickt wiedergegeben. 670–650 v. Chr. H 39 cm. Stockholm, Nat. Mus.

Taf. 55 Späte Amphore des Linearen Inselstils. Metope mit Löwen in Sprungstellung, massiv schwarze ▷ Silhouette. Kopf in Umrißzeichnung. Der Trompetenfuß im Gleichklang zur Schulter stark aufgehellt. Leiden, Rijksmuseum.

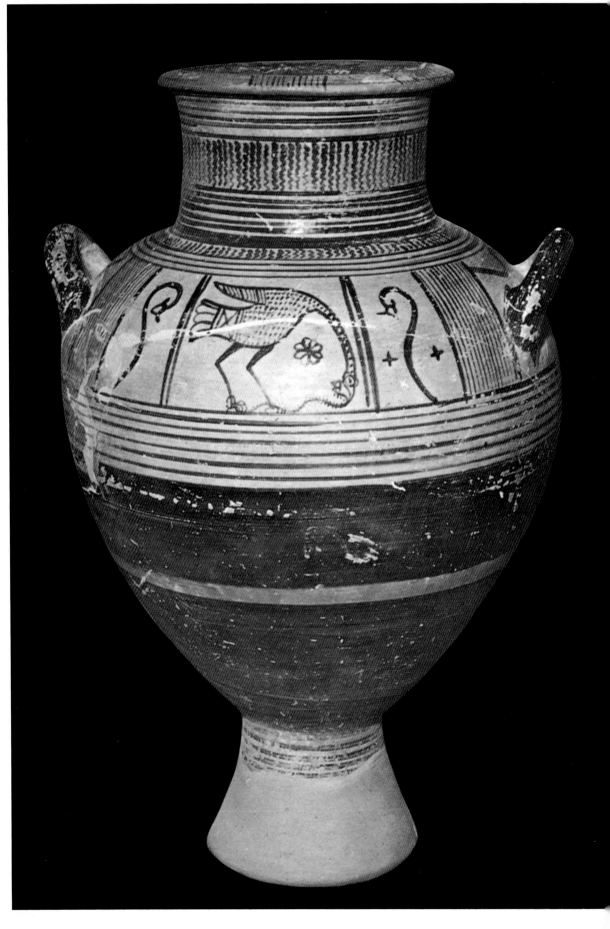

gegen, sondern auf den genannten Felsriegel gesetzt und liegt daher 1,20 m höher als Raum 4. Ein aufgemauertes Podest scheint eine Schlafstelle zu bezeichnen. Eine Steinplatte in der Mitte stellt wahrscheinlich die Basis eines Holzpfeilers dar, der das Dach trug. Die Südseite dieses zweiten Einraumhauses wurde durch eine Mauer von doppelter Stärke geschlossen. Sie ist zwar im Osten durch mittelalterliche Fundamente und im Westen durch eine mittelalterliche Zisterne zerstört, aber die Ausgräber meinen, daß diese starke Mauer einmal die ganze Siedlung umschlossen habe, vielleicht sogar als Wehrmauer. Die in den Räumen gefundene Keramik datiert die zugehörige Besiedlung um 750. Die an der Umfassungsmauer gefundene Keramik ist älter. Wie üblich diente die Außenmauer zugleich als Schuttabladeplatz. In keinem der beiden Häuser wurde ein Herd gefunden. Die auf dem Plan angegebenen Brunnen sind mittelalterlich.

Die wenigen, dicht hinter der »archaischen Stadtmauer« entdeckten Häuser lassen nicht erkennen, wie groß die geometrische Siedlung von Siphnos ursprünglich gewesen ist. Es könnte fraglich bleiben, ob sie nur das Nordwestende oder das ganze Plateau bedeckte. Sondierungen, die die Engländer am Nordhang des Stadtberges vornahmen, beweisen jedoch, daß sie in Wirklichkeit viel größer war und sich auch auf eben diesen Abhang hinabzog.

Der nordöstliche, dem Meer zugewandte Abhang des Stadtberges ist in alter und neuer Zeit terrassiert worden, und nur an wenigen Stellen hat sich zwischen Felsriegeln soviel Erde festgesetzt, daß darunter antike Funde erhalten blieben, und da der Abhang sehr steil ist, sind die äußeren Mauern alle abgerutscht. Kein einziger Grundriß ist ganz erhalten. Bei YB und YD wurden zwei schmale langgestreckte Räume von 2,15 und 2,25 m Breite und mehr als 5 m Länge identifiziert. In beiden befanden sich Aufmauerungen von 0,40 m Höhe, die als Lagerstätten gedeutet werden. Ein größerer, fast quadratischer, aber schiefwinkliger Raum von etwa 5 × 5 m fand sich bei YC. Die bis zu 2,20 m Höhe erhaltenen Rückwände aller drei Räume sind direkt vor den aufsteigenden Felsen gesetzt, alle Mauern in der oben beschriebenen sorgfältigen Schichtung und Glättung errichtet. In der Südecke von YC fanden sich die Reste eines Herdes: Zwei flache Steine in der Mitte, mit grauer Asche bedeckt, bezeichnen wahrscheinlich die Stelle der zentralen Deckenstütze. Die gefundene Keramik zeigt, daß die drei Häuser von der spätgeometrischen bis in die frührchaische Zeit bewohnt waren, genauer vom letzten Viertel des 8. bis ins erste Viertel des 7. Jhs., YD sogar bis um 650. Unter den Böden zutage gekommene ältere Scherben aus der Mitte des 8. Jhs. zeigen eine frühere Besiedlung an.

Auch auf der anderen, dem Meer abgewandten Seite des Berges ist geometrische Keramik ans Licht gekommen, so bei F und sogar auf der anderen Seite des Baches jenseits von E.

Das Hauptergebnis all dieser Funde ist der Beweis, daß nicht nur das Plateau, sondern auch die Abhänge des Stadtberges im 8. Jh. besiedelt waren, daß also die geometrische Stadt ziemlich groß gewesen sein muß.

Bei YB wurde auch eine relativ große Menge mittelkykladischer, vor allem grauer minyischer Keramik gefunden, die durch die geometrischen Bauten irgendwo aus der Nachbarschaft hierher geraten sein muß. Sie ist ein wichtiges Indiz, daß der Stadtberg von Siphnos schon in mittelkykladischer Zeit, also in der ersten Hälfte des 2. Jts. besiedelt war. Aber es fehlen alle Funde aus mykenischer, proto- und frühgeometrischer Zeit, so daß die Besiedlung durch viele Jahrhunderte hindurch unterbrochen gewesen zu sein scheint und sich erst in spätgeometrischer Zeit erneuerte. Die einzige mykenische Scherbe ist eineinhalb Stunden südlich von Kastro auf dem Weg nach Pharos gefunden worden, wo Testgrabungen im übrigen eine kleine Siedlung festgestellt haben, die vom 7. Jh. bis in die römische Zeit ununterbrochen fortbestand.

Die ungünstigen Fundumstände haben nur ganz vereinzelte und nur kleine vollständige Gefäße ergeben, ein paar Skyphoi und Tassen. Sonst sind nur isolierte Scherben erhalten. Sie bezeugen die Existenz fast aller Klassen, die auch auf Delos gefunden wurden. Relativ reich war die Gruppe Ad vertreten, und mit Formen, die bis dahin nicht überliefert waren. Aber leider ist nirgendwo eine ungestörte Stratigraphie erhalten geblieben, die eine klare Datierungsfolge ergeben hätte. Wir müssen uns hier darauf beschränken, zwei subgeometrisch/archaische Keramikfunde zu erwähnen, die von besonderer Bedeutung sind, keine Gefäße, sondern Statuetten. Beide stammen aus dem oben erwähnten »Schatzfund« vom Nordwestplateau der Burg. Beide sind weibliche Statuetten in Vasentechnik, beide nur fragmentarisch und ohne Kopf erhalten.

Das erste Fragment mißt 23,5 cm in der Höhe und 9,5 cm im Durchmesser an der Basis, wo sich der Rock leicht nach außen weitet. Die Figur ist nur bis zur Taille erhalten, darüber nur mit dem Rücken. Die glatte rosa Oberfläche ist mit rotem Firnis bemalt. Den Gürtel bezeichnet ein eingeritztes, dann mit Farbe gefülltes Zickzackband. Auf den Hüften ruht ein punktiertes Rautenband. Weiter wird der Rock durch dreimal vier Reifen in zwei breite Schmuckzonen unterteilt. In ihnen finden wir die langgestreckten Pferde mit hoher Kruppe und als Füllmotive die Rautenpastillen, Zickzackstapel und hängenden und stehenden Dreiecke, wie sie für die delische Gruppe Ad charakteristisch sind. Die Statuette ist durch ihren Dekor eindeutig eingeordnet. Und das gilt auch für die zweite.

Sie ist nur bis zur Taille erhalten, aber mit 40,5 cm wesentlich größer und wesentlich schlanker. Der Durchmesser beträgt an der Basis nur 12, an der Taille sogar nur 5,7 cm. Der Ton ist ziemlich bröckelig und der grünliche Überzug an vielen Stellen abgeblättert. Der glänzende Firnis variiert von schwarz bis zartrot. Der Gürtel ist mit einem Mäander geschmückt, die

Hüfte mit einem Zungenmuster. Der Rock trägt auf der Rückseite ein Labyrinth und an den Seiten Streifen von sechs senkrechten S-Spiralen, deren Zwickel mit senkrechten, deren Zwischenräume mit waagerechten Dreier-Palmetten gefüllt sind. Die Mitte der Vorderseite bezeichnet ein doppeltes, sich nach unten leicht verbreiterndes Band von »konzentrischen« Rechtecken. Rechts und links sind übereinander rechteckige, fast quadratische Felder von durchschnittlich 4 x 4,5 cm angeordnet, in denen sich Fabeltiere heraldisch gegenüberstehen. Es beginnt unten mit katzenartigen Raubtieren. Dann folgen Greife mit spiralförmigem Kopfschmuck und Schweif, darüber Flügelpferde, dann wieder Greife und zuletzt Löwen. Die Tierleiber sind in Silhouette gegeben, Flügel und Mähnen in schraffierter Umrißzeichnung.

Die Stilelemente des Dekors: das Labyrinth, die Palmettenspiralen, die heraldischen Fabeltiere und die Art ihrer Zeichnung stellen die Statuette in unmittelbare Nähe zu den sog. heraldischen Vasen, und die überschlanke Proportion ist eine weitere Gemeinsamkeit, ein Kennzeichen naxischer Kunst. So ist auch diese Statuette stilistisch sicher eingeordnet. Es kann auch nicht zweifelhaft sein, daß beide Statuetten Göttinnen darstellen, daß sie wahrscheinlich auf Podesten standen und den archaischen Kultbildern sehr ähnlich waren, wenn sie nicht überhaupt selbst solche darstellen. Aus diesem Grund und weil sie bis jetzt einzigartig und ohne Gegenstück sind, haben wir sie hier so ausführlich beschrieben.

Ist es möglich, ihnen einen bestimmten Götternamen zuzuschreiben? Literarisch ist bezeugt, daß auch auf Siphnos Artemis verehrt wurde, und mit großer Wahrscheinlichkeit werden es Votiv- oder gar Kultbilder von ihr sein. Eindeutig beweisbar ist es nicht, denn die dargestellten Tiere weisen nicht unmittelbar auf die Herrin der Tiere, sondern sind in beiden Fällen zunächst nichts anderes als traditionelle Motive des zugehörigen Vasenstils, d. h. zunächst nichts anderes als stereotype Gewandmuster und keine Götterzeichen. Die endgültige Zuschreibung muß daher offenbleiben. Offen bleiben muß auch die Haltung der Arme, die eher angewinkelt waren als senkrecht herabhängend. Trotz dieser Unsicherheiten sind die beiden Statuetten bis jetzt einzigartige Zeugen der archaischen Kultwelt.

DER LINEARE INSELSTIL

Der Besucher des Archäologischen Museums von Santorin begegnet dort einer Gruppe großer Amphoren, die in den Nekropolen der Insel gefunden wurden, wo sie die Reste der Brandbestattungen aufnahmen. Es sind kostbare Aschenurnen wohlhabender Theräer, die dem unvorbereiteten Besucher jedoch mit einer starken Einförmigkeit entgegentreten, denn der Dekor ist in der Hauptsache geometrisch und nimmt nur zögernd figürliche Darstellungen auf.

Die Gefäße bestehen aus fein geschlämmtem rotem Ton und sind in der Regel nicht nur sorgfältig geglättet, sondern auch mit einem leichten Überzug versehen, der ihnen ein helles, gelbliches Aussehen gibt. Der Dekor ist mit schwarzbraunem glänzendem Firnis aufgetragen, der hier und da ins Violette geht.

Die Form der meisten Gefäße ist dreiteilig. Auf dem Gefäßleib sitzt ein breiter zylindrischer Hals mit waagerecht nach außen gebogenem Rand. Getragen wird das Gefäß von einem konischen Fuß, der gewöhnlich in einem breiteren Wulst endet, durch den die Vase größere Standfestigkeit erhält. Im allgemeinen sind Fuß und Hals ungefähr von derselben Höhe. Die Griffe sitzen auf den Schultern und sind leicht nach außen gerichtet. In ihrer Dreiteiligkeit ähneln die Amphoren weniger den sog. Theräischen Vasen als den frühkykladischen Kegelhalsgefäßen (Kandíles), ein Anklang, der sicher nicht zufällig ist.

Taf. 51
Taf. 1

Neben den hohen dreiteiligen Amphoren haben sich auch einige vereinzelte zweiteilige gefunden, die nur einen niedrigen Standring als Fuß besitzen. Der Umstand, daß in einem Fall ein hohes und ein niedriges Gefäß ohne Zweifel von demselben Maler dekoriert worden ist, beweist eindeutig, daß sie gleichzeitig in Gebrauch waren. Aber offenbar genügten die niedrigen Vasen nicht den Ansprüchen, die man an diese Gattung zu stellen pflegte, und fanden keinen Zuspruch. Die Höhe der zweiteiligen Vasen liegt zwischen 35 und 41 cm, die der dreiteiligen zwischen 44 und 65 cm.

Bei den großen Amphoren haben sich drei Formtypen feststellen lassen. Beim ersten ist der Gefäßleib leicht gelängt und geht ohne scharfen Knick geschmeidig in Hals und Fuß über. Beim zweiten ist der Gefäßleib eiförmig, Hals und Fuß sind scharf gegen ihn abgesetzt. Der Hals dieser zweiten Form ist gewöhnlich etwas enger als bei den beiden anderen. Beim dritten Typ ist der Gefäßleib nahezu kugelförmig, so daß Hals und Fuß eine noch stärkere Absetzung erfahren. Das abgebildete Gefäß gehört dem zweiten Typ an.

Taf. 53

Beim zweiten und dritten Typ, bei denen der Fuß stark abgesetzt ist, tritt in vielen Fällen deutlich in Erscheinung, daß er nicht organisch mit dem Gefäß verbunden ist, sozusagen nicht notwendig, nicht von Hause aus dazu gehört, sondern als getrennter Untersatz (Hypokraterion) vorstellbar ist. Auch dieses sehr charakteristische Moment haben unsere Amphoren mit den frühkykladischen Kandíles gemeinsam.

Die drei genannten Formtypen stellen keine zeitliche Abfolge dar, die es ermöglichen würden, die Vasen chronologisch einzuordnen. Vielmehr sind alle drei über längere Zeit nebeneinander in Gebrauch gewesen und weisen gleichermaßen früheren und späteren Dekor auf. Offenbar hat man die unterschiedliche Form als Brauch und Tradition getrennter Werkstätten aufzufassen.

Der Dekor macht durch Stereotypie die Zugehörigkeit zur Gruppe so unverkennbar, wie es die Form tut. Die ganze untere Hälfte ist mit Firnis überzogen, der nur durch einzelne ausgesparte Reifen aufgehellt wird. Der Fuß ist nicht durchgehend gefirnißt, sondern mit Reifen bedeckt. Mit Reifen oben und unten eingefaßt ist auch der Hals. Dazwischen befinden sich, dicht gesetzt, senkrechte Schlangenlinien, die auch ein kleines Halsfragment als zur Gruppe zugehörig erweisen. Nur vereinzelt, z. B. bei einer Vase aus Perissa am Fuß der Sellada, trägt der Hals eine Reihe von Wolfszähnen und eine Reihe von Keulen, wo dann auch noch anderes untypisch ist. Einige Gefäße tragen kurze senkrechte Wellenlinien auch auf der Mitte des Fußes, eingerahmt von Reifen.

Der Hauptdekor liegt auf der Schulter zwischen den Henkeln, vom dunklen Unterteil des Gefäßes durch sechs bis neun Reifen getrennt. Er besteht gewöhnlich aus drei Metopen auf der Vorder- und zwei oder drei Metopen auf der Rückseite, die durch zwei bis vier oder zehn bis zwölf senkrechte Linien voneinander getrennt sind. Die Füllung einer solchen Metope kann anfänglich aus nichts weiter als einem halben Dutzend übereinandergesetzter Zickzacklinien bestehen. Ein solch simples Muster kommt freilich nur für die Seitenmetopen oder die rückwärtige Mittelmetope in Frage. Denn von Anfang an werden Vorder- und Rückseite ungleich behandelt, d. h. gegeneinander unterschieden, so gering die Differenz zunächst auch sein mag, die sich dann mit der Zeit immer mehr verstärkt. In den Seitenmetopen finden sich auf Vorder- und Rückseite häufig konzentrische Kreise, deren Inneres aber auch ein Andreaskreuz aufnehmen kann. Charakteristisch ist, daß auf keiner der Amphoren der Mäander vorkommt, in auffälligem Gegensatz zu den sog. Theräischen Vasen.

Taf. 50/51

Die geometrischen Muster sind zunächst rekti-, dann kurvilianer und werden in beiden Formen zu komplizierten und ansprechenden Kombinationen entwickelt. Dann treten die ersten figürlichen Darstellungen auf: Vögel. Aber niemals besetzt ein Vogel das Feld, ohne von einem geometrischen Zeichen, Wellenlinie, Raute, Stern oder Rosette, begleitet zu sein. Die ältesten figürlichen Motive sind Wasservögel, und zwar in Silhouettenzeichnung, schwarz ausgefüllt. Dann treten Tauben auf mit einem merkwürdig tiefen

Abb. 82 Geometrische Motive des Linearen Inselstils

Einzug zwischen Flügel und Schwanz, wobei der Schwanz immer wie von oben gesehen dargestellt ist. Das abgebildete Beispiel zeigt eine solche Taube, aber mit dem Schnabel eines Raubvogels. Während hier der Vogelleib noch gefüllt, als Silhouette gegeben ist, finden wir ihn bei den folgenden Beispielen in Punkte aufgelöst. Merkwürdig ist die Gestaltung eines großen hochgestelzten Vogelwesens mit überdimensionalen Krallen zwischen zwei Wasservögeln. Schwanz und Flügel sind übereinstimmend in Aufsicht gegeben, Kopf, Leib und Beine im Profil. Die lange Spirallocke, Stumpfnase, Mund und menschliches (ovales) Auge — die Vogelaugen sind überall rund — haben zu der Annahme geführt, es müsse sich um eine Sirene handeln. Es wäre dann die erste Darstellung eines solchen Vogelmädchens in der griechi-

Abb. 84

Abb. 83 Vogel des Linearen Inselstils: Taube mit Falkenschnabel

schen Kunst. Der Einwand, daß diese Darstellung die einzige eines Fabelwesens und eines menschlichen Kopfes in der ganzen Gruppe wäre, ist sicher nicht durchschlagend. Er kann durch Neufunde jederzeit entkräftet werden.*
Von besonderem Interesse ist auch unser nächstes Beispiel mit einem straußartigen Vogel, der eine Schlange rupft. Auch dieser Vogel ist bis auf Schwanz

Taf. 53

---

* Wirklich ist auf der Südwest-Sellada 1973 eine Linearvase mit einer Sphinxdarstellung gefunden worden.

und Flügel gepunktet. Der — hier übrigens sehr ungleiche — Kampf zwischen Vogel und Schlange ist, zumal auf einer Aschenurne, sicher als Todesmotiv zu verstehen. Leider bleibt uns verschlossen, welche konkrete Bedeutung es für den antiken Betrachter besaß. Die Vase ist aber auch durch die Seitenmetopen interessant. Die geometrische Kunst kennt gewöhnlich nur Menschen- und Tierdarstellungen. Hier finden wir zum erstenmal ein Pflanzenmotiv, zwei Blütenstengel, die Knospen tragen.* Man ist natürlich versucht, hierin, in unmittelbarer Nachbarschaft des Todesmotivs von Vogel

Abb. 84 Beispiel des Linearen Inselstils: kurvilineares Motiv, von vierfachen Kreissegmenten durchschnitten: drei Vögel, davon der mittlere ein Vogelmädchen, die früheste Sirenendarstellung in der griechischen Vasenmalerei

und Schlange, ein Lebensmotiv zu sehen. Interessant ist nun, daß sich derselbe Knospenstengel auf einem tenischen Reliefpithos wiederfindet. Auch hier handelt es sich um eine Tötung, nämlich der Medusa durch Perseus, und auch hier findet sich das pflanzliche Lebenssymbol unmittelbar neben einem tierischen Todeszeichen, der Eidechse.

Außer Vögeln kommen vereinzelt auch Pferde auf den theräischen Amphoren vor, vor allem aber Löwen. Beides sind Tiere, die mit Tod und Unterwelt verbunden waren und sich auf Grabvasen vielfach finden. Die

---

* Die Möglichkeit, daß auch die abstrakten geometrischen Muster vegetabilische Bedeutung haben, ist sehr begrenzt und kann nicht generell vorausgesetzt werden.

Löwendarstellungen auf den theräischen Amphoren scheinen direkten Kontakt mit Darstellungen des Orients zu bezeugen.

Die beschriebenen Vasen galten ursprünglich als böotisch, dann als euböisch. 1926 hat der englische Archäologe H. G. G. Payne die Bezeichnung »Linearer Inselstil« eingeführt, um sie von lokaler Zuschreibung unabhängig zu machen. In der Folgezeit galten sie als parisch. Matz hat 1950 in seiner großen griechischen Kunstgeschichte der Gruppe ganze zehn Zeilen gewidmet (S. 271), die überdies noch die falsche Behauptung enthalten, durch neue Funde sei ihre Herkunft von Paros außer Zweifel gesetzt. In Wirklichkeit sind Vasen und Scherben unserer Gattung nur auf Thera gefunden worden. Für den Laien ist es eine schwer nachzuvollziehende Entscheidung, daß Vasen, die ausschließlich auf einer bestimmten Insel gefunden worden sind, nicht von dieser, sondern von einer anderen stammen sollen. Das Argument ist: Form- und Stilunterschiede zwischen den sog. Theräischen *Taf. 50/51* Vasen, die zweifellos aus Thera stammen, und unserer Gruppe seien so *Taf. 53/54* grundlegend, daß sich gemeinsame Herkunft ausschließe. Die dänische Ärchäologin I. Strøm hat 1962 für eine der Südost-Kykladen plädiert. Inzwischen haben die Ausgrabungen auf der Sellada seit 1961 durch N. Zaphirópoulos den Bestand an linearen Vasen bedeutend erhöht, zahlreiche Scherbenfunde nicht gerechnet. Der Gedanke hat also an Merkwürdigkeit noch zugenommen, daß eine Vasengattung, die ausschließlich und in großem Umfang auf Thera gefunden worden ist, von einer anderen Insel stammen soll, die keine einzige Scherbe dieser Gattung hergegeben hat. Eine mineralogische Untersuchung des verwendeten Tons könnte die Frage am ehesten entscheiden.

Die frühen Gefäße unserer Gruppe gehören dem Ende des 8. Jhs. an, die mit sog. orientalisierenden Motiven (Kurven, Voluten, Schleifen) und Löwen dem ersten Viertel des 7. Jhs.

Der Dekor der Gruppe ist nicht eben aufregend. Das Gesamtschema ist fix und kaum variabel. Die Muster und Figuren bewegen sich in engen Konventionen. Aber aus dem folgenden Vierteljahrhundert sind einige Vasen erhalten, deren Dekor sich zu größerer Feinheit erhebt.

Das älteste dieser Gefäße ist die auf Ägina gefundene Greifenkanne, die *Taf. 52* sich heute im Britischen Museum befindet und um 670 anzusetzen ist. Über einem kugeligen Leib ist der Ausguß in Form von Hals und Kopf eines Greifen gestaltet. Als Vorbild hat dem Töpfer eine Metallprotome gedient, aber die Bemalung, vor allem die Angabe der Augen, Zähne und des Backenwulstes, gibt ihm doch ganz andere Ausdrucksmöglichkeiten. Man glaubt förmlich zu erleben, wie der Greif einen energischen Schrei ausstößt. Das Gefieder des Halses und Nackens ist durch unterschiedliche Schuppung differenziert, getrennt durch zwei lange Haarlocken, die in einer Palmettenvolute enden. Eine dritte solche Strähne läuft zentral vom Kopf über den Griff hinunter. Ein Griff, der in einer Volute endet, ist eigentlich ein phönikisches Motiv.

Der Unterteil des Gefäßkörpers ist nicht dunkel, sondern stark aufgehellt: Über einem Strahlenkranz steht ein vegetabilischer Fries. Die von Volutenständern eingeschlossenen schraffierten Dreiecke sind vielleicht ebenfalls Pflanzenmotive, aus einem Blatt entwickelt. Dann folgt ein Fries mit vierfachem Flechtband auf der Vorder- und einem Zinnenmäander auf der Rückseite, der bei den Amphoren ohne Ausnahme fehlt. Der figürliche Schmuck umfaßt drei Szenen. Die Mittelmetope zeigt einen Löwen, der einen Hirsch erwürgt, indem er ihm die Kehle durchbeißt. Die Köpfe sind in Umriß gegeben, die Leiber punktiert. Die beiden Seitenmetopen, von der zentralen durch zwei Streifen gekanteter schraffierter Quadrate getrennt, zeigen je ein grasendes Pferd: den Kopf in Umriß, die Mähne in Wellenlinien, den Leib als Silhouette. Auffällig ist beim Löwen die doppelte Schulterzeichnung mit dunkler Füllung, bei den Pferden das Spiralzeichen auf der Hinterhand.

Was berechtigt dazu, dieses einmalige Gefäß, das kein Pendant hat und daher nicht leicht zu beurteilen ist, außerdem auf Ägina gefunden wurde, als kykladisch zu bezeichnen und dem Linearen Inselstil zuzuordnen? Das Ganze ist atypisch auch im Gesamtcharakter, der Mäander wäre geradezu ein Gegenzeuge, und die Punktierung der Tierleiber könnte auch auf Naxos oder Melos deuten. Aber auf der von Ernst Pfuhl 1902 auf Thera gefundenen Vase des Linearen Inselstils J 7 findet sich eine ganz ähnliche Tierkampfgruppe mit Löwe und Hirsch. Das ist das Hauptargument.

Früher war es ein Anstoß, daß das Motiv grasender Pferde der Greifenkanne keine Parallele auf den Amphoren fand. Inzwischen hat nicht nur die Amphore von Perissa solche Pferde, und zwar ebenfalls ein heraldisches Paar, ergeben, sondern 1974 hat Zaphirópoulos auf der Sellada eine insellineare Amphore gefunden, deren Pferd unmittelbar an die der Greifenkanne erinnert. Die Zuschreibung ist daher gut gesichert. Löwen- und Pferdemotiv könnten auf ein Grabgefäß deuten, doch wissen wir nichts Sicheres über den konkreten Gebrauch der Kanne.

Offenbar hat für die Keramiker des Linearstils keine Möglichkeit bestanden, den reichen Dekor der Greifenkanne für die Amphoren zu übernehmen. Wir sehen sie daher die alte Übung auch bei den jüngeren Gefäßen fortsetzen, in besonders nüchterner Form sogar bei der berühmten Stockholmer Hirschamphore (um 650).

Taf. 54

Eine magere Zickzacklinie zuoberst und die Erweiterung der Schultermetope zu einem einzigen großen Trapez sind die einzigen Änderungen. In dieses Trapez ist höchst eindrucksvoll ein äsender Hirsch eingezeichnet, und zwar mit überaus schlanken Gliedern und Körperformen, so, daß er die Fläche vollkommen ausfüllt, indem sich zwischen seinen schmalen langgestreckten Beinen drei große gegenständige Dreiecke formieren, in denen Füllmuster

Abb. 85a.b Mittel- und Seitenmetope der Greifenkanne

demonstrativ vermieden sind. So auch bei den folgenden Vasen, wodurch sich die emblematische oder gar monumentale Wirkung des dargestellten Einzeltiers bedeutend steigert.

Matz hat in seiner »Geschichte der griechischen Kunst« (1950) der Londoner Greifenkanne eine Drittel-Seite gewidmet und der Stockholmer Hirschamphore eineinhalb. Er hält sie für »das schönste Tierstück des Jahrhunderts« (S. 271). »Die übersteigerte Schlankheit bringt keine Dissonanz in das Ganze, weil sie der edlen Natur des Tieres gemäß ist. Mit der Pracht des hohen Wuchses und mit der schnellfüßigen Kraft verbindet sich die stolze Ruhe des Schreitens, mit der äußersten Zartheit jeder einzelnen Form ein ebenso starkes wie geheimnisvolles inneres Leben. Der Schönheit, Klarheit und Sicherheit jeder Linie und Fläche bei entschiedenster Beschränkung der Mittel und äußerster, gestrafftester Knappheit aller Teile entspricht eine unvergleichliche Treffsicherheit und Konzentrierung auf das Wesentliche in der organischen Bildung und Bewegung. Nichts ist überbetont, zugespitzt oder überspannt. Der Kraft des Ausdrucks entspricht seine Tiefe, der Schönheit der Form ihre Bedeutung« (S. 272).

Nicht jeder wird bereit sein, sich ausgerechnet vor dieser Vase künstlich zu begeistern. Der Gesamtdekor ist so simpel und einfallslos, daß der ohne Zweifel eindrucksvolle Hirsch ihn auch nicht retten kann. Die Metopen der Rückseite zieren nichts weiter als zwei völlig nichtssagende Kringel. An Nüchternheit ist der Dekor unseres Gefäßes schwerlich zu übertreffen. Matz meint, sie diene gerade dazu, die Figur des Hirsches um so nachdrücklicher hervorzuheben, und auch ihre Verspanntheit in den Rahmen der Metope hebt seiner Meinung nach die Spannung der Kräfte und die Konzentration. Man kann aber kaum übersehen, daß sie für den Maler einen starken formalen Zwang bedeutet, das Tier unorganisch zu strecken. Die geometrische Darstellung des Organismus mit Hilfe der einzelnen Körperteile hat ohne Zweifel hier noch einmal eine besonders wirkungsvolle Form gefunden, aber auf dem Weg zur Erfassung des Organischen ist sie gerade nicht. Die Grazilität des Hirsches ist nicht gewachsen, sondern konstruiert. Eine dekorative Feinheit bleibt jedoch hervorzuheben. Der Maler hat für den Hirsch das alte Punktierungsverfahren dieser Vasengattung noch einmal angewandt und dabei zu höchster Feinheit gesteigert, hat schwarze und weiße Punktierung in Kontrast gesetzt und auf diese Weise den Samtcharakter des Hirschfells höchst effektvoll wiedergegeben.

Taf. 55 Erst bei der Löwenamphore von Leiden ist der Gesamtdekor stärker aufgehellt, am Fuß sowohl wie am Gefäßkörper. Auch der Dekor des Halses ist durch wechselnde Reifenbreite belebt. Neu ist der Zungenfries um den Halsansatz. Das eigentlich Auszeichnende der Vase aber ist ihre große Mittelmetope. Der sich duckende Löwe ist nun wirklich ein sprungbereites Raubtier, dem das bleckende Gebiß und die lange Zunge eindrucksvolle Wildheit

Abb. 86 Löwe des Linearen Inselstils. Schultermetope einer Pariser Amphore. H der Amphore 58 cm

verleihen. Der Löwe als Grabwächter hat hier im Vergleich zu den älteren Vasen monumentale Gestaltung gefunden.

Die graphischen Mittel sind Silhouette für den Körper, Umrißzeichnung für den Kopf; die Punktierung ist nur noch für die Nüstern angewandt, die Markierung der Schenkel nicht ausgespart, sondern mit Weiß eingetragen. Daß der Maler die Punktierung des Tierleibes aufgegeben hat und ihn wieder als kompakte Silhouette gestaltet, gibt dem Löwen innerhalb des umgebenden Liniensystems einen unvergleichlich stärkeren emblematischen Effekt als dem vielgerühmten Hirsch. Jetzt erst kann man wirklich von Konzentration sprechen. Noch ist der Rahmen der Metope bestimmend und schreibt eine Reihe von Berührungspunkten vor. Aber gleichzeitig ist auch unverkennbar, daß das Tier begonnen hat, sich aus der Verspannung zu lösen.

Fortgeschritten findet sich diese Entwicklung bei dem Löwen einer Amphore im Cabinet des Médailles zu Paris. Das Tier ist nun bis auf die Standfläche aus dem Rahmen gelöst und entfaltet sich zu freierem Sprung. Die stärker ausgeführten Krallen, Auge und Schwanz erhöhen seine Dämonie und Gefährlichkeit. Das den Gesamteindruck stark bestimmende Auge kommt dadurch zu seiner großen Wirkung, daß es, aus dem Grund hell ausgespart, auf einem mit roter Deckfarbe gemalten Kopf hervortritt. Auch

Vorderbein und Schwanz sind durch solche Deckfarbe betont. Der einzige Rest von Punktierung, der noch geblieben ist, ist die Andeutung der Schnurrhaare auf der Oberlippe.

Die Löwen der beiden Amphoren von Paris und Leiden sind die eindrucksvollsten Raubtiere, die uns aus der Mitte des 7. Jhs. überliefert sind; sie finden in keiner anderen griechischen Landschaft eine Parallele. Aber sie scheinen keine Fortentwicklung erlebt zu haben. Für unsere heutige Überlieferung bricht die Tradition des Linearen Inselstils mit ihnen ab. So wenig dieser Stil für uns erkennbare Vorstufen hat, so wenig einen natürlichen Ausklang, vielmehr sehen wir ihn auf einer vielversprechenden Stufe abbrechen.

Das Phänomen, daß die Vasen des Linearstils als eine abrupte isolierte Gruppe vor uns stehen ohne Entstehungsphase und ohne Ausklang, ist so unbefriedigend, daß sich vor ihm unvermeidlich die Versuche erneuern, diesen Mangel aus den vorhandenen Beständen zu decken. Zu einem überzeugenden Ergebnis haben sie aber nicht geführt.

Exkurs zum geometrischen Mäander

Den Mäander wird man im allgemeinen einer größeren Erörterung weder für fähig noch bedürftig halten. Er ist ein charakteristisches schematisches Element des geometrischen Dekors, von einer gewissen Varietät zwar, aber ohne konstruktive Besonderheit. Das stimmt nur bedingt, oder nur für den sog. Zinnenmäander, der vollkommen gleichmäßig auf- und absteigt, aber nicht für die Form, die für den geometrischen Dekor die wichtigste ist, den Hakenmäander, ein Gebilde von spezifischer Dynamik. Der Zinnenmäander ruht. Seine Zinnen steigen vollkommen gleichmäßig auf und ab, und es gibt in ihm keine Fortbewegung, sie breiten sich völlig gleichmäßig nach beiden Seiten aus. Der Hakenmäander besitzt eine nur sekundäre Vertikalbewegung, für seine Horizontalbewegung aber ist bestimmend, daß sie gegenläufig ist. Eben die Haken sind gegeneinander gerichtet, und diese Gegenläufigkeit wird durch die wechselnde Schraffur noch eigens betont. Die Gegenläufigkeit hat aber keineswegs den Effekt, daß die beiden Richtungen sich gegenseitig aufheben, vielmehr rückt der Hakenmäander im ganzen unaufhaltsam und völlig gleichmäßig fort. Unaufhaltsam, nirgends gibt es einen Halt. Die Ursache liegt darin, daß der Hakenmäander nirgendwo achsbezogen (symmetrisch) ist. Es ist nicht möglich, ein symmetrisches, in sich ruhendes Stück aus ihm herauszuschneiden. Wie und wo man ihn auch zerschneidet, es ergibt sich immer eine offene Form. Das Problem ist für die Vasenmaler von einiger Relevanz gewesen, denn sie hatten den Hakenmäander nicht nur als fortlaufendes Band zu gestalten, sondern auch in Metopen einzusetzen,

Abb. 87 Beispiel eines geometrischen Hakenmäanders, dessen Schraffur die Gegenläufigkeit der Haken unterstreicht

und hier gab es für sie keine eindeutige überzeugende Lösung, sondern eine Vielfalt von Möglichkeiten, die jedoch alle miteinander unvollkommen waren. In Abb. 31 hat der Maler in Mittel- und Seitenmetopen zwei verschiedene Lösungen angewandt. Die Mittelmetope bringt Abschluß und Symmetrie, soweit sie überhaupt möglich sind. Der Künstler läßt an den Enden den auf- und absteigenden Arm bis zur Rahmenlinie durchlaufen, wo eine definitive Grenze ist. Gleichzeitig verfestigte er den Ausschnitt an den Seiten, indem er auch hier die Grenzlinie direkt an die Schenkel heranführt. So ergibt sich ein »fest umrissenes« Stück Mäander. Aber harmonisch wirkt es deswegen nicht, sondern unübersehbar fragmentarisch. Immerhin, wenn man auf das Negativ achtet, auf den vom Mäander ausgesparten weißen Zwischenraum, so ergibt sich ein vollkommen symmetrisches Bild: je zwei Metopenhaken oben und unten. In den Seitenmetopen hat er eine andere Lösung versucht. Der Mäander ist sozusagen an einem Querbalken aufgehängt und reicht nach unten. Dort hat er ihn aber nicht abermals an einem Querbalken befestigt, sondern läßt ihn offen enden, offen zur Fortsetzung sozusagen. Ganz anders ist die Lage beim Zinnenmäander. Hier ist es überhaupt kein Problem, achsbezogene Schnitte zu legen, d. h. symmetrische, in sich geschlossene Teilstücke herauszulösen. Die Achsbezogenheit läßt den Zinnenmäander ruhen. Die offene Form des Hakenmäanders dagegen treibt ihn unaufhaltsam fort in einer eindeutig gerichteten Umlaufdynamik. Hier gibt es kein Fluktuieren, kein Schwellen und Atmen, sondern nur ein unverwandtes Gleichmaß. Es ist, als hätte der Schritt der Zeit selbst Gestalt angenommen. Auch wenn man den Hakenmäander umkehrt, so bleibt er sich völlig gleich. Selbst die Richtung bleibt dieselbe.

Vielleicht ist es instruktiv, sich noch einmal den Halsdekor der Vase Taf. 51 anzusehen und sich klar zu machen, daß inmitten der umgebenden Bänder von Zinnenmäander, Zickzack und falschen Spiralen, die ruhen oder sich gleichförmig ausbreiten, der Hakenmäander das einzige Dynamische ist. Auf der Schulter hat der Künstler drei Metopen mit demselben Ausschnitt gefüllt. Er ist so symmetrisch wie möglich: zwei geschlossene Durchläufe um einen senkrechten Mittelbalken gruppiert, aber nach den Seiten bleiben sie offen.

Abb. 88 Beispiel eines archaischen Schmuckbandes mit Palmettenspiralen und gegitterten Rauten

Wie man einen Hakenmäanderschnitt besonders geschickt und harmonisch legen kann, zeigt Abb. 89 (Mitte).

Eine ganz andere Form, einen ganz anderen Zeitschritt sozusagen zeigt Abb. 88, ein charakteristisches Schmuckband archaischer Zeit: Doppelspiralen mit gegenständigen Palmetten in den Zwickeln und durch schraffierte Rauten getrennt.

Hier haben wir ein klares achsbezogenes System. Die Rauten trennen jeweils eine geschlossene Einheit ab. Das Ganze schreitet nach keiner Seite fort, sondern ruht in seinen geschlossenen Elementen. Innerhalb dieser aber gibt es eine energische Bewegung, einen lebhaften Wechsel von Konzentration und Entfaltung, die immer wieder ineinander zurückkehren. Hakenmäander und Spiralband zeigen eine voneinander völlig verschiedene Dynamik, d. h. vielleicht, eine ganz verschiedene Art zu leben.

Abb. 89 Beispiel für zwei Möglichkeiten, den Hakenmäander zu zerlegen, was immer nur offene Formen ergibt

Taf. 57

Taf. 58

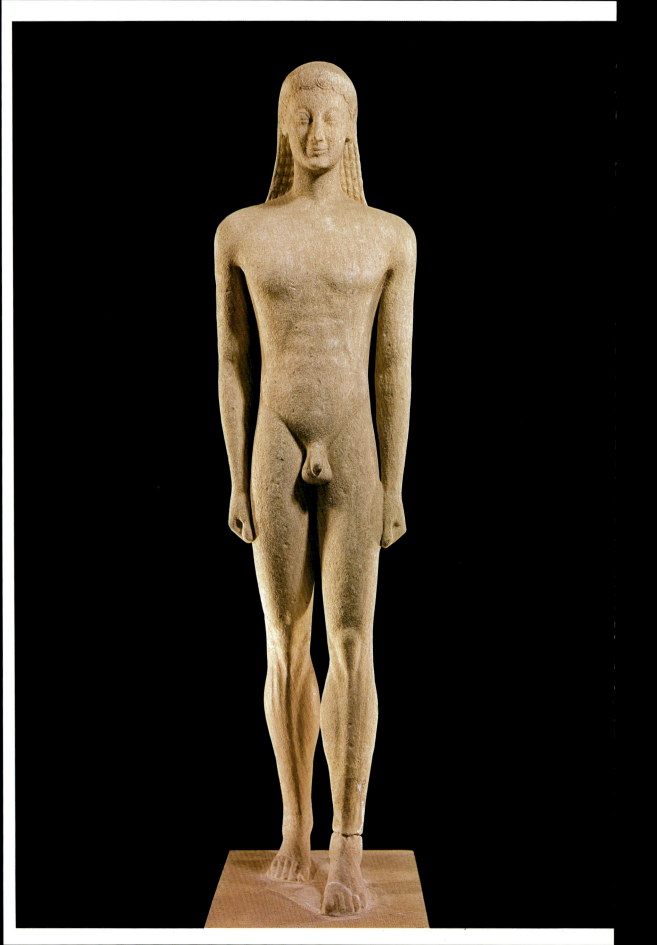

◁◁ Taf. 56 Marmorstatue der Artemis von Delos, die erste griechische Großplastik, noch ganz blockartig gearbeitet. Um 630 ins delische Artemision geweiht von der Naxierin Nikandre, die vielleicht Priesterin der Artemis war. H 1.75 m. Athen, NM 1.

◁ Taf. 57/58 Torso eines Kouros. 1875 auf Naxos gefunden. Linienführung von großer Eleganz. Die schlanke, das Athletische zurückdrängende Form gilt als spezifisch naxisch. Um 550. Erh. H 1,12 m. Berlin, Antikenmuseum 1555.

Taf. 59 Kouros, 1891 auf Melos gefunden, naxischer Marmor. Grazil, überschlank, die Arme kraftlos. Werk einer noch nicht identifizierten Schule. Um 550. H 2,14 m. Athen, NM 1558.

Taf. 60/61 Kouros aus dem Ptoon bei Theben. Torso 1885, Füße und Plinthe 1886, Kopf 1903 gefunden. Inselmarmor. Großartige Darstellung des archaischen Menschenbildes. Vielleicht naxisch. Um 530–520. H 1,60 m. Athen, NM 12.

Taf. 62   Marmorkopf, auf Naxos gefunden. Flächig aufgefaßte, unplastische Darstellung. H 41 cm. Kopenhagen, Ny Carlsberg Glyptotek.

Taf. 63   Oberteil einer Kore, die eine Frucht vor der Brust hält. 1886 auf der Akropolis gefunden. Inselmarmor. Wenig ausdrucksvoll durch ein nüchternes Gesicht, aber festlich durch reiche Gewand- und Haartracht. Der delphischen Sphinx der Naxier verwandt und vielleicht ebenfalls naxisch. Um 560–550. H 54 cm. Athen, Akrop. Mus. 677.

Taf. 64/65 Kouros. 1930 auf Kea gefunden. Inselmarmor. Die kräftige, weniger athletische als fleischige Gestalt mit den schweren Brüsten und Schenkeln und dem breiten Gesicht mit den ausgestülpten Lippen unterscheidet sich deutlich von den anderen Inselschöpfungen. Um 530. H 2,07 m. Athen, NM 3686.

Taf. 66a.b Kouros a 1903 im Ptoon gefunden. Schlankheit und Habitus stellen ihn zu b: dem Kouros von Melos ▷ (vgl. Taf. 59). Um 550. Erh. H 1,37 m. Theben, Arch. Mus. 3.

Taf. 67 Kouros, im Asklepieion von Paros gefunden. Die fleischige, fast weiblich füllige Gestalt mit dem groben rund- ▷▷ lichen Gesicht ist trotz des Fundorts sicher nicht parisch, sondern im ionischen Bereich entstanden. Um 540. Erh. H 1,04 m. Paris, Louvre MND 888.

Taf. 66

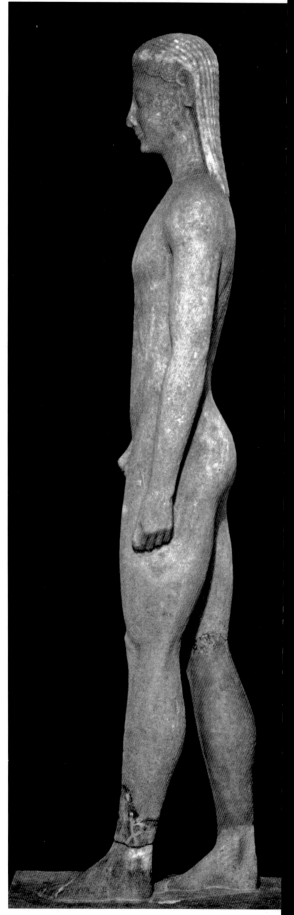

Taf. 67 ▷

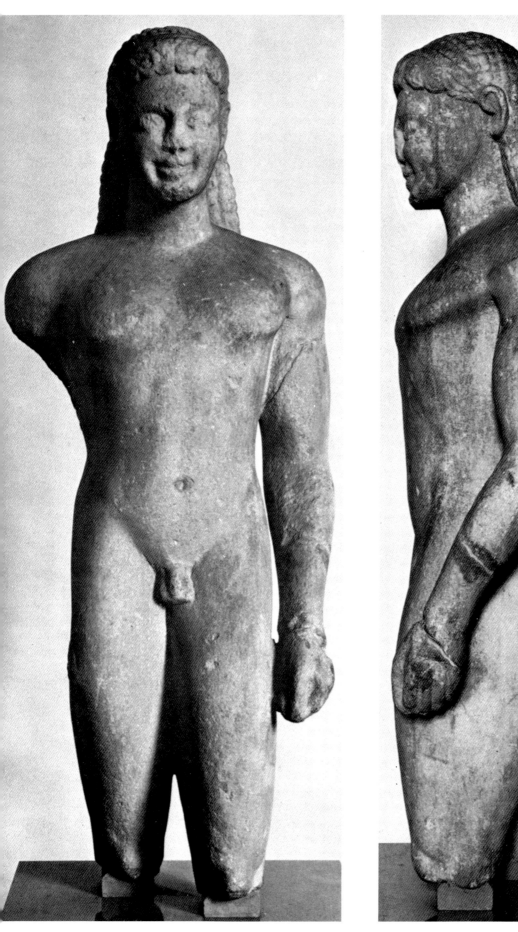

Taf. 68 Kouros von Phlerio/Naxos. Die schon weit ausgearbeitete Statue zerbrach auf dem Transport und wurde liegengelassen. Unzweifelhaft naxisch, bestätigt sie die schlanke naxische Form. Erh. L 5,55 m; Schulterbr. 1,35 m.

Taf. 69 Koloß von Apollonas/Naxos, nur seitlich freigehauen, aber vom Grund noch nicht gelöst. ▷ Wegen des Bartes vielleicht Dionysosstatue. L 10,45 m; Schulterbr. 2,55 m.

Taf. 70 Koloß der Naxier auf Delos, Oberteil. Bei etwa vierfacher Lebensgröße wirkte das riesige Bildwerk wesentlich schlanker, als die Bruchstücke jetzt vermuten lassen. H des Oberteils 2,20 m. Delos.

Archaische Zeit

KYKLADISCHE GROSSPLASTIK

Die Statue der Nikandre

Die Insel Naxos hat den Ruhm, die Heimat der ersten Großplastik der griechischen und damit zugleich der europäischen Kunst überhaupt zu sein. Es ist die lebensgroße Marmorstatue (1,75 m), die um das Jahr 660 v. Chr. die Naxierin Nikandre der Artemis in Delos weihte, wie es die Weihinschrift bezeugt. Die Statue ist noch ganz kubisch, aus einem ziemlich flachen Block gearbeitet, ohne Raumtiefe und Seitenansicht, in strenger Symmetrie, mit angelegten Armen und geschlossenen Fußspitzen. Der ganze Unterteil des Gewandes ist ohne Artikulation völlig flach, sozusagen brettartig wiedergegeben. Organisch wirken nur die leicht schwellende Brust und die runden Schultern. Das Gesicht ist arg verrieben. Man erkennt aber noch deutlich, wie es spitz zulief und wie ihm die im Gegensinn dazu weit ausladende Lockenpracht eine nachdrückliche Folie gab. Man muß sich vorstellen, daß Gewand, Haar, Lippen und Augen bemalt waren und daß Artemis als Herrin der Tiere und Göttin der Jagd in der einen Hand einen Bogen und in der anderen Pfeile oder Zweige hielt. Es ist die erste erhaltene griechische Götterstatue, ohne jede Glorifizierung, in der einfachen natürlichen Gestalt eines Menschen, damit zugleich das Menschliche zum Göttlichen erhebend. Gleichzeitig bleibt in der statischen monolithen Kubusform dieses ersten Götterbildes noch die Erinnerung an vorgeschichtliche Kultpfeiler (Menhire) erhalten und verdeutlicht uns den noch stark magischen Hintergrund der archaischen Religiosität.

Taf. 56

Die Weihinschrift auf der linken Seite des Gewandrockes lautet: *Nikandre hat mich der Fernhintrefferin, der Schützin der Pfeile geweiht, die Tochter des Deinodikos, des Naxiers, hervorragend unter den Frauen, Schwester des Deinomenes, Frau des Phraxos.*

Daß eine Frau mit der Weihung dieser kostbaren Statue öffentlich hervortrat, war unter Griechen ungewöhnlich, vollends in dieser frühen Zeit. Sie tat und konnte es nur als Angehörige eines bekannten und angesehenen Geschlechts. Sie gibt dabei nicht nur den Namen des Vaters an, sondern auch den ihres Mannes und noch vor diesem den ihres Bruders. Dieser Deinomenes scheint es gewesen zu sein, der der Familie das größte Ansehen und Nikandre vielleicht auch den Gatten verschafft hatte. Es ist vermutet worden, Deinomenes sei Tyrann von Naxos gewesen. Ein anderes Zeugnis über ihn als dieses existiert jedoch nicht, und gesichert bleibt allein die ruhmvolle Weihung seiner Schwester an die Delische Artemis.

Naxische Großplastik auf Thera

Die Artemisstatue der Nikandre ist nicht nur die älteste griechische Großplastik, die wir besitzen, sondern auch eine der besterhaltenen. Die meisten archaischen Inselstatuen sind nur sehr fragmentarisch auf uns gekommen. Das gilt besonders von der zeitlich sich anschließenden Gruppe, den Statuen auf Thera, denen der unvorbereitete Besucher des dortigen Museums nur wenig Interesse abgewinnen wird. Da die Insel über keinen eigenen Marmor verfügte, ist es von vornherein unwahrscheinlich, daß sich auf ihr eine lokale Bildhauerschule entwickelte. So weisen in der Tat die dort gefundenen Bildwerke durch Material und Form nach Naxos. Unter ihnen befindet sich auch eine weibliche Statue, die sich also mit der Artemis der Nikandre unmittelbar vergleichen läßt. Von dem Bildwerk, das, Ende vorigen Jahrhunderts entdeckt, bis 1953 in einem privaten Weinkeller logierte und erst dann ins Museum von Thera gelangte, ist der ganze untere Teil von der Taille ab verloren. Nur der armlose Oberkörper und der Kopf sind erhalten, das Gesicht jedoch auch ganz zerstört. Die flache Gestaltung des Oberkörpers, besonders aber auch Formung und Verteilung des Haares, dessen hintere Partie ganz wie bei der Nikandrestatue in ungebrochener Linie direkt in die leichte Krümmung des Rückens übergeht, schließen sie über jeden Zweifel mit dieser zusammen. Die Höhe des erhaltenen Fragments beträgt 0,80 m, was bedeutet, daß die Statue eine Größe von über zwei Metern erreichte. Wir sind also hier, um 630, bereits in die Epoche der Kolossalstatuen eingetreten, deren Format in der Folge immer weiter wuchs, bis schließlich durch Übersteigerung der Umschlag erfolgte.

Die Frauenstatue, deren Funktion unbekannt ist, wird zeitlich umschlossen von zwei männlichen Bildwerken, die ebenfalls stark fragmentiert sind, Kouros A und B. Der ältere Kouros A, ebenfalls arm- und gesichtslos, ist wenigstens bis zum Gesäß erhalten, und die bereits bei der weiblichen Statue angegebenen Merkmale stellen auch ihn in unmittelbare Nähe zum Weihgeschenk der Nikandre. Vom jüngeren Werk, Kouros B, sind nur die Schulterpartie und die Haartracht erhalten. Das Gesicht ist vollständig weggeschlagen. Aber die Haartracht ist von einer Eleganz, die jeden Betrachter faszinieren wird. Wir bewundern nicht nur die überraschende technische Meisterschaft, sondern wirklich auch das, was sie darstellt, nämlich wie die Adeligen der archaischen Zeit mit Haartracht (und Kleidung) einen außerordentlichen Aufwand und Luxus trieben, aber offenbar auch einen unverfälschten Schönheitssinn dabei entwickelten. Die Gestaltung unseres Kopfes ist freilich rein schematisch. Die Haarsträhnen, die auf der Schulter völlig gleichmäßig aufliegen, sind je zwei und zwei vor- und zurücktretend angeordnet und außen von je einer Dreiersträhne eingeschlossen, das Ganze durch eine lose geknotete Binde zusammengefaßt. Aber die Gesamtwirkung ist deswegen doch sehr lebendig und festlich. Einigen Interpreten ist diese kühne Haartracht für eine Statue des 7. Jhs. als zu raffiniert erschienen und sie haben das Werk heruntergedatiert. Wenn man aber die ganz schematisch

Abb. 90
Kouros B von
Thera. Haartracht
und Rücken

gerundeten Schultern und den völlig flachen, ohne jede Modellierung ausgeführten Rücken betrachtet, an dem die Achselansätze einfache Schlitze und die Wirbelsäule eine simple Rille ist, so kann man die Nähe zur Artemis der Nikandre nicht verkennen.

Auch Kouros A und B waren Kolossalstatuen von über zwei Metern Größe, ein Maß, das, wie es scheint, in dieser Zeit eine Art Standard war.

Von zwei jüngeren Kouroi, Γ und Δ, sind nur so geringe Reste des Oberkörpers erhalten, daß sie vor allem den Beweis erbringen, wie es auch in dieser frühen Zeit schon eine bedeutende Anzahl von Großplastiken gegeben hat, von denen uns nur vereinzelte und zufällige Fragmente erhalten geblieben sind. Indem wir diese und andere geringe Bruchstücke, auch das einer kleinen weiblichen Sitzstatue auf Delos übergehen, folgt zeitlich eines der spektakulärsten Werke der archaischen Großplastik überhaupt, der Koloß der Naxier auf Delos.

Der »Apoll« von Thera

Viele Leser werden sich fragen, warum wir die besterhaltene Statue von Santorin bisher übergangen haben. Der sog. Apoll von Thera wurde 1835 von Ludwig Ross in Emborió für das Athener Archäologische Museum erworben und gehört zu den frühesten Kouroi, die überhaupt bekannt wurden. Gefunden wurde er in der Nähe der Gräber von Exomyti und hat wahrscheinlich als Grabmonument gedient. Die Statue ist zwar an den Knien abgebrochen, gehört aber zu den wenigen, die mit Kopf erhalten sind. Während die Kouroi gewöhnlich aus einem Block gearbeitet sind, hat sie die technische Besonderheit, daß ihr der Kopf angesetzt und durch eine Eisenstange am Rumpf befestigt wurde. Die Folge war, daß der Kopf, als die Statue umstürzte, nicht einfach abbrach, sondern daß der Hals durch die Eisenstange gesprengt wurde und zerbarst. Doch sind dies und der Verlust der Unterschenkel und Füße die einzigen Schäden.

Der Kouros ist ein ziemlich frühes Werk und wird zwischen 590 und 570 angesetzt. Der Künstler hat mehreres noch nicht richtig gemeistert. Er wagt es noch nicht, die Arme entschlossen vom Körper zu trennen, aus Furcht, sie zu zerbrechen. Sie bleiben durch Stege verbunden. Er gibt die Schulterblätter noch nicht an, und das Ohr ist unnatürlich weit nach hinten gesetzt. Messung hat ergeben, daß die Oberschenkel im Verhältnis ungewöhnlich kurz sind, so daß die Statue, wäre sie ganz erhalten, möglicherweise leicht disproportioniert wirken würde. Das alles hindert sie nicht, ein eindrucksvolles und bedeutendes Werk griechischer Plastik zu sein. Die hängenden breiten Schultern und die mächtigen Oberschenkel markieren eine wuchtige Gestalt, vielleicht nicht straff und energisch genug, um eigentlich athletisch zu sein. Große flache Locken bekrönen eine hohe Stirn. Hochgezogene Brauen über-

Abb. 91 Die Statue des sog. Apollon von Thera. Um 580 v. Chr. Erh. H 1,24 m

Abb. 92 Kopf des »Apollon« von Thera

wölben leicht schräg gestellte Augen, deren Äpfel etwas hervortreten. Die Seitenansicht wird von großflächigen Wangen und einer kräftigen Nase bestimmt. In beiden Ansichten aber rührt den Betrachter das archaische Lächeln an, das der wuchtigen Gestalt alles Strenge und Drohende nimmt. Für ein archaisches Götterbild wirkt sie in der Tat zu milde.

Die Herkunft des »Apollon von Thera« zu bestimmen, ist bis jetzt nicht gelungen. Zu keiner kykladischen Werkstatt will er passen. Als Kontoleon 1958 in den Athener Mitteilungen seinen wichtigen Aufsatz »Theräisches« veröffentlichte, in dem er alle aus Thera erhaltenen Skulpturen und Fragmente behandelte bis hinab zum Löwen der Agora –, über die besterhaltene theräische Skulptur, den »Apollon«, schwieg er sich vollständig aus, ohne auch nur eine Andeutung zu machen, in welcher Richtung seiner Meinung nach die Lösung zu suchen sei. Und er war, wie sich wiederholt gezeigt hat, wirklich kein Mann, der es gescheut hätte, auch gewagte und selbst unmögliche Hypothesen zu äußern. Die Lage ist also völlig ungeklärt, und wir haben ein Beispiel mehr, daß kykladische Kunstwerke in ihrer Herkunft unbestimmt bleiben. Selbst in den großen griechischen Kunstgeschichten kommt der Kouros gewöhnlich gar nicht vor, und der einzige Satz, den der Band »Das Archaische Griechenland« im Universum der Kunst der Statue widmet, ist die Festellung, der Künstler habe in der Wiedergabe des archaischen Lächelns »Ungeschick bewiesen (S. 126). Da indessen der »Apollon von Thera« auf Santorin gefunden wurde und da sein Stein naxischer Marmor aus Tragéa ist, so gibt es keinen Grund oder keine Möglichkeit, an seiner kykladischen Herkunft grundsätzlich zu zweifeln.

Der Koloß der Naxier auf Delos

Fast mehr noch als die kolossalen Reste selbst bestaunt man das Faktum, wie sie sich so weit von ihrer ursprünglichen Aufstellung entfernen konnten. Selbst die ungeheure Basis soll sich nicht mehr an ihrem eigentlichen Platz befinden. Ein Beweis mehr, daß wir die Schwierigkeiten antiken und mittelalterlichen Massentransports gewöhnlich überschätzen.

Der Koloß der Naxier erreichte ursprünglich vierfache Lebensgröße. Die beiden Bruchstücke des Torsos vom Hals zur Taille und von der Taille zu den Oberschenkeln messen 2,20 und 1,20 m. Noch stärker sprechen zur Einbildungskraft vielleicht die Maße des Fragments mit vier Zehen des linken Fußes, das der englische Kapitän J. Murray i. J. 1819 dem Britischen Museum vermachte. Die große Zehe erreicht allein eine Länge von 35 cm, die vier Zehen zusammen eine Breite von 60 cm. *Taf. 70*

Der Koloß stürzte um, als er bei einem Sturm von der großen ehernen Palme getroffen wurde, die der Athener Feldherr Nikias 417, mitten im Peloponnesischen Krieg, als Friedenszeichen gestiftet hatte. Er wurde dann aber wieder aufgerichtet und hat vielleicht das ganze Altertum hindurch aufrecht gestanden. Bondelmonte, der erste europäische Besucher der Kykladen, fand ihn 1420 umgestürzt und versuchte vergeblich, ihn wieder aufzurichten. Der Kopf war 1655 noch vorhanden, aber zwanzig Jahre später verschwunden. Der venezianische Provveditore von Tinos hatte das Gesicht absägen lassen, ohne daß es jedoch Venedig jemals erreichte, und ein Engländer namens Simon soll 1672 Kopf, Hände und Füße entführt haben. Die zertrümmerten Glieder scheinen in Kalköfen gewandert zu sein, und auch den Torso versuchte man offenbar, wie Bohrungen beweisen, zu zersprengen, um ihn für den Kalkofen praktikabel zu machen, ein Schicksal, dem er jedoch auf wunderbare Weise entging.

Die Entstehungszeit wird um 600 angesetzt. Die naxischen Meister hatten damals, auch ohne daß große Massen zu bewältigen waren, noch keinen besonderen Ehrgeiz, anatomische Einzelheiten herauszuarbeiten. Schulterblätter und Wirbelsäule sind durch einfache Rillen angegeben, der Rücken ist zur Andeutung der Muskulatur nur leicht durchmodelliert. Der moderne Betrachter hat einige Schwierigkeit, sich aus den Resten den ursprünglichen Gesamteindruck zu evozieren. Das Volumen war relativ flach, nur wenig in die Tiefe gearbeitet, die ganze Gestalt schlank und schmal, wie es dem naxischen Typus entsprach, mit einer fast zerbrechlich dünnen Taille. Es waren weder innere Struktur noch vitale Kraft, die den Koloß zur Einheit zusammenschlossen, sondern die geschmeidige Oberfläche und die durchgehende Umrißlinie.

Bohrlöcher beweisen, daß es bronzenen Haarschmuck gab und, was damals schon nicht mehr üblich war, einen bronzenen Gürtel. Er hatte u. a. die Aufgabe, die zerbrechlichste und gefährdetste Stelle des Kolossalbildes zu verstärken. Unklar ist die Haltung der Arme, ob angelegt oder abgewinkelt. Daß aber auch der Koloß die Embleme der Kultstatue des Porostempels getragen haben sollte, wie man vermutet hat, in der Linken den Bogen, auf der Rechten die drei Chariten (Grazien), ist eher unwahrscheinlich. Es hätte ja dann die schwer belastete Rechte durch ein Postament abgestützt werden müssen, was dem Typus direkt widersprechen würde.

Die erhaltene Basis gibt wenigstens noch ungefähr den Ort der ursprünglichen Aufstellung an, an der Nordwand des Naxier-Oikos. Sie hat die außerordentlichen Abmessungen von 3,47 × 5,15 m bei 0,70 m Höhe, d. h. ein Volumen von 12,50 Kubikmeter und ein Gewicht von 75 Tonnen, die selbst den Mykenern nicht verfehlt hätten Eindruck zu machen. Was diese Masse im Gewicht einer mittleren D-Zug-Lokomotive wirklich bedeutet, ermißt man noch genauer, wenn man sich klarmacht, daß sie zu Schiff übers Meer transportiert werden mußte, denn der Marmor stammt aus Naxos. Wir sagten schon zu Anfang, daß wir die Transportprobleme der Alten, deren

Lösung wir nicht kennen, gewöhnlich überschätzen. Es ist kein Zweifel, daß die Griechen der archaischen Zeit, so wie sie die Idee der kolossalen Standbilder von den Ägyptern übernahmen, sich auch deren Steinbruch-, Steinmetz- und Transporterfahrungen zunutze machten.

Basis und Standbild sind nicht nur beide aus naxischem Marmor, sondern sogar aus demselben Block gearbeitet, wie die Inschrift der Basis mit ungeschicktem iambischem Trimeter stolz verkündet:

Aus demselben Stein bin ich: Statue und Basis.

Die eigentliche Weihinschrift ist verloren. Sie hat wohl über der zitierten Zeile gestanden. Notwendig war sie indessen nicht, da es keinen Besucher des Heiligtums gab, dem unbekannt geblieben wäre, wer die kolossale Statue gestiftet hatte. Eine zweite Inschrift auf der anderen Seite der Basis stammt erst aus dem 4. Jh.:

Die Naxier (haben) *dem Apollon* (diese Statue geweiht).

Sie wurde sehr wahrscheinlich bei der Wiederaufrichtung des umgestürzten Kolosses angebracht, als die ursprüngliche Weihinschrift vielleicht schon nicht mehr lesbar war.

Eine neuerliche Inspektion des Kolosses ist zu dem Ergebnis gelangt, daß der Bronzeschmuck nicht der ursprünglichen Gestaltung angehört, sondern erst bei einer Überarbeitung hinzugefügt wurde. Ursprünglich sei das Standbild ganz schmucklos gewesen und habe höchstens die Embleme Apollons in den Händen gehalten.

Unvollendete Kuroi in den Marmorbrüchen von Naxos

Wir haben eine Reihe naxischer Werke auf Thera kennengelernt und zwei bedeutende Weihungen auf Delos (Artemis der Nikandre und Apollon-Koloß). Naxos selbst dagegen glänzt heute nur durch trümmerhafte Statuen, durch einige kleinere im Museum, von denen mehrere erst in den letzten Jahren entdeckt wurden, und drei kolossale, die halbfertig in ihren Marmorbrüchen liegen geblieben sind, wo sie dem Besucher die alte Zeit mehr als manch fertiges Werk lebendig machen.

Am leichtesten zu erreichen, am lohnendsten vielleicht auch und mehr noch als die beiden anderen vom Geheimnis umgeben ist der Kouros von Phlerio. In einem Garten unter Bäumen und im Schutz einer Mauer gelegen, den Kopf zwischen herumliegenden Blöcken wie in einer Steinsetzung gebettet, von den Schattenkränzen des Laubes umspielt, zwingt er die Zeit zum Stillstand, den Wanderer zur Ruhe. Die liegende Länge täuscht über die Höhe, die das aufgerichtete Bildwerk besessen hätte. Es wäre fast sechs Meter hoch gewesen, hätte die Höhe eines zweistöckigen Wohnhauses erreicht. Erhalten sind noch 5,55 m bei einer Schulterbreite von 1,35 m. Das rechte Bein ist gebrochen, der linke Fuß verloren. Im Gegensatz zu den Beinen, die schon

Taf. 68

getrennt sind, sind die am Körper anliegenden Arme noch durch Stege mit ihm verbunden. Viel Volumen blieb dem Bildhauer nicht mehr, Arme und Hände auszuarbeiten, auch das Gesicht und das nach hinten gerichtete Haar lassen kaum Masse für die Vollendung. Der Block ist also nicht nur, um das Gewicht zu mindern, roh behauen, sondern schon in hohem Grade ausgearbeitet. Es ist kein Zweifel, daß die Statue nicht am Ort ihres Ursprungs, sondern auf dem Transport zu Bruch ging und unterwegs liegen gelassen wurde. Es ist eine jener schlanken Gestalten, wie sie für den naxischen Stil charakteristisch sind.

Etwa eine Stunde von Phlerio entfernt, aber ohne Führer kaum zu finden, liegt der Kouros von Pharangi, ungeschützt auf freiem Feld, das Gesicht abgeschlagen, beide Beine unterhalb des Knies weggebrochen. Bei ihm sind auch die Armstege schon entfernt, es ist eine schlanke, zerbrechliche, weitgehend vollendete Statue, erhalten mit 3,05 m Länge und 1,45 m Schulterbreite. Auch sie liegt nicht am Ort ihres Ursprungs, sondern ist auf dem Transport zerbrochen und liegen geblieben.

Taf. 69 Dagegen befindet sich die dritte Statue wirklich noch in ihrem Steinbruch. Sie übertrifft die beiden anderen um das Doppelte und liegt dicht über einer Hafenbucht der Nordostspitze von Naxos, beim Dorf Apollonas. Nach ihr hat der Ort den Namen bekommen, man hielt sie, wie den Koloß von Delos, für eine Apollonstatue. Vielleicht war sie, mit dem Bart, eher ein Dionysosbild. Ihre Länge beträgt 10,45 m, die Breite der Brust 1,70 m, die der Schultern 2,55 m, ein riesiges, nach Größe und Lage einzigartiges Bild. Der Kopf und der schmal gestreckte, unendlich lange Leib sind nur im Groben ausgearbeitet, die Figur noch gar nicht vom Untergrund gelöst, von der umgebenden Felsmasse erst durch einen engen Umgang getrennt. Wie würde man den Koloß gehoben, wie ihn den steilen Abhang hinunterbefördert haben? Vorstellen kann man es sich nicht. Es ist schon schwer sich vorzustellen, wie auch nur die grobe Zurichtung möglich war, denn die Steinmetzen hatten keine Möglichkeit, die Figur im ganzen und ihre Arbeitsschritte in Relation zu überblicken. Sie müssen nach vorgegebenen Maßen und Proportionen gearbeitet haben, die sie mechanisch übertrugen.

Nase und Brust sind von Rissen durchzogen. Aber sie können nachträglich, brauchen nicht der Anlaß der Aufgabe gewesen zu sein. Vielleicht hat ein Krieg den Abbruch der Arbeit erzwungen, Geldmangel, der Tod des Auftraggebers oder des Meisters, der das gewagte Werk übernommen hatte. Wir wissen es nicht. So wie der gotische Höhenflug mit dem Einsturz der Kathedrale von Beauvais ernüchtert wurde, so haben auch die Kolossalbilder der griechischen Archaik eines Tages ihre Grenze erreicht und den korrigierenden Umschlag erfahren.

Naxische Plastik des 6. Jahrhunderts

Der naxische Kouros von Berlin (Nr. 1555) wurde um 550 geschaffen. Es ist ein Meisterwerk von großer Eindringlichkeit, mit einer Linienführung von überzeugender Eleganz und Schönheit. Wie sehr würden wir uns wünschen, auch den Kopf zu besitzen. *Taf. 57/58*

Wir haben das erste Werk vor uns, in dem die griechische Sensibilität für die Schönheit des menschlichen Körpers voll zum Ausdruck kommt. Und daß anatomische Einzelheiten erst wenig ausgebildet sind, kann gerade als Konzentration auf das Wesentliche wirken.

Wir haben aber eine Gestaltung, die von Flächen und fließenden Linien bestimmt ist, nicht von Gerüst und Aufbau, keine Gestaltung, die primär von innen nach außen dränge, von der anatomischen Struktur bestimmt würde, sondern ein Gebilde, das von schönen Flächen umschlossen ist. Die Schulterblätter z. B. sind nicht körperlich gestaltet, sondern mehr nur als flache Scheiben aufgelegt. Auch das Haar hat nicht Volumen und Fülle, sondern ist als dekorative Hülle gestaltet. Aber das Ganze verliert dadurch weder an Reiz noch an Ausdruck. Es ist ein Hauptwerk aus der Jugendzeit des griechischen Volkes. Am energiegeladensten wirkt die Seitenansicht.

Aus dem Heiligtum des ptoischen Apollon in Böotien ist ein bis auf die verlorenen Unterschenkel fast völlig unversehrter Kouros aus der Zeit um 520 erhalten, der sich heute im Archäologischen Museum von Athen befindet (Kouros Nr. 12). Es ist einer der geglücktesten und sozusagen »sympathischsten« und »liebenswürdigsten« Kouroi, die auf uns gekommen sind. Für naxische Herkunft spricht dabei, daß wir immer noch die Herrschaft der schönen Linie und harmonischen Fläche finden, daß die anatomischen Einzelheiten: Schlüsselbein, Bauchmuskeln, Leistenlinie sehr zurückhaltend gestaltet werden, daß wir Kraft finden und Elastizität, aber nicht geradezu Vitalität und geballte Energie. Wir finden in diesem allen also eine vornehme Verhaltenheit, wie sie sich auch in der Physiognomie und damit für die ganze Person unseres Kouros ausspricht. Glücklich die Landschaft, der dieser Kouros zugeschrieben werden darf. – Es gibt nur wenige Menschen, die schöne Füße haben. Mit den Kouroi steht es darin nicht viel anders. Von unserem ptoischen Kouros sind zwar die Unterschenkel verloren, aber die Füße mit der Plinthe wunderbarerweise erhalten. Sie werden jedem Betrachter ungeteiltes ästhetisches Vergnügen bereiten. *Taf. 60/61*

Die Skulpturen von Melos

Taf. 59, 66b   Berühmt und bestaunt vor vielen anderen Kouroi des Athener Museums ist der von Melos. Viele mögen vielleicht das attisch Robuste nicht und ziehen das Grazile, Vegetabilische, Verträumte vor. Melos war eine der dorischen Inseln, aber der Kouros ist nicht dorisch. Man hat ihn Naxos zugeschrieben und die Zuschreibung durch Stilvergleich zu begründen versucht. Man sieht nicht, wie es gelingen kann. Wir berufen uns auch hier wieder weniger auf Einzelheiten, so konkret sie sind: die eckigen Schultern und geradlinigen Arme, die völlig flach verlaufende Bauchsilhouette, die Überlänge der Gestalt, das Kerzengerade der Haltung. Wir meinen vielmehr, es handelt sich einfach um einen ganz anderen Menschentyp, mit dem der naxische, wie wir ihn oben in dem Berliner Kouros kennengelernt haben, nicht zu vereinbaren ist. Wir sprachen am Anfang von Grazilität, aber es ist eigentlich doch nur Schmächtigkeit und Kraftlosigkeit. Die Arme hängen einfach schlaff herab. Wo ist die Elastizität und Kraft, die Entschiedenheit und Verläßlichkeit, die den naxischen Kouroi bei aller Schönheit immer mitgegeben sind? Wie kann man es als Argument ansehen, sich bei solch vitalen Unterschieden auf Übereinstimmung in Einzelheiten der Haartracht zu berufen?

Taf. 66a   Es gibt einen zweiten, ganz ähnlichen Kouros, der im Ptoon gefunden wurde, leider mit abgebrochenen Beinen. Er steht dem Athener Kouros ganz nahe, ist nur noch durch ein paar Auffälligkeiten mehr ausgezeichnet: eine stark niedergedrückte Nase, ein geradezu pathologisch spitzes Kinn, ganz schmal, fast senkrecht aufsteigende Kinnladen und völlig unnatürlich auf die Höhe der Stirn gesetzte Ohren. Wo auch immer die beiden Kouroi herstammen mögen, aus Naxos stammen sie nicht.

Abb. 93   Schließlich besitzen wir noch zwei melische Köpfe, stark verwittert und verrieben, aber von unverlorener Eigenart. Kontoleon, der sie hervorzog,
Taf. 62   verglich sie mit dem naxischen Kopf aus Kopenhagen und fand Eigentümlichkeiten der Haartracht und Kopfbinde, die, wie er meinte, nach Naxos wiesen. Aber es handelt sich um keine Analyse, sondern um vorgefaßte Meinung. Kein unbefangener Betrachter kann übersehen, daß es sich um zwei völlig verschiedene Physiognomien, ja um zwei ganz andere Menschentypen handelt. Dagegen stellen sich die beiden Köpfe direkt zu den beiden Kouroi und bilden mit ihnen eine so geschlossene Gruppe, wie sie sich von keiner anderen Insel findet. Melisch ist sie wahrscheinlich nicht. Aber solange man ihre Herkunft nicht überzeugend klären kann, sollte man es, statt unannehmbare Zuschreibungen zu versuchen, lieber einfach bei der Bezeichnung »melisch« belassen.

Abb. 93 Kopf eines Kouros von Melos

Abb. 94 Die Sphinx der Parier von Delos auf ihrem parischen Kapitell ▷

Taf. 71 Sphinx der Naxier in Delphi, aufgestellt auf einer über 10 m hohen ionischen Säule unterhalb der Terrasse des Apollontempels. Funktion unbekannt. Ausdrucksschwaches, unplastisches Werk: grobflächiges Gesicht, Haartracht wie eine Kappe aufgelegt, der Leib eine schematische Walze mit aufgelegten Rippen, den naxischen Löwen auf Delos verwandt. Um 560. H 2,15 m, mit Flügeln 2,32 m; L der Basis 1,35 m. Delphi, Mus. 365.

◁ Taf. 72 Geflügelte Nike im Knielauf, 1877 auf Delos gefunden. Die Linke auf der Hüfte, die Rechte erhoben. Breitflächiges Gesicht, prismatischer Oberkörper. Archermos von Chios soll als erster die Nike geflügelt dargestellt haben. Werke von ihm gelangten auch nach Delos. Der Fund einer Statuenbasis mit seinem Namen im Bereich der Nike legte es nahe, ihm diese zuzuschreiben, doch bleibt umstritten, ob die Basis wirklich zur Nike paßt. Vielleicht war sie auch Akroter auf dem Giebel von Apollons Porostempel. Von O. Rubensohn wurde sie für eine Darstellung der Artemis gehalten. Um 550. H 90 cm. Athen, NM 21.

Taf. 73 Nordfries vom Schatzhaus der Siphnier in Delphi, um 530 geweiht, in Form eines kleinen Antentempels (5,95 x 8,40 m) ganz aus parischem Marmor erbaut mit zwei Karyatiden statt Säulen. Über dem Architrav rings ein Relieffries mit mythologischen Szenen. Von den ursprünglichen 29,60 m mehr als die Hälfte erhalten, eines der größten und kostbarsten Werke griechischer Plastik. Taf. 73, 75 u. 76 zeigen den Nordfries mit der Gigantomachie. H 63 cm. Delphi, Museum.
Ein Löwenwagen fährt die Göttermutter Kybele in die Schlacht. Hinter ihr Dionysos mit Pantherfell im Kampf mit einem Giganten, im Freiraum zwischen den Gestalten betont zur Geltung gebracht. Die beiden Löwen vor dem Wagen fallen einen zurückweichenden Giganten an. Es folgt das Geschwisterpaar Apollon und Artemis, im Gleichschritt in den Kampf eingreifend, als Bogenschützen in vorgebeugter Haltung. Ihnen entgegen eine Gruppe von drei Giganten, die Schilde gestaffelt, um den Rand des letzten eine Künstlerinschrift. Am Boden ein gefallener Gigant. Im Freiraum der fliehende, zurückblickende Gigant Kantharos im Hintergrund, als Läufer glänzend erfaßt. Sein Helmknauf als Kantharos gestaltet, dessen Henkel als Helmbuschträger dienen. Sein Schild läßt alle Einzelheiten der Konstruktion erkennen.
Zu Beginn der zweiten Folge ein fragmentiertes, dramatisch aufgerichtetes Viergespann, auf dem Zeus in die Schlacht zieht. Am Boden ein nackter Gigant, gegen den, sich niederbeugend, Hera die Lanze richtet, als ob sie ihm den Todesstoß versetzen wollte. Es folgt Athene mit der Ägis, die schönste und betonteste Göttergestalt des erhaltenen Frieses. Von ihren beiden Gegnern sinkt einer bereits besiegt zurück. Dem nächsten Gigantenpaar tritt Ares über einem Gefallenen entgegen, dann Hermes. Ganz rechts, in geringen Resten, vielleicht Poseidon und Amphitrite.
Das dramatische, dicht gedrängte Geschehen ist mit größter Kunst der Disposition gestaltet. Überschneidung, Staffelung und Wechsel sind vollkommen beherrscht, nirgends ist zu einer schematischen Wiederholung gegriffen. Die Göttergestalten sind inmitten des Getümmels in Freiräumen nachdrücklich zur Geltung gebracht.

Taf. 74 Die Löwenterrasse auf Delos über dem hl. See. Die Löwen begleiteten das letzte Stück der alten Prozessionsstraße vom nördlichen Ankerplatz zum Letoon. Um 560.

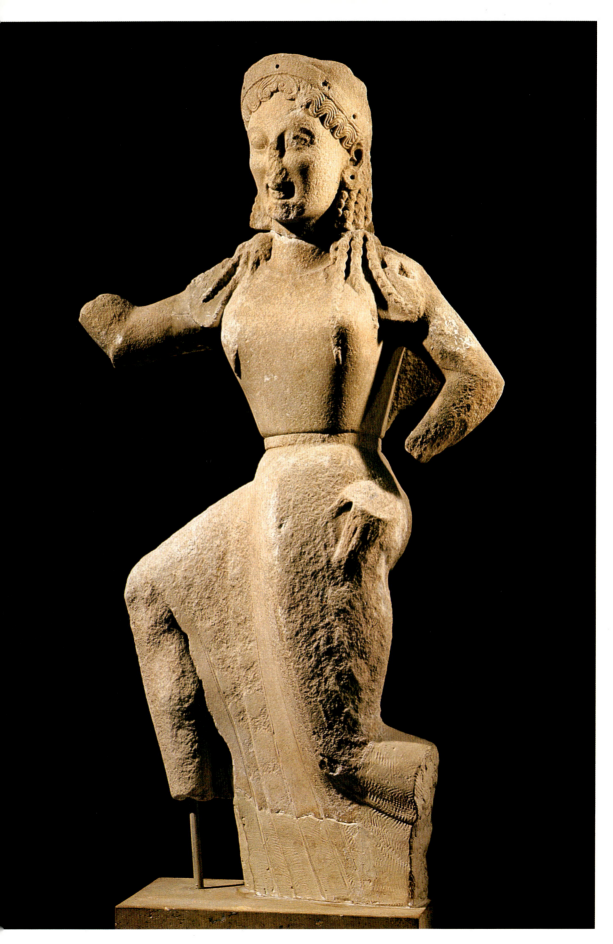

Taf. 73

Taf. 75/76 Vgl. die Erklärung zu Taf. 73.

af. 77　Tonstatuette einer Trauernden in fußlangem Gewand, die sich mit beiden Händen ins Haar greift, aus Thera. Die Figur ist farbig gefaßt bis auf die Rückseite und nicht mit einem Model, sondern aus freier Hand geformt. Ein kleines Meisterwerk von großer Eindringlichkeit. H. 31 cm. Thera, Arch. Mus.

Sphingen

Von beiden Inseln, Naxos und Paros, sind gleichartige Weihgeschenke erhalten. Die Naxier stifteten in Delphi, vielleicht ausnahmsweise nicht dem Apollon, sondern dem Dionysos, eine auf dem Kapitell einer über zehn Meter hohen ionischen Säule thronende Marmorsphinx, die trotz ihres tiefen Sturzes einigermaßen vollständig beieinander blieb und ergänzt und restauriert im delphischen Museum zu bewundern ist. Die Parier ihrerseits stifteten eine Sphinx nach Delos. Sie hat die Zeiten nicht so gut überstanden. Die Vorderbeine fehlen, die Flügel sind abgebrochen, Nase, Kinn und linke Gesichtshälfte zertrümmert. Lange glaubte man, auch diese delische Sphinx sei naxisch, bis Kontoleon entdeckte, daß das Kapitell, auf dem sie hockte, parisch war. Und nun wurde man auch auf die Stilunterschiede aufmerksam. Man fand, daß nicht Körper und Plastizität die naxische Sphinx bestimmen, sondern kunstvoll dekorierte Flächen. Das Gesicht ist trocken und ausdruckslos, das Haar eine flache Kappe. Der Leib bildet einen fast regelmäßigen Zylinder, auf dem, wie bei den Löwen der Feststraße, die Rippen nur aufgelegt sind. Und wie bei diesen, so sind auch bei der Sphinx die Schenkel der Hinterbeine in die Richtung des Leibes gesetzt und mit diesem zu einer durchgehenden Walze verbunden. — Anders die Sphinx der Parier. Bei ihr bildet der Leib keinen Zylinder, sondern verjüngt sich stark zu einer schmalen Taille, von der die Hinterschenkel mit scharfem Knick und großer Masse ausschwenken. Kräftig und massig, im deutlichen Gegenklang zu den hinteren Schenkeln, ist auch die Brust gebildet. Ihr wieder entspricht das volle Haar und füllige Gesicht. – Die Unterschiede sind deutlich und handgreiflich. Aber ob sie verallgemeinert werden können, dazu reicht das parische Vergleichsmaterial nicht aus.

Taf. 71

Abb. 94

Taf. 63

Kykladische Kleinplastik

Wir fügen noch einige Kleinplastiken an als Zeugnisse dafür, wie hohen Rang auch diese Kunst auf den Kykladen erreichte und wie vollkommen und ausdrucksvoll gerade auch diese kleinen Meisterwerke sein können.

Das erste ist eine Tonstatuette aus Thera, die Statuette einer Klagenden, 31 cm hoch, in Form und Bemalung fast unversehrt erhalten. Die Figur ist gegürtet und erhöht ihre Lebendigkeit zusätzlich durch den starken Kontrast zwischen den kompliziert verschlungenen Armen und der völlig unartikulierten Rockpartie. Diese ist nichts weiter als ein unten gebauschter Zylinder, wie wir ihn auch von mykenischen Tonidolen oder den beiden Kultidolen von Siphnos kennen. Das dreieckige Gesicht ist von den ondulierten Drei-

Taf. 77

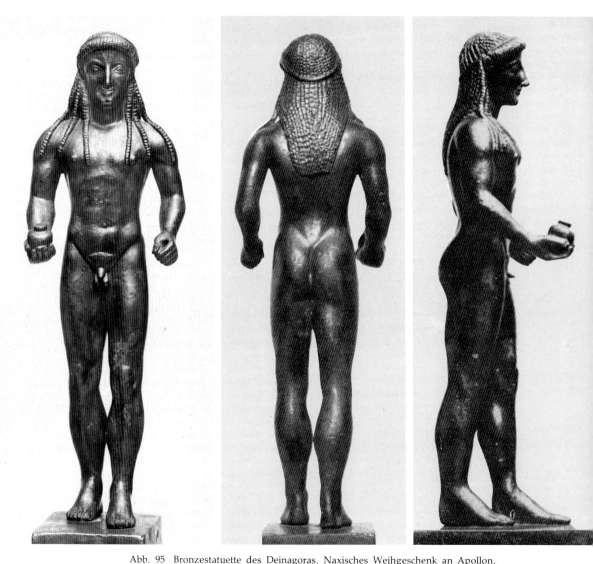

Abb. 95 Bronzestatuette des Deinagoras. Naxisches Weihgeschenk an Apollon.
H 18 cm. Berlin, Staatl. Mus. 7383

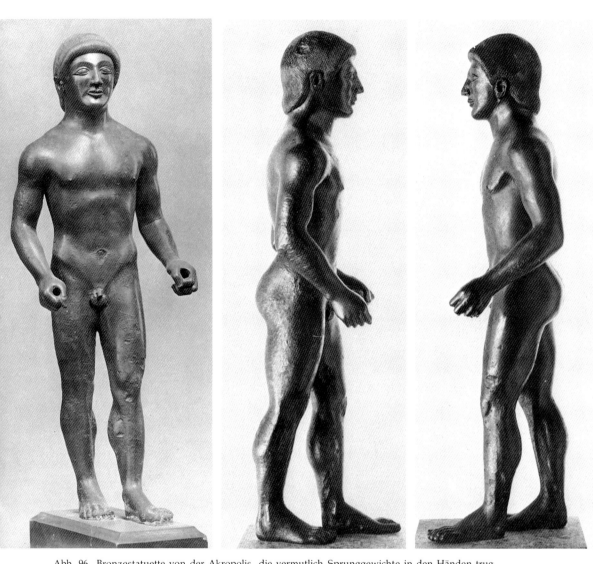

Abb. 96   Bronzestatuette von der Akropolis, die vermutlich Sprunggewichte in den Händen trug.
H 27 cm. Athen, NM 6445

ecken der Frisur gegenständig eingerahmt. Sein Ausdruck erscheint uns vielleicht eher verwundert und nachdenklich als traurig. Aber es ist so ausdrucksvoll, daß man es immer wieder betrachten kann.

Das folgende ist eine naxische Kleinbronze in Berlin, ein Weihgeschenk des Deinagoras an Apollon, 18 cm groß, völlig unversehrt erhalten, ein wenig spektakulärer, aber überaus feiner und kostbarer Besitz. Um der Statuette ein lebendiges Relief zu geben, vergleichen wir sie mit einer Bronzestatuette von der Athener Akropolis aus ungefähr der gleichen Zeit (um 500). Auch sie ist erstklassig erhalten, 27 cm groß. Beide Statuetten sind Meisterwerke in ihrer Art, beide werden ihre Werkstatt berühmt gemacht haben und in vielen Repliken verbreitet gewesen sein. Es ist ein großes Geschenk, daß sie wenigstens in je einem Exemplar erhalten geblieben sind.

Die naxische Statuette befindet sich der attischen gegenüber von vornherein dadurch im Vorteil, daß sie sozusagen »interessanter« ist durch den Granatapfel in der Hand und eine überaus kunstvolle Frisur. Die weiteren Unterschiede sind etwas feiner. Die attische Statuette hat den Kopf leicht erhoben, die Arme stärker angewinkelt, den linken Fuß weiter vorgesetzt. Die Haltung bekommt dadurch etwas stärker Bewegtes, sie ist auch leicht vorgeneigt, hat einen Anflug von Keßheit. Die Statuette des Deinagoras wirkt demgegenüber um einiges ruhiger, vornehmer, gesammelter. Der lange Schritt der attischen Statuette bringt es mit sich, daß ihre Beine, frontal gesehen, näher aneinanderrücken. Es ergibt sich damit eine sich von den Schultern bis zu den Knöcheln fast gleichmäßig verengende Linie, die nur durch Taille und Hüften stärker bewegt wird. Die naxische Statuette steht etwas gespreizter, breitbeiniger da, d. h. ausgewogener, statischer. Trotzdem wirkt die Umrißlinie bewegter, weil sie von der typisch naxischen, schärfer eingezogenen Taille belebt ist. Merkwürdig ist, daß beim Naxier Front- und Seitenansicht zwei sehr verschiedene Physiognomien ergeben, beim Athener dagegen nicht. Gemeinsam ist beiden Statuetten eine annähernd gleiche Energetik: Elastizität und Beweglichkeit, aber keine Vitesse; Energie und Kraft, aber nichts Athletisches. Man kann die Kunst der griechischen Bronzegießer nicht genug bewundern, in diesen kleinen Meisterwerken Person und Ideal in eins zu gießen. — Wenn der Verfasser wählen dürfte oder wählen müßte zwischen den beiden Statuetten, er würde die naxische wählen. Aber das wäre eine Wahl wie zwischen Achill und Hektor. Bald lieben wir den einen, bald den anderen.

MELISCHE VASEN

Die Gruppe Geometrisch Ad

In diesem Abschnitt stellen wir eine Vasengruppe vor, von der nur wenige Leser jemals etwas gehört haben. In europäischen Museen ist sie nirgends vertreten und kommt selbst in Griechenland, von einigen vereinzelten Funden auf Siphnos, Paros und Kimolos abgesehen, nur im Museum von Mykonos vor, dort allerdings reichlich.

Auch wird sie weder in den großen Darstellungen der griechischen Kunst, noch selbst in den speziellen Vasenwerken behandelt. Man führt nicht gern Gefäße vor, deren Herkunft man nicht angeben kann. Und doch ist es durchaus verlohnend, sich mit ihnen zu beschäftigen.

Unsere Gruppe wurde 1934 in Band XV des großen französischen Publikationswerkes über Delos veröffentlicht und trägt dort die Fachbezeichnung Geometrisch Ad. Sie hat den Archäologen seit je besonderes Kopfzerbrechen verursacht und sehr verschiedene Zuordnungen erfahren. Der englische Archäologe J. N. Brock bezeichnete sie 1949 geradezu als »mystery«. Inzwischen hat sich aber geklärt, daß die Vasen der Gruppe Ad melisch sein müssen. Die Gruppe ist stilistisch und technisch so einheitlich, daß nur ein relativ kurzer Zeitraum für sie angesetzt werden kann, die Jahrzehnte vor und nach 700. Das Material ist ein feiner rötlicher Ton. Ein Überzug wird nicht verwendet, daher bewahrt die Oberfläche die rötliche Farbe des Grundstoffs. Der Dekor ist gewöhnlich mit schwarzem, manchmal weinrotem Firnis gezeichnet, der nicht sehr qualitätvoll, dick und wenig glänzend ist. In der ganzen Serie finden sich derselbe Dekor und dieselben Formen: Halshenkelamphore und Wasserkanne (Hydria).

Wir veranschaulichen uns die Serie an der Vase Ad 1, einer großen Halshenkelamphore von 48,5 cm Höhe. Das formale Aufbauprinzip des Dekors ist der Wechsel zwischen annähernd gleich breiten Zonen von Reifen und Mustern. Die letzteren beginnen auf der Bauchmitte und sind von oben nach unten: Rhombenpastillen zwischen gestaffelten Zickzacks, gestrecktes Schachbrettmuster, Zungenmuster, Spiralhaken (sog. laufender Hund) und zuletzt, vom Standring ausgehend, Dreieckstrahlen. Der Hauptdekor befindet sich zwischen den Henkeln auf Hals und Schulter. Es ist ein figürlicher Dekor, und zwar auf beiden Seiten gleich, so daß die Amphore keine Schauseite besitzt, sondern gleichwertig angelegt ist.

Taf. 79 Vorderseite

Das Halsmotiv ist ein nach rechts gewandtes Pferd mit betont dünnen Beinen und einem schmalen, langgezogenen Leib, dessen diagonale Stellung eine weit überhöhte Hinterhand bedingt. Der Maler steht noch unter dem Zwang, die Metope mit dem Tiermotiv bis an den Rand ausfüllen zu müssen.

Auf der Schulter ruht eine Antilope mit zurückgewandtem Kopf, die von zwei Greifen umschlossen, d. h. angefallen wird. Diese Greife gehören zu den ersten, die sich in der griechischen Vasenmalerei finden, und sind genuin kykladisch, wahrscheinlich von einer orientalischen Metallvorlage übernommen. Der gleichzeitigen attischen Vasenmalerei sind sie fremd.

Auffälliges Charakteristikum der Gruppe ist eine Art Horror vacui. Die figürlichen Darstellungen sind von einem Schwarm von Füllmotiven umgeben. So entsteht ein dichter, doch zugleich relativ hell aufgelockerter Dekor, der die Struktur des Gefäßes nicht mehr deutlich artikuliert, sondern ihm etwas Flackerndes und Unruhiges verleiht. Aber im allgemeinen ist die Bemalung durchaus dekorativ und vor allem so charakteristisch, daß auch bei einer kleinen Scherbe ihre Zugehörigkeit unverkennbar ist.

Pferd und Flügelpferd spielen im figürlichen Repertoire der Ad-Gruppe eine besondere Rolle und wiederholen sich manchmal sogar auf Hals und Schulter. Das Pferd hat eine alte Beziehung zum Totenreich. Auch bei der unten folgenden Gruppe gehört es zu den wichtigsten Motiven. Alle diese Gefäße waren Grabgefäße. Auch die anderen figürlichen Darstellungen wie die von Greifen angefallene Antilope auf Ad 1 sind Bilder des Todes und der Todesdrohung. Dazu gehört vor allem auch das Vorkommen des Löwen.

Abb. 97   Ad-Skyphos von Kimolos. Hirsch mit stereotypen Füllmotiven

Pflanzenmotive fehlen so gut wie völlig. Nur ganz vereinzelt kommen Blattrosetten vor. Ebenso fehlen Menschendarstellungen. Der figurative Dekor beschränkt sich ausschließlich auf Tiermotive.

Die melischen Prunkamphoren

Die melischen Prunkamphoren sind große monumentale, bis zu 1,07 m hohe Gefäße, die als Grabaufsätze dienten und zu den kostbarsten Vasen gehören, die überhaupt aus dem griechischen Altertum erhalten sind. Ganze oder wiederhergestellte Gefäße existieren nicht mehr als zehn. Alle befinden sich in Griechenland. Eine größere Anzahl von Scherben stammt aus Delos, wahrscheinlich von Vasen, die schon vor der großen Reinigung von 426 zu Bruch gegangen waren. Es hat sich bis jetzt niemand gefunden, der bereit gewesen wäre, sie zu bearbeiten und herauszugeben, obwohl die Aufgabe durchaus lohnend sein könnte. Die ersten drei Gefäße wurden 1862 von dem deutschen Archäologen Alexander Conze veröffentlicht. Da sie aus Melos stammten, nannte er sie »Melische Thongefäße«, und dieser Titel, ohne nähere Spezifizierung, ist den Prunkgefäßen bis heute geblieben. Im Unterschied zu der oben behandelten Gruppe Ad sind sie in allen größeren griechischen Vasen- und Kunstdarstellungen wenigstens erwähnt. Eine wichtige, instruktive Gesamtdarstellung auf deutsch verdanken wir dem griechischen Archäologen Dimitrios Papastamos. *Melische Amphoren*. Münster 1970.

Die Gefäße gehören alle dem 7. Jh. an und wurden in zwei Formen hergestellt: einer älteren ausladenderen und einer jüngeren schlankeren. Der Aufbau ist dreistöckig. Charakteristisch ist der hohe und breite Hals, den, besonders in der jüngeren Form, der Gefäßkörper im Durchmesser nur um weniges übertrifft. Der konische Fuß hat ungefähr dieselbe Höhe wie der Hals. In

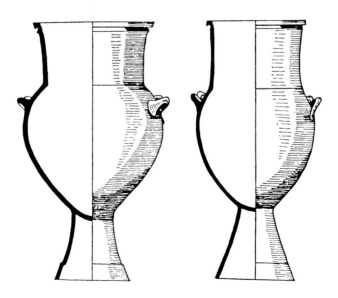

Abb. 98 Die beiden Formen der Melischen Prunkamphoren im Schnitt

ihrem Aufbau erinnern die melischen Prunkamphoren unmittelbar an die frühkykladischen Kegelhalsgefäße (Kandíles) und an die theräischen Amphoren des Linearen Inselstils. Ohne Zweifel sind sie Ausdruck einer fortwirkenden kykladischen Tradition. Es ist, als wäre zumindest bei der älteren Form noch ein Anklang an die Seeigelschale zu erkennen. Im Unterschied zu den beiden genannten älteren Gattungen, der frühkykladischen und der geometrischen, ist aber jetzt der Fuß kräftiger und organischer ausgebildet und wirkt nicht mehr als nachträglicher Zusatz. Und doch ist ihm ein merkwürdiges atektonisches Element geblieben. Im Verhältnis zu dem großen und massigen Gefäß ist er, besonders durch die starke Verengung nach oben, von betont reduzierter Schwere, ein Eindruck, der noch dadurch erhöht wird, daß der Dekor nach oben an Dichte zunimmt, während der Fuß, zudem von vier Spalten durchbrochen, nur aufgelockert bemalt ist, ja, in der Bemalung eine auffällige Einzelheit zeigt. Es gibt eine andere, hier nicht behandelte melische Gattung, bei der der Dekor in einem Strahlenkranz des Fußes endet. Dieser Strahlenkranz ist nach oben gerichtet, so daß er auf der Basis der Dreiecke ruht. Bei den Prunkamphoren ist er umgekehrt, so daß der Fuß und damit das ganze Gefäß auf die Spitze der Dreiecke gestellt ist, eine Anordnung, die geradezu atektonisch ist und die auffällige Leichtigkeit der frühkykladischen und geometrischen Gefäßfüße (hypokrateria) auf merkwürdige Weise erneuert.

Die Prunkgefäße sind Bauchhenkelamphoren. Die Griffe sind als horizontale Doppelhenkel auf die Schulter gesetzt und durch Form und Bemalung so gestaltet, daß sie wie Ziegenköpfe mit weitausladendem Gehörn aussehen. In anderen Fällen sind Augen unter die Griffe gesetzt, so daß sie wie kräftige Brauen wirken.

Wir geben eine kurze Beschreibung der wichtigsten Amphoren in zeitlicher Reihenfolge. Die Einteilung des Dekors ist bei allen Vasen gleich. Der Hals ist nicht in Bänder unterteilt, sondern mit Metopen geschmückt, die seine ganze Breite einnehmen. Auf dem Anfang der Schulter liegt zwischen Reifen ein schmales Schmuckband. Darunter folgt breit, über annähernd die Hälfte des ganzen Gefäßkörpers, die Hauptdarstellung. Den unteren Teil des Gefäßkörpers zieren regelmäßig zwei Bänder mit Spiral- oder Volutenmustern, eingeschlossen von Reifengruppen. — Der Fuß trägt zwischen den Brennspalten Doppelvoluten, oben und unten eingefaßt von geometrischen Bändern. Zuletzt folgt der beschriebene, auf die Spitzen gestellte Strahlenkranz.

Taf. 88 Das älteste Gefäß ist die nach ihrem Hauptmotiv benannte Pferdeamphore. Zwei grazile Pferde stehen einander gegenüber, eine große Palmettenspirale wie eine kunstvolle Krippe zwischen sich. Die schlanken, hochbeinigen Tierleiber, besonders auch die leicht überhöhte Krippe erinnern noch unmittelbar an die Pferdebilder der Gruppe Ad. Das tut auch der Zwang, mit der Höhe des Tieres zwischen Huf und Mähne die ganze Breite des Bandes auszufüllen, und ganz äußerlich tun es die von Ad übernommenen hohen Zickzackstapel über und unter den Pferdeleibern. Aber dagegen stellen sich unübersehbare Fortbildungen. Zwar sind die Leiber immer noch in Silhouetten-, die Köpfe in Umrißzeichnung gegeben, aber bei den Beinen und Leibern sind die Formen, bei den Köpfen Augen und Zaumzeug viel detaillierter und natürlicher gezeichnet und erreichen eine Grazilität, die den älteren Vasen fremd ist. Auch sind die Zickzackstapel das einzige geometrische Motiv, das von den Vorgängern übernommen ist. Rhombenpastille und Zungenmuster sind durch eine viel reichere, organische Varietät ersetzt, besonders dekorativ die großen Blattrosetten über den Pferderücken, besonders charakteristisch die einstieligen Doppelvoluten mit wechselndem Zwickeleinsatz zwischen den Beinen.

Den Hals schmücken große ausgestülpte Doppelvoluten mit schraffierten Füllungen. Einfacher mit konzentrischen Kreisen und Doppelvoluten sind die beiden Schmuckbänder des Gefäßkörpers gestaltet. Die Griffe bilden ein eindrucksvolles Ziegengehörn.

Die fast ganz abgeblätterte Rückseite trug ebenfalls zwei antithetische Pferde, wenngleich von anderer Form, so daß die beiden Seiten zwar nicht gleich, aber doch gleichgewichtig waren. Das Pferdemotiv hat, wie wir sahen, traditionelle sepulkrale Bedeutung.

Übrigens muß man sich alle Amphoren mit einem kegelförmigen Deckel verschlossen vorstellen, wie er wenigstens in einem Fall, bei der Sphinxamphore, erhalten ist.

Erst bei der Betrachtung der Reiteramphore wird einem klar bewußt, wie *Taf. 86* grazil und elegant die Tiere der Pferdeamphore sind. Der Meister des jüngeren Gefäßes steht seinem Vorgänger deutlich nach. Er hat seine Pferde fast völlig horizontal, unverhältnismäßig lang und mit einer viel zu massigen Hinterhand gegeben. Die Reiter sitzen eher auf Baumstämmen als auf Pferderücken. Die Tradition, den Bildstreifen in ganzer Höhe zu füllen, hat den Meister zur Isokephalie gezwungen, Pferde- und Reiterköpfe reichen beide bis an die obere Einfassung, wodurch die Reiter unnatürlich verkleinert werden. Die Schmuckmotive machen einen zwiespältigen Eindruck. Der Hals ist reicher dekoriert, indem die ausgestülpten Doppelvoluten nun durch Kolumnen von Palmettenvoluten separiert sind. Aber das Emblem, das zwischen die beiden Reiter gestellt ist, steht an Phantasie dem der Pferdeamphore weit nach. Auch fällt auf, daß von Ad nicht nur der Zickzackstapel, sondern auch die Rhombenpastille wiederkehrt, und zwar zwischen den Vorderbeinen, wo die Pferdeamphore bereits die einstielige Doppelvolute zeigt. Sonst finden wir, außer der gemeinsamen Blattrosette, nur noch kreuzschraffierte Rhomben und Mäanderhakenkreuze, so daß also die Pferdeamphore eine größere Varietät aufweist. Von der Gestalt der Tiere und der Art und Zahl der Schmuckelemente her gesehen, würde man also eher die Pferdeamphore für künstlerisch entwickelter halten. Auch muß auffallen, daß die einstielige Doppelvolute zwischen den Hinterbeinen der berittenen Pferde wie auch das Emblem zwischen ihnen viel zu groß geraten ist. Der Meister der Pferdeamphore hat sehr viel bessere Proportionen gewählt, ein sehr viel ausgewogeneres Bild gegeben. Daß er auf dem Schultersteg nur einen Hakenmäander, der andere eine wechselständige Lotosranke gegeben hat, kann ihn nicht ernstlich gegen ihn zurücksetzen.

Auf der Rückseite enthält die Reiteramphore zwei einander zugewandte unberittene Pferde. Vorder- und Rückseite sind hier also nicht gleichgewichtig.

Taf. 87 Das Reitermotiv könnte die Heroisierung des Verstorbenen bedeuten,
Vorsatz wenn es sich um *eine* Reiterdarstellung handelte. Daß hier jedoch zwei Reiter heraldisch einander gegenübergestellt sind, noch dazu jeder mit einem zusätzlichen Handpferd versehen, läßt das Motiv als rein dekorativ und nur noch formal sepulkral erscheinen.

Das berühmteste und meist abgebildete melische Prunkgefäß ist die Apollonamphore, wegen ihres Dekors und ihrer guten Erhaltung. Vier gewaltige Flügelpferde in der Mitte des Bildes ziehen einen recht bescheidenen Wagen, auf dem sich ein Mann mit Leier und hinter ihm zwei Frauen befinden, in dem man Apollon mit den hyperboreischen Jungfrauen bei ihrer Rückkehr aus dem Hyperboreerlande erblickt. Dem Gespann entgegen tritt eine reich gewandete Frauengestalt, Bogen und Köcher auf dem Rücken, einen Hirsch am Geweih in der Rechten, einen Pfeil in der Linken haltend, Artemis als Herrin der Tiere, die ihrem Bruder zur Begrüßung entgegentritt. Wir finden also hier zum erstenmal auf den Kykladen eine ausgeführte mythologische Szene, die wir mit Namen benennen können, während die Gestalten der tenischen Reliefamphoren noch unsicher bleiben. Die Forderung der Tradition hat auch hier noch Isokephalie erzwungen. Die Pferde, die stehende und die fahrenden Gestalten reichen alle in dieselbe Höhe, wodurch das Gespann gänzlich überdimensioniert, die Wagenfahrer aber ungeschickt verkleinert werden. — Die alten Füllmotive sind gänzlich verschwunden, teppichartig finden wir das ganze Bild mit neuen überzogen. Dazu gehört auch, daß das Deichselende als Greifenkopf stilisiert ist, auf dessen Haarlocke ein nach hinten blickender Raubvogel sitzt.

Bei der Apollonamphore sind außer dem Gefäßkörper auch Hals und Fuß figürlich geschmückt. Auf dem Fuß, dessen Rückseite die typischen einstieligen Doppelvoluten zeigt, bringt die Vorderseite zwei einander zugewandte Frauenköpfe, die von den gleichzeitigen Aschenurnen einer anderen melischen Gruppe übernommen sind. Auf dem Hals findet sich eine Kampfszene. Zwei Krieger mit Schild und Lanze kämpfen um eine zwischen ihnen aufgebaute Rüstung. Zwei Frauengestalten schreiten von rechts und links auf die Szene zu. Die Darstellung hat verschiedene Auslegungen erfahren. Wahr-

Abb. 99 Die Widderamphore, ein typisches Beispiel der auf Rhenea gefundenen melischen Vasen. Für die Rückseite s. Taf. 78. Der Hals trägt auf der Vorderseite einen Frauenkopf im Profil nach rechts, auf der Rückseite Palmettenspiralen vor einem schraffierten Rhombus. Das Schulterbild zeigt, eingeschlossen von Mäanderhaken, auf der Vorderseite zwei liegende Steinböcke, zwischen sich ein von Blättern umranktes Zungenmuster, auf der Rückseite zwei liegende Widder um eine Rosette. Als breites Schmuckband Rautenspiralen und hängende Lotosblüten, durch Ranken verbunden. H 35,5 cm. Delos X, Pl. 1,11. Vgl. auch Taf. 85

Abb. 100 Hauptszene der Apollon-Amphore: Artemis empfängt ihren Bruder

scheinlich handelt es sich um den Zweikampf zwischen Achill und Memnon in Gegenwart ihrer Mütter Thetis und Eos. Ein thematischer Zusammenhang zwischen der oberen und unteren Darstellung ist also nicht gegeben.

Wenn die Kampfszene gegenüber der durchgehenden Wagenszene durch kreuzschraffierte Pfeiler in drei Metopen unterteilt ist, so werden damit vermutlich nicht zwei kontrastierende Formalprinzipien vorgeführt, sondern es soll einfach der Überbetonung der Waagerechten entgegengewirkt werden, die sich ohne die senkrechten Bänder ergeben und die Ausgewogenheit stören würde.

Die Rückseite der Vase ist der vorderen deutlich nachgesetzt. Der Wasservogelfries der Vorderseite läuft auf der Rückseite nur als Hakenmäander fort. Hals und Fuß tragen keine figürliche Darstellung, sondern nur Spiral- und Volutenmuster. Und statt der großen Ankunftsszene finden wir eine von den Aschenurnen übernommene heraldische Darstellung: eine weibliche Protome zwischen antithetischen Pferden, nur daß hier der Kopf durch die Schultern erweitert und zur Büste ergänzt ist. Man hat in der Gestalt die aus der Erde aufsteigende Gaia, die über Leben und Tod herrschende Erdmutter sehen wollen, wie sie auf einer Grabvase nicht schlecht passen würde. Aber Sicherheit kann es darin nicht geben. Merkwürdig und auffällig ist, daß auf der Rückseite wieder das alte Ad-Motiv des Zickzackstapels auftaucht, das auf der Vorderseite ganz vermieden ist.

Die in der Komposition vollkommenste Vase, ein Gefäß der jüngeren,

Taf. 89 schlankeren Form, ist die Heraklesamphore. Auch sie mit der Szene einer

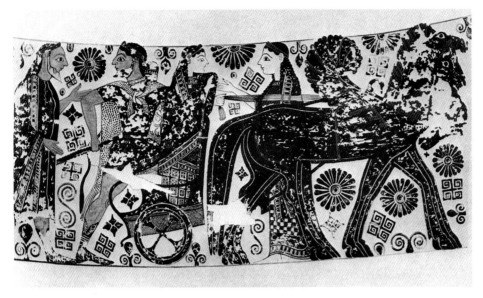

Abb. 101 Hauptszene der Herakles-Amphore: Herakles' Abschied und Brautfahrt

Wagenfahrt, einer Abschiedsszene diesmal, der Brautfahrt des Herakles. Das Ganze ist weit organischer gestaltet als die Apollonamphore. Das Viergespann ist nicht nur in seiner Größe reduziert, sondern vor allem auch aus der beherrschenden Mitte auf die rechte Seite gerückt, so daß die Personen nicht mehr unendlich getrennt sind. Wieder finden wir vier Personen, aber sie sind nun harmonisch einander zugeordnet, und zwar ohne daß deshalb das Gespann und die Menschen in getrennte Gruppen auseinanderfielen. Vielmehr sind beide durch Althaia, die Schwiegermutter des Herakles, die hinter den Pferden steht, geschickt miteinander verschränkt. Rechts nehmen die beiden Frauen voneinander Abschied, links die beiden Männer, indem Herakles, der den Wagen besteigt, sich zu Oineus zurückwendet. Das durch die Isokephalie bedingte Mißverhältnis ist stark gemildert, indem Pferde- und Menschenköpfe durch einen größeren Abstand getrennt sind und statt dreier Personen auf dem Wagen nur noch eine verkürzt erscheint, doch ohne daß es stark auffällt, da der sehr viel höhere Wagenkasten die Gestalt zur Hälfte verdeckt. Auch alle Einzelformen sind viel geglückter. Die scharfen, spitznasigen Gesichter der Apollonamphore sind ernsten, aber harmonischen Gesichtern gewichen. Die Kleidung ist reicher geschmückt und flexibler drapiert. Bedeutsam ist, daß die Frauengewänder mit phrygischen Mustern verziert sind. Der Parallelismus der Figuren ist einer lebendigeren Gegenüberstellung gewichen. Die Pferde sind besser durchgestaltet und in der Kopfhaltung stärker variiert, der Wagen ein Kabinettstück genauer Wiedergabe. Die Füllmuster sind noch dichter, aber zugleich auch lockerer geworden. Auch

Abb. 102 Voluten- und Spiralmuster der Melischen Prunkamphoren

die Zierstreifen über und unter der Abschiedsszene sind deutlich zurückgenommen, um den Bildfries stärker zur Geltung zu bringen. Er nimmt auch weit mehr als die Hälfte des Gefäßkörpers ein, auf die er sich bei der Apollonamphore noch beschränkt. Es gibt also eine ganze Reihe formaler Besserungen, die die Heraklesamphore zu dem geglücktesten melischen Tongefäß machen, das erhalten ist.

Auch die Halsmetope ist nicht nur durch größere Mächtigkeit der Gestaltung, sondern allein schon durch die größere Breite des Halses stärker betont. Hermes mit Flügelschuhen und Heroldstab steht einer reich gekleideten Frauengestalt gegenüber, die vielleicht die Nymphe Kalypso, vielleicht seine Mutter Maja ist. Die Einfassung bilden nicht zwei Seitenstreifen mit Kreuzschraffur, sondern solche mit einem präzisen Schachbrettmuster. Ein Drittel ist ausgespart für eine kunstvolle Sphinxmetope. Arbeitsaufwand und zeichnerische Feinheit sind merklich größer als bei der Apollonamphore. Im übrigen sind bei beiden Vasen unter den Henkeln Augen eingesetzt und nach alter Tradition Gesichter und Arme der Frauen weiß, die der Männer getönt wiedergegeben.

Hinter Hermes häufen sich die Blattrosetten, die eines der Hauptelemente des Fülldekors sind und in dem ersten Fries unter der Abschiedsszene noch einmal thematisch wiederkehren.

Die Rückseite der Heraklesamphore ist leider nur ganz fragmentarisch erhalten, der Halsdekor völlig zerstört. Es ist aber doch soviel zu erkennen, daß zwei antithetische Pferde dargestellt waren und daß Blattrosetten, noch größere als auf der Vorderseite, das wichtigste Füllmotiv bildeten.

Abb. 103 Augenpaare der Melischen Prunkamphoren

Abb. 104 Füllmuster der Melischen Prunkamphoren

Abb. 105 Melische Pferdeköpfe: Pferde-, Reiter- und Herakles-Amphore

Abb. 106 Kopfdarstellungen der Melischen Prunkamphoren

Die Herkunft der Amphoren ist umstritten. Boardman und Papastamos halten an der alten Zuschreibung an Melos fest. Frau Zaphiropoúlou hat keine Möglichkeit gesehen, die Frage zu entscheiden. Kontoleon hat sie Paros zuschreiben wollen, obwohl in Paros bis dahin nur vereinzelte Scherben, aber kein einziges Gefäß gefunden worden war, und Otto Rubensohn, der jahrelang auf Paros geforscht hatte, bestritt, daß es auf der Insel überhaupt geeignete Tonlager gebe.

Inzwischen ist eine etwas veränderte Situation eingetreten, seit im Herbst 1984 auf einem archaischen Friedhof innerhalb von Parikía, dem heutigen Hauptort von Paros, in der Nähe des Meeres eine gut erhaltene melische Prunkamphore von etwa 0,65 m Höhe gefunden wurde. Leider ist sie an Qualität mit den oben beschriebenen nicht zu vergleichen. Auch die Motive sind fremd und neu. Auf der Hauptszene, die von vier übereinander gestaffelten Enten gesäumt ist, stehen sich zwei mit Speeren bewaffnete Männer gegenüber, von denen der linke geflügelt ist und von einem Löwen begleitet auf den rechten zuschreitet. Das Halsmotiv zeigt einen einzelnen Reiter mit Schild und einem zusätzlichen Handpferd. Die Rückseite bringt das bekannte heraldische Motiv zweier antithetischer Pferde mit einer dreistufigen Volutendolde in der Mitte. Man muß die Einzelheiten der Veröffentlichung abwarten, aber daß dieser Fund die Herkunftsfrage zugunsten von Paros entscheidet, ist undenkbar.

Abb. 107 Sog. Gerhardsches Fragment: Geflügelte Herrin der Tiere, die einen Löwen an Schwanz und Ohr führt. H 30 cm. Berlin, Staatl. Mus.

RELIEFPITHOI

Die Reliefpithoi sind große kostbare Prunkgefäße, die Höhen zwischen 1,50 und 2 m erreichen. Der breite, leicht konkave Hals nimmt ungefähr ein Drittel der ganzen Höhe ein. Der Gefäßleib selbst verjüngt sich stark und endet in einer spitzen Basis, die Einlassungen aufweist, in die vielleicht Holzstäbe gesteckt wurden, um das Gefäß in der Erde zu befestigen. Auf dem Hals sitzt ein breiter flacher Rand. Dicht unter ihm beginnen große flache Henkel, die bis auf die Schulter des Gefäßes reichen. Wegen dieser Henkel hat man die Gattung eine Zeitlang Reliefamphoren genannt. Aber die alte Bezeichnung Pithoi gibt eine viel klarere Vorstellung von ihrer Größe. Reliefpithoi aber heißen sie nach ihrem Schmuck mit Flachrelief. Die Zeit ihrer Herstellung auf den Kykladen umfaßt ungefähr hundert Jahre, von ca. 750 bis 650, und es gibt Gefäße mit rein geometrischem, unfiguralem Dekor: Hakenketten, Fischschwanzmäandern, Treppenmustern. Aber die jüngeren Vasen tragen reichen Figurenschmuck. Das flache Relief wurde entweder frei geformt, dann war der Umriß auf dem Gefäß vorgezeichnet, oder mit Matrizen gestanzt. Die Innenzeichnung dieser Figuren erfolgte durch Ritzung oder Stempelung. Die Flachreliefs sind nur durch ihre Plastizität vom Untergrund abgehoben, nicht durch Farbe. Das ganze Gefäß bleibt einheitlich dunkel- oder rötlich braun. Allerdings wurde der Ton für die Reliefs wesentlich feiner geschlämmt. Die Gefäße selbst sind aus ziemlich grobem, sprödem Ton

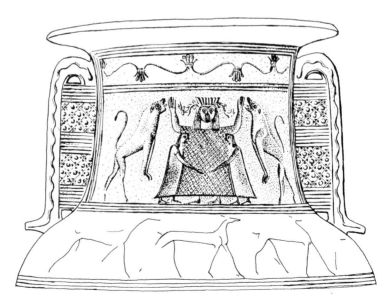

a

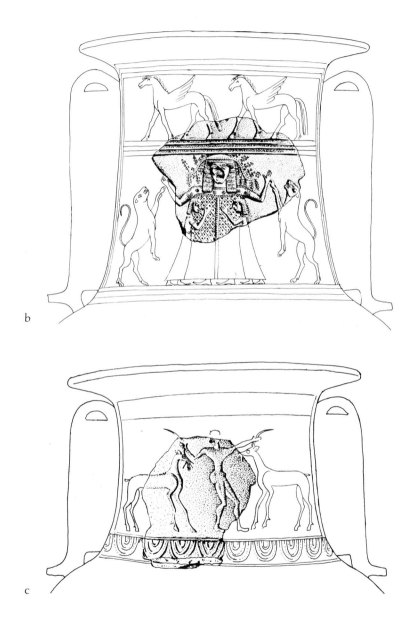

Abb. 108a–c Rekonstruktion der Reliefpithoi mit der Herrin und dem Herrn der Tiere:
a Böotien, b Tinos, c München

»errichtet«, möchte man sagen, denn sie wurden in einzelnen Reifen auf der Töpferscheibe gedreht und diese Reifen aufeinandergesetzt und verstrichen.

Die Reliefpithoi waren nicht ringsherum geschmückt, vielmehr besaßen sie eine Schauseite. Die Rückseite blieb blank. An dieser Schauseite nahmen auch die beiden Henkel teil, die nur nach vorn eine Zierfüllung aufweisen, nach hinten nicht. Aber auch auf der Schauseite blieb das untere Drittel ungeschmückt. Das war der Teil, mit dem das Gefäß in die Erde versenkt wurde.

Reliefpithoi gibt es auch von Rhodos, von Kreta, wo allein man Farbe verwandte und den Zwischenraum zwischen den Figuren, den Hintergrund sozusagen, mit Füllmustern besetzte, und spät, erst im 4. Jh., auch aus Sparta. Aber bei diesen allen ist, verglichen mit den Kykladen, der Schmuck an Fläche wie an Motiven arm. Den großen, reichverzierten Reliefpithoi, die im vorigen Jahrhundert in verschiedene Museen gelangten, wurde böotische Herkunft zugeschrieben. Die neuen Ausgrabungen von 1949-56 bei Xóbourgo auf Tinos haben durch den Fund zahlreicher Fragmente, aber auch ganzer Gefäße diese Insel als eines der Hauptproduktionszentren erwiesen. Alte Funde gab es von Thera und Melos. Inzwischen sind auch auf anderen Kykladen Relieffragmente ans Licht gekommen, auf Naxos und Andros und das Prunkstück eines ganzen Gefäßes auf Mykonos. Dagegen wurden überhaupt keine Funde in Böotien gemacht. Man schreibt daher die ehemals »böotischen« Reliefpithoi heute im allgemeinen den Kykladen und im besonderen Tinos zu, sei es, daß sie von dort importiert, sei es, daß sie von wandernden kykladischen Töpfern in Böotien angefertigt wurden.

Zur kanonischen Einteilung des Reliefschmucks gehört, daß das Hauptmotiv immer auf dem Hals angebracht wird, während der Gefäßleib mit zwei oder vier Relieffriesen geschmückt ist, die mit dem Hauptbild thematisch mehr oder weniger eng verbunden sind. Die Reliefpithoi stehen damit in der Tradition mehrerer anderer kykladischer Amphorengattungen, für die auch das zentrale Halsbild charakteristisch ist. Dazu gehören die Gefäßgruppen Ad und Bc, die heraldische und die Protomengruppe.

Taf. 82b Einer der bedeutendsten »böotischen« Pithoi war in Griechenland verblieben und ins Nationalmuseum von Athen gelangt. Das Halsbild zeigt eine vollkommen symmetrische Darstellung: eine breitausladende Frauengestalt mit erhobenen Händen und weit geöffneten Augen, auf dem Kopf eine Blattkrone, von der Ranken ausgehen, wie auch das ganze Bild nach oben mit einem Rankenfries eingeschlossen ist. Zwei wesentlich kleinere Gestalten betasten ihren Leib. Außen aber sind zur gleichen Größe mit der Göttin zwei Löwen heraldisch aufgereckt, die ihr die Hände lecken, wobei sie merkwürdig maniert auf die äußersten Zehenspitzen, eigentlich Krallen, gestellt sind. Die Darstellung hat — wie mehrere andere auf den Pithoi — sehr unterschiedliche Erklärungen gefunden. Der Hauptunterschied liegt zunächst darin, ob man die breitgewandete Göttin für schwanger hält oder nicht, und weiter, ob die erhobenen Hände einen Erscheinungs-, einen Segens- oder einen Schmerz- und Schreckensgestus bedeuten. Die Schwangerschaft ist jedenfalls nicht zweifelsfrei ersichtlich. Man würde wohl eher vermuten können, die Darstellung habe sich ein böotisches Glockenidol zum Vorbild genommen. Jedenfalls fällt es nicht schwer, in der Göttin die Herrin der Tiere und der Menschen zu erkennen, und die erhobenen Arme wirken geradezu wie eine Schutzgebärde, die die Menschen vor den riesigen Löwen und der in ihnen verkörperten Drohung eines plötzlichen Todes bewahren soll. Die vegetabilischen Zeichen ihrer Kopfbedeckung würden sie zugleich als Herrin auch des Pflanzenreichs anzeigen. Ob man sie nun die Große Mutter nennen oder spezieller als Leto, Artemis oder Hera bezeichnen will — die Blattkrone stimmt auffällig mit der des sog. Herakopfes von Olympia überein —, ist dann nur noch eine Folgefrage.

Kontoléon, der Ausgräber von Tinos, immer bestrebt, seinen Lesern etwas Besonderes zu bieten, hat u. a. die Version vorgeschlagen, zwei Tempeldienerinnen machten sich an dem hölzernen Kultbild der Leto zu schaffen. Aber Kultbilder kommen auf geometrischen und archaischen Vasen nirgends vor. Und die beiden Dienerinnen wären mit dem riesigen Xoanon ja wohl auch ins Wanken geraten.

Hält man die Göttin für schwanger — auch auf den zweiten Blick ist sie es, wie gesagt, nicht —, so ist die Frage, ob es sich bei der Darstellung um ein Zustands- oder Ereignisbild handelt. Wenn man in ihr geradezu die Geburt Apollons durch Leto erblickt, so können die Löwen und die allgemeine kykladische Umwelt zu einer solchen Auslegung natürlich nur einen schwachen Zuspruch liefern. Für eine Schwangerschaft überhaupt könnte man die im Schmerz erhobenen Arme und aufgerissenen Augen anführen, vor allem aber die beiden Geburtshelferinnen, die den Leib der Kreißenden betasten. Aber kann man sich so wirklich eine Geburtsszene vorstellen? Kann man die Tatsache, daß Leto hier gegen die Natur im Stehen gebären muß, im Ernst auf die Unfähigkeit des Künstlers zurückführen, sie sitzend darzustellen? So ist denn auch jüngst in Basel der Vorschlag gemacht worden, in der Darstellung kein monströses Ereignis-, sondern statt dessen ein Zustandsbild zu sehen. Es stelle die von Schmerzen gepeinigte Leto dar, die nach der Überlieferung neun Tage nicht gebären konnte und der die Eileithyien in ihrer Not beistehen. Aber diese Erklärung steht im Widerspruch zum Homerischen Apollonhymnus, wo Leto deswegen nicht gebären kann, weil die Eileithyien von ihrer Not nichts wissen. Im Augenblick, wo sie davon erfahren und zu ihr eilen, setzt auch die Geburt ein.

Wie es scheint, kommt die Deutung auf die Herrin der Tiere mit der geringsten Gezwungenheit aus. Ein glücklicher Zufall hat es gefügt, daß eine ganz ähnliche Darstellung, mit ganz denselben Motiven, aber von einem an- *Taf. 82a* deren, etwas jüngeren Meister, auf Tinos gefunden wurde. Von dort, aus Xóbourgo, stammt auch einer der bedeutendsten Reliefpithoi überhaupt, der wenigstens in seinen Motiven vollständig erhalten ist, der berühmte Pithos mit der Kopfgeburt. Wir sehen auf dem Hauptbild wieder eine Gestalt mit frontal erhobenen Armen, aber diesmal sitzend, auf einem Stuhl, dessen Rückenlehne in einen Vogelkopf ausläuft, und mit schmalen Flügeln versehen, die vorn auf der Brust festgewachsen sind. Alle anderen Gestalten des Bildes sind ebenfalls geflügelt. Aus dem Kopf tritt eine kleine bewaffnete Gestalt mit Helm, Speer und Speerspitze hervor. Die große sitzende Gestalt ist von zwei kleinen umgeben. Hinter ihr steht eine Frauengestalt in langem Gewand mit einem großen Messer in der Rechten, vor ihr kniet ein nackter Jüngling, der das unter einem Dreifuß brennende Feuer schürt. Eine dritte kleine Gestalt erhebt sich auf einer Linie in der Höhe der Arme der Hauptfigur, um den Kopfgeborenen zu begrüßen. Die Darstellung wirkt fremd und faszinierend. Wer sie zum erstenmal sieht, wird unwillkürlich die Hauptfigur für eine Frau, den Kopfgeborenen aber für männlich halten, d. h., er wird eine Szene erblicken, wie sie in der griechischen Mythologie nirgends überliefert ist. Da sie allein die Kopfgeburt der Athena kennt, hat sich in letzter Zeit immer stärker die Ansicht durchgesetzt, daß es sich um die erste erhaltene Darstellung der fertig gewappnet aus dem Haupt des Zeus hervortretenden Athena handelt. Man nimmt es dabei in Kauf, daß auch der Vater der Götter und Menschen geflügelt erscheint, daß er bartlos ist, daß er ein Gewand trägt, das für einen Mann eigentlich zu lang ist. Dies alles mag man durch Analogien entschärfen, aber man sieht nicht, wie man mit diesem Zeus mit erhobenen Händen ins reine kommen will. Dafür gibt es keine Analogie. Und der Gestus erinnert zu stark an den gerade besprochenen der Herrin der Tiere, als daß man nicht auch hier eine Göttin anerkennen müßte. Kontoléon hält sie für Gaia, die den Zeus, Brommer für Metis, die die Athena gebiert. Wie auch immer. Vielleicht war die erste Erklärung Kontoléons immer noch die beste, es handele sich um ein mythisches Geschehen, dessen Gestalten uns fremd und nicht überliefert sind. So jedenfalls würde uns das Bild weit mehr beschäftigen, als wenn wir es mit bekannten Namen versehen ins Schubfach legen. Mag auch die Gestalt vor dem Kopfgeborenen verkrüppelte Füße haben und an Hephaistos erinnern, die Axt, mit der er dem Zeus Geburtshilfe leistete, indem er sein Haupt spaltete, ist auf dem Bild nirgends zu finden. Statt dessen sehen wir ein großes Messer in der Hand einer Frau, vielleicht ein Opfermesser, jedenfalls im Besitz einer Frau, die als Gehilfin wesentlich besser zu einer Göttin paßt als zu Zeus. Rätselhaft ist auch das Motiv mit dem Dreifuß. Kontoléon, mit dem Üblichen nicht zufrieden, hat erklärt, hier werde nicht Wasser erhitzt, sondern die Glut bereitet, in der der Neugeborene die Unsterblichkeit erhalte. Aber eine solche Imprägnierung ist nur für Heroen überliefert und sinnvoll, für einen Gott ist sie ganz überflüs-

Abb. 110

Abb. 109 Hauptszene des großen Reliefpithos von Tinos mit der Kopfgeburt

Abb. 110 Die Szenerie rechts der Kopfgeburt

sig. Doch auch die Deutung als Bad ist unverständlich. Ein fertig gewappnet Hervortretender ist kein Neugeborenes, das erst gebadet werden müßte. Wäre es nicht wirklich vorzuziehen, einen Mythos, vielleicht aus dem Vorderen Orient, wie andere bei Hesiod, anzunehmen, der uns unbekannt ist?

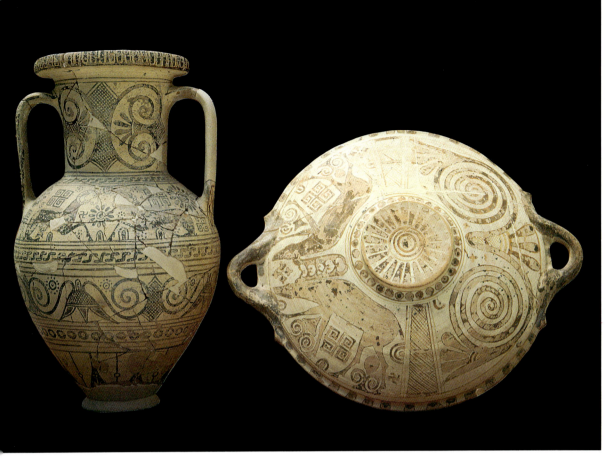

Taf. 78 Zwei Gefäße des Melischen Stils. Auf elfenbeinfarbenem Überzug steht ein Dekor von leichter Polychromie. Links die Rückseite der Widderamphore. Für die Vorderseite vgl. Abb. 99. Auf dem Hals zwei Volutenspiralen mit Palmette vor Rhombengitter. Auf der Schulter zwei liegende Widder vor einer Rosette, umgeben von zahlreichen Füllmustern. Auf der unteren Hälfte Rhombenspiralen und hängender Lotos, durch Ranken verbunden. H 35,5 cm. Mykonos, Arch. Mus. Vgl. auch Taf. 85
Tiefer Teller mit geschweiften Griffen und Außendekor. Hälfte A: große Doppelspirale mit drei Palmetten. Hälfte B: zwei äsende Hirsche in Silhouette, nur die Augen ausgespart, mit zusammengeschlossenem Geweih, große Füllmuster zwischen den Beinen. Auf der Standfläche eine große Rosette. Nur die Außenseite trägt Dekor. Offenbar wurden diese zahlreich erhaltenen Schalen mit gewöhnlich 25–28 cm Dm als Wandschmuck verwandt und aufgehängt. Dm 30 cm. Mykonos, Arch. Mus.

Taf. 79 Halshenkelamphore der Gruppe Ad: auf rötlichem Ton dichter Dekor in Zonen. Reifenbänder wechseln mit gleichbreiten Musterbändern. Stereotype Füllmotive sind Rautenpastille und Zickzackkolumne. Auf dem Hals ein überlängtes Pferd, auf der Schulter zwei Greife, die eine Antilope überfallen. Beide Motive zielen auf Tod und Grab. H 48,5 cm. Mykonos, Arch. Mus.

Taf. 80 Schulterhenkelamphore des Heraldischen Stils, schlanke naxische Form. Die untere Hälfte trägt dichte Folge paralleler Reifen. Auf Hals und Schulter Löwenembleme. Auf der Mittelmetope geflügelter Löwe mit Schlangenschwanz, sonst unbekanntes und für uns unbenennbares Kompositwesen. Auf Thera gefunden. Um 660. H 82 cm. Athen, NM 11708.

◁ Taf. 81 Festlicher, kykladisch beeinflußter Teller melischen Stils, auf Thasos gefunden. Bellerophon auf dem Pegasus tötet die Chimära. Ein Palmettenbaum unter dem Pegasus verstärkt den Eindruck, daß er durch die Luft naht. Um 660. Dm 28 cm. Thasos, Arch. Mus. 2085.

Taf. 82a Fragment eines Reliefpithos. Die »Große Göttin« ▷ mit Kopfranke und erhobenen Händen. Zwei Frauengestalten betasten ihre Brust, zwei Löwen erheben sich zu ihren Seiten und berühren mit den Tatzen ihre Hände. Im oberen Register Flügelpferde. Zur Rekonstruktion vgl. Abb. 108. Um 660. Tinos, Arch. Mus.
b) Dasselbe Motiv mit leichter Änderung in der Haltung der Löwen und Frauen. Reliefpithos aus Böotien. Um 680. Ges. H 1,20 m. Athen, NM 5898.

Taf. 83 Einzelszenen vom großen Reliefpithos mit der Eroberung Trojas: Tötung der trojanischen Kinder. H der Szenen 14 cm.

Taf. 82a.b

Taf. 83

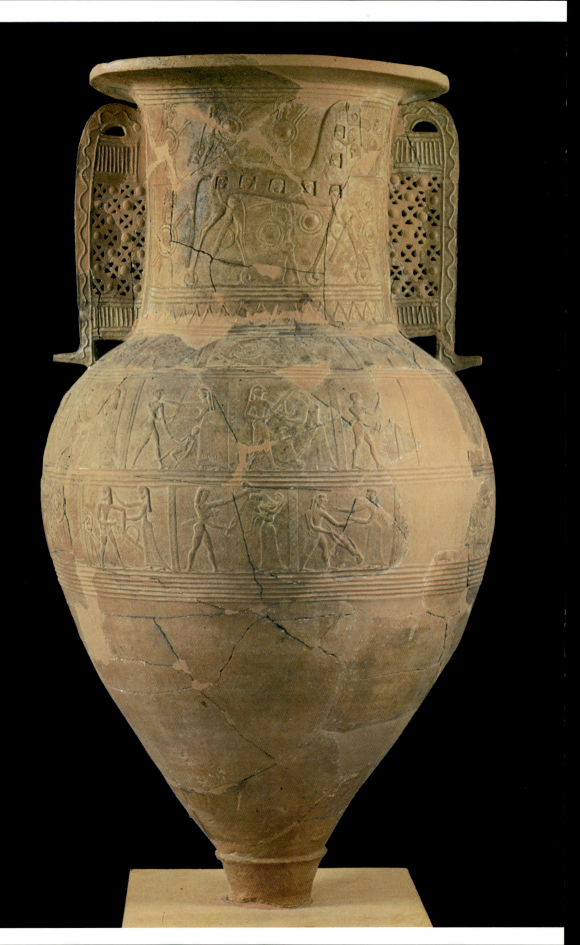

Der Deutung auf die Geburt der Athena aus dem Kopf des Zeus hat sich auch J. N. Coldstream in seiner Antrittsvorlesung vor dem Bedford College angeschlossen. Er bringt ein neues Argument und beruft sich zur Feststellung des Geschlechts auf die Frisuren. Die Hebamme mit der Harpe in der Hand (links vom Thron) und die aus dem Kopf aufsteigende Figur trügen langes Haar, seien also weiblich, die übrigen mit kurzem Haar männlich. Aber das Indiz ist nicht eindeutig: Das Haar der »Hebamme« ist an der entscheidenden Stelle abgebrochen und nur lang ergänzt. Und ob die Kopffigur wirklich weiblich langes Haar trägt, darüber läßt sich gewiß streiten. Auf der Reigenamphore von Tinos tragen »Theseus« und »Ariadne« gleich langes Haar, und auf den beiden Reliefpithoi mit der Großen Göttin, die jeweils von zwei Frauen betastet wird, tragen die auf dem Athener Gefäß langes, die auf dem Gefäß in Tinos kurzes Haar. Aus der Haarlänge, scheint es, ist die Frage nicht zu entscheiden.

Inzwischen hat Frau Prof. Simon versucht, die Sache mit Hilfe des Bartes zu klären. Bei ihrem Besuch im Museum von Tinos glaubt sie auf der Unterlippe der Hauptfigur Reste von Bartflaum festgestellt zu haben, und nimmt an, das weggebrochene Kinn sei falsch ergänzt und habe ursprünglich einen den Hals bedeckenden Bart getragen. Damit wäre dann erwiesen, daß die Figur männlich und wahrscheinlich Zeus sei, womit zugleich auch der Anstoß des bartlosen Zeus beseitigt wäre.

Indessen hat ihr »falsch ergänzt« die Witwe Kontoléons auf die Barrikaden gebracht, die durch einen solchen Vorwurf den Ehrenschild ihres Herrn Gemahls nicht möchte trüben lassen. Und im 27. Jg. der Basler Zeitschrift »Antike Kunst« (1984) ficht sie mit Frau Prof. Simon einen Streit um Jupiters Bart aus. Bartspuren, sagt sie — nach erneuter Autopsie ihrerseits —, seien nicht existent und es hätte auf dem spitzigen Kinn ein regulärer Bart auch gar keinen Platz gehabt. Darin muß man ihr recht geben und hinzufügen, daß der angebliche Bart, wenn er, wie angenommen wird, den störend langen Hals bedeckt hat, auch auf diesem Spuren hätte hinterlassen müssen, was nicht der Fall ist. Die Existenz eines Bartes läßt sich nicht wirklich glaubhaft machen. Doch hat Frau Kontoléon die Gelegenheit benutzt, gleichzeitig eine eigene Interpretation vorzutragen, und eine frappante dazu.

In Analogie zu den beiden Darstellungen der Großen Göttin, die von zwei

◁ Taf. 84 Großer Reliefpithos mit der Eroberung Trojas. Auf dem Hals das Trojanische Pferd. In den drei Registern auf Schulter und Leib Kampf- und Tötungsszenen. Die Einteilung in Metopen ist für einen Reliefpithos ungewöhnlich. Um 670. H 1,34 m. Mykonos. Arch. Mus. Vgl. auch Taf. 90/91

»Geburtshelferinnen« betastet wird, Szenen, die sie für Geburtsvorbereitungen hält, versteht sie auch unser Bild als eine solche Geburtsvorbereitung: links stehe eine Geburtshelferin mit dem mäeutischen Messer bereit, und rechts werde dem Neugeborenen das Bad bereitet. Die Hauptfigur, auch ohne Bart, ist Zeus, und die Geburt, der man hier entgegensehe, sei die des Dionysos aus dem Schenkel des Zeus. Das ganze Dilemma der vertrackten Kopfgeburt ist damit auf einen Schlag beseitigt. Denn die kleine Figur, die über dem Kopf des Zeus erscheint, erklärt sie für einen nackten jungen Krieger mit einer vertikalen Abwehr- und einer horizontalen Angriffswaffe, als Wächter bestellt, um Unbefugten Zutritt und Störung der heiligen Szene zu verwehren. Daß er aus dem Kopf des Zeus aufzusteigen scheint, ist nichts als

klären, die doch, wie es scheint, dem jungen »Wächter« akklamierend entgegenschreitet. Oder ist sie es gerade, die abgewehrt werden soll? Wie auch immer, Anhängerschaft zu gewinnen wird dieser neuen Interpretation vermutlich je länger desto weniger gelingen.

Auf dem Gefäßleib sind bustrophedón vier Friesbänder angelegt: im ersten Pferde nach rechts, im zweiten Löwenkämpfe nach links — zwei Löwen haben ein Tier gerissen, ein Hirt ist zu Hilfe geeilt und kämpft unterliegend gegen einen Löwen, der ihn bereits in die Brust beißt. Im dritten Fries finden sich Zweigespanne nach rechts, bis auf eine Ausnahme nur mit den Wagenlenkern bemannt. Die zugehörigen Krieger erscheinen im vierten Fries nach links. Sie sind nur mit Kopf und Oberkörper wiedergegeben, unterhalb beginnt das ungeschmückte letzte Drittel des Pithos. Wenn er eingegraben war, so sah es aus, als ob die Krieger aus der Erde aufstiegen. Die vier Friese haben wahrscheinlich mit Tod und Grab zu tun. Pferde sind Tiere des Totenreichs. Ganz eindeutig ist die Bedeutung der Löwen. In ihnen erfuhr man die Drohung des unabwendbaren Todes, und die Doppelszene macht klar, daß Mensch und Tier unter dem gleichen Schicksal stehen. Die Zweigespanne und die Krieger könnten die Wagenfahrt bei einer Leichenfeier meinen. So ergibt sich für die vier Friese eine geschlossene Beziehung zu Tod und Bestattung. Welcher Zusammenhang aber mit der Hauptdarstellung der Kopfgeburt besteht, bleibt offen.

Ein »böotischer« Pithos, der in den Louvre gelangte, thematisiert die Perseussage. Perseus, in Reisedreß und Flügelschuhen, enthauptet mit abgewandtem Kopf die Gorgo, die ziemlich ungewöhnlich als Roßfrau dargestellt ist, vielleicht in Anspielung darauf, daß bei ihrem Tod Pegasus aus ihrem Blut entsprang. — Das Gefäß ist eines der ganz wenigen, die Füllmotive einsetzen, die sonst den Reliefpithoi fremd sind und deren Vermeidung wesentlich zu der starken Bildwirkung beiträgt. Die Eidechse an der Wand könnte in diesem Fall eigentlich nur das Verderben, als Tier der versengenden Sommerhitze, bedeuten. Aber wenn ihr Bild intakt ist und Schwanz und Fuß

a

b

Abb. 111a.b Fragmente von Reliefpithoi aus Euböa und Tinos: Gefallene, die von Aasvögeln angegriffen werden

nicht abgeblättert, sondern vom Künstler mit Absicht fortgelassen sind, so fungiert sie auch hier als Verkörperung der Regenerationskraft. Auffällig ist auch das bescheidene Blumenzeichen, das die Szene rechts einschließt. Es stimmt fast genau mit dem Blumenzeichen überein, das sich auf der the-
Taf. 53 räischen Amphore mit dem Straußenvogel findet. Beide Gefäße müssen also ungefähr gleichzeitig sein.

Ein kleines tenisches Fragment im Athener Nationalmuseum wurde schon im vorigen Jahrhundert gefunden. Es ist ein Bruchstück von großer Eindringlichkeit. Ein Gefallener liegt nackt, seiner Rüstung beraubt, auf dem Schlachtfeld ausgestreckt und wird von einem Geier angefallen. Der Künstler hat an Drastik nicht gespart und läßt den Aasvogel, der dem Toten schon mehrere tiefe Bisse beigebracht hat, nun direkt sein Geschlecht angreifen. Man kann nicht zweifeln, daß der 5. Vers der Ilias das Motiv abgegeben hat: *den Vögeln zum Fraß*, ein Motiv, das mehrmals erhalten geblieben ist, auf einer weiteren Scherbe von Tinos und auf einer aus Eretria (Euböa). Daß aber damit nicht nur ein grausiges Geschehen realistisch dargestellt, sondern eine Anklage gegen den Krieg erhoben werden soll, bezeugt der berühmte,
Taf. 84 1961 gefundene Reliefpithos mit der Eroberung Trojas, der bedeutendste Besitz des Museums von Mykonos. Auf dem Halsbild ist in gewaltiger Größe
Taf. 84, 90 das Trojanische Pferd auf Rädern dargestellt. Ein Teil der Besatzung ist ihm bereits entstiegen. Die Krieger, die auf ihm zu stehen scheinen, waren für den Künstler offenbar schwer zu disponieren. Gemeint ist, daß sie das Pferd umgeben. Die anderen lassen aus den zahlreich geöffneten Luken ihre Waffen hinab. Wenn nicht ganz klar wird, ob der Meister sich bei der Gestaltung der Szene einem gewissen Humor überlassen hat, so bleibt kein Zweifel, daß er mit den Szenen der beiden Friesbänder die ganze Härte und Grausamkeit des Krieges und einer kriegerischen Eroberung gestalten wollte. Bei Homer werden die Unterlegenen in die Sklaverei entführt, auf unserer Vase werden sie,
Taf. 83 ohne Schonung von Frauen und Kindern, alle erschlagen. Die Friese sind auf sonst bei den Reliefpithoi nicht übliche Weise in Metopen unterteilt, und eine Reihe dieser Metopen enthält drastische, grausame Szenen mit der Ermordung von Kindern. Man fühlt sich unmittelbar an christliche Darstellungen des bethlehemitischen Kindermords erinnert. Es sind Szenen, wie sie später in der griechischen Kunst nie wieder vorkommen. Auch das unrühmliche Ende der Gefallenen auf dem Schlachtfeld, die Hunden und Geiern zum Fraß werden, wird später nicht mehr thematisiert. Kontoléon hat vermutet, daß die Kriegsideologie des Tyrtaios: Kein schön'rer Tod in dieser Welt, als wer vorm Feind erschlagen fällt (*trefflich, wer unter den Vorkämpfern fällt* Frg. 7, 30) sich in einem solchen Grade allgemein durchsetzte, daß ähnlich realistische, anklägerische Szenen für die griechische Kunst hinfort ausgeschlossen waren.

Mit dem Hinweis auf zwei weitere bedeutende Reliefpithoi in Tinos und

Basel mit Motiven aus der Theseussage und einer meisterhaft differenzierten Tanzdarstellung, die vielleicht den Kranichtanz um den Hörneraltar von Delos meint, wollen wir unsere Übersicht beschließen. Doch ist der Motivschatz in Wirklichkeit noch viel größer. Es finden sich nicht nur weitere bekannte Themen wie Europa auf dem Stier, sondern auch ganz ungewöhnliche Motive, wie z. B. die Darstellung einer Frau mit Affen. Kontoléon hatte 1969 (Arch. Ephem. S. 229 Anm. 1) eine definitive Publikation seiner tenischen Relieffunde in Aussicht gestellt, hat sie jedoch sowenig geliefert wie irgendeine andere endgültige Veröffentlichung seiner Ausgrabungen. So muß das Angeführte genügen, darzulegen, welch große Vielfalt an mythologischen und epischen Motiven mit zum Teil eigenwilliger Ikonographie die kykladischen Reliefpithoi nicht nur gegenüber der gleichzeitigen Vasenmalerei auszeichnet, sondern auch gegenüber den anderen Landschaften, die Reliefpithoi produzierten. Es ist mit großer Sicherheit vorauszusehen, daß im Laufe der Zeit noch viele interessante Fragmente und vielleicht sogar ganze Gefäße auf den Kykladen ans Licht kommen werden.

Der Reliefpithos von Mykonos wurde 1961 rein zufällig gefunden. Bei seiner Entdeckung waren drei größere Teile des Gefäßleibes bereits beiseite geschafft. Einer gelangte später in den Besitz der Ny Carlsberg Glyptothek in Kopenhagen und wurde nach Erkenntnis des Zusammenhangs 1974 an Griechenland zurückgegeben. Die beiden anderen Fragmente bleiben bis heute verschollen.

DAS ARCHAISCHE DELOS

Ein Wunder: Delos nennen die Sterblichen dich.
Doch im Olymp die Seligen sagen:
Der blauen Erde weitleuchtend Gestirn.

So heißt es in einem Fragment des Pindarischen Zeushymnus. Die Verse spielen darauf an, daß Delos auch *Asteria, Sterninsel,* hieß, und der Dichter hat diesen Namen zu einem großartigen Bilde ausgestaltet. So, wie die Menschen über sich den dunklen Himmel sehen und an ihm die leuchtenden Sterne, so sehen die olympischen Götter unter sich das tiefblaue Meer und darin wie ein schimmerndes Gestirn die Insel Delos.

Pindar hat beschrieben, wie sie den Olympiern sich dartut, was sie aber speziell dem Apollon bedeutet, sagt der Homerische Hymnus:

Dir gehören Tempel in Menge und Haine voll Bäumen,
Aber, Phoibos, dein Herz schwelgt doch am reichsten auf Delos.
(Hom. Apollonhymnus 143 u. 146)

Seit diesem Hymnus gilt Delos als die heilige Insel Apollons. Aber das Lied, die literarische Überlieferung, beschreibt einen vergleichsweise späten Zustand, während die Ausgrabungen zeigen, daß Apollon erst an dritter Stelle Herr der Insel geworden ist. Das älteste Heiligtum ist vielmehr das der Artemis. Daß ihr Kult sich bereits aus mykenischer Zeit herleitet, ist, wie wir gesehen haben, unwahrscheinlich. Die älteste Kultstätte, an der die Herrin der Tiere verehrt wurde, ist in geometrischer Zeit zunächst nichts weiter als ein Altar gewesen. Der erste nachweisbare Tempel entstand zu Anfang des 7. Jhs. Sorgfältig aus dünnen Gneisplatten aufgeschichtete Mauern schließen eine Cella von 8,60 x 9,60 m ein. Der Eingang lag im Osten, wie es für den klassischen griechischen Tempel die Regel ist, während die großen Artemis-Tempel sich gewöhnlich nach Westen öffneten. Der archaische Tempel scheint auch eine Vorhalle besessen zu haben, die aber dem Neubau des 2. Jhs. zum Opfer fiel. Dagegen hat der hellenistische Tempel die archaische Cella geschont, die auf diese Weise erhalten blieb. Während die genannten Abmessungen für einen Kultraum archaischer Zeit durchaus respektabel sind, ist man überrascht zu sehen, daß er bei der hellenistischen Erneuerung nur unwesentlich erweitert wurde. Der Kult der Artemis spielte auf Delos offenbar nur noch eine untergeordnete Rolle. Andererseits darf man nicht übersehen, daß es auf der Insel selbst für Apollon einen monumentalen Tempel niemals gegeben hat.

Taf. 70 Die beiden riesigen Fragmente vom Koloß der Naxier, die sich heute auf der Westseite des Tempels befinden, sind nachträglich dorthin geraten. Der

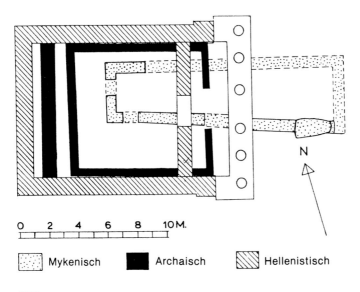

Abb. 112 Delos. Grundriß des Artemistempels

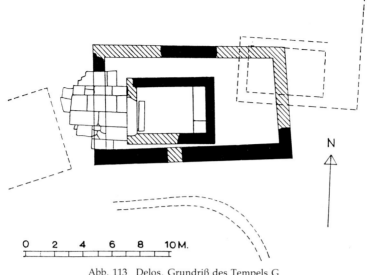

Abb. 113 Delos. Grundriß des Tempels G

Koloß befand sich ursprünglich an der Nordwand des Oikos der Naxier und hat mit dem Artemiskult nichts zu tun. Zu diesem gehören aber eine Reihe von Statuen, die im Bereich des Tempels gefunden wurden, darunter auch die der Nikandre, die älteste erhaltene griechische Großplastik, die der Artemis geweiht war, ja, diese selbst darstellte.

Taf. 56

Südöstlich des Artemis-Tempels befindet sich innerhalb des sog. Tempels G ein kleiner Rechteckbau von etwa 4,60 x 6,10 m, der ebenfalls der archaischen Zeit angehört. Er ist nach Westen geöffnet und besitzt an der Rückwand über die ganze Breite des Raumes ein aufgemauertes Steinpodest,

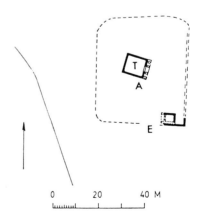

Abb. 114 Delos. Ältestes Heiligtum der Artemis nach B. Bergquist: TA Tempel der Artemis, E Eingang mit Schatzhaus als Torhaus

das als Kultpodium gedeutet worden ist, eher aber zur Aufstellung von Weihgeschenken gedient hat. B. Bergquist hat das kleine Bauwerk daher als Schatzhaus (Oikos) gedeutet, das dem Artemisbezirk gleichzeitig als Torhaus diente.

Der Homerische Apollonhymnus betont ausdrücklich, daß Artemis nicht auf Delos, sondern in Ortygía geboren war (V. 16). Der Name kann mehreres bedeuten, bezeichnet in diesem Falle aber wahrscheinlich eine Örtlichkeit bei Ephesus, wo sich später das weltberühmte Heiligtum entwickelte. Nicht die Heimat eines Zwillingspaares, sondern die Heimat Apollons zu sein, machte also den besonderen Ruhm der Insel aus. Doch feierten Kult und Mythos nicht nur den delischen Gott, sondern auch, und wie es scheint, sogar vor ihm, Letó, seine Mutter. Eine heilige Palme war das Zentrum ihres Kultes. In der Übermacht der Wehen hatte sie sich an diesen Baum geklammert und an ihm den göttlichen Sohn zur Welt gebracht. Die Palme, die sich am Ufer eines Sees befand, den der Inopos in der Küstenniederung bildete, muß jahrhundertelang gestanden haben, denn zu ihr zogen seit früher Zeit die Prozessionen. Erst nach der Entwicklung des Apollon-Heiligtums betraten die Pilger die Insel von Süden. Ursprünglich landeten sie im Nordwesten, in der Skardana-Bucht, und zogen von hier zum heiligen See und zur heiligen Palme. Dieser Pilgerweg wurde im 6. Jh. zu einer großen Prozessionsstraße ausgebaut, die noch heute zu den besonderen Sehenswürdigkeiten von Delos gehört, ja zu den eigenartigsten Kultanlagen der griechischen Welt überhaupt. Es ist die berühmte heilige Straße mit der Löwenterrasse. Gegen den See wurde eine mächtige Stützmauer errichtet, die eine breite Aufschüttung für eine geräumige Feststraße ermöglichte. Ihre andere Seite säumte eine Anzahl großer Marmorlöwen, die von erhöhten Podien auf den See hinaussahen. Sieben sind heute noch an Ort und Stelle vorhanden, ursprünglich waren es sechzehn. Einer wurde 1716 von den Venezianern als Trophäe entführt und mit erneuertem Kopf im Arsenal von Venedig aufgestellt. Die Tiere sind mit ihrer Standplatte aus *einem* Block gearbeitet. Die langgestreckten Körper steil aufgerichtet, blicken sie mit erhobenem Kopf und drohend geöffnetem Maul geradeaus auf den See. Man würde, um die Maßverhältnisse anzudeuten, von natürlicher Größe sprechen, wenn die Tiere auf den Betrachter einen halbwegs löwenähnlichen Eindruck machten. Nicht nur der Laie ist geneigt, sie eher für Seehunde zu halten; selbst der berühmte Archäologe Gustav Karo hat sich nicht gescheut, ihr Vorbild in Hunden zu suchen. Die kleinen Köpfe mit den als runde Scheiben wiedergegebenen Backen, der magere lange Leib mit den drei schematisch und viel zu tief angesetzten Rippen machen einen sehr befremdlichen Effekt und wirken nicht einmal stilisiert, sondern geradezu antinaturalistisch. Durch die Länge der Zeit sind alle Tiere so stark verwittert, daß kein einziges mehr die ursprüngliche Form besitzt. Erst an einer kompositen Rekonstruktion erkennt man die flache Mäh-

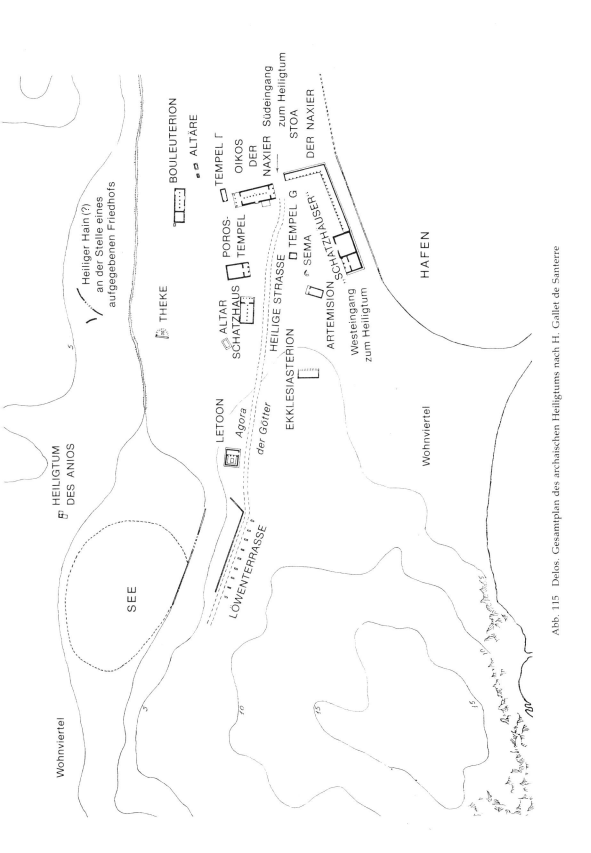

Abb. 115 Delos. Gesamtplan des archaischen Heiligtums nach H. Gallet de Santerre

Abb. 116 Delos. Rekonstruktion eines Löwen der Löwenterrasse

nenbildung ohne Halskrause, die Hocker-, nicht Sitzstellung und die besondere, technisch gewagte Anordnung des Schwanzes.

So befremdlich die Wiedergabe ausgefallen ist, die Idee der ganzen Anlage stammt ohne Zweifel von den Tieralleen der Ägypter, nur daß man sich hier auf die eine Zeile beschränkt und die gegenüberliegende fortgelassen hat. Das Material ist naxischer Marmor, und auch die überschlanke Form weist auf Naxos. Wir haben es also mit einem großen Monument aus der Zeit der naxischen Vorherrschaft zu tun, die auch durch andere bedeutende Stiftungen bezeugt ist wie den Koloß der Naxier oder deren Schatzhaus (Oikos) und Säulenhalle. Die Löwen sind in keiner Weise, wie die starke Verwitterung glauben machen könnte, nach einem einheitlichen Schema angefertigt. Selbst innerhalb der beiden Gruppen, die sich nach ihrer deutlich anderen Rumpfgestaltung voneinander unterscheiden lassen, ist jedes Exemplar individuell gearbeitet. Es findet darin der Gedanke eine gewisse Stütze, daß die Löwen bei verschiedenen Werkstätten in Auftrag gegeben wurden und Weihgeschenke einzelner naxischer Adelsgeschlechter waren. Ein ganz äußerlicher Unterschied ist allein schon der, daß ein Teil der Plinthen rechteckig, ein anderer oval ist. Daß aber die Anlage einer einheitlichen Planung unterstand, geht vor allem daraus hervor, daß die Größe der Löwen nach Süden zunimmt, so daß für die von Norden heranziehenden Pilger die perspektivische Verkleinerung entschärft war.

Die großartige Prozessionsstraße führte zu einem sehr bescheidenen, für Delos typisch kleinen Heiligtum, dem Tempel der Letó. Das 8,80 x 10,90 m messende Bauwerk war rings von einem Bankett umgeben, das Besuchern zum Ausruhen diente und auf dem, wie Einritzungen beweisen, auch Mühle gespielt wurde. Die erste Steinlage über dem Bankett bestand aus Marmorplatten, die mit Sechsecken geschmückt waren. Die weiteren Lagen waren aus Gneis, nur die Eckblöcke bestanden durchgehend aus Marmor. Die

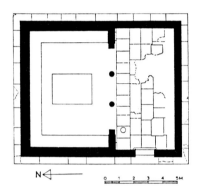

Abb. 117   Delos. Grundriß des archaischen Letoons

Innenwände dagegen sind aus regelmäßigen kleinen Gneisplatten aufgeschichtet.

Das Innere war durch eine Scheidewand, wahrscheinlich aus zwei kleinen Zungenmauern und zwei Säulen, in zwei ungefähr gleich große Räume unterteilt, die Cella im Norden und einen Vorraum im Süden. An den Wänden der Cella läuft rings ein breites Bankett um zur Aufnahme von Weihgeschenken. Das große rechteckige Podest in der Mitte trug vermutlich die Kultstatue.

Erst in hellenistischer Zeit wurde eine Tür in die Südwand des Vorraums gebrochen, wie sie der Längsrichtung des Gebäudes entsprach. Der archaische Eingang befand sich in der Westmauer der Vorhalle, unkanonisch, aber so angelegt, daß der Tempel direkt von der Prozessionsstraße aus betretbar war.

Die Mauern der Vorhalle sind schwächer als die der Cella, so daß man vermutet hat, das Vestibül sei nicht überdacht gewesen und habe vielleicht die

243

heilige Palme umschlossen. Indessen ist es ganz mit Porosplatten ausgelegt, von denen eine eine runde Vertiefung trägt. Hier könnte eine Bronzepalme gestanden haben, die im Tempel den heiligen Ort und das heilige Geschehen symbolisierte. Der heilige Baum selbst aber wird im Freien verblieben sein, in der Mitte oder am Rande einer großen Festwiese südlich des Sees, die Platz genug bot, die aus der ganzen ionischen Welt zusammenströmenden Pilgerscharen aufzunehmen und zu festlichen Chören und Reigen zu vereinen.

Der Leto-Tempel ist um 540 v. Chr. errichtet. Dagegen wurden die Löwen aufgrund unzutreffender Analogien allgemein an das Ende des 7. Jhs. gesetzt. Diese große Zeitdifferenz würde bedeuten, daß die Löwenterrasse über zwei Menschenalter für sich bestanden und die Prozessionsstraße sozusagen ins Nichts geführt hätte. Inzwischen haben genaue Stilvergleiche 1965 gezeigt, daß auch die Löwenterrasse erst um die Mitte des 6. Jhs. angesetzt werden kann. Damit ergibt sich, daß das archaische Letoon einheitlich geplant und ausgeführt wurde. Eine vielleicht schon in geometrischer Zeit einsetzende Entwicklung hatte zu einer großartigen Anlage geführt. Aber mit ihrer Errichtung war auch bereits der Höhepunkt erreicht. Eine weitere Blüte war dem delischen Letoon nicht beschieden. Das Apollon-Heiligtum stieg zu immer größerer Bedeutung auf, und eine zweite und für die Zukunft wichtigere heilige Straße entwickelte sich im Süden.

Natürlich hat das Letoon noch viele Menschenalter hindurch seine Bedeutung behalten, aber daß sein Tempel niemals erweitert wurde, ist doch bezeichnend. Und in der Spätzeit werden einzelne Stufen seines Niedergangs direkt faßbar. In den Jahren 253–250 v. Chr. ließ der makedonische König Antígonos Gonatás eine große, 250 Meter lange Säulenhalle errichten, die dem heiligen Bezirk des Apollon eine durchgehende, einheitliche Nordfront geben sollte. Die Halle wandte dem Letoon die geschlossene, ohne Durchgang angelegte Rückwand zu und trennte es damit hart und definitiv vom Haupttheiligtum ab.

Ende des 2. Jhs. v. Chr. errichteten die römischen Kaufleute auf Delos, durch großzügige Schenkungen unterstützt, als Versammlungs- und Handelsplatz ihrer Kolonie, nördlich der Halle des Antigonos eine gewaltige Marktanlage, den größten Baukomplex, der jemals auf Delos ausgeführt wurde. Dieser sog. Markt der Italiker reichte im Norden bis an den Rand des heiligen Sees, im Westen bis an den Tempel der Letó, d. h., er nahm vollständig das Gelände ein, auf dem sich einst die große Festwiese befunden hatte, auf deren Erhaltung die wenigen Verehrer der Letó nun offenbar keinen Anspruch mehr erheben konnten. Die Architekten im Dienst der Italiker waren dabei so rücksichtslos, unmittelbar an der Ostwand des Leto-Tempels ausgerechnet die Latrine anzulegen. Die Weltzeit des Letoons war abgelaufen, und gegen zwei weibliche Konkurrenten hatte Apollon endgültig den Sieg davongetragen.

Der älteste nachweisbare Sakralbau des Apollon auf Delos ist der von den Inschriften so genannte *Pórinos naós*, der *Porostempel*. Erhalten sind lediglich die Fundamente: Poros auf Granit, die nicht mehr erkennen lassen, ob die Eingangsseite Säulen besaß oder nicht. Der Tempel ist unkanonisch nach Westen ausgerichtet, vermutlich auf das Artemision zu. Er hatte die bescheidenen Maße von 9,80 x 15,80 m. Seine Erbauung wird ins Ende des 6. Jhs. gesetzt und die Verwendung des Porosgesteins auf athenische Bautradition zurückgeführt. Auf die Vorherrschaft der Naxier war 540–28 die des Peisistratos gefolgt, die um 525 von der des Polykrates abgelöst wurde. Wer von den beiden Tyrannen auch der Bauherr gewesen sein mag, im Verhältnis zu den gewaltigen Bauten, die sie in ihrer Heimat errichteten, haben sie dem Apollon von Delos nur eine sehr bescheidene Behausung gestiftet, und die Vorstellung hat geradezu etwas Groteskes an sich, daß in diesem kleinen Bauwerk seit 478 der Bundesschatz des Delisch-Attischen Seebundes aufbewahrt wurde, dessen jährliche Einnahmen sich auf die gewaltige Summe von schätzungsweise 460 Talenten = ca. 12000 kg Silber beliefen.

Taf. 72

Der Porostempel besaß eine ziemlich berühmte Kultstatue. Nach Pausanias 9, 35, 3 war sie von den Brüdern Angelion und Tektaios angefertigt (wahrscheinlich zu Beginn des 6. Jhs.) und trug in der rechten Hand den Bogen, auf der linken aber die drei Chariten (Grazien). Aus der pseudoplutarchischen Schrift *Über die Musik* erfährt man, daß die Grazien drei verschiedene Musikinstrumente hielten: eine Lyra, eine Hirtenflöte und eine Doppelflöte. Ob dadurch angedeutet werden soll, daß Apollon nicht nur die Lyra, sondern auch die Blasinstrumente erfunden habe, ist für uns keine so aufregende Frage. Gravierender ist, daß Pausanias rechts und links vertauscht hat und daß sein Irrtum in die modernen Handbücher übergegangen ist. Dagegen zeigen hellenistische Münzen und berichten Kallimachos, Philon und Macrobius übereinstimmend, das Kultbild habe den Bogen in der Linken, auf der Rechten aber die drei Chariten gehalten, und die Schriftsteller geben auch alle drei die gleiche Begründung: Apollon trage den Bogen links und die Chariten rechts, weil er langsam im Strafen, aber schnell im Wohltun sei.

Über diese subtile Frage, ob Apollon den Bogen oder die Chariten rechts gehalten habe, hat der bedeutende Philologe Rudolf Pfeiffer eine höchst gelehrte Abhandlung geliefert.* Aber er hat sich darin einem anderen Irrtum ergeben, nämlich der Ansicht, die Kultstatue sei acht Meter groß gewesen. Ein so gewaltiges Kultbild wäre für die archaische Zeit an sich schon erstaun-

---

* Rud. Pfeiffer, *The Image of the Delian Apollo and Apolline Ethics*. In: Ausgew. Schriften (München 1960), S. 55–71.

lich, ganz undenkbar aber ist es für eine Cella, die ihrerseits nicht einmal acht Meter Breite besaß. An welches Material Pfeiffer gedacht hat, läßt er unerwähnt. In Wirklichkeit ist anzunehmen, daß es sich um eine mit Gold beschlagene Holzstatue mittlerer Größe handelte, durch die ein älteres, einfacher gearbeitetes Götterbild abgelöst wurde.

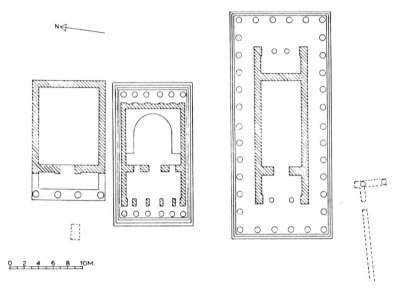

Abb. 118 Delos. Die drei Apollontempel: v. l. n. r. Porostempel, »Tempel der Athener«, Großer Tempel

Um den allzu bescheidenen Porostempel zu ersetzen, begann der Delisch-Attische Seebund südlich davon mit der Errichtung eines halbwegs monumentalen Neubaus, des sog. Großen Tempels, des einzigen auf ganz Delos, der eine Säulenringhalle besaß. Aber er wurde niemals vollendet, denn bereits 454 setzten es die Athener durch, daß der Bundesschatz auf die Akropolis verlegt wurde, wodurch Delos ein gut Teil seiner Bedeutung verlor. Ein dritter Tempel wurde von den Athenern während des Peloponnesischen Krieges zwischen dem Poros- und dem Großen Tempel, nur wenig größer als jener, errichtet, so daß in klassischer Zeit den einfachen Tempeln der Letó und der Artemis ein dreifaches Apollon-Heiligtum gegenüberstand.

Abb. 119 Delos. Grundriß vom Oikos der Naxier. An der Nordwand die Basis zum Koloß der Naxier ▷

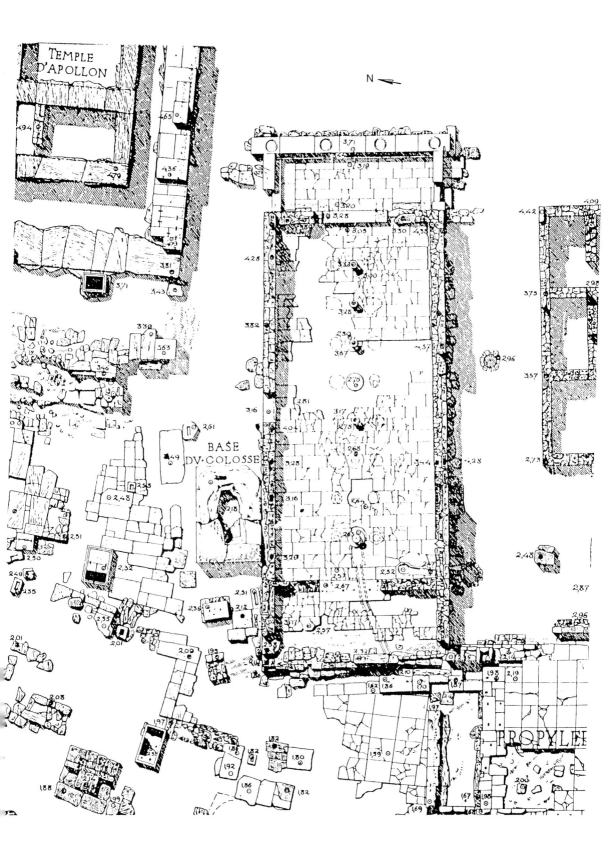

Taf. 85 Melische Halshenkelamphore aus der Gruppe der Sirenenvasen. Auf dem Hals der typische, nicht ▷ sicher gedeutete Frauenkopf, hier mit ausladendem Ohrgehänge. Auf der Schulter zwei Sirenen mit zum Redegestus erhobenen Händen. Aus dem Kopf tritt eine Palmettenranke aus. H 38 cm. Mykonos, Arch. Mus. Vgl. auch Taf. 78 u. Abb. 99

Taf. 86 Melisches Prunkgefäß. Reiteramphore. Um 660. H 0,90 m. Athen. NM 912.

Taf. 87 Melisches Prunkgefäß. Apollonamphore. Um 640. H 0,97 m. Athen, NM 911.

Taf. 88 Melisches Prunkgefäß. Pferdeamphore. Um 660. H 0,88 m. Athen, NM 913.

Taf. 89 Melisches Prunkgefäß. Heraklesamphore. Um 620. H 1,02 m. Athen, NM 354. Auf Taf. 88 u. 89 stehen die schlanke und breite Form zum Vergleich nebeneinander.

Abb. 90 Detail von Taf. 84: das Trojanische Pferd. Die Krieger reichen ihre Waffen hinaus, um ihr Versteck zu verlassen. H des Ausschnitts 24 cm.

Taf. 91 Detail von Taf. 84: Szene von der Eroberung Trojas: Menelaos bedroht Helena, die Brust und Gesicht entblößt. Unterhalb zwei Szenen mit Kindermord. H der Szene 15 cm.

Taf. 92 Blick vom Kynthos auf Delos und seine Westküste. Im Hintergrund Rhenea.

Das Gebäude, das den südlichen Zugang zu dem neuen gemeinsamen Heiligtum der Artemis und des Apollon bildete, der sog. Oikos der Naxier, schien lange Zeit wesentlich älter zu sein als die beiden Tempel selbst. Die französische Ausgrabung von 1909 hatte unter dem archaischen Oikos angeblich einen bereits geometrischen Vorgängerbau von genau gleicher Länge festgestellt. Zwei Reihen von je acht in den Felsboden getriebenen Vertiefungen mit eingelassener Basisplatte hatten, wie es schien, Holzstützen aufgenommen. Der Abstand dieser Stützen in Längs- und Querrichtung betrug ca. 2,10 m. Die geringen Beifunde waren geometrisch. Vereinzelte geometrische Gebäudereste sind unzweifelhaft auf Delos zutage gekommen, von der großen Säulenhalle im Nordwesten des Artemisions durch den Bereich des Heiligtums hindurch bis in das Theaterviertel. Aber eine dreischiffige geometrische Halle ist ohne jede Parallele. Auch fragt es sich, was die Naxier mit einem so großen Versammlungs- und Schatzhaus hätten bezwecken wollen zu einer Zeit, als die ganze Kultstätte aus nichts anderem als einem Altar bestand. Zwar hält die endgültige französische Publikation des Naxier-Oikos vom Jahre 1980, Generationen nach der Ausgrabung, an der Existenz der geometrischen Halle fest, ja, sie versucht sogar, in ihr ein Heiligtum, und zwar den ältesten Tempel des Apollon zu sehen! Inzwischen hat aber der griechische Archäologe Athanásios Kalpaxís des Rätsels Lösung gefunden. Er ist der Ansicht, daß die 60–80 cm tiefen Gruben zu beiden Seiten der archaischen Marmorsäulen nichts weiter waren als die Standlöcher der Gerüste, mit deren Hilfe die über zehn Meter hohen Marmorsäulen errichtet wurden. Auf diese Weise erklärt sich überzeugend die völlige Übereinstimmung der Interkolumnien zwischen den archaischen Säulen und den angeblichen geometrischen Holzpfeilern. Auch liegt kein zweiter Fall vor, in dem geometrische Holzpfeiler mit ihrer Basis in die Erde versenkt worden wären. Sie werden immer auf Steinplatten zu ebener Erde gesetzt. Daß durch diese einfache und einleuchtende Erklärung die gänzlich atypische und auch in ihrer Funktion unverständliche geometrische Halle der Naxier endlich aus dem delischen Baubestand verschwindet, ist allerdings kaum zu erwarten.

Der Oikos des 6. Jhs., der in die reiche Zeit der naxischen Repräsentation fiel, war ein kostbares, aufwendiges Gebäude, dessen marmorner Plattenbelag noch heute eindrucksvoll ist. Die 18,50 m lange und nur 7,40–7,70 m breite Halle war durch eine Reihe dicht gestellter Säulen von 10,40 m Höhe in zwei Schiffe geteilt. Die Mauern sind aus schweren, fast unbehauenen Granitblöcken und übereinander geschichteten Gneisplatten errichtet. Die Stoßfugen der Dachziegel waren mit runden Marmorplatten bedeckt. Die halbrunden Antefixe sind mit einem fein gravierten Gorgoneion geschmückt. Die Vorhalle im Westen besaß wahrscheinlich zwei Säulen in antis. Um 560 wurde auf der Ostseite eine zweite Vorhalle mit vier Säulen hinzugefügt, die mit großer Präzision ganz aus Marmor errichtet ist. Der Oikos diente den

Naxiern, wie gesagt, sowohl als Versammlungshalle wie als Schatzhaus. Der älteste Eingang befand sich in der Nordwand. Der Oikos war also ursprünglich ein Querhaus. An der Nordmauer befindet sich auch die riesige Basis, die einst den Koloß der Naxier trug, dessen zwei gewaltige Fragmente jetzt an den Artemis-Tempel vertragen sind.

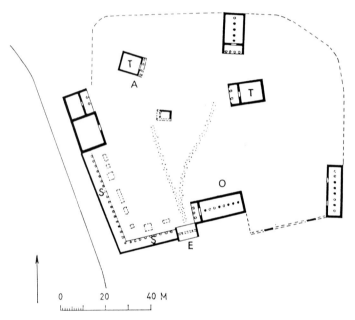

Abb. 120 Delos. Das archaische Apollonheiligtum nach B. Bergquist: TA Tempel der Artemis. T Porostempel des Apollon. S Stoa der Naxier. E Eingang. O Oikos der Naxier

Im Westen schloß sich die sog. Stoa der Naxier an, eine große gewinkelte Säulenhalle, die die ganze Südwestecke des Heiligtums einschloß und deren Südflügel zehn, deren Westflügel mindestens siebzehn ionische Säulen umfaßte. Es sind zwar sechs Kapitelle erhalten, aber die Halle selbst ist so schwer zerstört, daß die Fundamente für den Besucher keinen erkennbaren Zusammenhang mehr bilden.

Im Norden schließen sich zwei große nebeneinander liegende Räume an, deren Bauweise viel mit dem Tempel der Letó gemeinsam hat. Ihre Bestimmung ist unbekannt. Man nennt sie die Gebäude mit den Sechsecken, da sich auch hier wie im Letoon Sechsecke als Steinmetzzeichen gefunden haben. Sie kommen sonst nirgends vor, und ihre Bedeutung ist unerklärt. Merkwürdig ist auch, daß die beiden Räume die Tempel des Apollon und der Artemis an Größe übertreffen.

Zwischen dem Oikos der Naxier und ihrer Stoa, wo sich später die von den Athenern gestifteten dorischen Propyläen befanden, muß es auch in der frühen Zeit schon einen wenn nicht repräsentativen, so wenigstens offiziellen Torbau gegeben haben, von dem aber keinerlei Spuren erhalten sind.

Der Plan des archaischen Heiligtums weist noch zwei weitere Gebäude mit Mittelsäulen auf, eines nördlich des Apollon-Tempels, ein weiteres östlich des Naxier-Oikos. Beide sind ebenfalls Oikoi. Der im Norden mit Fundamenten aus Granit und Gneis umfaßte eine Vorhalle mit vier dorischen Säulen zwischen den Anten und einen Hauptraum mit einer mittleren Säulenstellung von fünf Säulen. Man hat vorgeschlagen, in ihm das Schatz- und Banketthaus der Karystier (von Euböa) zu sehen. Auch an ihm fällt auf, daß er die beiden Tempel an Größe übertrifft.

Das Gebäude im Osten ist ein langgestrecktes Querhaus aus einheimischem Marmor, mit zwei Türöffnungen in der westlichen Langseite und nicht mit Säulen, sondern mit einer Pfeilerreihe in der Mitte (das sog. Gebäude Δ). Da sich an seiner Nordostecke eine Votivsäule fand mit einer archaischen Weihung der delischen Jugend an die Athena Polias, ist die Vermutung ausgesprochen worden, es müsse sich um ein Gebäude der delischen Munizipalität handeln. Als solches würde es freilich innerhalb des heiligen Bezirks keine berechtigte Stelle haben. Es kann auch ein gewöhnlicher Oikos sein. Jedenfalls gehört es der ersten Hälfte des 6. Jhs. an.

Daß das Heiligtum keinen zusammenhängenden Plan erkennen läßt, sondern eine Gruppe lose gestreuter Bauten darstellt, braucht nicht wunderzunehmen, sondern ist für die frühe griechische Auffassung, die jedes Bauwerk als ein Seiendes für sich auffaßte, ganz natürlich. Auffällig bleibt aber immer die relative Kleinheit der Tempel gegenüber den übrigen Bauten, und daß sie von diesen z. T. auch in Qualität und Aufwand übertroffen wurden.

Die Hauptentwicklung im 5. Jh. bestand darin, daß sich die Zahl der Apollon-Tempel nach Süden von einem auf drei erhöhte und daß sich an das Schatzhaus im Norden vier weitere nach Osten anschlossen, die sich im Viertelkreis um den Porostempel herumschlossen. Damit war der ursprünglich weite Raum um den archaischen Apollon-Tempel stark eingeschränkt, und es fragt sich, wo die volkreichen Feste, an denen die ganze ionische Welt teilnahm, noch Platz fanden.

Weil Lage und Alter unbestimmt sind, ist auf dem Plan des archaischen Heiligtums ein »Bauwerk« nicht verzeichnet, das im delischen Kultwesen vielleicht wirklich eine besondere Rolle gespielt hat: der berühmte, gelegentlich zu den Sieben Weltwundern gezählte *Hörneraltar* (*Kerátinos bomós*). Sein Ursprung ist legendär. Apollon selbst sollte ihn erbaut haben, und zwar aus lauter linken Ziegenhörnern. Und um diesen Altar sollte Theseus, nach der glücklichen Errettung aus dem Labyrinth des Minotaurus, zum erstenmal den Kranichtanz (*Géranos*) getanzt haben, wie er dann für Delos Kultbrauch wurde. An der Existenz des Altars ist schon deshalb nicht zu zweifeln, weil er mit dem Großen Altar des Apollon identisch gewesen zu sein scheint, und man wird ihn sicher auch bereits in die geometrische Zeit hinaufdatieren dürfen, da bereits die Odyssee von ihm spricht (6, 162 f.). Es ist vermutet worden, der Name sei metaphorisch zu verstehen und meine die großen hörnerartigen Eckvoluten, mit denen ionische Monumentalaltäre geschmückt waren. Aber die Erbauung aus kunstvoll ineinandergefügten Ziegen-, nach anderer Überlieferung: aus Rinderhörnern scheint gerade das Auszeichnende gewesen zu sein. Im übrigen ist der delische Hörneraltar keineswegs der einzige, von dem die Überlieferung spricht. Auch in Ephesus soll einer bestanden haben, und vielleicht auch in Dreros auf Kreta. Welche besondere kultische Bedeutung das ausgefallene Material und auch die sonst als unheilvoll geltende Seite »links« besaß, wissen wir freilich nicht. Fest steht aber, daß der Altar die Form eines Kubus hatte, denn als um das Jahr 390 eine Pest ausbrach und man an das Orakel von Delphi die Anfrage richtete, wie man sich von ihr befreien könne, erhielt man die Anweisung, den würfelförmigen Altar zu verdoppeln. Dieses sog. delische Problem war den Deliern, da es sich dabei um irrationale Größen handelte, nur mit Hilfe der Platonischen Akademie lösbar.

Reste des Altars existieren sowenig wie eine Überlieferung, wo er stand. Vernünftigerweise kann man nur annehmen, daß er sich irgendwo in der Nähe des ersten Apollon-Tempels befand. Eine Lage überhaupt außerhalb des heiligen Bezirks wäre jedenfalls wenig verständlich, obwohl auch sie vorgeschlagen worden ist. Innerhalb des Hieron sind zwei Plätze in Vorschlag gebracht worden. Südöstlich des Artemis-, südwestlich des Porostempels, so, daß es mit diesen beiden Kultstätten ein gleichseitiges Dreieck bildet, liegt das sehr zerstörte Apsidenmonument mit einem Durchmesser von über zehn Metern, dessen geringe Reste dem 5. und 4. Jh. anzugehören scheinen. Die Lage seitlich zwischen Apollon- und Artemis-Tempel wäre durchaus einleuchtend, wenn sich der Apsisbogen zum Apollon-Tempel hin öffnete. Aber er öffnet sich genau nach Westen, beiden Tempeln abgewandt.

Im offiziellen französischen Führer wird ein anderer Bau geradezu als *Keratṓn* – Hörneraltar bezeichnet.* Südlich des Artemis-Tempels, verkantet und so dicht, daß es mit seiner Nordspitze unmittelbar gegen dessen Süd-

---

* Genauer: Schrein, Behausung des Hörneraltars. Im übrigen besteht ein Widerspruch darin, daß Plutarch den Altar mit dem Nest des Eisvogels vergleicht, ihn also als rund ansieht, wie man es nach seiner Konstruktion aus geflochtenen Ziegenhörnern auch erwarten sollte. Die Überlieferung des »Delischen Problems« dagegen bezeichnet ihn eindeutig als Würfel. Das Dilemma ist schwer aufzulösen.

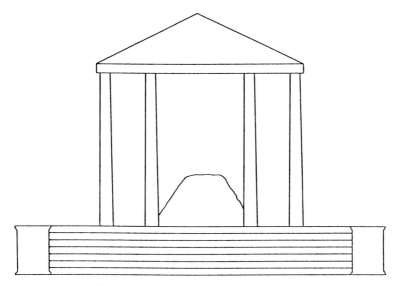

Abb. 121 Delos. Rekonstruktion des Hörneraltars

mauer stößt, liegt ein großes Gebäude aus dem 4. Jh., das die Inschriften unglücklicherweise nur ganz allgemein als »Tempel« bezeichnen. Es ist im ganzen ungefähr doppelt so groß wie der Artemis-Tempel und besteht aus einem geräumigen quadratischen Teil, der ein oberes Stockwerk besessen zu haben scheint, und einer Vorhalle im Südosten. Mit diesem Gebäude habe man im 4. Jh. den Hörneraltar überbaut, um die Festteilnehmer vor Unwetter zu schützen. Diese Obdachtheorie ist sicher abwegig. Auch leuchtet es nicht ein, daß der Hörneraltar des Apollon unmittelbar südlich des Artemis-Tempels gelegen haben soll. Der wirkliche Ort des berühmten Kultplatzes muß wahrscheinlich für immer unbestimmt bleiben. Am ehesten wird man ihn auf dem Platz vor den Apollon-Tempeln vermuten.

Wo aber fanden die Delien statt, das große Jahresfest des Apollon, das Pilger und Festgesandtschaften aus der ganzen ionischen Welt, von den Inseln wie vom kleinasiatischen und griechischen Festland zu Tausenden vereinigte? Im Homerischen Apollonhymnus lesen wir die an den Gott gerichteten Verse:

Dir gehören Tempel in Menge und Haine voll Bäumen,
Aber, Phoibos, dein Herz schwelgt doch am reichsten auf Delos.
Dies ist der Ort, wo Ioniens Söhne in wallenden Kleidern
Dir zur Ehr' sich versammeln samt Kindern und züchtigen Weibern.
Freude bereiten sie dir, denn sie denken an dich, wenn der Wettstreit
Anhebt mit Tänzen und Liedern und Faustkampf.

(V. 143. 146–150. Übers. A. Weiher)

Es sind die Verse, die schon Thukydides zitiert (III 104), um zu belegen, daß das Fest bereits in früher Zeit gefeiert wurde. Das reiche 6. Jahrhundert, seit dessen Anfang auch die Athener mit einer staatlichen Festgesandtschaft (*Theoría*) auf Delos erschienen, entfaltete die ganze Pracht der hocharchaischen Zeit. Die »wallenden Kleider«, von denen der Hymnus spricht, veranschaulichen schwarzfigurige Vasen, aber viel greifbarer noch die reich gewandeten Koren, wie sie auf Delos und der Athener Akropolis ans Licht gekommen sind. Und die zahlreichen Kouroi, so nackt sie sind, bezeugen wenigstens, welch raffinierter, in Griechenland nie wieder erreichter Luxus der Haartracht damals in Mode war.

Abb. 90

Die musischen Agone werden die gymnastischen an Glanz und Umfang weit übertroffen haben. Zuerst und geradezu als »großes Wunder, dessen Ruhm nie vergehen wird«, erwähnt der Hymnus die Gesänge der delischen Mädchen (Deliaden), die nicht nur Apollon, Leto und Artemis, nicht nur die Helden und Heldinnen der Vorzeit besingen und damit ihre Zuhörerschaft bezaubern, sondern die auch das Klappern der Kastagnetten, ja »die Stimmen aller Menschen« nachzuahmen verstehen, so daß jeder seine eigenen Laute zu hören glaubt. Was damit im einzelnen gemeint ist, bleibt unklar, aber es muß eine unvergleichliche Kunst gewesen sein. Neben Reigen und Chöre traten die Rezitationen der Rhapsoden. Eben auf Delos sollen Rhapsodenagone zuerst aufgekommen sein, und die Legende ließ es sich nicht nehmen zu berichten, Homer selbst habe an ihnen teilgenommen. Im Hymnus richtet er an die Deliaden die Aufforderung:

Sollte ein Fremder, ein Leiderfahrener, einer der Menschen,
Wie auf Erden sie wohnen, hierher gelangen und fragen:
Mädchen, sagt mir, wer von den Sängern, die hier verkehren,
Ist euch der liebste Mann und wer entzückt euch am tiefsten?
Sagt dann von uns als Antwort ihr alle schön miteinander:
Ist ein blinder Mann, er wohnt im staubigen Chios,
All seinen Liedern gebührt der Hochruhm künftiger Zeiten.

Dafür, als Gegengabe, verspricht der blinde Sänger, seinerseits den ewigen Ruhm der delischen Mädchen zu verkünden, wie es denn durch den Apollonhymnus wirklich geschieht. Auch diese Verse (166–176) sind dadurch ausgezeichnet, daß sie von Thukydides an der genannten Stelle zitiert werden.

Wo fand aber nun die Festversammlung so vieler hundert, vielleicht sogar mehrerer tausend Menschen statt? Sicher nicht auf dem kleinräumigen Platz zwischen den Tempeln. Die einzig denkbare Möglichkeit ist, daß die große Festwiese des Letoons auch dem Apollonkult diente. Nichts hindert die Annahme, daß die Agone beider Götter, Mutter und Sohn, auf demselben Festplatz ihre Stätte hatten.

Der Bericht über das archaische Delos wäre unvollständig, wollten wir nicht zwei weitere Bauwerke wenigstens erwähnen. Beide liegen weit außer-

halb des Apollonbezirks. Am Westhang des Kynthos, 30 Meter vom Beginn Taf. 92
der Treppe entfernt, die zum Tempel der Tyche und von dort auf den Gipfel
des Berges führt, befindet sich das kleine Heiligtum der Hera. Der älteste Bau
war eine bescheidene, leicht trapezförmige, nach Süden geöffnete Zelle, die
die Athener um 650 aus kleinen, übereinander geschichteten Gneisplatten errichteten. Der Rückwand war ein Podest vorgelegt, auf dem Weihgeschenke
ihren Platz fanden. Einige Marmorbasen könnten darauf hinweisen, daß die
Zelle mit einem Kranz von Holzstützen umgeben war.

Schon gegen Ende des Jhs. wurde der Bau erneuert. Dabei blieb das Fundament unter dem Fußboden des zweiten Tempels erhalten. Als es 1912 freigelegt wurde, fand es sich ganz mit teils vollständigen, teils zerbrochenen Gefäßen angefüllt. Es war der bedeutendste Vasenfund auf Delos überhaupt.
Diese Gefäße des ersten Heraions, von denen ein Teil bis ins 7. Jh. hinauf-
reicht, bilden den Hauptbestand archaischer Vasen im Museum von Delos.

Der Neubau war ganz aus Marmor errichtet. Zwei dorische Säulen stehen
zwischen den Anten. Eine Marmorbank umzieht die Vorhalle. Der Tempel
war von einer Umfassungsmauer eingeschlossen und liegt auf einer großen
Terrasse, die hinter einer mächtigen archaischen Stützmauer aufgeschüttet
wurde. —

Nordöstlich des heiligen Sees, auf halbem Wege zwischen dem modernen
Museum und dem antiken Stadion, befindet sich ein weiteres Bauwerk des
6. Jhs., das Archegesion, d. h. das Heiligtum des Archegétes, des mythischen
Gründers der Stadt Delos, Anios. Er wurde als Heros verehrt, wie es bei
Stadtgründern üblich war, hatte aber nur lokale Bedeutung, ja, es scheint,
daß das Betreten seines Heiligtums Fremden sogar verboten war. Die Anlage
besteht aus einer langen, oikos-artigen Nordsüd-Halle, die in kleine Räume
unterteilt war. Westlich des Oikos befand sich ein plattenbelegter Hof, der
im Westen und Süden von auf Holzpfosten ruhenden Wandelgängen umgeben war und das eigentliche Heiligtum darstellte. Um 470 wurde der Bezirk
mit einer Umfassungsmauer umgeben. Die heute sichtbaren Teile gehen auf
Umbauten der hellenistischen Zeit zurück.

DAS ARCHAISCHE THERA

Der Vulkanausbruch hatte auf den Resten der Insel alles Leben erstickt und
sie für lange unbewohnbar gemacht. Erst als Lava und Bimsstein verwitter-
ten, entwickelte sich langsam eine neue Vegetation. Funde aus den Jahren
1962 und 1970 haben indes gezeigt, daß die Insel wesentlich früher neu besiedelt wurde, als man bis dahin angenommen hatte. In der Mitte der Ostküste

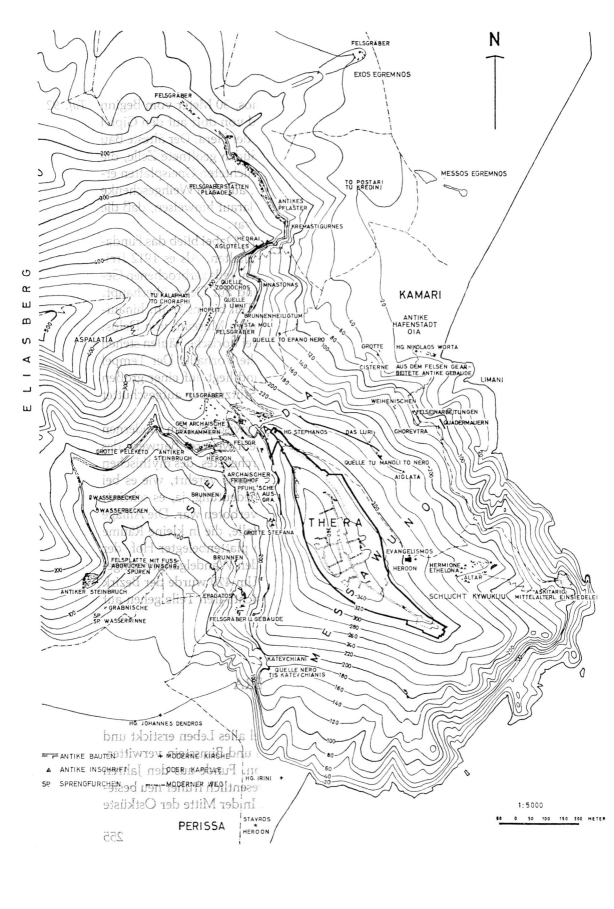

erhebt sich Monólithos, ein isolierter Kalksteinfelsen, bei dem sich zahlreiche spätmykenische Scherben gefunden haben, die keinen Zweifel an der Existenz einer mykenischen Siedlung lassen. Es ist noch umstritten, ob die Scherben Myk. II A, d. h. dem 15. Jh., oder erst III C, dem 12. Jh., angehören, und ob sie von importierten oder am Ort hergestellten Gefäßen stammen. Möglicherweise wurde also Thera schon 100–150 Jahre nach der Katastrophe neu besiedelt. Wie umfangreich und dauerhaft diese Besiedlung war, ist noch unbekannt. Auf jeden Fall war aber Thera nicht erst in geometrischer Zeit neu bewohnt, obwohl erst seit dieser Zeit sich wieder eine Stadt entwickelte. Auch bei Monólithos sind geometrische Scherben gefunden worden, aber die Siedlung, die geschichtlich fortwirken sollte, entstand eine Wegstunde weiter südlich, auf dem südöstlichen Vorsprung der Insel, den die einwandernden Dorer im 8. Jh. zu ihrem Wohnsitz wählten. Es ist ein langgestreckter Bergfelsen, der 370 m Höhe erreicht und an seinem Fuß weitgehend von nur schwer ersteigbaren Steilhängen umgeben ist. Durch einen schmalen Sattel ist er im Nordwesten mit dem höchsten Berg der Insel, dem heutigen Prophítis Ilías (566 m) verbunden. An diesem Sattel und auf dem Wohnfelsen selbst befanden sich einige Quellen, die den Wasserbedarf teilweise decken konnten. Für das übrige mußten Zisternen sorgen.

Der Berg bot kein ebenes Plateau für die bequeme Errichtung einer Siedlung. Er ermöglichte auf abschüssigem Gelände nur die Anlage einer gedrängten und unbequemen Bergstadt. Aber die Felsenhöhe bot Sicherheit, gegen feindliche Angriffe und gegen Erdbeben. Die starken Nordwinde waren lästig, aber auch erfrischend. Am Fuß im Norden und Süden lagen größere Ebenen, geeignet zur Feldbestellung, aus der man sich versorgen konnte. Ihre flachen Strände boten genügend Raum, die Schiffe an Land zu ziehen.

Ihre größte Blüte erlebte die Stadt in hellenistisch-römischer Zeit. Ihr gehören fast alle Ruinen an, die der Besucher heute vorfindet. Sie erstrecken sich über eine Länge von 800 m und erreichen eine maximale Breite von 200 m. Die Ptolemäer unterhielten hier von 275 bis 146 v. Chr. eine Flottenstation, die nur wegen ihrer Unbedeutendheit so lange unangefochten in ihrem Besitz blieb und schließlich im Jahr der Zerstörung Korinths und Karthagos von ihnen selbst aufgegeben wurde. Die Anlagen der archaischen Stadt sind nirgends erhalten, sondern nur indirekt aus den späteren zu erschließen. Da sich in hellenistischer Zeit auf dem Gipfel des Berges kein Tempel, sondern das Gymnasium und die Kaserne oder Kommandantur der

◁ Abb. 122 Übersichtsplan des antiken Thera

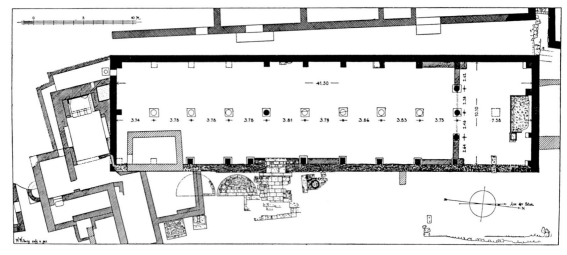

Abb. 123 Thera. Grundriß der sog. Königlichen Halle

ptolemäischen Besatzung befand, so wird dort auch in archaischer Zeit kein Heiligtum, aber vielleicht der Königspalast gelegen haben.

Der nach dem Theater aufwendigste Bau der Stadt war in späterer Zeit die *Basilikè Stoá*, die *Königliche Halle*, im Südwesten der langgestreckten dreiteiligen Agora gelegen. Es ist eine Halle von etwa 10 x 40 m Umfang. Eine Reihe von dreizehn dorischen Säulen trug in der Mitte das Dach und teilte sie in zwei Schiffe. Die Stoa, die bis in die römische Kaiserzeit immer wieder erneuert wurde, galt dem unbewanderten theräischen Lokalpatriotismus als ein Wunderwerk, das nirgendwo seinesgleichen habe. Die Bezeichnung »Königliche Halle« hat zu der Vermutung geführt, der Bau gehe auf die Stiftung eines Ptolemäers zurück. Es ist aber auch denkbar, daß der Name den Ursprung in der theräischen Königszeit bezeichnet, die um 500 v. Chr. ihr Ende fand. Jedenfalls ist die Zisterne, die sich unter der Halle befindet, wesentlich älter. Man kann also durchaus mit einem archaischen Vorgängerbau an dieser Stelle rechnen, wie auch der Platz der großen dreiteiligen Agora wahrscheinlich seit archaischer Zeit dem Markt vorbehalten war. An eindeutigen Zeichen haben sich wenigstens eine archaische Inschrift und ein großer Marmorlöwe aus der Zeit um 560 gefunden.

In hellenistischer Zeit war das schmale Südostende der Stadt, das ungefähr ein Viertel ihrer Gesamtlänge einnimmt, dem Hausbau entzogen und ausschließlich sakralen Einrichtungen vorbehalten, eine Einteilung, die an dieser Stelle ganz sicher auf archaische Regelung zurückgeht. Denn in diesem Bereich sind zahlreiche Felsinschriften mit Götternamen gefunden worden, die aus dem Ende des 7. Jhs. stammen und uns über die im archaischen Thera

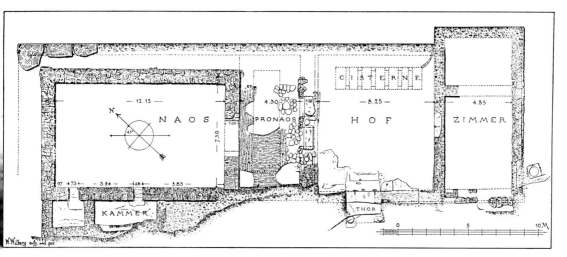

Abb. 124 Thera. Grundriß vom Tempel des Apollon Karneios

verehrten Götter, olympische und lokale, Auskunft geben. Die Inschriften sind kleinen rechteckigen oder runden Felsabarbeitungen von durchschnittlich einem Fuß Länge zugeordnet, deren Funktion durch keinerlei Funde aufgehellt wird. Wahrscheinlich haben sich auf diesen Plattformen kleine urtümliche Steinmale (Baityloi) als Götterzeichen befunden.

Auf der Ostseite dieses Bereichs liegt aber auch das größte Heiligtum, das in Thera zutage gekommen ist, der Tempel des Apollon Karneios. Das links der Hauptstraße gelegene langgestreckte Gebäude war durch einen kleinen, von zwei Säulen getragenen Vorbau zugänglich, der zunächst in einen 8,25 × 9,50 m großen Hof führte. Dem Eingang gegenüber lag eine große Zisterne von 1,50 × 6,50 m Grundfläche und nahezu 3 m Tiefe. Rechts führte eine Tür in einen zweiräumigen Annex, der als Priesterwohnung oder Magazin gedient haben mag. Links führte eine Doppeltür in das eigentliche Heiligtum, zunächst in einen schmalen Pronaos und dann in den Hauptraum von 7,30 × 12,15 m. Er war auf der einen Seite von einem einen Meter breiten Gang unbekannter Bestimmung begleitet, und auf der anderen von zwei ungleichen, einen Meter höher gelegenen Kammern, die vielleicht als Schatzkammern dienten. Die ganze Anlage gleicht also weniger einem Tempel als einem Gehöft. Aber es haben sich auch sonst in Thera keine der üblichen Tempelanlagen vom Megarontyp gefunden. Die Mehrzahl der heiligen Stätten waren überhaupt Freilichtanlagen. Ob das Heiligtum des Apollon Pythios an der Südwestecke des Wohngebietes regulären Tempelgrundriß besaß, läßt die spätere Überbauung durch eine Kirche heute nicht mehr erkennen.

259

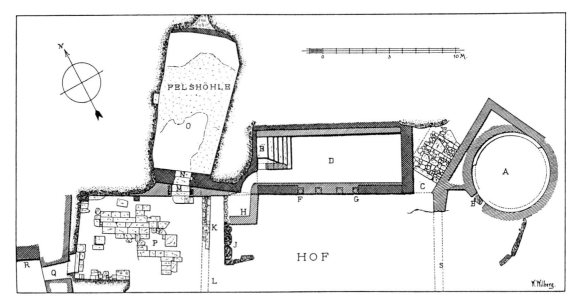

Abb. 125 Thera. Grundriß des Gymnasiums der Epheben

Obwohl die erhaltenen Mauern vom Tempel des Apollon Karneios erst aus ptolemäischer Zeit stammen, so ist doch mit großer Wahrscheinlichkeit anzunehmen, daß sich das archaische Heiligtum an derselben Stelle befand. Apollon Karneios war die allen Dorern gemeinsame Hauptgottheit. Wenn Pindar Thera einmal eine »heilige Insel« nennt, so deshalb, weil sie dem Apollon Karneios geweiht war. Karneios scheint ursprünglich ein widdergestaltiger Fruchtbarkeitsgott gewesen zu sein, der schon früh von Apollon rezipiert wurde. Die ihm zu Ehren im Hochsommer gefeierten Karneen waren das höchste religiöse Fest in Sparta, dessentwegen die Spartaner einen Tag zu spät, nach bereits errungenem Sieg, auf dem Schlachtfeld von Marathon erschienen.

Mit dem dorischen Apollonkult waren Gymnastik und Tanz verbunden. Südöstlich ist eine große Terrasse gelegen, deren in zwei Phasen errichtete Stützmauer zu den eindrucksvollsten Bauwerken gehört, die in Thera erhalten sind. Diese Terrasse hat nach Meinung der Ausgräber schon in archaischer Zeit den genannten Übungen gedient. Und in der Tat findet sich hier eine Reihe alter Felskritzeleien, die den Tanzkünsten der jungen Epheben ihre Bewunderung zollen, auch keinen Zweifel darüber lassen, welche Art von Tanz am wirksamsten war. Vollends deutlich wird eine zweite Art erotischer Inschriften. Es finden sich selbst in unseren unbefangenen Zeiten immer noch beschönigende Formulierungen wie die, es seien dort Namen von Männern und Knaben verzeichnet, die nach dorischer Sitte ihren Liebesbund besiegelten. In Wirklichkeit wird das, was nach dorischer Sitte der Ältere mit dem Jüngeren machte, hier so direkt und rüde ausgesprochen, daß den Verteidigern alle Argumente entwunden sind. Allgemeine Billigung scheint es aber schon damals nicht gefunden zu haben, denn wenigstens einmal hat einer seiner Entrüstung durch die Hinzufügung *Schwein, pórnos*, Luft gemacht. Man wundert sich, daß die Liebhaber sich nicht scheuten, ihre Lieblinge auf solch üble Weise zu kompromittieren, und wundert sich auch darüber, daß in so langer Zeit niemand sich veranlaßt sah, diese Unflätigkeiten auszulöschen. Jetzt sind sie die zugleich ältesten und wüstesten Zeugnisse dorischer Unkultur.

Nordwestlich der Terrasse, in Flucht mit ihrer Westmauer, liegt ein aus schweren polygonalen Blöcken errichtetes einräumiges Gebäude, der sog. Polygonalbau. Durch die Anlage seines Fußbodens wurde eine große Anzahl archaischer Inschriften zugedeckt. Trotzdem könnte auch er selbst noch der archaischen Zeit angehören. Keine Funde haben Aufschluß über seine Funktion gegeben. Die Ausgräber vermuteten, es könnte sich um das Heroon des Theras, des legendären Gründers der Stadt, handeln.

Östlich des Polygonalbaus finden sich, teils massiert, teils weiter gestreut, Götter- und Nameninschriften von der archaischen bis in die römische Zeit, und auch die Felspodeste für Steinidole (»Agora der Götter«), von denen wir schon sprachen.

Die Stadtanlage von Thera endet auf steilem Felsen über dem Meer mit dem Gymnasium. Es ist keine der typischen Anlagen mit kanonischer Einteilung, sondern ein um einen großen Hof gruppiertes Ensemble, das im Laufe der Entwicklung zusammengewachsen ist. Den Ausgangspunkt bildete wahrscheinlich die große 10 m tiefe und 5 m breite Höhle auf der Nordseite, die dem Hermes und Herakles heilig war und ganz sicher auch in archaischer Zeit schon eine sakrale Rolle spielte. Der Hof endet in der Ostecke mit einem Rundbau, es ist sozusagen die äußerste Bastion, die die Stadt gegen das Meer aussendet. Auch diesen Rundbau von 5,90 m innerem Durchmesser hält man für archaisch. Es könnte der Salbraum der Epheben gewesen sein, wie ein solcher Rundbau für frühe Zeit durch Herodot bezeugt wird.

Wir sehen, wie sich im östlichen Ausläufer, dem sakralen Teil der Stadt, die Zeugen verdichten. Die archaischen Votivstelen, Inschriften und die Höhle sind direkte Residuen früher Zeit. Apollon-Tempel, Terrasse, Polygonal- und Rundbau sind Bauwerke, die sehr wahrscheinlich zumindest archaische Vorgänger besessen haben. Hier kann also der Besucher, wenn er will, der frühen Zeit Theras nachsinnen. Aber vom Plan der archaischen Stadt im ganzen — die Lage des Marktes und des Herrscherhauses und den Verlauf einiger weniger Straßen ausgenommen — bekommen wir keine Vor-

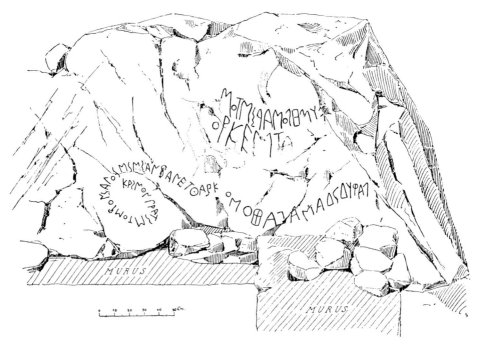

Abb. 126 Thera. Archaische Felsinschriften

stellung. Ja, es ist sogar umstritten, ob die Stadt jemals überhaupt eine Wehrmauer besessen hat. Dörpfeld hat die Stadtmauer 1903 im ersten Band des Thera-Werkes detailliert beschrieben, der Ausgräber selbst, Hiller von Gaertringen, hat ihre Existenz in seinem Enzyklopädie-Artikel 1934 bestritten. In der Tat ist ein zusammenhängender Mauerzug nirgends nachweisbar. Dörpfeld hatte nur disparate Stücke aneinanderreihen können. Nicht einmal am einzigen Zugang zur Stadt, am Hang über der Selláda, wo man am ehesten eine Befestigung erwarten sollte, ist eine solche nachzuweisen.

Eindrucksvoll aber bleiben Lage und Gestalt dieser frühen Stadt, die von späteren Jahrhunderten zwar überbaut, aber im ganzen weder überschritten, noch grundlegend verändert wurde.

Im übrigen ist das einzige feste Datum, das uns aus der Frühzeit Theras überliefert wird, das Jahr 630, in dem theräische Aussiedler die Kolonie Kyrene in der Cyrenaica gründeten, die ihre Mutterstadt an Bedeutung schon bald weit übertreffen sollte.

DAS ARCHAISCHE NAXOS

Naxos, die größte der Kykladen, war sprichwörtlich wegen seiner Fruchtbarkeit und wurde vom Geographen Agathemeros das kleine Sizilien genannt. Herodot nennt es reicher als die anderen Inseln (5, 58). Seine Bedeutung erwies es bereits im 8. Jh., als es 735 in Gemeinschaft mit Chalkis die älteste griechische Kolonie auf Sizilien gründete, die seinen Namen trug. Das sizilische Naxos, wenige Kilometer nördlich von Taormina am Meer gelegen, besitzt, im Gegensatz zu seiner Mutterstadt, noch ausgedehnte Reste seiner aus schwarzer Lava errichteten archaischen Stadtmauer. — Sonst wissen wir über die archaische Geschichte der Insel nur wenig. Um die Mitte des 7. Jhs. kam es zu kriegerischen Auseinandersetzungen mit Paros, Milet und Erythräa, in deren Verlauf die Gegner die heute Palátia genannte Halbinsel (mit dem großen Tempeltor) besetzten und von dort aus die Stadt bedrohten. Durch die List eines kriegsgefangenen naxischen Mädchens wurde die Stadt gerettet. In diesen Kämpfen mit Naxos hat der große parische Dichter Archílochos, der erste griechische Lyriker, den Tod gefunden.

Im 7. und in der ersten Hälfte des 6. Jhs. besaß Naxos die Vorherrschaft über Delos, das Kultzentrum des ionischen Stammes. Davon zeugen die Artemis-Statue der Nikandre, die älteste erhaltene griechische Großplastik, *Taf. 56* der Apollon-Koloß, der Oikos und die Stoa der Naxier auf Delos und nicht *Taf. 70* zuletzt die große Feststraße mit der prunkvollen Löwenterrasse über dem *Abb. 119* heiligen See. Um 540 verloren sie diese Vorherrschaft an Peisistratos von *Taf. 74* Athen.

In der Mitte des 6. Jhs. kam es wie in vielen anderen griechischen Stadtstaaten zu Kämpfen zwischen Oligarchen und Demokraten, die, wie andernorts auch, zuletzt in der Alleinherrschaft eines Tyrannen endeten. Zwar gelang es den Oligarchen, Lygdamis zu vertreiben, aber Lygdamis, der um 545 Peisistratos geholfen hatte, nach seinem zweiten Exil zum dritten Mal die Tyrannis über Athen zu erringen, wurde von diesem zum Dank und als Gegenleistung nach Naxos zurückgeführt. Peisistratos gab ihm dorthin auch, weit von Athen entfernt, die ihm von den Athenern gestellten Geiseln in Verwahr. Wir wissen sonst nicht viel von ihm. In der dem Aristoteles zugeschriebenen *Ökonomik* findet sich eine merkwürdige Maßnahme überliefert, die er gegen seine Opponenten ergriff. Er ließ in den Bildhauerwerkstätten alle Votivstatuen, die von seinen adeligen Gegnern in Auftrag gegeben, aber noch nicht vollendet und geliefert waren, beschlagnahmen und öffentlich versteigern (II 3, p. 1346). Um 524 wurde Lygdamis, wahrscheinlich von den gegen Polykrates von Samos ziehenden Spartanern, vertrieben. Zwanzig Jahre später überredeten die in Milet im Exil lebenden Naxier den milesischen Tyrannen Aristagoras zu einem Angriff auf Naxos, um sie in Heimat und

263

Herrschaft zurückzuführen. Das mit persischer Unterstützung durchgeführte Unternehmen führt zu einer Belagerung der offenbar befestigten Stadt, die nach Verlauf von vier Monaten ergebnislos abgebrochen werden muß. 490 beim Zug der Perser gegen Griechenland richtet sich ihr erster Angriff gegen

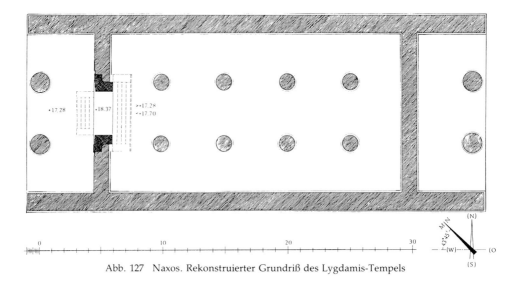

Abb. 127 Naxos. Rekonstruierter Grundriß des Lygdamis-Tempels

Naxos. Diesmal räumen die Naxier ihre Stadt im voraus und bringen sich und ihre Habe in den Bergen in Sicherheit. Ihre Stadt wird von den Persern geplündert. 480 müssen sie mit vier Schiffen dem Xerxes Heeresfolge leisten, gehen aber dann zu den Griechen über und erhalten die Ehre, auf der Siegessäule von Delphi mitverzeichnet zu sein. Nach gewonnenem Krieg gehört Naxos dem Delisch-Attischen Seebund an und ist 469 das erste Bundesmitglied, das den Versuch wagt, sich von der athenischen Vorherrschaft zu befreien. Es wird mit Krieg überzogen, besiegt und unterjocht und muß attische Kolonisten aufnehmen. Damit war die große Zeit der Insel beendet. Erst die römische Kaiserzeit brachte ihr eine neue wirtschaftliche Blüte.

Wie seine »Amtskollegen«, möchte man sagen, Peisistratos von Athen und Polykrates von Samos, so hatte nach Tyrannenart auch Lygdamis den

Taf. 93 Nike von Paros. Ein Meisterwerk des Strengen Stils, das wahrscheinlich den Giebel des Athenatempels krönte. Die starke Neigung nach vorn war nur für eine Aufstellung in großer Höhe geeignet. Nach 490. Paros, Arch. Mus.

Taf. 94 Paros. Luftaufnahme des Hauptorts Parikía mit seinen Terrassendächern. Unmittelbar rechts vom Küstenvorsprung liegt der Burghügel (Phroúrion), das historische Zentrum von Paros. Er ist jetzt durch eine hohe Stützmauer gegen die Küstenstraße begrenzt, war aber im Altertum mehr als doppelt so groß und ist vom Meer in so vielen Jahrhunderten unterspült worden, bis ihn nun die moderne Fahrstraße absichert.

Auf diesem Hügel befand sich die mittelkykladische Siedlung von Paros, hernach die spätmykenische, dann die geometrische. Um 520 wurde auf ihm der große spätarchaische Marmortempel errichtet, ein Pendant zum Apollon-Tempel von Naxos. In neuerer Zeit erhoben sich auf dem Burghügel die byzantinische, später die venezianische Festung. Dabei wurde der Tempel vollständig abgetragen. Die Byzantiner verbauten seine Spolien massenhaft, mehr als 1700, in der Bischofskirche von Paros (Katapolianí). Dort sind z. B. die beiden Türpfosten des Hauptportals und im Inneren Emporen und Altar leicht als Spolien zu erkennen. Die Venezianer errichteten ganze Teile ihrer Wehranlagen aus Spolien (s. Taf. 96 u. 97).

Das Institut für Bauforschung der Technischen Universität München begann 1973 unter Leitung von G. Gruben, die weitverstreuten antiken Werkstücke zu registrieren und zu vermessen, um danach Maße und Architektur des archaischen Tempels zu rekonstruieren. Seine Gesamtlänge wird auf über 30 m geschätzt. Die Cella hatte eine lichte Weite von 15,45 m, aber wie die Säulen angeordnet waren, ohne die sie nicht überdacht werden konnte, ist nicht mehr auszumachen. Die Vorhallen auf beiden Seiten waren mit gewagt langen Marmorbalken von 6,65 m Länge gedeckt. Davor befand sich auf beiden Schmalseiten eine Säulenstellung von sechs ionischen Säulen mit einer berechneten Höhe von 8,85 m. Von ihren Basen und Kapitellen ist nicht einmal ein Fragment erhalten geblieben.

Am sichersten zu rekonstruieren ist das große Tor, das wie das naxische aus vier gewaltigen Monolithen bestand, von denen zwei erhalten geblieben sind (Taf. 97). Sie ergaben eine Öffnung von 3,75 x 5,95 m (Naxos 3,75 x 5,85 m) bei 1,20 m Tiefe wie in Naxos. Und wie dort war auch in Paros die Schwelle ca. 1 m über den Cellaboden erhoben und durch eine vierstufige Treppe mit ihm verbunden.

Aber die rund 3500 antiken Bauglieder, die von der Münchner Arbeitsgruppe im ganzen aufgenommen wurden, stammten in keiner Weise allein von dem eben beschriebenen Haupttempel, sondern noch von vier weiteren archaischen Sakralbauten. Zwei von ihnen scheinen ebenfalls auf dem Burghügel gelegen zu haben, aber die Lokalisierung der übrigen ist unsicher und von allen die Rekonstruktion nur ganz fragmentarisch, da mehr als einzelne und unzusammenhängende Glieder nicht erhalten sind.

Taf. 95 Detail von Taf. 47 mit Angabe der erhaltenen (schwarz) und verlorenen (schraffiert) Fundamente des spätarchaischen Tempels und der entsprechenden Teile des venezianischen Kastrons.

Taf. 96 Paros, Burghügel. Reste eines hellenistischen Rundbaus, der in die venezianische Festung als Kapelle einbezogen wurde.

Taf. 97 Paros. Antike Spolien, verbaut in das venezianische Kastron. Die gewaltigen Blöcke mit Faszien sind Werkstücke des großen Tempeltors von Tempel A, das dem erhaltenen von Naxos entsprach.

Taf. 98 Paros. Zwei Reliefs aus dem ältesten Vorhof der Katapolianí, vielleicht Teile eines Frieses, vielleicht vom Grab des Archilochos. a) »Totenmahl« b) Tierkampfszene: Löwe schlägt Stier. Um 500. H 73 cm. Paros, Arch. Mus.

Auf dem »Totenmahl« nimmt die Mitte ein Mann auf einer Kline ein, offenbar ein Krieger, wie die an der Wand aufgehängten Waffen zeigen. Rechts folgen ein Hund und ein junger Mundschenk, hinter dem am r. Rand das große Tischgefäß steht, aus dem er den Wein schöpft. Am l. Rand sitzt eine Frau auf einem Thron, die mit der linken Hand das Schultertuch nach vorn zieht.

Es ist eine alte Streitfrage, ob es sich bei den Totenmählern um eine Szene aus dem irdischen Leben des Verstorbenen handelt, um eine Szene aus dem seligen Jenseits oder um ein Kultmahl.

Auf der anderen Platte überfällt ein Löwe von hinten einen Stier, der unter dem Gewicht seines Angreifers bereits zusammengebrochen ist und sich brüllend aufbäumt. Der Löwe hat mit seiner rechten Hinterpranke das rechte Hinterbein des Stiers zu Boden gedrückt, so daß er nicht mehr fliehen kann. Seine Vorderpranken hat er ihm in die Weichen geschlagen und versucht, ihm das Rückgrat zu brechen. Eine realistische, grausame Szene (vgl. Abb. 68).

Auch hier sind mehrere Interpretationen möglich. Der Löwe fungiert oft als Wächter des Grabes. Aber die grausame Szene ist eher als Symbolisierung von Todesdrohung und Todesnot zu verstehen. Stammt die Platte aber von einem Heroengrab, so wird sie wohl den Sinn gehabt haben, die Überlegenheit des Heros vor Augen zu führen.

Taf. 99 Melisches Tonrelief. Der Tod des Aktäon, der der Rache der Artemis zum Opfer fällt und von seinen eigenen Hunden zerrissen wird. 19,5 x 20,2 cm. Dresden.

Taf. 100 Melisches Tonrelief, aus 7 Bruchstücken zusammengesetzt. Heimkehr des Odysseus. Odysseus, ein abgehärmter, niedergebeugter, halbnackter alter Mann, ergreift den linken Arm der sinnend dasitzenden Penelope. Diese Szene ist auch für sich erhalten. Hier sind links noch Eumaios (sitzend), Laertes und Telemach hinzugefügt. Außer dem weißen Überzug finden sich noch Spuren von Blau, Rot, Braun und Gelb. 18,7 x 27,8 cm. New York, Metr. Mus.

Ehrgeiz, seiner Herrschaft durch Bauten repräsentativen Ausdruck zu geben. Er ließ auf der bereits erwähnten Halbinsel Palatia einen großen Tempel errichten, von dem das kolossale Westtor noch heute aufrecht steht und in gewisser Weise das architektonische Wahrzeichen der Kykladen bildet. Noch in frühbyzantinischer Zeit war die Cella soweit erhalten, daß man in ihr eine Kirche errichten konnte. Damals und noch für lange war die Halbinsel dicht von einer byzantinischen Siedlung bedeckt. Erst in venezianischer Zeit wurde die Tempelruine so radikal abgetragen, daß kein einziges Weihgeschenk, keine einzige Inschrift erhalten blieb, die verrieten, welchem Gott der Tempel eigentlich geweiht war. Man nimmt an, daß sich in früharchaischer Zeit ein Freilichtheiligtum des delischen Apollon auf der Halbinsel befand, dessen Kult der Tempel nun in monumentaler Form fortsetzte.

Taf. 102–104

Die spärlichen Fundamentreste des Tempels wurden 1923 und dann noch einmal 1930 von dem deutschen Archäologen Gabriel Welter untersucht. Ihre wirkliche Erforschung begann jedoch erst im August 1968, als eine Forschergruppe vom Institut für Bauforschung der Technischen Universität München unter Leitung von G. Gruben und finanzieller Unterstützung der Fritz-Thyssen-Stiftung ihre Untersuchung in Angriff nahm.

Der Tempel war beim Sturz des Lygdamis unvollendet und wurde natürlich nicht fortgeführt. Es gab keine Partei, der daran gelegen sein konnte, das Tyrannenmonument zu vollenden. Aber man rührte es auch nicht an, trug es nicht ab, so daß es, wie wir schon sagten, in frühbyzantinischer Zeit als Kirche verwendet werden konnte.

Der Tempel war für kykladische Verhältnisse von gewaltigen Ausmaßen. Mit 15,40 × 36,85 m war er so groß wie der Innenbau des späteren Zeustempels von Olympia, des größten Tempels auf dem Peloponnes. Es war ein doppelter Antentempel mit je zwei Säulen zwischen den Anten. Die Vorhallen zu beiden Seiten der Cella waren gleich tief. Da der Tempel ganz aus Marmor errichtet werden sollte, wahrscheinlich auch das Dach, so wagte man wegen des riesigen Gewichts bei den tragenden Marmorbalken nicht, über vier Meter Länge hinauszugehen. Daher wurden auch in der Cella zwei Säulenreihen installiert, um die Spannweite dadurch zu dritteln. Die Mauern sind außen fein geglättet und sollten später poliert werden. Die innere Steinschicht dagegen ist kleinteilig und nur grob geglättet, wie wir es auch bei anderen kykladischen Heiligtümern finden. Offenbar wurden die Innenwände mit Verputz versehen und vielleicht sogar bemalt.

Abb. 127

Wenden wir uns nun dem berühmten Tempeltor zu, dem »Tor an sich«, wie man es emphatisch genannt hat. Es ist ein Wunderwerk, ohne Zweifel, und sogar eines mit seinen Rätseln. Da ist z. B. die Richtung. Bei einem griechischen Tempel liegt normalerweise, wenn es sich nicht um einen Artemis-Tempel handelt, der Eingang im Osten. In unserem Fall liegt er im Nordwesten. Man hat geglaubt, die Anomalie erkläre sich dadurch, daß der Tem-

Taf. 102–104

265

pel auf Delos ausgerichtet sei. In Wirklichkeit weicht er von dieser Richtung 24 Grad nach Süden ab. Die Frage ist ungeklärt. Auch eine so einfache Frage wie die, wozu eigentlich die schweren Bossen gedient haben, die auf allen vier Blöcken des unvollendeten Tores stehen geblieben sind, findet keine Antwort, oder vielmehr nur eine negative: Sie haben nicht zum Transport gedient. Wozu sie aber positiv gedient haben, das können auch die Fachleute nicht ausmachen.

Das Tor besteht baukastenartig aus vier gewaltigen monolithen Marmorblöcken von etwa sechs Metern Länge und zwanzig Tonnen Gewicht. Schmücken sollten es drei Faszien und zwei Astragale, die aber erst im Rohen angelegt waren. Der Bodenbalken weist die Besonderheit auf, daß er 1,05 m über das Bodenniveau erhoben ist. Er stellte also keine betretbare Schwelle, sondern eine Barriere dar. Um die Cella betretbar zu machen, muß man annehmen, daß er auf beiden Seiten von einer vierstufigen Treppe mit 22 cm

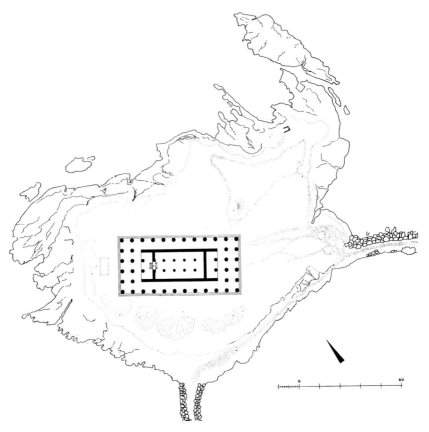

Abb. 128   Naxos. Lageplan des Lygdamis-Tempels mit angenommener Peristasis

Stufenhöhe begleitet war. Das Tor stellt auch nicht einen normalen Türrahmen dar, der die umgebende Mauer schmückend begrenzt, sondern es geht nach innen 24 cm über die Mauer hinaus, bildet also einen vertieften, sozusagen kastenartigen Einsatz in die Mauer. Die Höhe der Schwelle und die Tiefe der Laibung scheinen anzuzeigen, daß es mit diesem naxischen Tempeltor seine besondere Bewandtnis hatte. Es wird erklärt als Erscheinungstor, in dem den Zuschauern irgendetwas gewiesen wurde, etwas Kultisches natürlich, aber was genauer, ist unmöglich anzugeben. Es hat vereinzelt solche Erscheinungstüren gegeben, in Didyma und im arkadischen Lykóssoura, aber auch dort wissen wir nicht, was wirklich vor sich ging. Aber das schadet ja dem Ansehen des großen Tores gar nicht. Es kann uns vielmehr nur zum Sinnen und Nachdenken anregen, wenn es uns Rätsel aufgibt.

Die nächste Frage ist nun: Hat der Tempel des Lygdamis eine Peristasis, eine Säulenringhalle, besessen? Im zweiten Bericht des Münchner Teams im Archäologischen Anzeiger von 1970 lesen wir auf S. 142: »Die erneute Reinigung der von Welter gezogenen Schnitte vor allem südlich des Tempels erbrachte keinerlei Anhaltspunkte für eine begonnene oder geplante Peristasis.« Im dritten Bericht von 1972 dagegen sehen wir uns einer weitausgreifenden Rekonstruktion gegenüber. Es ist dabei von vornherein nicht die Rede von dem, was der Tempel besessen hat, sondern nur von dem, was möglicherweise geplant war. Dieser Plan soll nun nicht nur eine Ringhalle, sondern an Front- und Rückseite sogar eine doppelte Säulenstellung vorgesehen haben, obwohl zugegebenermaßen eine solche Gestaltung für den griechischen Osten einmalig wäre.

Wir müssen zunächst einfügen, daß das Gelände des Tempels stark abschüssig ist, und zwar von NW nach SO. Schon innerhalb des Tempelfundaments selbst fällt der Felsgrund von der Nordwestecke zur Südostecke um etwa 2,50 m ab (Arch. Anz. 1968, S. 697). Das ist — es entspricht einer normalen heutigen Zimmerhöhe — nicht wenig und bedeutete einen ziemlichen

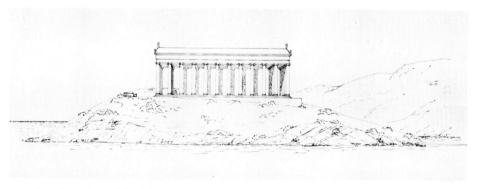

Abb. 129 Naxos. Schaubild des Apollon-Tempels mit angenommener Peristasis. Von Süden

267

Mehraufwand an Arbeit und Baumaterial. Nun liegt an der Nordseite der Felsen 0,60 m über dem Tempelniveau (Euthynterie), auf der Südseite aber viele Meter darunter. An dieser Südseite nun und später auch auf der Ostseite hat man Felsabarbeitungen gefunden, die man für die Lager des geplanten Stylobats (Säulenfundaments) hält. Die Rekonstruktion sieht so aus (Arch. Anz. 1968, Abb. 6, S. 332): auf einer 2,60 m breiten Fundamentierung erhebt sich ein sich bis auf 2,15 m verringernder Sockel von 5 m Höhe, auf dem sich die etwa 1,60 m breite Säule von etwa 13 m Höhe erhebt.

Die Rekonstruktion behandelt natürlich nur ein ganz singuläres Moment und muß umfangreich ergänzt werden. Sie zeigt nur die unmittelbare Stützmauer der Säulenreihe. Diese Stützmauer allein kann aber natürlich statisch das gewaltige Gewicht gar nicht tragen. Auch können die Säulen nicht unmittelbar an der Mauerkante stehen, und es kann der Tempel selbst nicht nach einer oder gar zwei Seiten mit meterhohen senkrechten Wänden abschließen. Aus allen diesen Gründen sind also, teils zur Sicherung und Abstützung der Mauer, teils zur Auffüllung des Geländes, große und schwere Abstützmauern erforderlich, so daß der Tempel schließlich auch auf seiner Südseite von regulären Stufen umgeben war. Für diese erforderlichen gewaltigen Stützmauern haben sich aber offenbar keinerlei Spuren der geplanten oder begonnenen Fundamentierung gefunden. Wir hören nur von der einen Steinabarbeitung von 2,60 m Breite. Es ist aber einfach unvorstellbar, daß man nicht gleich das Ganze sollte in Angriff genommen haben. Es ist nichts, was den Rekonstruktionsgedanken auch nur als Hypothese rechtfertigen könnte.

Im Osten ist die Felsabarbeitung erst 8 m vor der Tempelfront gefunden worden. Ein solch weiter Säulenumgang wäre völlig disproportioniert und technisch gar nicht zu überspannen. Ganz allein diese Schwierigkeit hat die Idee geboren, auf Front- und Rückseite müsse eine doppelte Säulenreihe vorgesehen gewesen sein. Ein anderer Seinsgrund existiert für sie nicht, die Annahme ist rein hypothetisch. Ja, man liest den erstaunlichen Satz: »Eine innere Reihe von vier Säulen vor den Anten wird unten S. 348 f. mit triftigen Gründen rekonstruiert, obwohl der unbearbeitet anstehende Fels vor der SO-Ante eine Fundamentbettung für die entsprechende Säule ausschließt« (Arch. Anz. 1972, S. 333). Die Annahme von Einzelfundamenten soll die Hypothese retten.

Entsprechen den Felsabarbeitungen an der Südostecke auch solche an den drei anderen Ecken, die eine einheitliche Planung und Inangriffnahme der Säulenringhalle bezeugen? In allen drei anderen Fällen ist der Befund negativ (a. a. O. S. 330 f.).

Die Alternative, die sich bei der Hypothese einer geplanten Säulenringhalle gestellt hatte, war: Hatte man sie gleichzeitig an allen vier Ecken begonnen, oder begann man an *einer* Stelle, nämlich der tiefsten im Südosten, und rückte von dort nach beiden Seiten gegen das ansteigende Gelände vor? Der negative Befund an den drei anderen Ecken läßt nur diese zweite Möglichkeit zu. Danach hat also die ganze angenommene Peristasis mit Doppelsäulenstellung an den beiden Schmalseiten außer dem tiefen Anfang im Südosten sonst nur aus Richtlatten zur Absteckung des Geländes bestanden. Aber eine große Schwierigkeit ist auch damit immer noch verbunden. Die ganze Theorie hat zur Voraussetzung, daß die Fundamentierung der Peristasis, gleichviel ob nun an allen vier Ecken gleichzeitig oder nur an einer begonnen, »*nach der Errichtung des Naos* (= *des Tempels selbst*)« erfolgte, wie es a. a. O. S. 330 mit dankenswerter Deutlichkeit ausdrücklich heißt. Man liest und staunt. Die Mauern des Tempels waren bis zur Mauerkrone gediehen, die acht Cellasäulen und die vier Säulen zwischen den Anten standen aufrecht, und nun begann man an der Südostecke, sechs Meter unter dem Tempelniveau, sich mit der Peristasis zu beschäftigen. Ja, es heißt ausdrücklich: »An der N- und W-Seite ist — nach dem negativen Ergebnis der Sondagen an den jeweiligen Ecken — mit der Verlegung der Peristasisfundamente noch nicht begonnen worden« (a. a. O. S. 333). Als Laie stellt man sich immer vor, daß eine solch gewaltige Anlage wie ein Peripteraltempel eine Gesamt-

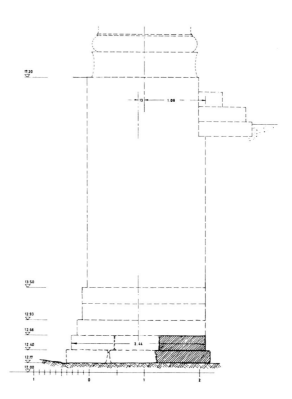

Abb. 130 Naxos. Östliches Peristasisfundament des Lygdamis-Tempels. Rekonstruierter Querschnitt

planung erfordert. Kann man wirklich zuerst die Cella bauen und dann nachträglich, wie einen Zaun um einen Garten, die Peristasis hinzufügen?

Der Bericht von 1972 macht S. 327 die Bemerkung, die technischen Schwierigkeiten der Peristasis wären sehr viel geringer gewesen, wenn man die ganze Tempelanlage nur um fünf Meter weiter nach Norden verlegt hätte. Aber vermutlich hätten Rücksichten auf den hergebrachten heiligen Bezirk eine solche Erleichterung verhindert. War die riesige neue Anlage nicht groß genug, die alte auf irgendeine Weise einzuschließen? Und war das Machtwort des Tyrannen nicht wirksam genug, solche Bedenken hinter dem unendlich größeren Glanz, der dem Heiligtum nun verliehen wurde, verschwinden zu lassen?

Wer als architekturhistorischer Laie im Bericht von 1972 den Abschnitt »Der Befund des Peristasisfundaments« (Arch. Anz. 1972, S. 326–33) liest, dem wird regelrecht abenteuerlich zumute. Aber es gibt hier weniger Scharfsinn als Phantasie zu bewundern, und es wird der Verdacht unabweisbar, wie der angebliche geometrische Vorgängerbau des Naxier-Oikos so gehöre auch die grandiose Peristasis des Lygdamis-Tempels in die Reihe der archäologischen Märchen. Wie sich die angeblichen Basen der geometrischen Stützen des Naxier-Oikos als simple Gerüstlöcher herausgestellt haben, so werden sich auch die südöstlichen Felsabarbeitungen des Tempels von Palatia als etwas sehr Einfaches erweisen. Die zu des Lygdamis und sonstigem Ruhm, nicht zuletzt zur Beeindruckung der Thyssen-Stiftung aufgestellten Richtlatten müssen wieder eingeholt werden, so enttäuschend es ist.

Auch folgendes ist zu bedenken. Bei der Rekonstruktion der naxischen Peristasis war man noch davon ausgegangen, daß Lygdamis Herr auch über andere Inseln, zumindest Paros, gewesen sei und auch den dortigen Tempel mit einem ganz ähnlichem Plan und Tor in Auftrag gegeben habe. Die Untersuchungen auf Paros in den nachfolgenden Jahren haben aber zu dem Ergebnis geführt, daß es sich weder um denselben Baumeister, noch um denselben Bauherrn handeln könne, und damit gleichzeitig die Voraussetzung ungültig gemacht, daß Lygdamis jemals Herr über Paros gewesen sei. Der gewaltige für Naxos angenommene Tempelbau wird also auch historisch unwahrscheinlich. Man kann das archaische Naxos nicht mit Samos vergleichen. Aus einer mittleren Insel wie Naxos war, selbst bei Besitz eigener Marmorbrüche, ein so ungeheurer Tempel wie der angeblich projektierte gar nicht herauszuholen. Es wird also auch aus historischen Gründen bei einem doppelten Antentempel sein Bewenden haben müssen.

Wir haben noch einen zweiten naxischen Marmorbau vorzuführen, der ungefähr der gleichen Zeit angehört. — Vom naxischen Bergdorf Sangrí zieht sich nach Süden ein mäßig tiefes Tal hin, das bis an die Küste verläuft und in dem sich eine Reihe alter Kirchen, z. T. mit historischen Fresken, befindet. Eine kurze Wegstunde unterhalb von Sangrí erblickt man auf der linken Seite des Tals ein kleines vorspringendes Bergplateau, auf dem die Kapelle des Hl. Johannes sto Jýroula gelegen ist. Die Kapelle ist ganz aus alten Spolien erbaut und von solchen umgeben. Aber erst 1954 wurde der damalige Epimelet N. Kontoléon darauf aufmerksam, daß es sich um ein antikes Heiligtum handeln müsse. Er schrieb es später der Demeter zu. Seine Entdeckung kam erst richtig zur Geltung, als sich auch hier das Münchner Institut für Bauforschung der Rekonstruktion annahm. Es war ein jahrelanges vertracktes Puzzlespiel, das schließlich in griechisch-deutscher Zusammenarbeit zwischen G. Gruben und M. Korrés zu Ende geführt wurde.

Das Plateau war schon in mykenischer Zeit besiedelt gewesen, dann wieder in geometrischer. In spätarchaischer Zeit wurde auf ihm ein bedeutendes Heiligtum errichtet, das später verfiel und dessen Marmorsteine nicht nur der Kapelle des Hl. Johannes, sondern auch mancher anderen Kirche des Tals zur Entstehung verhalfen. Auch in Sangrí selbst, im Kloster der Taxiarchen und anderen Gebäuden, fanden sich Spolien des archaischen Heiligtums verbaut. Die griechische Luftwaffe stellte Helikopter zur Verfügung, die alle diese Fundstücke auf den Hügel von Jyroula transportierten, damit sie dort registriert, vermessen und eingeordnet werden konnten. So wurde es möglich, das antike Heiligtum nach Form und Maßen authentisch zu rekonstruieren. Es gab kein Glied, das hypothetisch geblieben wäre. Es ergab sich ein für unsere heutige Kenntnis untypischer und darum gerade besonders interessanter Bau. Es handelt sich um eine quadratische Anlage von elf Meter Seitenlänge, auch sie nicht geostet, sondern nach Südwesten ausgerichtet. Den Eingang bildete eine breite Vorhalle mit fünf Säulen zwischen den Anten. Zwei Türen führten in die Cella, die durch ebenfalls fünf Säulen in zwei Schiffe von der Breite der Vorhalle unterteilt wurde. Der Bau war ganz aus Marmor errichtet, auch das Dach mit Marmorziegeln gedeckt. Die Säulenreihe ermöglichte es, die Cella mit Marmorbalken statt mit Holz zu überspannen. Da das Dach ein Satteldach, der Dachstuhl aber offen war, kann der Innenraum

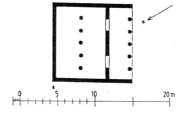

Abb. 131 Naxos. Rekonstruierter Grundriß des Tempels von Sangrí

trotz des kostbaren Materials kaum harmonisch gewirkt haben. Die Mauern waren nach kykladischem Brauch außen geglättet, innen aber nur mit dem Spitzmeißel bearbeitet. Es sind noch Reste von schwarzem, rotem und gelbem Verputz gefunden worden, die beweisen, daß die Innenwände farbig überzogen waren. Die Säulen waren unkanneliert und außerordentlich schlank. Ihre Länge betrug das Achteinviertelfache des unteren Durchmessers gegen das Fünfeinhalbfache normaler dorischer Säulen. Das Kapitell, das auf der Rekonstruktion dorisch erscheinen könnte, ist in Wirklichkeit ein Blattkranzkapitell. Der Echinus, das »Stützkissen«, weist eine S-Schwingung auf. Das Blattmuster war darauf nicht plastisch, sondern mit Farbe aufgetragen. Auch die Antenkapitelle scheinen farbig geschmückt gewesen zu sein. Die Front hatte über dem Architrav keinen Metopen-Triglyphen-Fries, sondern einen einfachen Fries, nur geschmückt mit zwei Kymatien. Auch das Geison trägt keine Tropfenplatten, sondern nur eine Hohlkehle. So ist der Bau eine Mischung aus Ionischem und Dorischem und trotz seines kostbaren Materials von großer Schlichtheit.

Kontoléon hat den Tempel als Thesmophorion, als Heiligtum der Demeter und Persephone, wie in Tinos, ansprechen wollen. Die erhöhte Lage könnte dazu passen. Aber es haben sich wie auf Tinos keinerlei Weihgaben oder Inschriften gefunden, die seine Annahme stützen könnten. Statt dessen sind Fragmente einer Reihe von Kouroi verschiedener Größe und zwei Weihungen an Apollon gefunden worden. Eher ist also Apollon der Herr des Tempels gewesen.

Abb. 132 Naxos. Partielle Rekonstruktion des Tempels von Sangrí

Nach der literarischen Überlieferung war Dionysos der Hauptgott der Insel. Aber die beiden Heiligtümer aus der Zeit des Lygdamis, die uns bis jetzt zugänglich sind, scheinen nicht ihm, sondern dem Apollon geweiht gewesen zu sein.

DAS ARCHAISCHE PAROS

Nur wenige Nachrichten sind aus der frühen Geschichte von Paros überliefert. Das wichtigste Ereignis war die Besiedlung der Insel Thasos ganz im Norden des Ägäischen Meeres um 680. Das Orakel von Delphi hatte den Zug angewiesen, der von Telesikles geleitet wurde. Das Kontingent wird etwa tausend Mann gezählt haben. Ohne eine starke Flotte ist das Unternehmen nicht denkbar. Telesikles war der Vater des Archilochos, des berühmten Dichters, des ersten Lyrikers der griechischen und europäischen Literatur, der sich in einer Elegie selbst als Soldat und Dichter bezeichnet:
Ich bin Gefolgsmann des Ares, des strengen Gebieters im Kriege,
Und auch der Musen Geschenk ist mir, das holde, vertraut. (Frg. 1 D)
Archilochos nahm an dem Zug seines Vaters teil, und durch ihn erfahren wir, welch bunte Gesellschaft wie er ihr Glück zu machen suchte. Er sagt,
daß in Thasos der Hellenen Hefe sich zusammenfand. (Frg. 54 D)
Das Unternehmen glückte trotzdem, und es gelang den Kolonisten, später auch drei Niederlassungen auf dem Festland zu gründen. Das alles verwickelte sie in schwere Kämpfe mit den Thrakern, die sich gegen die griechischen Eindringlinge zur Wehr setzten. An diesen Kämpfen kann die Mutterstadt nicht unbeteiligt geblieben sein.

Später im Laufe des Jahrhunderts geriet Paros in kriegerische Auseinandersetzungen mit der Nachbarinsel Naxos, in denen es ihm gelang, seine Unabhängigkeit zu bewahren. In einem dieser Kämpfe ist Archilochos gefallen.

Um 600 beginnt die parische Münzprägung, die von dem Reichtum der Insel zeugt.

Alt waren die Beziehungen der Parier zu Milet. Sie gehen noch auf die Zeit vor der Kolonisation von Thasos zurück, wie ihr milesisch beeinflußtes Alphabet beweist, das auch von den Thasiern übernommen wurde. Um 525 riefen die mit sich selbst entzweiten Milesier die Parier als Schiedsrichter an, um sie vor dem Bürgerkrieg zu bewahren. Die Parier setzten ein oligarchisches Regiment ein, und zwar setzten sie dazu diejenigen Milesier ein, von denen sie gefunden hatten, daß sie ihr eigenes Hauswesen von allen am besten verwalteten.

Beim Zug der Perser gegen Griechenland 490, einem reinen Flottenunternehmen, wurde zuerst Naxos angegriffen, das sich i. J. 500 einem persischen Überfall erfolgreich widersetzt hatte. Die Naxier hatten in der Erkenntnis, diesmal keine Chance zu besitzen, ihre Stadt frühzeitig geräumt und sahen sie in Flammen aufgehen. Die anderen Inseln, darunter auch Paros, hatten den Boten des Königs zum Zeichen der Unterwerfung Erde und Wasser gegeben und die von ihnen geforderten Kontingente gestellt. Nach der Niederlage von Marathon räumten die Perser nicht nur das griechische Festland, sondern zogen sich mit ihrer Flotte auch von den Inseln zurück. Da überredete Miltiades, der Sieger von Marathon, die Athener Volksversammlung, eine Expedition gegen Paros zu unternehmen, um es für seine persische Heeresfolge zu bestrafen, in Wirklichkeit vermutlich, um sich auf der Insel eine persönliche Hausmacht zu schaffen. Die Volksversammlung billigte den Plan, Miltiades zog gegen Paros, schloß die Stadt zu Wasser und zu Lande ein und forderte die für die damalige Zeit ungeheure Kontribution von hundert Talenten = 2600 kg Silber. Die Parier dachten nicht daran, sich erpressen zu lassen, setzten ihre Stadtmauern instand und richteten sich auf Verteidigung ein. Sechsundzwanzig Tage hielten sie der Belagerung stand, bis Miltiades sich gezwungen sah, sie abzubrechen und unverrichteter Dinge nach Athen zurückzukehren. Dort wurde er für die fehlgeschlagene Expedition auf Schadenersatz verklagt und zu der für einen Privatmann unerschwinglichen Summe von fünfzig Talenten verurteilt. Miltiades hat diesen Sturz von der Höhe des Ruhmes nicht lange überlebt. Er hatte sich auf Paros eine Schenkelwunde zugezogen, die unheilbarer Wundbrand ergriff. So fand der Sieger von Marathon ein schreckliches, ehrloses Ende, geschlagen von einer der härtesten Peripetien, die die griechische Geschichte kennt.

Das Pythion

Paros besaß zwei Apollon-Heiligtümer. Das des delischen Apollon befand sich auf einem Abhang nördlich der Hafenbucht, das des pythischen Apollon lag ebenfalls außerhalb der Stadt im Südosten. Jenseits der langgestreckten isolierten Höhe mit der Kirche Ajía Anna, den Windmühlen und dem Xenia-Hotel fällt ein Ausläufer des Gebirges terrassenförmig zum Meer ab, auffällig und schon von weitem erkennbar durch das kleine klassizistische Tempelchen, das sich die Familie Kampani am Rand der obersten Stufe als Familiengruft errichten ließ. Auf den beiden Terrassen unterhalb lag das Pythion, mit dem Hauptheiligtum auf der oberen Stufe. Es sind dort aber nur noch vereinzelte Reste erhalten, die meisten von der nördlichen Stützmauer, sonst nur unzusammenhängende Spuren. Sehr wahrscheinlich ist auch das Pythion eine Kultstätte unter freiem Himmel gewesen, im wesentlichen ein Altar,

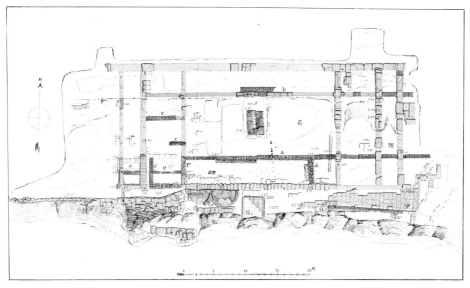

Abb. 133 Paros. Plan des Asklepios-Heiligtums

eingeschlossen von einer großen Umfassungsmauer. Vielleicht, daß sich im Nordwesten ein kleiner Tempel mit einem Kultbild befand. Das Pythion hatte für Paros nicht nur religiöse, sondern auch offizielle Bedeutung dadurch, daß hier bestimmte Staatsinschriften aufgestellt wurden, besonders die Proxeniendekrete, mit denen die Parier ihre auswärtigen Wahlkonsuln ehrten. Próxenos (Fremdenvertreter) ist noch heute das neugriechische Wort für Konsul. Fragmente dieser Dekrete haben sich teils auf dem Pythion selbst, teils in parische Häuser verbaut noch vorgefunden.

Unterhalb dieser großen Terrasse, von ihr durch eine steile, zehn Meter hohe Felswand getrennt, lag, mit der Breitseite genau nach Norden gerichtet, eine kleinere von etwa 30 x 70 m. Die Felswand besteht aus Marmorbreccia, die Terrasse selbst aus Gneis. Der Kalkstein ist wasserdurchlässig, der Gneis nicht, und so treten am Fuß der Wand Quellen aus. Da Apollon auch als Heilgott verehrt wurde, so hat sich bei der hl. Quelle dieser unteren Terrasse eine apollinische Heilstätte befunden. Die Fassung der archaischen Quelle (Q_2 des Plans) und ihr Abfluß nach Norden sind noch heute erkennbar. Sonst haben sich von der archaischen Anlage nur einige Mauerzüge erhalten (a–f), die aber keinen zusammenhängenden Grundriß ergeben. Der Form nach würde man am ehesten an eine Stoa denken. Es fehlen in den Fundamenten jedoch entscheidende Elemente für eine solche Anlage. Rubensohn nahm daher an, daß es sich um einen offenen Hof gehandelt habe, der im Süden, unter der Felswand, eine Reihe von Zimmern besaß, in denen die Heilungsuchenden Unterkunft fanden.

Taf. 67 Der wichtigste Fund auf dieser Terrasse war im Nordwesten die Entdeckung eines archaischen Kouros mit erhaltenem Kopf, der offenbar dort bei der Erneuerung der Terrassenanlage sorgfältig bestattet worden war. Die Statue befand sich z. Z. von Rubensohns Bericht (1902) in parischem Privatbesitz. Sie gelangte später nicht in das Athener Nationalmuseum, sondern in den Louvre. Sie galt vielfach als Hauptbeispiel der parischen Bildhauerschule. Wir haben ihre Eigenart oben im Kapitel über die kykladische Großplastik näher besprochen.

Im 4. Jh. ging die Heilstätte aus dem Besitz des Apollon in den seines Sohnes Asklepios über und nahm einen großen Aufschwung, der bis in die römische Kaiserzeit anhielt. Die Terrasse wurde nun auch Kultstätte und erhielt einen Altar (2,60 x 3,70 m). Gleichzeitig wurde eine neue und größere Quelle erschlossen und ihre Fassung auf den Altar bezogen, der nun die Mitte einer großen symmetrischen Anlage bildete. An einen offenen Hof von 17 x 23,50 m schlossen sich zu beiden Seiten quergerichtete Hallen an. Westlich der neuen Quelle öffneten sich zwei Exedren zum Hof. Westlich des Altars ist eine umfangreiche, 3 x 8,60 m große, 1 m tiefe Grube aus dem Felsen gehauen. Aber ihre Funktion ist unbekannt. Sie fand sich nur mit Steinen und Erde gefüllt. Im Osten schließlich konnten noch die Reste der Rampe festgestellt werden, die einmal ins Heiligtum führte, das nur von dieser Seite aus zugänglich war.

Dies alles gehört, wie gesagt, einer sehr viel späteren Zeit an. Aber es bezeichnet für den heutigen Besucher den Ort, wo sich in archaischer Zeit die Heilquelle und Heilstätte des Apollon Pythios befand.

Abb. 134 Paros. Archaisches Kapitell mit der Weihinschrift für Archilochos aus dem 4. Jh.: *Hier ruht der Parier Archilochos, des Telesikles Sohn, dem Dokimos, des Neokreon Sohn, dieses Grabmal errichtete.*

DAS ARCHAISCHE KEOS

Die Insel Keos besaß im Altertum vier Städte: Ioulís, Koressía, Poiéssa und Karthäa, die aber nicht zu einer Tetrapolis zusammengeschlossen waren, sondern als Zeugen griechischer Kleinräumigkeit bis in späte Zeit unabhängig voneinander agierten, eigene Münzen prägten und mit fremden Städten eigene Verträge schlossen. Drei von ihnen lagen am Meer, die vierte, Ioulís, eine Wegstunde von Koressía entfernt auf einer Anhöhe im Inneren. Zur Zeit des Geographen Strabon, Ende des 1. Jhs. n. Chr., waren Koressía in Ioulís und Poiéssa in Karthäa aufgegangen. Koressía bildete wohl wie heute den Hafen von Ioulís. Und Poiéssa war vermutlich aufgrund seiner etwas exponierten Lage so oft angegriffen worden, daß die Einwohner geschlossen nach Karthäa übersiedelten, das auch schon vorher die bedeutendste Stadt der Insel gewesen zu sein scheint.

Aus der frühen Geschichte ist nichts überliefert. Die Insel war für den ägäischen Schiffsverkehr günstig gelegen. Ihre Häfen werden regelmäßigen Verkehr und schon früh einen gewissen Wohlstand besessen haben, wie ihn später die getrennte Münzprägung bezeugt.

Die ersten historischen Nachrichten stammen aus den Perserkriegen. Beim Zug des Datis gegen Eretria und Athen 490, als alle Inseln dem Großkönig zum Zeichen der Unterwerfung Erde und Wasser zu überbringen hatten, werden auch die Keer nicht vermocht haben, sich dem persischen Anspruch zu entziehen. Und vielleicht hat ein Teil der persischen Flotte sogar in der Bucht von Koressía Station gemacht. Aber zehn Jahre später, beim Zug des Xerxes, waren die Keer die einzigen, die mit vier Schiffen, je einem für jede Stadt, neben den Athenern in der Seeschlacht beim euböischen Artemision mitkämpften. Und mit dem gleichen, nicht eben großen Kontingent nahmen sie an der Schlacht von Salamis teil und sicherten sich damit für alle Zeit die Ehre, auf der ehernen Schlangensäule von Delphi mitverzeichnet zu sein, die die Griechen zum Dank für ihren Sieg dem pythischen Apollon stifteten und die sich auf dem At-Meidan von Istanbul bis heute erhalten hat.

Die Keer waren für einen denkwürdigen Brauch berühmt, von dem die antiken Schriftsteller seit dem 4. Jh. berichten. Es pflegten ihre Alten, bevor das Leben ihnen Tätigkeit und Genuß zu versagen und sie in die Lage zu bringen begann, der Gemeinschaft und sich selbst zur Last zu werden, sich zu einem letzten Symposion oder festlichen Opfer zu versammeln und bekränzt und in gelöster Stimmung alle miteinander den Mohn- oder Schierlingsbecher zu trinken und gemeinsam aus dem Leben zu scheiden, »sich selbst hinauszuführen«, wie der griechische Ausdruck lautet. — Wenn die Zeugnisse auch relativ spät sind, so wird doch der Brauch am ehesten auf die männliche archaische Zeit zurückgehen. Die Keer standen mit ihm in Griechenland allein.

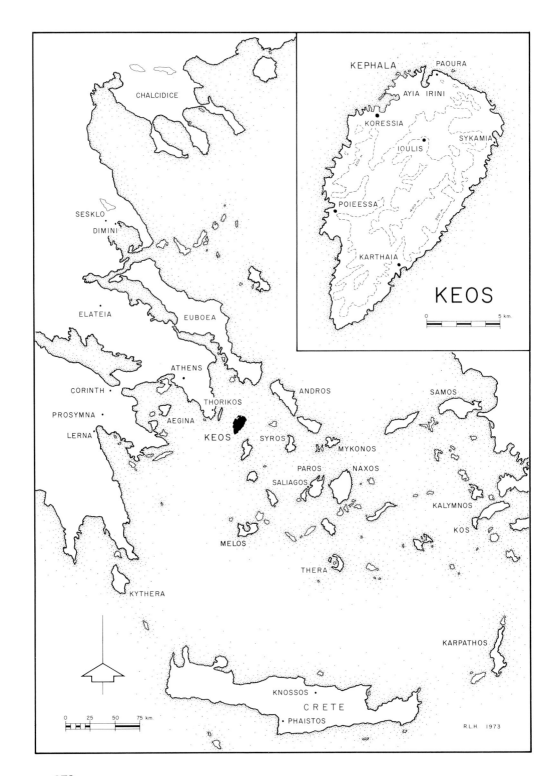

Für die Alten auf Sardinien und bei den Herulern soll er sogar Gesetz gewesen sein. Das wieder war er für die alten Keer gerade nicht.

Der Gedanke, daß der Tod nach einem langen und ausgeschöpften Leben kein Unglück, sondern eine Befreiung sei, kam auch in ihrer Sitte zum Ausdruck, daß die Männer beim Tod älterer Familienangehöriger keine Trauerkleidung anlegten, wohl aber die Mütter ein ganzes Jahr, wurde ihnen durch den Tod ein Kind entrissen.

Groß ist auch der literarische Ruhm der Insel. Simonides (ca. 556–468), in Ioulís geboren, war einer der gefeiertsten und vielseitigsten griechischen Lyriker und in besonderer Weise der Dichter der Perserkriege. Er erreichte ein Alter von fast neunzig Jahren, und es war nicht zuletzt die in sie eingegangene Lebensweisheit, die seine Dichtungen so berühmt machte. Platon nennt Simonides im Dialog *Protagoras* mit Homer und Hesiod in einem Atemzug. Sein Neffe und Schüler Bakchylides (um 518 bis nach 452) war einer der größten griechischen Chorlyriker. – Schließlich ist, außer einigen geringeren Namen, noch der Sophist und Rhetor Prodikos zu nennen, ein renommierter Zeitgenosse des Sokrates, der mit seiner Erzählung von Herakles am Scheideweg eine Fabel geschaffen hat, die noch in unserer Sprache sprichwörtlich ist.

Gehen wir nun kurz durch, was sich an greifbaren architektonischen Zeugen erhalten hat.

Die antike Stadt Koressía lag an der gleichen Stelle, an der sich der heutige Hafen der Insel befindet, der den merkwürdigen Namen *Livádi — Wiese* trägt und in dem die griechische Militärjunta nach ihrem Sturz im Juli 1973 die ersten Wochen inhaftiert war, bevor sie dem Athener Korydallos-Gefängnis überstellt wurde. Es ist der erste Hafen gleich am Eingang jener großen Bucht, in deren Innerem die vorgeschichtliche Siedlung von Ajía Iríni liegt. Die archaische Stadt lag auf dem Abhang und Höhenrücken, der sich unmittelbar über dem Hafen erhebt. Im 4. Jh. dehnte sich die Stadt auch auf den südlich gelegenen größeren und höheren Berg aus, und beide Höhen wurden durch einen gemeinsamen Befestigungsring eingeschlossen, der auch die Senke absicherte, die zwischen beiden hindurchführt und über die heute die Fahrstraße verläuft. Alle erhaltenen Mauern stammen erst aus dieser späten Zeit. Als einziger Rest der frühen Stadt sind die Fundamente eines kleinen Kultbaus vom Ende des 6. Jhs. erhalten, die am Nordende des zweiten Bergplateaus über der Senke liegen, sich also damals außerhalb des Stadtbereichs befanden. Es ist ein kleiner Bau von 7,70 × 15,50 m mit zwei Eingangsstufen, zwei Säulen zwischen den Anten und einer Reihe von drei Mittelsäulen in der

◁ Abb. 135 Karte von Keos mit den antiken Städten

Cella. Wir wissen nicht einmal, welcher Gottheit er geweiht war. Der Stil war dorisch, aber in einer für die Kykladen charakteristischen Form, mit leichten Kapitellen, schmalen und unkannelierten Säulen und dadurch weiten Interkolumnien. Aber der Bau ist heute ein kläglicher, völlig zerstörter Trümmerhaufen und die weite Aussicht über die Bucht das einzige, was er dem Besucher zu bieten hat.

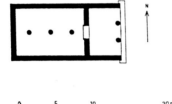

Abb. 136 Keos, Koressía. Grundriß des archaischen Heiligtums

Eine Wegstunde südöstlich von Koressía, im Inneren des Berglandes, mit einer ragenden Höhe als Akropolis, lag Ioulís an der Stelle, an der sich auch heute die »Hauptstadt« der Insel befindet, die von ihrer Vorgängerin nicht viel übriggelassen hat und der man die Heimat des Simonides und Bakchylides wahrlich nicht ansieht. In diesem Ort, der neuerdings wieder Ioulís heißt, befindet sich in einem großzügig modernisierten Archontikón, einem alten Herrschaftshaus, eines der bedeutendsten archäologischen Museen der Kykladen mit den Funden von Ajía Iríni und anderen Altertümern der Insel, über deren Aufstellung sich Griechen und Amerikaner lange Zeit nicht einigen konnten. Die wenigen erhaltenen Mauerreste sind spät. Das einzige Monument früher Zeit ist der berühmte kolossale Löwe, der sich oberhalb des Orts in den Terrassen befindet, und der einzigartig ist auf den Kykladen wie in Griechenland. Es ist ein ausgefallenes Pendant zu den Marmorkolossen desselben Jahrhunderts. Der Löwe ist mitsamt seiner Basis aus dem anstehenden Schiefer herausgemeißelt und mißt 6,40 m in der Länge, 2,70 m in der Breite und 1,50 m in der Höhe. Er ist keine Raubkatze in Sprungstellung, sondern ein nach ägyptischer Art friedlich hingelagerter Löwe, dessen einen ganzen Meter in gerader Linie ausgezogener, nur in den Winkeln leicht gesenkter Mund ihm eine Art archaisches Lächeln verleiht, das wie die Zutraulichkeit selbst wirkt. So, wie er sich heute präsentiert, ist er weder als Wächter irgendeiner Funktion, noch als Todesbringer vorstellbar. Regen hat im Laufe der Zeit das Schiefergestein unterspült und das kolossale Bildwerk samt seiner obersten Basisschicht wie auf einer Plinthe vom Untergrund gelöst und auf den Weg den Abhang hinunter gebracht. Er liegt heute etwa dreieinhalb Meter von seinem ursprünglichen Ort entfernt, in leicht gekanteter, für die meisten Besucher gewiß befremdlicher Stellung.

Taf. 107

◁ Taf. 101 Goldrosette mit Granulat, wahrscheinlich aus Melos. In der Mitte ein landender Vogel. Auf den von Torsionsdraht eingefaßten Zungen abwechselnd Bienen nach innen und Greifenköpfe nach außen. Zeugnis der großen Goldschmiedetradition des 7. Jhs. Dm 4,6 cm. Athen, NM.

Taf. 102   Naxos. Blick auf die Insel Palátia mit dem großen archaischen Tempeltor.   ▷

Taf. 103   Naxos. Das große archaische Tempeltor, in dessen Hintergrund der Burgberg von Naxos erscheint. Die Durchschneidung der Schwelle erfolgte in byzantinischer Zeit, um Zugang zu der Kirche zu verschaffen, in die die Cella verwandelt worden war.

Taf. 104   Naxos. Das Tempeltor von innen gesehen.

Taf. 105   Kea. Zwei Ansichten der archaischen Stadtmauer von Karthäa, die durch große Orthostaten eine ganz eigene Textur und durch unterschiedliche Verwitterung der Steine eine ungewöhnliche Farbigkeit erhielt.

Taf. 106   a) Tinos. Der Hauptberg der Insel mit dem venezianischen Kastell. An seinem Fuß lagen bei Xóbourgo eine geometrische und später eine archaische Stadt. Rechts am Rand die Ruine einer großen fränkischen Kirche.
b) Melos. Teil der archaischen Stadtmauer, die, aus lauter gleich großen Steinen errichtet, eine instruktive Folie ergibt für die Besonderheiten der Stadtmauer von Karthäa (Taf. 105).

Taf. 105

af. 106

Taf. 108 Seriphos. Stadt und Hafen.

Taf. 109 Seriphos. Der Weg vom Hafen zur Stadt. ▷

Taf. 110 a) Seriphos. Blick von der Stadt auf die Küste. Links der Hafen ▷
(diese Aufnahme entspricht Abb. 109 in entgegengesetzter Richtung).
b) Seriphos. Olivengarten unterhalb von Aj. Äkaterini.

Taf. 111 Blick auf Santorin von Nea Kameni aus. ▷

Taf. 107 Kea. Der große Löwe von Ioulís, der auf seiner Steinplatte begonnen hatte, den Berg hinunterzuwandern, und in seiner jetzigen Lage gestoppt wurde. Funktion unbekannt. 2. Hälfte 6. Jh. L 6,40 m.

Taf. 111

Taf. 112

Taf. 113 Naxos. Die Küste bei Grotta vor dem Gebirge.

Taf. 112 a) Seriphos. Vom Weg nach Lakki aus.
b) Andros. Die Stadt auf ihrer Halbinsel mit dem kleinen Inselkastell an der Spitze.

Taf. 114 Seriphos. Küstenformation.

So hat man seine Rutschpartie Ende vorigen Jahrhunderts zum Stehen gebracht. Der auf die Vorderpfoten gesenkte Kopf wirkt niedrig, aber geradezu flach, mehr als Relief wie als Skulptur, wirkt das Hinterteil. Man kann schwer beurteilen, wieviel der Verwitterung im Laufe der Jahrtausende — der Löwe wird um 540 v. Chr. geschaffen sein – zum Opfer gefallen ist. Was ihn über seine Einzigartigkeit hinaus interessant macht, ist die unbeantwortbare Frage nach seiner Bestimmung. Man hat ihn als Wächter am Eingang der Stadt angesehen. Aber von der liegt er viel zu weit entfernt. Oder als Grabwächter. Aber ein Friedhof ist in seiner Nähe nirgends zu finden. Als Ehrenmal für die in den Perserkriegen gefallenen Keer. Aber seine Entstehung ist viel älter. Als paränetisches Symbol der Aristie, als stete öffentliche Mahnung zu Mut und Tapferkeit. Und was man erst aus der Mythologie alles hervorgeholt hat, müssen wir hier übergehen. Ein Weihgeschenk an Apollon? Wir wissen es nicht, und es muß sich jeder vor dem Bild seine eigene Auslegung machen. Vgl. auch Taf. 64/65.

Indem wir die späten Mauern von Poiessa sich selbst überlassen, wenden wir uns der bei weitem interessantesten und lohnendsten archäologischen Stätte auf Keos zu, dem tief im Süden an der Südostküste der Insel gelegenen Karthäa. Es hat auch landschaftlich die herrlichste Lage. Aber die Angabe einiger Führer, man könne es von Ioulis aus in einem Tagesmarsch besichtigen, ist unzutreffend. Man muß eine ziemlich weite und kostspielige Taxifahrt auf sich nehmen, um an den geeigneten Ausgangspunkt zu kommen. Sonst schafft man es nicht, es sei denn, man wolle eine Nacht im Freien verbringen.

Karthäa war vielleicht die älteste und sicher die bedeutendste Stadt der Insel. Im vorigen Jahrhundert, als man den Ursprung griechischer Städte mit Vorliebe auf phönikische Gründung zurückführte, erblickte man in dem Namen die semitische Wurzel *krt*, die in Karthago wiederkehrt und einfach »Stadt« bedeuten soll. Andere lasen aus dem Namen karischen Ursprung heraus. Heute ist wenig Zweifel, daß die Stadt von Anfang an ionisch besiedelt war.

Sie liegt, auf beiden Seiten von tiefen Tälern begleitet, auf einem langgestreckten Bergkeil, der sich in mehreren Stufen hoch vom Gebirge herunterzieht und mit seiner Spitze bis ins Meer hinausragt, das zu beiden Seiten Sandstrände angeschwemmt hat, die der Stadt als Häfen dienten. Die äußerste Spitze ist ein schmales, steiles, scharfkantiges Dreieck, das vom Stadtberg durch eine Senke und Mauer betont getrennt ist.

Drei Sehenswürdigkeiten außer seiner großartigen Lage sind es vor allem, die das archaische Karthäa dem modernen Besucher immer noch bietet: eine einzigartige Befestigungsmauer, eine eindrucksvolle, künstlich angelegte Tempelterrasse und die Fundamente zweier Tempel. — Weniger auf der Nord- und Nordostseite, wo sie auch schwer zugänglich ist, aber auf lange

281

Strecken und mit mehreren Metern Höhe ist die archaische Stadtmauer auf der Südwestseite erhalten, wo sie auf der Kante des steil abfallenden Felsens verläuft. Ein kleines, noch heute mit seiner Treppe erhaltenes Nebentor verschafft Eingang von dieser sonst unersteigbaren Seite. Die Mauern sind nicht nur mit großem Aufwand sorgfältig geglättet, sondern es sind in die normalen Steinlagen immer wieder große, breite und hohe Steinplatten als Orthostaten eingeblendet, die der Mauer eine ganz eigene, nirgends sonst zu findende Textur verleihen. Und da diese Platten sich zudem anders verfärbt haben als die übrigen Steine, so erhält die Mauer durch sie auch ein ganz besonderes koloristisches Gepräge. Es gibt nur wenige Wehranlagen, die sich wie diese in die Natur einfügen.

Taf. 105

Die Karthäer setzten ihren Apollontempel ans äußerste Ende ihres Stadtgebiets, auf die Spitze jenes letzten Dreiecks, unmittelbar über dem Meer. Hier wurde der Felsen abgearbeitet und der Hang begradigt, aber nicht weiter als eben erforderlich. Der Tempel stand unmittelbar an die Felswand gelehnt. Inzwischen hat das Meer den Vorsprung unterspült und mit der Terrasse auch große Teile der Ost- und Südwand des Tempels zum Absturz gebracht. Es sind ohnedies nur noch die Fundamente erhalten. Das übrige ist längst der Zerstörung oder dem Steinraub zum Opfer gefallen. Am besten ist jetzt noch das Fundament des Pronaos erhalten. Die Wände des mit ca. 16 x 32 m relativ großen Tempels waren dünne Schalenmauern aus Marmor und Gneis. Die Eingangsseite im Norden bildeten sechs dorische Säulen, die nach kykladischer Tradition schmal (von etwa 0,65 m unterem Durchmesser) und unkanneliert waren. Von der Tür, die aus dem Pronaos in die Cella führte, sind Schwelle und Türsturz erhalten. Deren Maße — 2,74 und 2,63 m — zeigen, daß sie sich nach oben pylonartig verengte. Eine Mittelstellung von sechs Säulen im Achsabstand von 3,90 m teilte die Cella in zwei Schiffe. Möglicherweise waren sie ionisch. Die erhaltenen Fundamente sind spärlich und werden dem Besucher nicht viel sagen. Aber es gibt keinen zweiten griechischen Tempel, der so unmittelbar über dem Meer gelegen wäre. Darin übertrifft er selbst den Tempel von Sounion.

Wesentlich besser erhalten ist das Heiligtum der Athena weiter nördlich. Es liegt in der Senke zwischen dem äußersten Vorsprung mit dem Apollontempel auf der Spitze und dem eigentlichen Stadtberg. Hier ist zwischen den beiden Stadtmauern, die auf mächtigen Substruktionen ruhend an dieser Stelle vollständig erhalten sind und spitzwinklig aufeinander zulaufen, eine künstliche Terrasse geschaffen, auf der der Tempel der Athena wie der des Apollon unmittelbar an der Bergwand lag. Über diese Terrasse führt noch heute der kürzeste und leichteste Weg aus der Stadt zu den beiden Buchten am Meer, zu der nördlichen auf einer aus dem Felsen gehauenen monumentalen, mehrfach gewinkelten Treppe. Es scheint, daß ein regelrechtes Propylon sie mit der Terrasse verband. Der Athenatempel war der erste wirklich dorische Tempel auf den Kykladen, mit einer Ringhalle von 6 x 11 kannelierten Säulen von 0,90 m unterem Durchmesser. Auf der westlichen Langseite, der Bergseite, sind noch acht der untersten Säulentrommeln an ihrem Ort. Sie bestehen aus einheimischem rötlichem Marmor wie die Außenwände der Cella und waren wahrscheinlich mit weißem Stuck überzogen. Auch ist ein Kapitell zu drei Vierteln erhalten, ein Meisterstück an Proportion und Ausführung, das nur von auswärtigen Steinmetzen geschaffen worden sein kann.

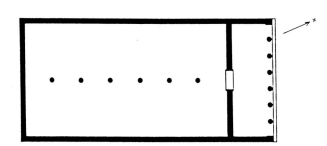

Abb. 137 Keos, Karthäa. Grundriß des Apollontempels

Das Fundament und die Stufen des Tempels sind teils aus dem gewachsenen Felsen gehauen, teils in gewaltigen, bis zu 3 m langen und 1,80 m breiten blauen Kalkstein- oder Gneisblöcken verlegt. Demgegenüber ist die Cellamauer auffallend kleinteilig, wie es einheimischer Bautradition entsprach. Es ist eine Schalenmauer von ca. 0,70 m Stärke, aber besonderer Konstruktion. Die Außenseite, die Schauseite sozusagen, ist aus völlig gleichmäßig behauenen, fast genormten rechteckigen Blöcken von zwei Fuß Länge errichtet, und zwar Blöcken aus rosa Gestein, das, zwischen den weiß stuckierten Säulen und dem bläulichen Stylobat hervorschimmernd, dem Tempel einen ganz eigenen koloristischen Reiz verliehen haben muß. Innen dagegen bestand die Cellamauer aus flachen, aber ungleichmäßigen Kalksteinplatten, die eine völlig andere Farbe und Textur zeigen und nur im Groben geglättet waren. Es bleibt wenig Zweifel, daß die Innenwände verputzt waren. Im ganzen sind die Mauern sehr viel besser gearbeitet als die des Apollontempels.

Der Umfang des Stylobats beträgt 12 x 23,20 m, die Jochweite 2,25 m. Der Giebelaufbau war im Unterschied zu allem übrigen aus Marmor, und es wird vielleicht gelingen, die Akrotere zu rekonstruieren.

Heute fällt es schwer, sich in dieser totalen Einsamkeit eine geschäftige Stadt vorzustellen, und die geringen Reste der Tempel können die Phantasie nur wenig beflügeln. Aber auch nur Lage und Zustand Karthäas zu erleben, wie es heute ist, macht den Ort zu einem der eindrucksvollsten und lohnendsten auf den Kykladen.

INSELSTEINE: SIEGEL UND GEMMEN

Die vielen aus der Bronzezeit erhaltenen Siegelsteine gehören zu den kostbarsten Zeugen der kretisch-mykenischen Kultur. Sie sind nicht nur von großem künstlerischem Reiz, sondern mit ihren vielen Kultdarstellungen auch eine der wichtigsten Quellen der damaligen Religion. Mit dem Untergang der mykenischen Paläste erlosch auch die Siegelschneidekunst. Erst Jahrhunderte später finden sich vereinzelte Beispiele eines Neuanfangs. Vielleicht hat es in größerer Zahl Siegel aus Holz gegeben, die alle untergegangen sind. Die ersten uns erhaltenen Siegel scheinen auf einen solchen Gebrauch hinzuweisen, denn es sind ziemlich große quadratische Platten mit abgeschrägter Oberseite. Sie gehören etwa der Mitte des 8. Jhs. an und zeigen geometrische oder geometrisierende Muster. Ein schönes Beispiel aus der ehemaligen Sammlung Evans ist in vier Quadrate unterteilt und zeigt diagonal gegenständig je zwei Fabeltiere und zwei geometrische Muster (33 x 33 mm). Die Siegel sind in weichen Stein geschnitten, gelegentlich aber auch in harten Inselmarmor. Das hat die Vermutung aufgebracht, daß sie überhaupt auf den Inseln entstanden seien, und ein weiteres Siegel der Sammlung Evans scheint wirklich von Melos zu stammen. Es zeigt zwei Männer zu beiden Seiten eines Baumes (44 x 44 x 12,5 mm) und ist sicher eine religiöse, wenn nicht sogar kultische Darstellung.

Abb. 138

Abb. 142

Nach diesen ersten Neuanfängen am Ende der geometrischen Zeit entwickelte sich in archaischer Zeit eine nennenswerte Siegelproduktion teils auf dem Peloponnes, wo man u. a. eine Vorliebe für Elfenbein zeigte, teils auf den Kykladen. Die sog. Inselsteine sind in weichen, grünlich gefärbten Serpentin geschnitten, wie er wahrscheinlich auf den Inseln selbst vorkam. Man nennt diesen Stein gewöhnlich Steatit, Speckstein, obwohl in Wirklichkeit der Steatit, der dem Talk entspricht und den man mit dem Fingernagel ritzen kann, für diesen Zweck zu weich ist. Die Siegel wurden z. T. gebrannt. Da-

Abb. 138 Abdruck eines quadratischen geometrischen Siegelsteins aus braunem Steatit mit Vierteilung: je zwei abstrakte und zwei Greifenmotive. 33 x 33 mm. New York

durch wurde der grünliche Serpentin hart und weiß, zugleich aber auch spröde und kam in Gefahr zu reißen.

Die Inselsteine sind entweder linsen- oder mandelförmig, und da diese beiden Formen sonst nur bei kretisch-mykenischen Siegeln vorkommen, ist ihre Wiederkehr wahrscheinlich so zu erklären, daß aus vorgeschichtlichen Gräbern in größerer Zahl alte Siegelsteine auftauchten, die als Amulette oder

Abb. 139a.b Abdrücke der beiden Seiten einer Siegelplatte aus schwarzem Stein, gefunden vor dem Tempel von Zagorá/Andros. a Zwei Reihen marschierender männlicher Gestalten in Spiegeldarstellung. b Abstraktes Motiv. Keine Maßangabe

Schmuckstücke getragen wurden und die neue Siegelproduktion beeinflußten. Allerdings finden sich nur vereinzelt auch minoische Motive reproduziert oder nachgeahmt. Sonst schaffen die archaischen Siegelschneider durchaus eigenständig. Die erhaltenen Steine decken ein gutes Jahrhundert, etwa den Zeitraum von 660–550, für den sich technisch drei Phasen feststellen ließen, die freilich nicht scharf voneinander getrennt sind, sondern ineinander übergehen. In der ersten wurden die Steine mit einem Instrument geschnitten, das nur V-förmige Kerbungen zuließ, mit dem die Zeichnung sozusagen nur schraffiert werden konnte. In der zweiten Phase benutzte man außerdem einen kleinen Hohlstichel, der es ermöglichte, wenigstens die großen Körperformen rund zu gestalten, während die Feinzeichnung weiter nur »schraffiert« wurde. Erst auf der dritten Stufe gelang es, dem Dargestellten wirkliche Plastizität zu geben.

Die genaue Untersuchung hat die Feststellung individueller Hände und die überraschende Tatsache ergeben, daß in der reichsten und besten Zeit, am Anfang der dritten Phase, die in den Beginn des 6. Jhs. fällt, die Mehrzahl der feineren Steine von nicht mehr als nur zwei Meistern stammt.

Menschliche und pflanzliche Motive spielen auf den Inselsteinen nur eine geringe Rolle. Fast ausschließlich finden wir Tiermotive, wobei das des Löwen besonders beliebt war. Darüber hinaus zeigt der Motivschatz der Inselsteine eine auffällige Eigenständigkeit, die ihn von der Vasenmalerei charakteristisch unterscheidet. Zum einen ist es eine, wir würden heute sagen makabre Vorliebe für abgetrennte Tierteile. Wir finden z. B. abgeschnittene

Abb. 140a–c   Inselsteine. Entwicklung der Schneidetechnik

Tierköpfe und Fischschwänze kombiniert zu einem Motiv, das für uns unverständlich ist. Kommen solche abgeschnittenen Tierteile gelegentlich auf Vasen vor, wie z. B. auf der bedeutenden spätgeometrischen böotischen Bauchhenkelamphore im Athener Nationalmuseum mit der Herrin der Tiere, so handelt es sich sehr wahrscheinlich um die Teile des bereits zerlegten Opfertiers. Die abenteuerlichen Kombinationen der Inselsteine schließen eine solche Deutung aber aus, wie z. B. einmal die Vorderteile zweier Fische

Abb. 141   Abdruck eines mandelförmigen Siegels aus geflecktem weißem Steatit: ein Hirsch, von zwei Delphinen umgeben, kniet mit zurückgewandtem Kopf auf einer Zickzacklinie. L 26 mm. Oxford 1921

Abb. 142 Siegelplatte aus weißem Kalkstein. Zwei Männer vor einem Baum. Vielleicht Kultszene. 44 x 44 x 12,5 mm. Oxford 1894

Abb. 143 Linsenförmiger brauner Steatit von Melos. Monstrum im Knielauf mit menschlichem Oberkörper, aus dem statt Armen zwei stark geschuppte, züngelnde Schlangen mit großen, krokodilartigen Köpfen hervorwachsen. Es könnten Seeschlangen gemeint sein. Dm 19 mm. Abb. 3:1. Dresden 1616

Abb. 144 Linsenförmiger weißer Steatit von Melos. Hirsch als Einzelmotiv, der mit seinen Körperformen und seinem großen, fast vegetabilischen Geweih perfekt in das Rund der Gemme eingefügt ist. Dm 16 mm. Abb. 3:1. Verbleib unbekannt

Abb. 145a.b Linsenförmiger grüner Steatit. a Geflügelter Ziegenfisch. b Verdrehtes Flügelpferd mit Delphin. Dm 18 mm. Abb. 3 : 1. New York

gegenständig übereinandergesetzt sind. Man möchte vielleicht an die Tierprotomen der delischen Vasengruppe XVII C denken, um sich jedoch sofort klarzuwerden, daß die Tierprotomen der Vasen eben keine Zerstückelung bedeuten. — Das andere Charakteristikum der Inselsteine ist eine unverkennbare Vorliebe für Monstren. Und zwar sind es nicht nur die üblichen Fabelwesen des orientalisierenden Stils wie Flügelpferde, Greife, Sphingen, Chimären, Kentauren, sondern Ungeheuer, die über diese Kombinationen weit hinausgehen.

Die Seeschlange wirkt noch geradezu natürlich. Aber es finden sich so abenteuerliche Kompositwesen wie der geflügelte Pferde- und der geflügelte Ziegenfisch. Ein geflügeltes Pferd und eine geflügelte Ziege sind mit einem drachenartigen geschuppten stacheligen Fischleib versehen. Nicht nur dies, sondern das Hinterteil eines Tieres kann außerdem nach oben verdreht sein. In solchen Kon- und Distorsionen äußert sich eine Phantasie, die uns um so fremder erscheint, als wir ihr auf den Vasen nirgends begegnen. Vielleicht mit einer Ausnahme. In der delischen Vasengruppe XVII Ba findet sich die Darstellung eines isolierten schreitenden menschlichen Unterleibs, ein Mensch unterhalb der Taille (BA 7 b). Das Vasenmotiv erscheint isoliert und unverständlich, und bleibt es auch. Aber es könnte sein, daß es von den Inselsteinen angeregt und übernommen ist, wo es freilich wieder in einer potenzierten Form erscheint. Auf einer Gemme aus Melos, die sich heute in Dresden befindet, ist ein menschlicher Unterleib im Knielauf eingraviert, dessen Oberteil von zwei Schlangen gebildet wird. Hier scheint es sich um die Wiederaufnahme eines kretischen Motivs zu handeln. Natürlich finden wir

Abb. 143

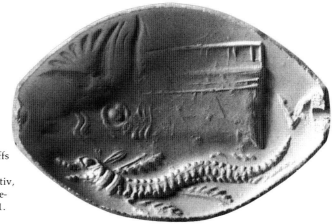

Abb. 146 Mandelförmiger grüner Steatit aus Epidaurus Limera. Vorderteil eines Schiffs mit Bug in Form eines Tierkopfs. Darüber ein Blütenmotiv, darunter eine (geflügelte?) Seeschlange. L 27 mm. Abb. 3:1. New York

Abb. 147 Linsenförmiger weißer Steatit. Flügelpferd vor einem Palmettenstrauch. Dm 25 mm. Abb. 3:1. Dresden 1614

dort nicht den Knielauf, der eine archaische Erfindung ist, sondern normal schreitende Beine, aus deren Taille die Vorderseite einer Ziege und eines Löwen, einer Ziege und eines Stiers oder auch zweier Stiere hervorwachsen. Dem Vasenmaler ist vermutlich das komposite Motiv zu phantastisch gewesen. Er hat sich auf die schreitenden Beine beschränkt, vielleicht ohne sich selbst darüber im klaren zu sein, was er mit diesem Motiv eigentlich sagen wollte.

Abb. 149 Abdruck einer linsenförmigen Gemme aus Onyx. Geflügelter Wettergott im Knielauf mit Doppelaxt. Abb. 2:1. Engl. Privatslg.

Abb. 148 Mandelförmiger grüner Steatit aus Melos. Hahn mit Eidechse und zwei Füllmotiven. H 20 mm. Abb. 3:1. München

Wir verdanken die genaue Analyse und Datierung der Inselsteine dem Oxforder Archäologen J. Boardman, der mit beispiellosem Fleiß und Organisationsvermögen eine ganze Reihe wichtiger Komplexe der griechischen Kunst und Geschichte umfassend aufgearbeitet hat. Von den 183 Inselsteinen, die Boardman registriert, stammen weit mehr als die Hälfte, nämlich 73 sicher und 39 sehr wahrscheinlich, aus Melos. Es kommt noch eine von Boardman nicht aufgenommene Gemme aus englischem Privatbesitz hinzu, die einen geflügelten bärtigen Gott zeigt, im Knielauf und mit Flügeln auch an den Fersen, den die Flügel und die Doppelaxt wahrscheinlich als Himmels- oder Wettergott charakterisieren. In weitem Abstand folgt Kreta mit zwanzig, Paros mit sechs Steinen. Vier oder fünf weitere Kykladen haben nur einzelne Steine erbracht. Diese Statistik macht es so gut wie unwidersprechlich, daß Melos das Hauptzentrum der insularen Siegelproduktion gewesen ist. Aufgrund dieser und der anderen Tatsache, daß Melos auch eine überragende Werkstatt der Goldschmuckerzeugung besessen zu haben scheint, wagt es Boardman, Melos im 7. und 6. Jh. als ein bedeutendes Kunstzentrum anzusehen, dem auch die sog. melischen Vasen nicht, wie es von einer Reihe von Archäologen versucht wird, abgesprochen werden dürfen, die mit den Inselsteinen gleichzeitig sind.

Abb. 150a.b Goldenes Ohrgehänge und goldene Rosette mit Greifenköpfen. Granulatarbeit. Melos. Athen, NM

Nicht sicher auszumachen ist, ob die Inselsteine wirklich als persönliche Siegel zu Testation und Besitzbezeichnung praktisch verwendet wurden. So gut wie alle sind seitlich durchbohrt. Zwei besaßen noch eine Goldschlaufe und sind offenbar als Ringe getragen worden. Die meisten wurden entweder, mit einem leichten Lederriemen durchzogen, am Handgelenk oder mit einer Schnur als Anhänger oder zusammen mit anderen Kettengliedern als Halskette getragen, wobei sie außer der Schmuckfunktion auch die eines Amuletts erfüllt haben können. Aber daß sie als individuelle Siegel verwendet werden konnten, dem widerspricht eigentlich die große Motivgleichheit, die sich bei so vielen von ihnen findet.

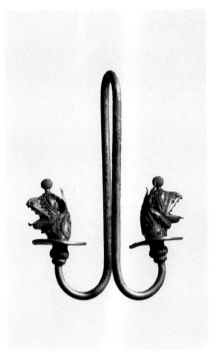

a b

Abb. 151a.b Goldene Ohrgehänge aus Melos. a mit Greifenköpfen in Granulat, b mit stehenden und hängenden Granatäpfeln. H beider Gehänge (ohne Rosette) 6 cm. Berlin, Staatl. Mus.

KYKLADISCHE MÜNZEN

Die Kykladen haben die Kunst der Münzprägung nicht aus dem Land ihres Ursprungs übernommen, ihr Vorbild war vielmehr die Insel Ägina. Erfunden wurde die Münzprägung in der zweiten Hälfte des 7. Jhs. v. Chr. in Kleinasien. Die ältesten erhaltenen Münzen stammen aus dem Artemision von Ephesus, wo sie im Gründungsdepot des Fundaments A zutage kamen. Einzelne dieser 93 Münzen sind so primitiv, daß sie noch gar keine Prägung tragen. Ein Viertel von ihnen trägt einen Löwenkopf als Prägezeichen, das wahrscheinlich das Emblem des lydischen Königshauses darstellt. Dasselbe gilt vermutlich von der Löwenpranke, die ein weiteres Viertel des ephesischen Münzfundes schmückt. Die übrigen Münzen tragen eine größere Anzahl verschiedener Tierzeichen, deren Zuordnung bis jetzt noch nicht gelungen ist. Es scheint, daß es sich teils um Städte-, teils um Dynasten- oder Beamtenzeichen handelt.

Die Materie dieser ältesten Münzen ist Elektron, eine Legierung aus Gold und Silber, wie sie im Lyderreich in der Natur vorkam und dessen Reichtum begründete: am Tmolos und Sipylos, bei Abydos in der Troas und im Sand der lykischen Flüsse Paktolos und Hermos. Wohl schon um 600 waren Münzen in ganz Westkleinasien verbreitet, von Kyzikos im Norden bis Halikarnass im Süden. Der Metallwert des Elektrons war jedoch sehr verschieden, je nach seinem Goldgehalt, und bildete keinen Standard. So ging der letzte Lyderkönig Krösus zwischen 560 und 550 dazu über, die Metalle zu trennen und reine Gold- und Silbermünzen zu prägen, die nun in einem festen Wertverhältnis standen (1:13,5). Die Silbermünzen sind es dann gewesen, die die ganze griechische Welt erobert haben. Es wäre jedoch unhistorisch, sich vorzustellen, als ob die Münzprägung sich mit großer Geschwindigkeit ausgebreitet und überall Nachahmung gefunden hätte. Vielmehr war der praktische Nutzen des Geldes in dieser frühen Zeit durchaus begrenzt, denn für den Kleinhandel waren selbst die geringsten Münzen viel zu kostbar. Man hat daher angenommen, die Hauptbedeutung der lydischen Münzprägung sei zunächst die gewesen, die Söldner zu entlohnen, deren Abfindung mit Naturalien ja ausgesprochen unpraktisch war. Darüber hinaus konnte Münzbesitz dem Prestige und der Vermögensbildung dienen.

Als die Perser 546 Lydien eroberten, verzichteten sie noch lange darauf, eigene Münzen zu prägen. Als Darius d. Gr. zwischen 516 und 511 den Bau eines neuen Palastes begann, wurde — ähnlich wie in Ephesus — in den Fundamenten der Apadana, der Audienzhalle, ein kostbares Gründungsdepot geweiht. In diesem Depot befand sich nicht nur die berühmte Weihinschrift in babylonischer, elamischer und persischer Keilschrift auf einer Goldplatte im Gewicht von 4,998 kg, sondern auch eine Anzahl von Münzen: acht lydische Gold- und acht griechische Silbermünzen. Offenbar hatte Darius um diese Zeit noch nicht begonnen, eigene Münzen zu prägen. Und auch, als später die dann berühmten Golddareiken und Silbersiglen ausgegeben wurden, zirkulierten sie vor allem im Westen. In den Stammländern Medien und Persien und auch in dem hochzivilisierten Babylonien waren sie nur von geringer Bedeutung. Aus dem persisch besetzten Ägypten sind bis jetzt überhaupt keine persischen Münzen ans Licht gekommen.

Von den griechischen Staaten war einer der ersten, die die Prägung silberner Münzen übernahmen, die Insel Ägina. Die Ägineten waren im 6. Jh. ein reges und reiches Handelsvolk, und ihre weiten Reisen haben sie nicht nur mit fremden Ländern, Völkern und Produkten bekannt gemacht, sondern auch mit der Erfindung der Münzprägung. Sie scheinen sie schon bald übernommen zu haben, nachdem Krösus zwischen 560 und 550 die Scheidung in Gold- und Silbermünzen vorgenommen hatte, und prägten dann in großen

Mengen ihre unverwechselbaren Münzen mit dem Zeichen der Seeschildkröte auf der Vorderseite. Um 500 reicht ihre Verbreitung bereits bis nach Persien, Ägypten und Unteritalien (Tarent). Ihr Ausstoß muß bedeutend gewesen sein, denn sie haben sich zu vielen Hunderten erhalten.

Von Ägina ging die Münzprägung an die Kykladen über. Sie übernahmen den äginetischen Münzfuß von 12,2 gr für die Doppeldrachme, und sie übernahmen auch das äginetische Schema, die Vorderseite mit einem einfachen Emblem zu schmücken, auf die Rückseite aber nur ein Quadrat zu prägen. Charakteristisch ist die Vorliebe, dicke, kräftige Schrötlinge zu verwenden. Die kykladische Münzprägung scheint schon um 530/20 begonnen zu haben, ohne indes jemals einen großen Umfang zu erreichen. Selbst eine Insel wie Siphnos, die über bedeutende eigene Silbergruben verfügte, scheint nur eine begrenzte Münzprägung ausgeübt zu haben. Vielleicht war mit den äginetischen Schildkröten bereits eine allgemeine Verkehrswährung vorhanden, jedenfalls haben sich mehrere Hortfunde mit ihnen auf den Kykladen gefunden.

Die archaischen Münzen trugen keine Legenden. Ihre Zuschreibung ist daher nur dort gesichert, wo später dieselbe Prägung mit Legende auftritt oder sonst literarische Überlieferung Auskunft gibt. Tinos verstand sich

Abb. 152 a–e   Archaische Münzzeichen der Kykladen
a Naxos, b Delos, c Paros, d Melos, e Siphnos

offenbar als Weininsel und setzte eine Traube auf seine Münzen. Naxos brachte seine Verbindung mit Dionysos durch die Wahl eines Kantharos zum Ausdruck, Delos die seinige mit Apollon durch die Lyra, der noch zwei kleine Delphine hinzugefügt wurden (später ein Delta). Paros wählte einen Ziegenbock als Emblem und Thera zwei Delphine, doch ist diese Zuschreibung immer noch ungesichert. Siphnos nahm den Adler des Zeus zum Emblem. Später, als gegen Ende des Jahrhunderts zweiseitige Darstellungen aufkamen, wird der Adler mit Ortslegende auf die Rückseite in das Quadratum incusum gesetzt, während die Vorderseite nun den Kopf des Apollon trägt. Die frühen Münzen von Melos tragen ein »redendes Emblem«, nämlich Apfel oder Quitte (mēlon) als Anspielung auf den Namen.

Nur drei von den vier Städten der Insel Keos haben Münzen geprägt. Die Hafenstadt Koressía hat einen Tintenfisch zum Emblem, von einem oder zwei Delphinen begleitet. Eine Amphore bezeichnet Karthäa (wie vielleicht auch Andros), und Ioulís, dem man früher eine Traube zuschrieb, ist nun, wie Ephesus, durch die Biene charakterisiert.

Die dicken, kompakten Münzen der Kykladen mit ihrem kräftigen Relief sind von einem eigenen urtümlichen Reiz, aber zu einer großen Kunst wie Sizilien haben es die Kykladen nicht gebracht.

Wenn wir sagten, daß den kykladischen Münzen der äginetische Münzfuß zugrunde liege, so gilt das nicht für Delos, das sich dem euböischen, und nicht für Melos, das sich allein unter allen Inseln dem milesischen Münzfuß anschloß.

DIE MELISCHEN TONRELIEFS

Die sog. melischen Tonreliefs gehören erst dem 5. Jh. an und fallen damit eigentlich außerhalb der uns gesetzten Zeitgrenze. Aber sie sind die letzte eigenständige Kunstleistung der Kykladen. Und da sie auch nur wenig bekannt sind, wollen wir sie in unserem Buch nicht übergehen.

Die Reliefs sind in einer Matrize geformte dünne Tonplatten. Die mittlere Größe liegt bei 11 x 14 cm, das Maximum bei 23 x 33,5 cm. Es sind im ganzen etwa 110 Tafeln erhalten, und da ein größerer Teil von ihnen auf Melos gefunden wurde, werden sie traditionell dieser Insel zugeschrieben. Die übrigen Fundorte liegen weit verstreut und reichen von Kleinasien bis Sizilien. Mineralogische Analysen könnten am sichersten ergeben, ob es sich wirklich um melischen Ton handelt, aber sie sind bis jetzt nicht vorgenommen worden.

Taf. 99/100
115–118

Taf. 115   Melisches Tonrelief. Die Kalydonische Jagd. Meleager eilt von links heran und schwingt seine Axt gegen den Eber, den er am rechten Ohr erfaßt hat. Von rechts ergreift Atalante den Eber an den Rückenborsten und zielt mit ihrem Kurzschwert nach seinem Kopf. Zwischen ihnen ein dritter Kämpfer, vielleicht Theseus. Rechts der verwundete Ankaios. 19,7 x 27,6 cm. Staatl. Museen Berlin 5783.

Taf. 116a   Melisches Tonrelief. Das Seeungeheuer der Skylla: eine steil aufgerichtete Frauenfigur mit den Händen an Kinn und Hüfte, die mit einem großen Drachenleib verbunden ist und aus deren Hüfte zwei Hundeköpfe hervortreten. Die Skylla erschreckte die Seefahrer mit ihrem gräßlichen Bellen. 12,5 x 18 cm. London, BM B 374.

Taf. 116b   Melisches Tonrelief. Bellerophon auf dem hier ungeflügelten Pegasus im Kampf mit der Chimära, einem Ungeheuer aus Löwin, Ziege und Schlange. 12 x 20,7 cm. London, BM B 364.

Taf. 117   Melisches Tonrelief. Die Geschwister Orest und Elektra trauern an der Grabstele ihres Vaters Agamemnon. Links unten sitzt in sich versunken ihr Freund Pylades. H 26 cm. Staatl. Museen Berlin 6803.

Taf. 116

Taf. 117

Taf. 118 Melisches Tonrelief. Die Auslösung Hektors. Der tote Hektor liegt nackt auf dem Boden. Rechts steht der leidgebeugte Priamos, der zu Achill gekommen ist, um die Leiche seines Sohnes von ihm zu erbitten. Er hat das lose Ende seines Himations über den Kopf geschlagen und führt die rechte Hand an die Stirn. Die Linke hält einen langen Stab und stützt die Rechte. Der Krieger links mit einem Gorgonenhaupt auf dem Brustpanzer kann nur Achill sein. Sein Kopf erscheint im Profil, die Brust frontal, die Beine in Dreiviertel-Ansicht.
Hinter der Leiche Hektors steht eine Truhe mit geöffnetem Deckel, eine Schatztruhe. Darüber befindet sich ein großer Waagebalken. Die tief herabhängenden Waagschalen werden von der Leiche verdeckt. Die Darstellung gibt zu erkennen, daß der Leichnam Hektors in Gold aufgewogen werden soll. Ein Diener des Priamos hält Goldschalen in der Hand, die als »Rohgold« fungieren.
Das Relief wurde 1926 vom Royal Ontario Museum in Toronto erworben, galt aber dann wegen seiner schematischen Darstellung und des unerkannten Motivs als Fälschung und verschwand im Magazin, bis es 1958 von J. W. Graham wieder hervorgezogen wurde. An seiner Echtheit kann kein Zweifel sein, u. a. hätte ein Fälscher niemals ein so ausgefallenes Motiv, zu dem es gar keine Vorlage gab, gewählt.
Gr 19,5 x 25,5 cm. Toronto, Royal Ontario Museum.

Farbspuren beweisen, daß die Reliefs bemalt waren, in Schwarz, Gelb, Rosa und Blau. Ihr Verwendungszweck ist nicht wirklich klar. Jedenfalls haben nur wenige als Weihgeschenk gedient, die meisten einem dekorativen Zweck. Da ein Teil von ihnen vor dem Brennen mit Löchern versehen wurde, nimmt man an, daß sie angenagelt wurden, obwohl sie überaus zerbrechlich sind. Vielleicht also wurden mit ihnen Möbel, Holzkästen oder Truhen geschmückt. Ihre weite Verbreitung beweist, daß sie ein beliebter Exportartikel waren. Daß man sie aber fertig montiert ausgeführt hätte, wie man liest, hätte den Transport überaus delikat gemacht. Vielleicht aber schmückte man auch die Wände mit ihnen.

Die Motive der Reliefs sind sehr mannigfaltig, und es gibt außer den Vasen keine zweite Kunstgattung, die einen solchen Reichtum an Themen böte. Sie stammen z. T. aus dem Alltagsleben, in der Hauptsache aber aus der Mythologie. Auffällig ist die geringe Rolle, die die olympischen Götter spielen. Nur Artemis mit einem Reh, der trunkene Dionysos und Aphrodite mit Eros auf dem Greifenwagen kommen vor, das letztere ein Motiv, das z. B. der attischen Malerei ganz fremd ist. Von den beiden Wohltäterheroen fehlt Herakles bis jetzt gänzlich. Nur Theseus ist vertreten, was auf attischen Einfluß deutet. Einige Themen aus der Mythologie kehren mehrfach wieder: Aktäon, der von Artemis in einen Hirsch verwandelt und von seinen eigenen Hunden zerrissen wird; Bellerophon auf dem Flügelpferd, der die Chimära tötet; Perseus und die Meduse; Phrixos und Helle auf dem Widder; die Kalydonische Jagd. Zahlreich sind auch die Motive aus Ilias und Odyssee und aus der Orestie. Auffällig ist die Vorliebe für Phantasiegestalten: Sphingen, Sirenen, überhaupt geflügelte Wesen, für Seedrachen, Tritonen u. a. m. Hier ergibt sich eine Verwandtschaft mit den allerdings sehr viel älteren Inselsteinen.

Da eine Reihe von Motiven mehrfach vorkommt, lassen sich Stufen der künstlerischen Entwicklung unterscheiden. Die erste zusammenfassende Bearbeitung erfolgte 1930 durch den deutschen Archäologen Paul Jacobsthal. Sie ist bis heute maßgebend geblieben und nur in Einzelheiten zu verbessern. Selbst das Material hat sich seither nur unwesentlich vermehrt. Jacobsthal setzte die Reliefs in der Zeit von 475–440 an. Heute möchte man bis 420 heruntergehen, um dem Einfluß der Parthenonkunst Rechnung zu tragen. Man kann aber nicht übersehen, daß nicht nur der Stil, sondern auch die Qualität stark variiert, was die stilistische Beurteilung sehr erschwert. Die Reliefs zeigen durchgehend keine ausgeprägte Plastizität, sie wirken alle stark flächenhaft. Einige arbeiten mit heftigen Überschneidungen, andere sind parataktisch angelegt. Ein großer Teil ist dramatisch gestaltet bis in feine Einzelheiten hinein, andere wieder wirken ausgesprochen asthenisch und phlegmatisch. Weder das Material noch das Format prädestinierten die Tonreliefs zu großen Meisterwerken. Sie halten sich mehr im Rahmen der Volkskunst. Andererseits täte man ihnen Unrecht, sie nur als Kunsthandwerk einzuschätzen. Viele von ihnen sind in Erfindung und Komposition echte Kunstwerke, alle sind sie reizvoll allein schon aufgrund ihrer speziellen Gattung.

Die Frage ist noch, wodurch das Ende ihrer Produktion herbeigeführt wurde. Jacobsthal hat gemeint, vielleicht habe die rigorose Handelspolitik des Attischen Seebunds den Markt für die Reliefs unrentabel gemacht und die melischen Werkstätten zum Erliegen gebracht. Geht man mit ihrer Datierung bis 420 herunter, so ergibt sich ohne weiteres die Katastrophe von 416 als die Ursache des Endes. In diesem Jahr wurde die gesamte melische Bevölkerung von den Athenern beseitigt, die wehrfähigen Männer umgebracht, Frauen und Kinder in die Sklaverei verkauft.

NACHTRAG: DAS »GRAB HOMERS«

Am 13. und 27. April 1772 brachte die »Gazette de France« den gebildeten Ständen Europas die erste Nachricht von der Wiederauffindung der Grabstätte Homers. So viele griechische Orte auch Anspruch auf die Ehre erhoben, die Heimat Homers zu sein, sein Grab forderte nur die Insel Ios für sich. Hier sollte der Dichter auf der Überfahrt von Samos nach Athen erkrankt und gestorben sein. Die Wiederauffindung seines Grabes, das so viele Reisende vergeblich gesucht hatten, war das Verdienst des holländischen Grafen Pasch van Krienen (die Gazette zitiert ihn als Comte de Grun), der i. J. 1771, zu der Zeit, als die ägäischen Inseln für wenige Jahre von der Flotte Katharinas II. von Rußland besetzt waren, mit dem Hauptstützpunkt in der Bucht von Naoussa auf Paros, als Werbeoffizier zur Anwerbung griechischer Seeleute in russische Dienste getreten war. Das nach langem Suchen und mehr als vierwöchigen Ausgrabungen bei Psarópyrgos in der Bucht von Plakotós an der Nordküste der Insel wiederaufgefundene und freigelegte Grab bestand aus sechs Steinplatten und maß vierzehn Fuß in der Höhe, sieben in der Länge und vier in der Breite, war also nicht in der liegenden Form eines Sarkophags, sondern in der stehenden, sagen wir, eines Kühlschranks errichtet. Das Skelett des Dichters hatte sich sitzend darin gefunden, war aber bei der Öffnung unter dem Eindringen der Luft zu Staub zerfallen. Als Grabbeigaben fand sich sinnigerweise Schreibgerät: ein Gefäß, das van Krienen als Tintenfaß, ein leichter dreieckiger Stein, den er als Stilus, ein weiterer Stein, den er als Federmesser ansprach, was alles die später aufkommende Streitfrage, ob Homers Zeit die Schreibkunst gekannt habe und Ilias und Odyssee schriftlich verfaßt worden seien, sozusagen bereits archäologisch entschieden hatte.

Merkwürdigerweise nicht außen am Grab, sondern auf einer Steinplatte im Innern, eben jener, auf der man den Toten niedergesetzt hatte, fand sich die Grabinschrift in Form zweier Hexameter:

Hier verhüllet die Erde das heilige Haupt des Dichters,
Künders heroischer Menschen, das Haupt des göttlichen Homer.

Auch das Grab von Homers Mutter, von dem Pausanias 10, 24, 3 spricht, aufzufinden, gelang dem Grafen allerdings nicht. Dafür aber wollte er sich des Homergrabes endgültig versichern. Er ließ es in sechs große Kisten packen und im Frühjahr 1772 nach Livorno verschiffen. Dort sah sie im Juni der schwedische Gelehrte Bjoernstahl, der in einem Brief vom 5. Juni 1772 *(Briefe II, 169)* davon berichtet, daß Graf van Krienen damals versuchte, das Grab Homers an Friedrich II. von Preußen zu verkaufen. Wie immer der Alte Fritz über den Ankauf entschieden haben mag, es ist niemals nach Berlin gelangt und seither überhaupt verschollen. Einige Funde van Krienens ließen sich später im Britischen Museum nachweisen. Ob aber auch das »Grab Homers« nach London gelangte, ist unbekannt und wird es vermutlich auch immer bleiben.

Abbildungsnachweis

TEXTABBILDUNGEN

AA 1968, S. 714 Abb. 24: Abb. 127; 1972, S. 160 Fig. 12: Abb. 9; S. 164 Fig. 17: Abb. 13; S. 332 Abb. 6: Abb. 130; 1972, S. 362 Abb. 23: Abb. 128; 1982, S. 164 Abb. 5: Abb. 129
AAA 6 (1973), 95 Plan 1: Abb. 71
Act. Arch. 33 (1962), 235-37 Pl. Ia-c: Abb. 82
AJA 89 (1985), 199 Ill. 5: Abb. 26
AM 27 (1902) Taf. IX: Abb. 133; 69/70 (1954/55), Beil. 60: Abb. 97
Athen, Nationalmuseum: Abb. 96
Atkinson, *Phylakopi*, 1904: Abb. 18, 32-34, 36, 37
BCH 71/72 (1947/48), Pl. XXV, XXIX, XXXIV 1 u. 2, XXXIX: Abb. 67-70; 104 (1980), 5 Fig. 1: Abb. 11; ebd. p. 6 Fig. 2: Abb. 12
Benaki-Museum, Athen: Abb. 15
Bergquist, *Archaic Greek Temenos*, 1967: Abb. 114, 120
Berlin, Staatl. Museen: Abb. 95
Boardman, *Island Gems*, 1963: Abb. 140a-c, 141
ders., *Greek Gems and Finger Rings*, 1970: Abb. 138, 142-48
Brit. Museum, London: Abb. 152a-e
BSA 44 (1949), Pl. 1: Abb. 81; Pl. 2: Abb. 80
Cabinet des Médailles, Paris: Abb. 86
Cambitoglou, *Zagora 1*, 1971: Abb. 72
Foto J. Caskey: Abb. 64
Cook, *Zeus*, Bd. II (Cambridge 1925), p. 544 Fig. 419: Abb. 149
DAI Athen: Abb. 90, 111a+b
Délos X: Abb. 99; XXXIII: Abb. 119
Demargne, *Geburt*², 1975: Abb. 40
Deppert-Lippitz, *Griech. Goldschmuck*, 1985: Abb. 150a+b, 151a+b
Doumas, *Thera*, 1983: Abb. 44, 45, 48, 49
Ephem. Arch. 1898, Pl. 5: Abb. 27
Epist. Epet. philos. schol. Panepist. Athenōn 1957/58, Pin. 1: Abb. 93
Epitýmbion Chréstou Tsoúnta, 1941: Abb. 8
Ergon, 1961, p. 195 Abb. 202: Abb. 134
Evans/Renfrew, *Excavations at Saliagos*, 1968: Abb. 1-7
Gabelmann, *Frühgriech. Löwenbild*, 1965: Abb. 116
Gallet de Santerre, *Délos primitive*, 1958: Abb. 65, 115
Slg. Goulandris, Athen: Abb. 16
Gray, *Seewesen*, 1974: Abb. 46
Guide de Délos, 1966: Abb. 66, 113, 117, 118
Hägg (ed.), *Sanctuaries*, 1981: Abb. 39, 61
Foto Hannibal, Athen: Abb. 24, 25
Hesperia 40 (1971), 360 Fig. 2: Abb. 53; ebd. p. 370 Fig. 7: Abb. 52; Fig. 8: Abb. 51
JdI 100 (1985), 239 Abb. 18: Abb. 121; ebd. 391 Abb. 52,1: Abb. 136; Abb. 52,2: Abb. 137; Abb. 52,6: Abb. 131
Kampítoglou, *Odegòs Mouseíou Androu*, 1981: Abb. 74, 76, 78, 139a+b
KEOS III, 1984: Abb. 50, 54-60; Pl. 1: Abb. 135
Knidlberger, *Santorin*², 1981: Abb. 43

Korrés, *Kykladiká*, 1976/77: Abb. 10
Lacy, *Pottery*, 1967: Abb. 20
MarbWP 1962: Abb. 87–89
N. Marinatos, *Art and Religion*, 1984: Abb. 47
Matz, *Geschichte der griech. Kunst*, Bd. I. 1950: Abb. 100, 101, 107
Foto Lydia Morgan Brown: Abb. 42
PAE 1972, p. 259 Abb. 3: Abb. 73; ebd. p. 263 Abb. 6: Abb. 75; ebd. p. 268 Abb. 9: Abb. 77; ebd. p. 270 Abb. 10: Abb. 79; 1977, p. 384 Beil. 8: Abb. 132
Papastamos, *Melische Vasen*, 1970: Abb. 98, 102–106
Renfrew, *Emergence*, 1972: Abb. 17, 19, 21, 22, 28–31
  ders. (ed.), *Archaeology of Cult*, 1985: Abb. 41
Renfrew/Wagstaff, *Island Polity*, 1982: Karte, Abb. 35, 38
Strommenger, *Mesopotamien*, 1962: Abb. 23
Studi Miscell. 2 (1962), Taf. IX, 1 u. X, 1: Abb. 85a+b
Themelis, *Frühgriech. Grabbauten*, 1976: Abb. 108a–c
THERA I: Abb. 123–125; II: Abb. 83, 84, 122; III: Abb. 126
Thimme (Hrsg.), Katalog Karlsruhe, 1976: Abb. 14
Verlagsarchiv: Abb. 62, 63, 91, 92, 94, 109, 110

TAFELN

Ashmolean Museum, Oxford: Taf. 14b, 26b
Badisches Landesmuseum, Karlsruhe: Taf. 9, 11b, 13, 15b
Benaki-Museum, Athen: Taf. 26a
British Museum, London: Taf. 52, 116a+b
E. M. Czako, Athen: Taf. 83a–c, 90, 91
Deutsches Archäologisches Institut, Athen: Taf. 16, 21a, 65, 66b, 71a, 82a, 85, 93, 97a+b, 98a+b
L. Dounias: 108–112a, 113, 114
École Française d'Archéologie, Athen: Taf. 66a, 71b+c
W. Ekschmitt, Staufen: Taf. 105a+b
P. R. Franke, Saarbrücken: Taf. 30, 106b, 107
Alison Frantz, Princeton: Taf. 63a–c
Fondation N. P. Goulandris, Athen: Taf. 12, 14a, 15a
G. Gruben, Institut für Bauforschung und Baugeschichte, München: Taf. 94, 95, 96
Foto Hannibal, Athen: Taf. 1, 2a+b, 3, 4a+b, 5a+b, 6a+b, 7, 8, 19, 20, 21, 22, 23, 24a+b, 25a+b, 27, 28, 29, 32, 33, 34, 36, 37, 38a+b, 39, 40, 41, 42, 43, 44, 45a+b, 46a+b, 47a, 48, 56, 59, 72
Hirmer Fotoarchiv, München: Taf. 73a+b, 75, 76, 80, 82b, 86, 87
G. Klammet, Ohlstadt: Taf. 68, 70, 74, 92, 102–104
Photo Marburg Bildarchiv: Taf. 61
N. Marinatos, Athen: Taf. 35a+b, 46c
Metropolitan Museum, New York: Taf. 100
Musée de Louvre, Paris: Taf. 18, 67a+b
Nationalmuseum, Athen: Taf. 10, 11a, 47b, 60, 64, 88, 89
Nationalmuseum, Kopenhagen: Taf. 51
Nationalmuseum, Stockholm: Taf. 54
Ny Carlsberg Glyptotek, Kopenhagen: Taf. 62a–c
Office du Livre, Fribourg: Taf. 101
Harri Peccinotti, Athen: Taf. 81
Rijksmuseum, Leiden: Taf. 55
Santorin Museum, Santorin: Taf. 50, 53
Staatl. Antikensammlungen und Glyptothek, München: Taf. 17, 49
Staatl. Kunstsammlungen, Dresden: Taf. 99
Staatl. Museen, Berlin: Taf. 57a+b, 58, 115, 117
Sp. Tsavdaroglou, Athen: Taf. 31, 77, 78, 79, 84, 106a
H. R. Willms: 112b

KULTURGESCHICHTE DER ANTIKEN WELT

Band 1:
John Boardman
Schwarzfigurige Vasen aus Athen
Einführung und Handbuch
278 Seiten; 321 Abbildungen

Band 2: *vergriffen*
Maria Alföldi
Antike Numismatik
Teil 1: Theorie und Praxis

Band 3: *vergriffen*
Maria Alföldi
Antike Numismatik
Teil 2: Bibliographie

Band 4:
John Boardman
Rotfigurige Vasen aus Athen
Die archaische Zeit
285 Seiten; 528 Abbildungen

Band 5:
John Boardman
Griechische Plastik
Die archaische Zeit
297 Seiten; 481 Abbildungen

Band 6:
Karl-Theodor Zauzich
Hieroglyphen ohne Geheimnis
Eine Einführung in die altägyptische Schrift
125 Seiten; 8 Farb- und 6 Schwarzweißabbildungen

Band 7:
Friedrich Karl Dörner
Vom Bosporus zum Ararat
Reise- und Fundberichte aus Kleinasien
XII, 362 Seiten mit 27 Textillustrationen; 5 doppelseitige Farbtafeln mit 8 Abbildungen; 64 Schwarzweißabbildungen;
2. Auflage, erweitert um 8 doppelseitige Farbtafeln

Band 8: *vergriffen*
Friedrich Richter / Wilhelm Hornbostel
Unser tägliches Griechisch

Band 9: *vergriffen*
Sybille Haynes
Die Tochter des Augurs

Band 10: *vergriffen*
Volkert Haas
Hethitische Berggötter und hurritische Steindämonen
Riten, Kulte und Mythen

Band 11: *vergriffen*
Labib Habachi
Die unsterblichen Obelisken Ägyptens

Band 12: *vergriffen*
Gerd Hagenow
Aus dem Weingarten der Antike

Band 13: *vergriffen*
Denys Haynes
Griechische Kunst und die Entdeckung der Freiheit

Band 14:
W. K. Lacey
Die Familie im antiken Griechenland
330 Seiten; 32 Tafeln mit 49 Abbildungen

Band 15: *vergriffen*
Jost Perfahl
Wiedersehen mit Argos und andere Nachrichten über Hunde in der Antike

Band 16:
Karl Schefold
Die Bedeutung der griechischen Kunst für das Verständnis des Evangeliums
113 Seiten mit 48 Abbildungen

Band 17: *vergriffen*
J. M. C. Toynbee
Tierwelt der Antike

Band 18: *vergriffen*
Hilde Rühfel
Das Kind in der griechischen Kunst

VERLAG PHILIPP VON ZABERN · MAINZ

KULTURGESCHICHTE DER ANTIKEN WELT

Band 19: *vergriffen*
Hilde Rühfel
Kinderleben im klassischen Athen

Band 20: *vergriffen*
A. M. Snodgrass
Wehr und Waffen im antiken Griechenland

Band 21: *vergriffen*
Patricia und Don R. Brothwell
Manna und Hirse

Band 22: *vergriffen*
Roland Hampe
Antikes und modernes Griechenland

Band 23: *vergriffen*
Donna C. Kurtz / John Boardman
Thanatos
Tod und Jenseits bei den Griechen

Band 24:
Alison Burford
Künstler und Handwerker
in Griechenland und Rom
316 Seiten; 5 Textabbildungen; 50 Farb- und
32 Schwarzweißtafeln mit 88 Abbildungen

Band 25: *vergriffen*
Howard Hayes Scullard
Römische Feste · Kalender und Kult

Band 26: *vergriffen*
Hermann Müller-Karpe
Frauen des 13. Jahrhunderts v. Chr.

Band 27: *vergriffen*
Barbara Deppert-Lippitz
Griechischer Goldschmuck

Band 28/1: *vergriffen*
Werner Ekschmitt
Kunst und Kultur der Kykladen
Teil I: Neolithikum und Bronzezeit

Band 28/2: *vergriffen*
Werner Ekschmitt
Kunst und Kultur der Kykladen
Teil II: Geometrische und Archaische Zeit

Band 29: *vergriffen*
Theodor Wiegand
Halbmond im letzten Viertel

Band 30:
Rainer Stadelmann
Die ägyptischen Pyramiden
Vom Ziegelbau zum Weltwunder
313 Seiten; 94 Textabbildungen; 23 Farb- und
54 Schwarzweißtafeln
2., erweiterte Auflage

Band 31: *vergriffen*
Claude Bérard, Jean Pierre Vernant u. a.
Die Bilderwelt der Griechen

Band 32: *vergriffen*
Frédéric L. Bastet
Hinter den Kulissen der Antike

Band 33:
Marcus Junkelmann
Die Legionen des Augustus
Der römische Soldat im archäologischen Experiment
313 Seiten mit 24 Textabbildungen; 80 Tafeln mit
31 Farb- und 126 Schwarzweißabbildungen

Band 34: *vergriffen*
Erika Simon
Die konstantinischen Deckengemälde in Trier

Band 35:
John Boardman
Griechische Plastik
Die klassische Zeit
323 Seiten mit 412 Abbildungen; 8 Farbtafeln

Band 36:
Thomas Hägg
Eros und Tyche
311 Seiten mit 84 Textabbildungen; 8 Farbtafeln
und eine Vorsatzkarte

Band 37:
Anne Johnson
Römische Kastelle
370 Seiten mit 229 Textabbildungen; 8 Farbtafeln
mit 15 Abbildungen

VERLAG PHILIPP VON ZABERN · MAINZ

KULTURGESCHICHTE DER ANTIKEN WELT

Band 38:
Herbert W. Parke
Athenische Feste
322 Seiten mit 74 Abbildungen

Band 39:
Bernard Andreae
Laokoon und die Gründung Roms
220 Seiten mit 14 Abbildungen; 40 Tafeln mit 30 Farb- und 22 Schwarzweißabbildungen

Band 40:
Friedrich Karl und Eleonore Dörner
Von Pergamon zum Nemrud Dağ
Die archäologischen Entdeckungen Carl Humanns
XV, 342 Seiten; 8 Farbtafeln; 113 Schwarzweißabbildungen

Band 41:
John M. Camp
Die Agora von Athen
Ausgrabungen im Herzen des klassischen Athen
259 Seiten; 11 Farb- und 188 Schwarzweißabbildungen

Band 42:
Bettina Schmitz/Ute Steffgen (Hrsg.)
Waren sie nur schön?
Frauen im Spiegel der Jahrtausende
329 Seiten; 161 Schwarzweißabbildungen

Band 43:
Werner Ekschmitt
Weltmodelle
Griechische Weltbilder von Thales bis Ptolemäus
192 Seiten; 26 Abbildungen

Band 44:
John S. Morrison/John F. Coates
Die athenische Triere
Geschichte und Rekonstruktion eines Kriegsschiffs der griechischen Antike
380 Seiten; 87 Abbildungen; 15 Farbtafeln mit 26 Abbildungen

Band 45:
Marcus Junkelmann
Die Reiter Roms
Teil I: Reise, Jagd, Triumph und Circusrennen
293 Seiten; 49 Farb- und 234 Schwarzweißabbildungen

Band 46:
Michael Siebler
Troia — Homer — Schliemann
248 Seiten; 81 Schwarzweißabbildungen; 25 Farbtafeln mit 35 Abbildungen; 5 Schwarzweißtafeln

Band 47:
Arthur D. Trendall
Rotfigurige Vasen aus Unteritalien und Sizilien
343 Seiten; 595 Abbildungen

Band 48:
John Boardman
Rotfigurige Vasen aus Athen
Die klassische Zeit
287 Seiten; 566 Schwarzweißabbildungen

Band 49:
Marcus Junkelmann
Die Reiter Roms
Teil II: Der militärische Einsatz
222 Seiten; 27 Farb- und 91 Schwarzweißabbildungen

Band 50:
Karl-Wilhelm Weeber
Humor in der Antike
232 Seiten; 73 Abbildungen und 6 Farbtafeln

Band 51:
Karl Jaroš
Kanaan · Israel · Palästina
Ein Gang durch die Geschichte des Heiligen Landes
179 Seiten; 27 Karten; 31 Abbildungen

Band 52:
Bernhard Kytzler, Lutz Redemund
Unser tägliches Latein
Lexikon des lateinischen Spracherbes
XXXIX, 977 Seiten

Band 53:
Marcus Junkelmann
Die Reiter Roms
Teil III: Zubehör, Reitweise, Bewaffnung

VERLAG PHILIPP VON ZABERN · MAINZ

KULTURGESCHICHTE DER ANTIKEN WELT

Band 54:
Hans Georg Gundel
Zodiakos
Tierkreisbilder im Altertum
358 Seiten; 1 Farb-, 257 Schwarzweißabbildungen;
8 Farbtafeln mit 12 Abbildungen

Band 55:
Heidemarie Koch
Es kündet Dareios der König . . .
Vom Leben im persischen Großreich
V, 309 Seiten; 199 Textabbildungen; 36 Farbtafeln

Band 56:
Stephanos Geroulanos
Das Trauma in der Kunst der griechischen Antike
(in Vorbereitung)

Band 57:
M. Carroll-Spillecke u. a.
Der Garten von der Antike bis zum Mittelalter
293 Seiten; 95 Textabbildungen; 39 Farbtafeln

Sonderband:
Ausgrabungen — Funde — Forschungen
des Deutschen Archäologischen Instituts
258 Seiten; 127 Schwarzweißabbildungen;
13 farbige Abbildungen und 1 Karte

Sonderband: *vergriffen*
Edmund Buchner
Die Sonnenuhr des Augustus

Sonderband: *vergriffen*
Wiktor A. Daszewski
Dionysos der Erlöser
Griechische Mythen im spätantiken Zypern

Sonderband: *vergriffen*
Gianfilippo Carettoni
Das Haus des Augustus auf dem Palatin

Sonderband:
Werner Ekschmitt
Die Sieben Weltwunder
Ihre Erbauung, Zerstörung und Wiederentdeckung
293 Seiten; 100 Abbildungen; 28 Farb- und
50 Schwarzweißtafeln
8., überarbeitete und erweiterte Auflage

Sonderband:
Roland Hampe / Erika Simon
Griechisches Leben im Spiegel der Kunst
96 Seiten mit 59 Schwarzweißtafeln
2., überarbeitete Auflage

Sonderband: *vergriffen*
Homer
Die Odyssee
In gekürzter Form nacherzählt von Eva Jantzen
und bibliophil illustriert von Brinna Otto

Sonderband: *vergriffen*
Nikolas Yalouris
Pegasus. Ein Mythos in der Kunst

Sonderband:
Oleg V. Volkoff
1000 Jahre Kairo
Die Geschichte einer verzaubernden Stadt
251 Seiten mit 44 Abbildungen, 8 doppelseitigen
Farbtafeln und 1 Stadtplan

Sonderband:
Gloria London
Töpferei auf Zypern · damals — heute
Traditional Pottery in Cyprus
deutsch/englisch
85 Seiten; 20 Farb- und 64 Schwarzweißabbildungen

VERLAG PHILIPP VON ZABERN · MAINZ